로이 바스카,
비판적 실재론과
교육을 말하다

Roy Bhaskar

A Theory of Education(edition 1)

by David Scott and Roy Bhaskar

Copyright ⓒ The Author(s), 2015

Korean translation edition ⓒ 2020 by HanulMPlus Inc.

This edition has been translated and published under licence from Springer Nature Switzerland AG.. Springer Nature Switzerland AG. takes no responsibility and shall not be made liable for the accuracy of the translation.

이 책의 한국어판 저작권은 Springer Nature Switzerland AG.와의 독점계약으로 한울엠플러스(주)에 있습니다. 저작권법에 의해 보호를 받는 저작물이므로 무단전재 및 복제를 금합니다.

이 도서의 국립중앙도서관 출판예정도서목록(CIP)은 서지정보유통지원시스템 홈페이지(http://seoji.nl.go.kr)와 국가 자료종합목록 구축시스템(http://kolis-net.nl.go.kr)에서 이용하실 수 있습니다.

CIP제어번호: CIP2020053621(양장), CIP2020053624(무선)

로이 바스카,

비판적 실재론과

교육을 말하다

로이 바스카·데이비드 스콧 지음  이기홍 옮김

Roy Bhaskar, A Theory of Education

한울
아카데미

이 책은 로이 바스카Ram Roy Bhaskar(1944~2014년)를 추모해 만들었다.

# 차례

감사의 말 · 6
옮긴이의 말 · 7


**제1장** 로이 바스카: 간략한 일대기 · 11

생애 19 | 교육 이론 31

**제2장** 존재함과 앎 · 51

**제3장** 지식, 학습, 변화 · 91

**제4장** 다학문성과 적층적 체계 · 127

이론적 배경 132

**제5장** 교육 이론, 계몽 그리고 보편적 자아실현 · 137

**제6장** 교육 및 학습 이론에 관한 주석 · 175

지식 182 | 존재론 187 | 학습 190 | 지식 형식 200 | 비판 204


참고문헌 · 209
찾아보기 · 214

## 감사의 말

이 책의 제5장은 바스카가 쓴 『과학에서 해방으로: 소외와 계몽의 현실성From Science to Emancipation: Alienation and the Actuality of Enlightenment』의 제11장을 조금 수정한 것입니다. 이전에 출간된 글의 수록을 허락해 준 세이지Sage 출판사에 감사를 전합니다.

# 옮긴이의 말

로이 바스카Roy Bhaskar는 비판적 실재론Critical Realism으로 잘 알려진 과학철학 및 철학의 주창자입니다. 1970년대부터 바스카가 제시해 온 비판적 실재론은 이제 서구 학계에서 경제학, 사회학 등 사회과학에서 철학, 종교학 등 인문학의 영역에 이르기까지 영향력을 넓혀가고 있습니다.

그렇지만 이러한 흐름에 한국의 사회과학자들은 예외여서 바스카는 물론이고 비판적 실재론에도 거의 관심을 보이지 않고 있습니다. 이러한 경향은 보다 근본적으로 철학적 질문에 대한 한국 사회과학자들의 무시나 무지의 한 표현일 것입니다. 한국의 사회과학자들은 자신들의 존재 이유에 대한 질문이라고 할 '사회란 무엇인가', '(사회)과학이란 무엇인가', '사회과학은 어떻게 실행하는가', '사회과학은 무엇을 할 수 있고 무엇을 해야 하는가', '좋은 사회적 삶이란 어떤 것이며 사회과학은 그것에 어떻게 기여할 수 있는가' 등의 문제에 관해 고민하는 일이 없습니다. 오히려 이런 문제들을 향해 사변적인 것이고 형이상학적인 것이며 그러므로 반反과학적인 것이라고 적대감까지 드러내기도 합니다.

이러한 태도는 20세기 전체에 걸쳐 사회과학계를 지배한 실증주의 또는 경험주의의 '과학은 철학을 배제한 지식'이라는 그릇된 교의敎義를 의심 없이 추종해 온 것에서 기인합니다. 한국의 사회과학자들은 철학을 배제하거나 경멸함으로써 철학에서 해방되었다고 믿고 있지만, 실제로는 철학에서 해방된 것이 아니라 '가장 나쁜 철학'에 예속되어 있을 뿐입니다. 폐해는 여기서 그치지 않아 이러한 학자들에게서 배우는 학생들도 거의 예외 없이 철학적 고민을 기피하고 그들의 스승을 따라 가장 나쁜 철학을 답습하고 있습니다. 그러한 결과 이제는 한국 사회를 가리켜 '나쁜 철학의 사회'라고 불러도 과장이 아닐 지경에 이르렀습니다. 바스카가 카를 마르크스Karl Marx를 인용하며 이 책에서 여러 차례 묻는 "교육자는 누가 교육할 것인가?"라는 문제 제기가 바로 이 책을 한국어로 옮기게 된 동기입니다.

이 책은 바스카의 유고집입니다. 그는 별세하기 전까지 런던 대학교 교육연구소Institute of Education, University College London에서 세계 석학 World Scholar 직으로 근무했습니다. 연구소의 동료 학자인 데이비드 스콧David Scott이 그를 추모하며 비판적 실재론을 주제로 바스카의 생전에 대담을 나눈 내용에 바스카의 교육에 관한 견해를 추가해 출간한 것이 이 책입니다.

바스카의 논의는 (사회)과학의 존재론과 인식론을 탐구하는 (기본적인) 비판적 실재론에서 시작해 변증법적 전환dialectic turn과 영성적 전환spiritual turn을 거치면서 인간의 보편적인 자아실현 문제를 다루는 탐구로 심화·확대되었습니다. 이 작은 책에서 바스카는 그의 '전환들'을 가로질러 지속적으로 관심을 가졌던 '인간 해방의 본질과 전망'에 대한 통찰을 대담의 형식으로 제시합니다. 그리고 '접힌 것의 펼침unfolding of the enfolded'으로서, 즉 인간주체에 내재한 잠재력의 실현으로서 학습을 사례로 세계가 어떻게 구조화되어 있는지, 우리가 세계를 어떻게 이해할 수 있는지, 인류의 안녕을 위해 세계를 어떻게 변혁할 수 있는지를 해명합니다. 이러한 해명은 인간의 사회적 삶과 지식, 인간주체와 의식, 교육과 변화에 대한 비판적 실재론의 견해이기도 합니다. 더하여 '다학문성'에 대한 짧은 논의도 근래에 '융합'이나 '통섭' 등의 이름으로 유행하는 다학문적 연구의 적절한 철학적 기초를 이해하는 데 유익합니다.

이 책이 나온 뒤에도 바스카의 유고라고 할 만한 『21세기를 위한 메타이론: 비판적 실재론과 통합이론의 대화Metatheory for the Twenty-First Century: Critical realism and integral theory in dialogue』, 『계몽된 상식: 비판적 실재론의 철학Enlightened Common Sense: The Philosophy of Critical Realism』 등의 (편)저서나 논문이 발표되었습니다. 하지만 이 작은 책은 비판적 실

재론의 주요 내용을 광범하고 자유분방하면서도 비교적 평이하게 소개해 주는 장점을 가졌습니다. 억압, 노예 상태, 부자유에 도전하는 '인간의 자기해방의 기획'에 대한 기여를 소명으로 삼았던 바스카의 '아름다운 영혼'을 특히 잘 보여줍니다. 더 좋은 세계를 소망하는 사회과학자들과 학생들에게 이 책이 바스카와 비판적 실재론에 대한 관심을 환기하고 (사회)과학 연구와 교육의 사명에 대해 반성하는 계기가 되기를 바랍니다.

2020년 12월 이기홍

# 제1장

—

## 로이 바스카: 간략한 일대기

로이 바스카는 2014년 11월 19일에 별세했다. 그는 비판적 실재론과 메타실재metaReality의 철학에 관한 연구로 널리 알려진 사회철학자였다. 학계에서 그의 마지막 직위는 런던 대학교 교육연구소의 세계 석학직이었다. 이곳에서 바스카는 국제 비판적 실재론 연구 중심International Centre for Critical Realism을 설립했다. 바스카의 삶과 작업에 대한 훌륭한 해명은 그의 자서전적 민족지인『비판적 실재론의 형성: 개인적 관점The Formation of Critical Realism: A Personal Perspective』(Bhskar with Hartwig, 2013)에 실려 있다.

평생 동안 일반적으로 '로이'라고 불리었던 램 로이 바스카Ram Roy Bhaskar는 1944년 5월 15일에 영국 런던에서 태어났다. 그의 아버지는 인도 출신 의사로, 제2차 세계대전 초기에 런던으로 와서 왕립외과 의사회의 회원 자격을 얻었다. 어머니는 영국인이었지만 남아프리카에서 그녀의 유년기 대부분을 보냈다. 바스카는 자신이 다르마Dharma,

法<sup>●</sup>나 소명vocation이라고 부른 것에 다가서기 위해 분투하며 여러 측면에서 불행한 어린 시절을 보냈다.

전체적인 쟁점은 두 가지 관심과 밀접하게 관련되어 있었다. 하나는 자유에 대한 관심이었고, 이것의 뿌리는 나 자신의 자유에 대한 관심이었다. 다르마라는 개념은 이런 자유의 개념과 특히 잘 어울렸다고 생각한다. 이 개념에 따르면 자유란 '당신은 무엇을 할 수 있는가' 또는 '당신은 무엇을 가지고 있는가'와 관련되는 것만큼 '당신은 누구인가' 그리고 '당신은 무엇이 될 수 있는가'와 관련된다.

또 다른 관심은 사회 정의에 대한 것이었다. 근거가 될 수 없는 차이가 있는 곳에서 차별은 부정의의 한 형태이기 때문이다. …… 내가 일고여덟 살 때부터 살아온 삶이 분명히 분할된 삶이었다면, 대비되는 것은 무엇이었는가? 글쎄, 그것은 전적으로 총체성의 또는 통일성의 삶이었다. 내가 가능성들에 대해 알고 있다는 것은 내가 그렇게 할 수 있다는 것을 의미함을 깨달았다. 나는 환상 속에서 총체가 될 수 있었다. 그러나 물리적인 현실 속에서 총체가 된다는 관념도 또한 당연히 매우 중요했다. …… 분명히 나는 우리가 활동 속에서만 그리고 실현하는 행동 속에서만이 아니라 항상 총체일 수 있다

---

● 진리, 질서, 본질, 부처의 가르침, (자연)법칙, 존재, 도덕, 규범, 의무 등의 포괄적 의미를 가진다. _옮긴이 주.

는 생각을 지니고 있었다. 그래서 좋은 사람이란 무엇인가에 대한 기준과 함께 통합성, 즉 총체성의 기준이 있었다. 이것이 내가 진정으로 원했던 것이었다. 나는 좋은 사람이 되고자 했을 뿐 아니라 총체적인 사람이 되고자 했다. 이것은 내가 나의 다르마를 성취해야 함을 뜻했다. 즉, 나에게 자연스럽게 다가온 것, 내가 가장 잘할 수 있는 것, 내가 소질을 가진 것을 수행해야 함을 의미했다(Bhaskar with Hartwig, 2010: 5).

여기서 바스카는 자신의 삶과 일의 원천을 준비한다. 그는 웨스트 런던의 세인트 폴 사립학교St Paul's Private School를 나와 옥스퍼드 대학교University of Oxford의 베일리얼 칼리지Balliol College에 진학했다. 그리고 1966년에 '철학·정치학·경제학 과정'을 최우등으로 졸업했다. 바스카는 세 분야 중에서 경제학을 공부하기로 결정했다. 그는 나중에 그 이유를 설명했다.

철학에 열정을 가졌지만 결국 나는 경제학을 선택했다. 이 까닭은 '철학·정치학·경제학 과정'에서 경제학이 가장 중요하다고, 아니 가장 진지하다고 생각했기 때문이었다. 나는 철학에서 제기된 문제들을 다루는 데 능숙했고 그 경험이 매우 보람되다고 느꼈지만, 종종 그 문제들은 전적으로 사소한 것들이었다. 예컨대 '세계에 또 다

른 정신이 있는가?', '이 탁자는 존재하는가?', '당신은 손이 두 개인
가?' 같은 것들이었다. …… 철학과 대조적으로 정치학과 경제학이
다루는 주제들은 본질적으로 무엇인가에 관한 것이었고, 대답은 분
명하지 않았다. 유일한 도전은 당신이 그 대답에 어떻게 도달했는가
하는 것이었다. [그러나] 나는 세계에서 가장 큰 문제가 경제적 문제
라고 생각했고, 그것이 내가 대학원에서 경제학을 공부하게 된 이유
였다(Bhaskar with Hartwig, 2010: 23~24).

바스카는 옥스퍼드 대학교의 펨브로크 칼리지Pembroke College에서
경제학 강사가 되었고, 같은 학교의 누필드 칼리지Nuffield College에서
'저발전 국가들에 대한 경제 이론의 적합성'에 관한 논문을 준비하기
시작했다. 그러나 이 작업에서 당시의 경제학으로는 현실세계를 다
룰 수 없다는 것을 깨닫고 철학으로 되돌아가게 되었다. 결과적으로
그는 옥스퍼드 대학교의 리너커 칼리지Linacre College의 연구원으로 있
으면서 철학 담론에서 존재론(있음에 대한 철학적 연구)의 중요성을 복
원하고 (층화, 분화, 발현을 특징으로 하는) 새로운 비非경험주의적이고
비실증주의적인 존재론을 발전시키는 기획을 진행하기 시작했다. 이
작업은 결국 그의 첫 저서인 『실재론적 과학론A Realist Theory of Science』
(1975)의 출판으로 귀결되었다. 그사이에 바스카는 에든버러 대학교
University of Edinburgh의 철학 강사가 되었다.

『실재론적 과학론』은 자연세계에 초점을 맞춘 저서로서, 곧 사회세계에 초점을 맞춘 이 책의 짝인『자연주의의 가능성The Possibility of Naturalism』(1979)의 출간으로 이어졌다. 이 두 저서에서 제시한 이론들은 처음에는 각각 초월적 실재론transcendental realism과 비판적 자연주의critical naturalism로 불리었는데, 새로운 과학철학 및 사회과학철학에서 조금은 논쟁적인 '비판적 실재론'으로 통합되었다. 몇 년 뒤에 바스카는 세 번째 저서인『과학적 실재론과 인간 해방Scientific Realism and Human Emancipation』(1987)을 출간했다. 이 책에서 그는 윤리적 자연주의와 이데올로기 비판을 결합하는 설명적 비판과 존재론적 실재론의 강한 프로그램을 주창했다. 바스카는 이 세 권의 저서로 '기본적(또는 원형적) 비판실재론'이라고 부른 것의 기초를 마련했다. 기본적 비판실재론의 발전은 그의 다른 두 저서『비판적 실재론과 해방의 사회과학Reclaiming Reality: A Critical Introduction to Contemporary Philosophy』(1989)●과『철학과 자유의 이념Philosophy and the Idea of Freedom』(1991)으로 차례대로 뒷받침되었다.

비판적 실재론은 1993년에 '변증법적dialectical 비판실재론'으로 알려진 새로운 국면으로 이행했다.『변증법: 자유의 맥박Dialectic: The Pulse of Freedom』(1993)과 1년 뒤의『플라톤 등: 철학의 문제들과 그것들의

---

● 이 책은 2007년 우리말로 번역되었다. _옮긴이 주.

해결Plato, etc.: The Problems of Philosophy and their Resolution』(1994)의 출간은 그런 이행의 시작이었다. 이 책들은 변증법적 비판실재론의 존재론과 개념적 틀을 발전시켰으며, 동시에 서구 철학의 전체 궤적에 대한 비판을 제시했다. 곧이어『동에서 서로: 정신의 모험 여행From East to West: Odyssey of a Soul』(2000)을 출간하면서 '영성적 전환'으로 세상에 알려진, 비판적 실재론 철학의 새롭고도 매우 논쟁적인 국면을 열었다. 2002년에는『메타실재에 관한 성찰: 초월, 해방, 일상생활Reflections on MetaReality: Transcendence, Emancipation and Everyday Life』(2002),『과학에서 해방으로: 소외와 계몽의 현실성From Science to Emancipation: Alienation and the Actuality of Enlightenment』(2002),『메타실재의 철학: 창조성, 사랑, 자유 The Philosophy of MetaReality: Creativity, Love and Freedom』(2002)를 출간했다. 이 저서들은 비판적 실재론의 제3의 국면, 즉 메타실재의 철학(또는 초월적 변증법적 비판실재론transcendental dialectical critical realism)의 기초를 이룬다. 이 국면에서 바스카는 기본적 및 변증법적 비판실재론에서와 마찬가지로 지구의 존속과 보편적인 안녕과 성숙을 지향하면서 근대성에 대한 강력한 비판을, 자아와 사회구조화와 우주에 대한 근본적으로 새로운 해명과 결합했다.

# 생애

이 책은 매우 독특한 형태를 띠고 있다. 먼저 첫 장(1장)과 마지막 장(6장)이 책의 중심 부분(2~5장)을 감싸고 있다. 책의 중심부는 바스카와 가진 두 번의 대담(2~3장), 우리가 공동으로 작업한 연구 계획서(4장), 바스카가 2002년에 인도에서 진행한, 특히 교육에 관한 강의록(5장)으로 구성되었다. 원래 기획 의도는 바스카와 네 차례의 긴 대담으로 책을 만드는 것이었다. 하지만 그가 대담 중간에 별세하면서 책의 구조, 내용, 순서에 대한 기존의 구상을 변경해 출간하게 되었다. 다만 제1장의 착상은 그대로 남아 있다. 제1장에서는 바스카의 비판적 실재론 이론을 그의 삶의 맥락 속에, 그리고 더 중요하게는 그의 사상을 형성한 사회적 힘들, 담론들, 사건들의 맥락 속에 위치시키고자 했다.

적절한 과학철학이라면 어느 것이든 과학의 중심적 역설과 씨름하는 방법을 찾아야 한다. 그 역설이란, 지식은 사회적 활동을 하는 사람들이 생산한다는, 그리고 지식은 다른 것들과 마찬가지로 사회적 생산물이며 자동차나 안락의자나 책처럼 지식의 생산에 대해 그리고 지식을 생산하는 사람들에 대해 독립적이지 않다는, 그러므로 지식 자체의 장인, 기술자, 출판자, 표준, 숙련을 보유하며 다른 생

산물들처럼 변화의 지배를 받는다는 것이다. 이것은 '지식'의 한 측
면이다. 다른 측면은 지식이 대상들에 대한(of) 것이며, 그 대상들은
수은의 비중, 전기분해 과정, 빛의 전파 기제 등처럼 사람이 만든 것
이 아니라는 점이다. 이러한 '지식의 대상들'은 인간의 활동에 의존
하지 않는다. 사람들이 존재하지 않더라도 소리는 계속 전파될 것이
고 질량을 가진 물체는 정확히 똑같은 방식으로 (가정상 이를 알아
낼 사람은 없겠지만) 지표면으로 떨어질 것이다(Bhaskar, 2008: 4).

이것은 바스카가 평생에 걸쳐 논문, 저서, 대화 등에서 여러 상이
한 형태로 반복했던 주장의 핵심이다.

생애사 방법의 존재론에서 중심이 되는 것은 서사narrative의 개념
이다. 이것은 개인적 경험들에 침투하는 기저의 담론들(통상적으로 이
야기 형식)을 가리킨다. 생애사 자료의 수집에는 해석학적 과정이 생
애사 기록자와 생애사 당사자 모두에게서 작동한다. 이 책은 무엇보
다도 특이한 한 인간의 삶과 일에 대한 해명이다. 전기적 방법biographical
method은 구조와 행위주체 간의 분열을 극복하고, 이 과정에서 구조
적인 것과 현상학적인 것 사이를 매개하려는 시도다. 그 방법은 개인
의 삶 — 사회적 서사들, 제도적 관습들, (사회적인 것을 구성하는) 상대적
으로 지속적인 제도적·구조적 구조들 및 담론적 구조들에 입각해 지속된 —
에 초점을 맞춤으로써 수행된다.

전기적 방법의 중심 구성 요소는 이 사람, 저 사람을 통해 기록되거나 구전되는 텍스트다. 텍스트들은 역사 속에 위치하고 있으며, 이러한 역사적 차원은 해당 텍스트들을 어떻게 구성하고 이해할 것인가에 대해 함의를 갖는다. 생애사는 개인에 초점을 맞추며 그러므로 개별주의적이다. 이것은 서사 분석을 통해 개인의 삶에 초점을 맞추지만, 이러한 서사들이 (상이한 시점들에서 개인들 및 개인들의 집단들의 행위들로 형성되고 재형성된다고 하더라도) 공공적인 것이라는 점을 이해한다. 서사 분석의 중심에는 시간의 개념이 있다. 시간은 사회적 서사들을 통해 경험되는 것으로 이해되며, 시간은 이런 삶에 일관성을 부여한다.

개인의 '삶'은 현재 시점에서 서사적 일관성을 성취하려는 사람이 지속적으로 만들고 다시 만들어낸다. 서사들이 역사 속에 자리 잡고 있기 때문에 삶은 항상 변화한다. 그 과정을, 과거를 기억하는 또는 (기억의 취약성을 고려할 때 당연히) 망각하는 방식이라고 그리고 이 해명을 진실인 것으로 제시하는 방식이라고 이해하는 것만으로는 결코 충분하지 않다. 바스카는 이 책에서 그가 현재를 이해하는 방식을 준거로 그 자신의 과거를 문자 그대로 재구성했다. 이런 이해는 이전의 재개념화들에 대한 재개념화다. 회상하는 사건이나 활동이 시간적으로 인접하면 할수록 재현들은 적어진다. 연속하는 해명들이 현재의 이해와의 관계 속에서 재형성되기 때문에 실로 이 과정은 파도와 같다wave-like. 이 과정은 중복되는 재구성들에 의해, 그리고 사건이나 활동을 과거에 어떻게 이해했는지에 의해 더욱 복잡해진다. 반성의 메타 과정은 초점과 틀frame을 지니고 있다. 이 과정은 과거를 언급하지만, 이것은 또한 과거를 틀 지었던, 그러나 지금은 더 이상 틀 짓지 않는 방식도 언급한다.

'삶'의 두 번째 요소는 파편적이라는 점이다. 이것은 단순히 기억이 취약하기 때문만이 아니라 사건들에 대한 원래의 그리고 이후의 재구성들, 생각의 근원들, 이러한 생각의 형성과 해석이 복잡하고 배타적이기 때문에 그렇다. 자신의 삶을 살아가는 사람들이 자신의 자서전적인 해명에서 언급하는 사건들과 활동들에 대해 완전한 지식을 가진 것은 아니며 가질 수 있는 것도 아니다. 이들은 이들이 시작한 기획들의 결과를 알 수 없다(이들이 이 결과를 알 수 있다면, 이들은 일어난 일에 대해 신의 눈을 가졌다고 할 수 있다). 그 결과들을 미리 볼 수는 없다. 더욱이 이들은 자신들이 수행한 일들을 실제로 왜 수행했는지에 대해, 이러한 사건들을 이들이 나중에 어떻게 이해했는지에 대해 단지 제한된 견해만을 가질 뿐이다. 암묵적으로 이들은 '숙련된 아는 사람들'일 수도 있고 상당한 지식을 보유하고 이 지식을 일상의 삶에 끌어들일 수도 있지만, 이 지식을 스스로 그리고 생애사 면접 과정에서 명확하게 표현할 수는 없다. 이들은 이러한 비교적 지속적인 구조들을 암묵적으로든 아니든 참으로 독특하게 이해한다. 이들은 이 구조들을 다른 사람들은 그렇게 하지 않을 방식으로 해석한다.

이것은 생애사 기록자에게도 함의를 가진다. 기록자는 생애사 해명에서 생애사 당사자와 공모한다고 할 수 있다. 기록자의 해명은 항상 '그 삶'에 관한 상이한 관점을 제시하며 참으로 항상 그 삶을 넘어선다. 생애사 기록자는 그 자신의 생애사를 가지고 있으며, 이것은 일련의 전제들을 포함하며 현재적으로 구성되고 있다. 그러므로 생애사의 기록자와 당사자는 생애사적으로, 그리고 이들이 세계에 대해 알게 되는 담론적 틀에 입각해 위치하게 된다. 그러므로 해석된 해명은 제시할 수 있었던 여러 해석 가운데 하나일 뿐이다. 더욱이 이러한 해명은 서술 과정에서 제시되는 일련의 해석들의 어떤 지점에서의 종결을 포함한다. 이것은 생애사의 기록자와 당사자가 이러한 종결에 대해 불균등하게 위치함을 의미하지만, 이것은 복잡한 과정을 단순화하는 것이다. 통상적으로 생애사 기록자는 완성된 해명에 관해 생애사 당사자에게 의견을 듣고 협의하지만, 슬프게도 로이의 별세는 이런 협의를 불가능하게 만들었다. 더하여 일반적으로 기록자와 당사자는 생애사 당사자의 삶의 기획에 공감하며, 따라서 양자가 협의해 이끌어내는 종결은 이것과 조화된다. 참으로 생애사 면접을 '삶'에 대한 재구성으로 이해해야 한다면, 일반적으로 상당한 정도의 합의에 도달했어야 한다. 결과적으로 이 해명은 어느 정도는 특정의 의제에 부합하고, 이 의제는 항상 생애사 기록자와 당사자 둘 모두의 과거를 준거로 삼는다. 이 때문에 에르벤(Erben, 1996) 같은 주석자들은 빈번하게 생애사 방법을 자서전적인 것autobiographical이라고 지적한다. 생애사 기록에 함축된 해석적 또는 해석학적 절차는 자서전 기록자가 수행하는 과정의 복제물이다.

생애사 연구자가 부딪히는 두 번째 문제는 개인 행위주체들과 이들을 둘러싸고 있는 상대적으로 지속적인 구조들 사이의 정확한 관계다. 필자는 이미 구조들이 개인 행위주체들의 삶의 과정과 자서전적 과정 둘 모두를 구성하고 재구성한다고 지적했다. 또한 (텍스트를 생산하는 방식을 포함한) 이러한 구조적 관계들이 역사 속에 있으며, 그러므로 또한 변할 수밖에 없다는 점을 지적했다. 그러나 해석학자의 가장 근본적인 통찰은 그러한 구조적 관계들을 처음에는 이 관계들에 대한 학자의 재구성을 통해서만 알 수 있다는 것이다. 따라서 생애사 면접은 개인이 (사람들의 관계들의 특징인) 이렇게 상대적으로 지속되는 구조들과의 관계 속에 위치하는 방식을 이해하는 데 중심적이다.

네 가지 가능한 관점을 찾아낼 수 있다. 네 관점들 가운데 첫 번째 입장은 구조적 영향을, 개인들이 이것을 개념화하는 방식을 언급하지 않고 이해할 수 있음을 시사한다. 따라서 생애사 연구자는 이런 입장과 일치하는 방법을 사용해야 한다. 이와 대조적으로 두 번째 입장은 사회적 삶을 지탱하는 구조들과 기제들이 행위자의 서술에 능숙하게 반영된다고 제시한다. 달리 말하면 사회적 행위자들은 적절한 조건 아래에서 자신들의 숙련된 수행들을 적절하게 해명할 수 있으며, 이 해명은 실제로 일어난 일을 반영한다는 것이다. 세 번째 입장은 앞의 두 입장을 조정한다. 행위주체와 구조는 이중성으로 작동한다. 인간은 외부의 영향이 주는 힘에 의해 결정되지 않지만, 사회를 구성하는 일련의 관계들 및 결합들로부터 분리되어 행위하는 제약받지 않는 자유로운 행위주체도 아니다. 행위자들은 지속적으로 일련의 '규칙과 자원'에 의지하며, 이것들은 일단 실체화하면 사회적 삶이 지속되어 일상화하는 것을 허용한다. 인간들은 그들 자신과 다른 사람들이 수행한 (구조적 속성들을 창출하는) 이전의 시도들의 맥락 속에서 세계를 만들고, 동시에 이 구조들을 변형하고, 세계에 대한 뒤따르는 재구성에 영향을 미치는 조건을 변화시킨다. 더욱이 행위주체는 구조들을 변형하지만, 이 주체는 또한 동시에 스스로를 변형하고 있다. 그러므로 구조들은 오직 사회 속의 행위자들의 숙련된 수행 내부에서만 실체가 있으며, 그러므로 오직 순간적으로만 실체를 가진다.

기든스(Giddens, 1984)의 '경향적 자원론tendential voluntarism'에 대해서는 많은 비판이 있는데, 이 중에 아처(Archer, 1996)는 기든스가 행위주체와 구조 사이의 관계를 너무 근접시켰다고 비판했다. 참으로이 관계는 이중성을 갖는다. 아처는 사회 구조들 및 체계들은 언제나 사회적 행위자들의 활동들과 믿음들에서 상대적으로 독립되어 있다고 보았다. 따라서 아처의 정교한 이원론은 생애사 기록자에게 문제를 제기한다. 구조를 특정 개인들 및 개인들의 집합들이 자신들의 삶을 살아가는 방식에 대해 상대적으로 독립적인 것으로 이해해야 한다면(그리고 그 뒤에 이들의 수행으로 이해해야 한다면), 생애사의 해명은 항상 불완전하다. 그러나 생애사의 해명을 단지 이해의 모자이크 mosaic의 한 부분으로 이해한다면, 이것이 생애사 기록자에게 중요한 것은 확실하다.

텍스트 분석은 생애사/자서전 방법의 핵심이다. 참으로 이것보다 나아갈 수 있고 (특히 텍스트가 생산되기 때문에) 모든 유형의 교육 연구가 텍스트 분석에 관심을 가져야 한다고 제안할 수 있다. 텍스트, 특히 역사 텍스트 읽기에는 수많은 접근 방법이 있다. 이 중에 첫 번째는 단일의미론적monosemantic인 것이다. 스스로 움직이는 역사적 방법intransitive historical method을 사용하는 경우 텍스트는 그것의 의미를 상실하게 되고 이것은 명확한 해석을 구성한다. 의미는 텍스트 자체에 존재하며 한 방향으로만 독해될 수 있다. 이것은 텍스트가 늘 이런 방식으로 독해됨을 의미하지 않는다. 왜냐하면 독자가 여전히 정확한 방법을 채택해야 하기 때문이다. 즉, 독자는 자신의 가치를 현상학적으로 괄호 치기하고(독자는 독서하는 중에 자신의 선입견과 편견을 한쪽으로 제쳐놓을 수 있다), 텍스트에서 의미를 논리적으로 추론하고

(단어들의 조립assemblage 및 그 밖의 준언어적paralinguistic 형태들에서 의미를 도출하는 정확한 방법 중 하나다), 포괄적이어야 한다(읽기는 어떻게든 선택적인 것이 아니다). 단어들을 종이 위에 쓰는 저자가 해당 단어들의 의미를 완전히 이해하지 못할 수도 있기 때문에, 이런 정확한 읽기가 반드시 저자가 의도한 의미를 읽어내는 것은 아니다. 더욱이 저자는 텍스트가 실제로 의미하는 것에 관해서 자신의 생각을 실제로 바꿀 수도 있다. 그러나 검토되고 있는 텍스트 안에는 의미에 대한 명확한 진술이 있고, 이것은 몰-역사적 방법a-historical method을 통해서만 포착될 수 있다.

두 번째 접근 방법도 단일의미론적이지만 여기서는 저자의 의도가 전면에 제시된다. 텍스트는 명확한 읽기를 허용하는데, 그 까닭은 읽기가 저자의 의도와 일치하기 때문이다. 다시 말하면 읽기는 몰-이론적 방법a-theoretical method으로 이루어진다. 던(Dunne, 2009: 108)이 지적하듯 "공감이 가능했던 것은 결국 적절한 해석자가 그의 저자와 '본성이 동일하고', 실질적인 역사적 이해가 역설적으로 역사의 베일을 찢음으로써 이런 기본적인 동일본성성connaturality이 그 자신을 주장할 수 있었기 때문이다". 이것에서 여러 함의를 이끌어낼 수 있다. 텍스트를 여러 상이한 방식으로 읽는다고 이야기하는 것은 저자가 텍스트를 특별한 하나의 방식으로 읽히도록 의도했기 때문에 정당하지 않다. 텍스트 읽기의 목적은 저자가 생각한 것을 재구성하는 것이지 단어의 집합들과 배열들을 이해하는 것이 아니기 때문에, 텍스트 자체만이 저자의 의도를 재구성하는 데 사용하는 하나의 증거, 그렇지만 중요한 하나의 증거로 구실한다. 그러나 이것에는 많은 문제가 있다. 첫째, 저자가 자신의 의도를 필요한 만큼 확실하게 알지 못할 수도 있다. 둘째, 저자가 텍스트에 대한 다중의 읽기를 허용하고자 의도적으로 '작가적인writerly' 텍스트를 만들 수도 있다(Barthes, 1995). 따라서 의미가 텍스트 자체에 존재하는 것이 아니라 텍스트에 대한 읽기 방식 속에 존재할 수 있다. 체리홈스(Cherryholmes, 1988: 12)는 "텍스트에 개입하는 이전의 이해, 경험, 약호, 믿음, 지식 등이 이것에 대한 우리의 읽기를 필연적으로 조건 짓고 매개한다"라고 주장한다. 더욱이 텍스트의 형태 또는 저자의 사고 과정이 텍스트 형태, 즉 텍스트성으로 번역되어 들어가는 방식은 역사 속에 있으며, 이것은 텍스트로부터 저자의 의도를 추론하는 과정을 복잡하게 만든다.

세 번째 접근 방법은 텍스트 읽기에 초점을 맞춘다. 텍스트와 그것에 대한 읽기 방식은 역사에 뿌리를 두고 있다. 하이데거(Heidegger, 1996: 57)는 해석의 '전-구조fore-structure'를 지적한다. 그는 해석이 '우리에게 제시된 것에 대한 전제 가정 없는 파악'이 결코 아니라 언제나 '전-소유fore-having', '전-시야fore-sight', '전-개념fore-conception'을 포함한다고 이야기한다. 그러므로 역사적 텍스트는 그것의 '전-텍스트pretexts'에 입각해서 독해된다. 각각의 사회에는 언어, 담론, 글쓰기를 조직하는 그 자체의 방식이 있으며, 모든 역사적 텍스트는 독자에게 익숙하지 않은 형식을 가진다. 더하여 각각의 텍스트는 텍스트의 밑에서beneath 작동하지만 텍스트에 그 의미를 부여하는 하위-텍스트sub-text를 가지고 있다. 역사적인 그리고 특정의 읽기를 허용하는 인식론들과 지식의 전통들이 그것이다(Usher, 1997 참조).

텍스트 읽기가 역사 속에 잠겨 있다는 주장이 야기하는 문제에 대해서는 여러 해결책이 있다. 첫 번째는 이루어지는 해석은 모두 필연적으로 관점적perspectival이며 그러므로 누구나 아주 멀리 나아갈 수 있다는 것이다. 두 번째 가능성은 우리는 우리의 해석적 입장을 어떤 방식으로인가 넘어설 수 있다는 것이다. 가다머(Gadamer, 2004)는 이런 해결책을 (그것이 단지 부분적인 것이기는 하지만) 제안한다. 텍스트에 대한 명료한 읽기가 가능하다고 제시하는 대신에, 가다머는 우리가 어떤 텍스트의 상이한 공-텍스트들contexts과 전-텍스트들을 이해할 수 있다면 이것은 그 자체로 해당 텍스트를 읽는 우월한 방법을 구성한다고 주장한다. 가다머에 따르면 그가 했던 것처럼 우리도 권위와 전통에 대한 각각의 주장들과 씨름함으로써 텍스트 읽기는 (그가 권위의 외부적인 또는 객관적인 보증물을 옹호하지 않음을 우리가 이해한다면) 합리적인 활동일 수 있다. 이성은 언제나 전통의 주장에 종속되어 있다. 그는 다음과 같이 주장한다.

전통과 관습으로 인가받아 온 것은 이름 없는 권위를 가지고 있으며, 우리의 유한한 역사적 존재는 전승되어 온 것 ― 그리고 명확하게 근거를 가진 것뿐 아니라 ― 의 권위가 항상 우리의 태도와 행위에 대해 권력을 지닌다는 사실을 특징으로 한다. ······ 전통은 이성의 논증을 벗어나는 정당화를 가지고 있으며, 거대한 규모로 우리의 제도들과 우리의 태도들을 결정한다(Gadamer, 2004: 250).

우리가 행하는 모든 해석의 '전-구조'의 위치에 대한 하이데거의 강조는 이런 입장의 거대한 규모의 재주장이다.

이와 같은 생애사 텍스트는 다음과 같은 방식으로 구성된다. 텍스트에 중심적인 것은 해석 과정이며 이것은 두 가지 의제, 즉 생애사 기록자의 의제와 생애사 당사자의 의제의 교직交織으로 이루어진다. 이런 '지평의 융합'(Gadamer, 2004)은 어떤 사람에 관한 또는 자신에 관한 쓰기 행위가 양쪽에게 탐색적이며 발달적이라는 것을 의미한다. 어떤 사람의 평생의 작업에 대한 생애사적 텍스트나 해명은 그것이 구성된 방식에 입각해서 이해되며, 이것은 생애사 기록자의 자기 위치에서의 자서전을 포함한다. 과거는 현재에 입각해서 조직된다. 즉, 현재의 담론들, 서사들, 텍스트들은 과거에 대한 모든 탐색의 배경을 구성한다. 이것은 생애사가 그렇게 불완전하게 회상되는 실제 사건들을 언급한다는 것이 아니라, 과거의 사건들을 자신의 '삶'으로

산 사람들이 수행하는 해석이며, 이러한 해석은 항상 전-텍스트를 가진다는 것이다(Usher, 1997). 더욱이 (텍스트의 의미를 현재 속에 조직하는 수단들을 구성하는) 전-텍스트는 항상 과거 속의 다른 전-텍스트들을 참조하고 그것들을 대체한다(Scott and Usher, 1998). 해명의 공적 차원과 사적 차원은 교직된다. 사적 행위들은 역사 속에 위치하며 사회 속에서 수행된다. '삶'은 파편적이며 전체들과 대립하는 것으로서 부분들, 결코 결실에 도달하지 못하는 서사들, 단절된 흔적들, 갑작스러운 결말들, 새로운 시작들로 구성된다.

## 교육 이론

이 책에서 우리는 독창적인 교육철학을 해명하고자 한다. 이 철학은 우리가 세계가 어떻게 구조화되어 있는지를 이해하는 데, 그리고 인류의 안녕을 위해 자원을 보다 바람직하게 배치하고자 하는 욕구에 맞추어 이 세계를 어떻게 변혁할 수 있는지를 이해하는 데 도움이 된다. 그러므로 이 책은 정신에 대한 이론이자 세계에 대한 이론이며 더하여 교육에 대한 이론이다.

교육 이론에 필요한 것은 무엇인가? 교육 이론의 특징은 무엇인가? 교육 이론의 특징은 무엇이며 그 특징들 사이의 관계는 무엇인가? 그것들은 아마도 다음과 같을 것이다. 교육 과정을 이해하기 위한 언어, 그 과정을 분석할 수 있는 (다양한 구성 요소들과 그것들 사이의 관계를 판별하고 분리하는) 능력, 존재론과 인식론, 그것들 사이의 관계, 이 모든 것들 가운데 교육적 상황에서 무엇이 필요한지를 규정하는 일관된 이론으로, 일련의 교육적 가치로 전환시키는 방식이 그것들이다. 간단히 말해 교육 이론 또는 교육에 대한 이론은 인간(의 발현적 역량들과 정보 감각들을 포함한)에 관한 그리고 그 안에 인간이 위치하고 있는 환경에 관한 일련의 기본적인 규범적 전제들, 인간과 환경 사이의 관계에 관한 일련의 기본적인 규범적 전제들, 개인들과 그들이 위치하고 있는 환경 두 가지 모두와 관련된 지식과 학습과 변동/변형에 관한 일련의 기본적인 규범적 전제들, 이런 세 묶음의 전제들에 기초한 지식 묶음들과 숙련들과 성향들(여기에는 교육이 발전시켜야 하는 가치들도 포함된다)에 관한 결론들, 적절한 교육학들과 교육 과정들과 표현들 및 표현을 위한 매체들과 학습 환경에 관한 추론과 이러한 믿음들에서 나오는 일련의 실천적 행위들의 판별이라는 특징들을 가지고 있다.

이것은 교육 이론이, 그리고 이런 요건을 상당히 충족하는 바스카의 교육 이론이 의도성, 행위주체의 역량, 행위의 구조, 물질론, 성찰성, 세계, 진보, 교육과 삶의 과정을 서술하고 변화시킬 가능성, 본질주의 및 인간 본성, 교육학, 지식 및 지식 개발, 진리 기준, 자아의 형성, 교육 과정 목표 및 목적, 다른 사람들과 함께 삶, (특히 공존 및 제약된 상태 속에 이미 존재하는 것을 펼침과 관련된) 학습, 학습과정에서의 자아, 자아(또는 행위주체)와 환경 사이의 관계, 층화, 발현, 표상과 그것의 상이한 양식들, 구조들과 기제들, 변증법, 비판성 등의 중요한 사안들에 관해 일정한 견해가 있다는 것을 의미한다. 간단히 말해 교육 이론에 필요한 것은 학습 환경을 구성하는 일련의 특징들과 그것들 사이의 관계다.

바스카는 자신의 교육 이론을 발전시키면서 그것에 영향을 미친 열 가지 견해를 언급했다.

> 과학철학에서 반일원론의 전통, 반연역주의의 전통, 구체성 이론가들theorists of the concrete이라고 부를 수 있는 것, 지식사회학과 이데올로기 비판, 카를 마르크스와 특히 그의 실천 개념(이것은 변형적 사회활동 모델Transformational Model of Social Activity: TMSA의 기초를 형성한다), 구조의 개념 및 구조와 사건 사이의 대비에 관한 전반적인 견해(우리는 이것을 클로드 레비스트로스Claude Lévi-Strauss와 구조주의자들의 저작들에서, 그러나 특히 놈 촘스키Noam Chomsky의 저작들에서 찾기 시작할 것이다), …… 당시 절정의 영향력을 보여주었던 루이 알튀세르Louis Althusser, 언어, 자연철학자들, 메타비판적 맥락, …… 관점, 즉 니체의 관점주의Nietzschean perspectivism, 프란츠 파농Franz Fanon의 혁명적 폭력 이론, 일반적으로 위기 이론, 안토

니오 그람시Antonio Gramsci, 아마도 파농에 대한 일종의 정정이나 보완으로서 간디Gandhi (등이다)(Bhaskar, 2008: 33~34).

이 중 처음의 세 가지는 현대의 과학 개념, 특히 과학철학과 반대된다. 네 번째는 지식사회학 및 이데올로기 비판과 관련된다.

이제 나는 지식의 자동적 차원과 타동적 차원의 개념을 가지게되었고, 과학 지식 및 지식 일반을 사회세계 속에 위치시켜야 할 뿐아니라 …… 그것들을 세계 자체 속에 위치시켜야 한다는 것, 즉 존재론적으로, 존재하고 있는 것으로, 그리고 물질적으로 자연의(발현적) 부분으로 위치시켜야 한다는 것을 깨닫기 시작했다(Bhaskar, 2008: 37~38).

다섯 번째는 초기 마르크스의 저작들에서 제시된 실천론적 전환이었다. 이것은 (구체적인 사회적 조건에 있는 그것들의 기원으로 되돌아가 추적해야 하는) 추상화의 더 심층적 수준에서 발전한 철학적 개념들을 필요로 했다고 바스카는 주장했다. 여섯 번째 영향은 구조주의였다. 특히 이것은 탐구의 유일한 초점으로서 원자론적 사건들에 대한 거부와 객체들의 경향들과 힘들에 대한, 또는 그가 구조들이라고언급한 것에 대한 강조를 포함한다. 일곱 번째 영향은 세계에 대한 그리고 세계에 관한 설명에서 언어와 언어 구조의 우선성이라는 관념에 대한 반발이었다. 바스카는 그의 '실재적인 것'이라는 개념에서 이 점을 분명히 밝혔다.

> 사회가 언어 이상의 것으로 구성되어 있다는 것, 사회는 실재하는 억압, 실재하는 모진 가난, 실재하는 죽음, 실재하는 전쟁, 실재하는 싸움을 포함한다는 것, '싸움'이라는 단어나 싸움에 관한 수많은 문장들과 실재하는 싸움은 뚜렷이 구별된다는 것이 나는 명백하게 분명하다고 생각한다(Bhaskar, 2008: 39).

그 밖에 자연철학자들과 메타비판적metacritically 맥락도 영향을 미쳤다.

바스카는 존재론에 관해 세 가지 주장을 했다. 첫째, 앎이라는 타동적transitive 영역과 존재라는 자동적intransitive 영역 사이에 중요한 차이가 있다. 둘째, 사회세계는 개방체계open system다. 셋째, 실재는 존재론적 깊이를 가지고 있다.

바스카의 첫 번째 주장은 존재라는 자동적 세계와 앎이라는 타동적 세계 사이의 구별이다. 이 둘을 융합하면 상향융합의 경우 (자동적인 존재를 타동적인 앎으로 환원하는) 인식적 오류epistemic fallacy를, 하향융합의 경우 (타동적인 앎을 자동적인 존재로 환원하는) 존재적 오류ontic fallacy를 결과하며 일부의 의미를 상실하게 된다. 여기에는 두 가지 함의가 있다. 사회적 객체들과 그것들 사이의 관계들(즉, 연결, 합류, 결합)은 실재하지만 끊임없이 변화하고 있다. 그러므로 그 객체를 그것의 이전 것과 연결 지어 인식하는 것이 거의 불가능할 만큼 그 객체가 완전히 변형된다고 하더라도 지속하는 것은 바로 변화하고 있는 그 객체다. 두 번째 함의는 사회세계의 경우 특정의 상황과 조건에서는 타동적 영역의 사회적 객체들이 자동적 영역으로 침투할 수 있으며 그러므로 객관화될 수 있다는 것이다.

또한 이것은 타동적 영역과 자동적 영역이 분리될 수도 있음을 시사한다. 바스카는 이것과 관련해 다음의 네 가지 이유를 찾아냈다. 첫째, 세계에는 우리가 그것들을 알고 있는지 여부와 무관하게 사회적 객체들이 존재한다. 둘째, 모든 인식적 주장은 논박 가능하기 때문에 지식은 오류 가능하다. 셋째, 경험세계를 가리키는 그리고 사회적 실재의 더 깊은 수준들, 즉 사회적 기제들의 작동을 무시하는 초현상주의적trans-phenomenalist 진리가 있다. 넷째, 더 중요한 것으로 그러한 심층 구조들이 그것들의 외양과 실제로 상치할 수도 있는 반현상주의적counter-phenomenalist 진리가 있다.

바스카가 제기한 두 번째 주장은 사회세계가 개방체계라는 것이다. 폐쇄체계closed system는 두 조건을 특징으로 한다. 즉, 객체들이 (다른 객체들의 간섭을 받지 않음으로써) 일관된 방식으로 작동하고(폐쇄의 외적 조건), 또한 객체들의 본질적인 성격은 변동하지 않는다(폐쇄의 내적 조건)는 조건이다. 개방체계는 이러한 조건을 전혀 보유하지 않는다. 폐쇄체계에서 판별해 낸 규칙성들은 인과기제들과 동의어다. 폐쇄체계에서는 실험적 특성들이 자연적으로 존재하기 때문에 실험이 필요하지 않다. 그리고 폐쇄체계의 대안으로는 첫째, 인위적 폐쇄 artificial closure와 둘째, 체계적인 개방성에 적합한 (간접 증거에 대한 분석으로부터의 추론 판단을 포함한 여러) 방법들과 전략들의 사용, 두 가지가 있다. 이 가운데 첫 번째인 인위적 폐쇄는 수많은 입증되지 않은 가정들에 기초한다. 원래의 지식이 인위적 폐쇄의 조건 속에서 구성되었다고 하더라도 개방체계로의 이전이 가능하다. 이 원래의 지식은 객체의 구성과 정확하게 관련된다. 그러므로 우리는 체계적 개방성의 원칙에 부합하는 방법들과 전략들을 보유하게 된다.

그의 세 번째 주장은 사회적 실재가 존재론적 깊이를 가지고 있다는 것이다. 사회적 객체들은 담론에서 사용되는 이상화된 유형들에 대한 실재적인 표출real manifestations이며 모든 탐구의 초점이다. 그것들은 여러 방식으로 구조화되어 있으며, 이 때문에 힘powers을 가지고 있다(Brown, Fleetwood and Roberts, 2002 참조). 이 구조들(또는 기제들)이 가지고 있는 힘은 세 유형 중 하나일 수 있다. 즉, 힘은 보유될 수 있고 행사될 수 있고 현실화될 수 있다. 보유한 힘은 상황에 따라 그것의 작동이 촉발되는지 여부와 무관하게 객체들이 가지고 있는 힘이다. 그것의 효과는 관찰 가능한 현상에서 나타나지 않을 수 있다. 행사된 힘은 개방체계 안에서 그것의 작동이 촉발되고 그것의 효과가 나타나며 그 결과로 그 힘은 그것이 영향을 미치는 범위 안에 있는 다른 기제들의 다른 힘들과 상호작용한다. 이 행사된 힘도 다른 힘들이 그것의 효과를 상쇄할 수 있으므로 관찰 가능한 현상들을 만들어내지 않을 수 있다. 현실화된 힘은 그것의 효과나 결과를 발생시킨다. 개방체계 안에서 힘들은 다른 힘들과 함께 작동하지만, 이 경우 이 힘들은 억압되거나 상쇄되지 않는다. 체현된, 제도적이거나 담론적인 구조들의 힘은 보유되지만 행사되거나 실현되지 않을 수도 있고, 보유되며 행사되지만 실현되지 않을 수도 있으며, 보유되며 행사되며 실현될 수도 있다. 결과적으로 사건들의 규칙적 결합constant conjunctions에 기초를 둔 인과모델은 기각되면서 발생적-생성적generative-productive인 것으로 대체된다. 또한 객체들 및 객체들 간의 관계는 발현적 속성들emergent properties을 가진다.

이 관점에서 세 가지 명제가 나온다. 첫째, 우리가 인간주체와 학습 실천에 대해 제시하는 서술들은 "의도적 인과성intentional causality 또는 이유의 인과성causality of reason"에 의존한다는 것이다. 둘째, 이러한 서술들은 "공시적 발현적 힘 물질론synchronic emergent powers materialism"을, 즉 담론적이거나 체현적인 객체들의 힘에 일어나는 시간 연쇄적이며 층화적인 변동들을 고려해야 한다는 것이다. 셋째, "사실 담론의 평가적이고 비판적인 함축"을 인정해야 한다는 것이다(Bhaskar et al., 2010: 14, 강조는 저자). 그러나 비판적 실재론은 간접적인 실재론이며, 학습 및 그 밖의 실천들에 대해 그리고 시간 흐름 속에서 그것들 사이의 관계에 대해 해명하면서 모델구성modelling과 역행추론의 과정을 사용한다.

바스카가 이야기하듯 비판적 실재론의 두 번째 국면은 변증법적인 것이다. 그는 변증법에 대해 "개념적인 또는 사회적인 갈등, 상호연결 및 변동의 과정"이라고 서술했다(Bhaskar, 2008: 32). 변증법은 인간의 존재 조건에 영향을 미치고 변동을 일으킬 수 있는 장애물들을 제거할 수 있게 하기 때문에 인간 번성human flourishing의 실질적인 과정을 만들어낸다. 이 장애물들은 '없음들absences'로 인식되며, 이 없음들은 해방적 비판의 실질적이고 우연적인 변증법적 과정에서 없어져야 한다. "존재론적 변증법은 실재와 관련되고, 인식론적 변증법은 실재에 관해 알려진 것과 관련되며, 관계적 변증법은 우리의 지식을 알려진 것에 대한 관계 내부에 메타비판적으로 위치시킨다"(Bhaskar, 2008: 3). 바스카는 인간이 핵심적인 (기본적으로 변화할 수 있는) 인간 본성을 가진 것으로, 그리고 이 본성은 상이한 조건에서 상이한 방식으로 스스로를 드러내는 것으로 이해했다.

비판적 실재론의 세 번째 국면은 메타실재다. 바스카는『메타실재에 관한 성찰』에서 "이 책은 발전된 비판적 실재론과 발전 과정에서 내가 가진, 내가 메타실재의 철학이라고 부른, 새로운 철학적 관점 사이의 차이점을 명확하게 표현한다"라고 제시했다(Bhaskar, 2010: 1). 주요한 이탈점은 서구의 이원론에서 '일체non-dual, 一體 모델'로의 전환에 대한 강조다. 이 모델에서는 해방이 "이중성 그리고 사물들 사이의 분리의 붕괴, 극복"을 수반한다(Bhaskar, 2002: 45).

메타실재는 변증법적 비판실재론의 논리를 '존재함을 생각함thinking being'에서 '존재함을 존재함being being' ― 이것은 (그것의 윤리적 형식 속에) '우리의 존재함이 됨becoming our being', 즉 해방의 존재함의 잠재력을 실현함을 포함한다 ― 으로 이동시킨다. 재매혹re-enchantment은 주체-객체 이중성의 붕괴, 그리고 그것과 함께 기호론적 삼각형semiotic triangle의 붕괴에서 온다. 여기서 우리는 존재함과 의미의 즉각적이고 무매개적인 정체성을 가진다. 즉, 실재는 그 자체로 의미 있는 것으로 여겨지고, 이것은 여러 가지 중에서도 우리가 실재로부터 배울 수 있다는 것을 동반한다. 세상은 의미 있는 텍스트였던 것으로 간주되며, 그 텍스트는 우리에게 말한다. 마찬가지로 평화, 사랑, 창조성 등과 같은 가치는 더 이상 마음의 주관적인 분류로 간주되지 않는다. 오히려 이것은 이미 실재 자체의 구성 요소로 간주된다.

이 책은 지식, 학습, 변동의 쟁점들을 기본적 비판실재론, 변증법적 비판실재론, 메타실재의 관점들에서 다룬다. 학습에 대해서 널리 인정된, 하지만 논쟁이 지속되는 하나의 견해는 이것을 일련의 특징들을 가진 과정으로 이론화하는 것이다. 이것은 일련의 교육적 관계 pedagogic relations를 가진다. 즉, 학습자와 촉매 사이의 관계를 통합한다. 촉매는 사람일 수도 있고, 텍스트일 수도 있고, 자연 속의 객체일 수도 있고, 자원의 특정한 배치일 수도 있고, 인공물일 수도 있고, 사람에게 할당되는 역할이나 기능일 수도 있고, 감각적 대상일 수도 있다. 변동 과정이 필요하며, 학습자에 대해 내부적인 것이거나 또는 학습자가 속한 공동체에 대해 외부적인 것일 수도 있다. 학습 에피소드에는 시간적이고 공간적인 배열이 있으며, 이것은 두 방식으로 이해할 수 있다. 첫째, 학습은 내적으로 구조화되어 있으며 둘째, 학습 에피소드는 시간과 공간에서 외부에 위치한다는 것이다.

이것에 더하여 그리고 일반적인 메타이론의 요소로서 학습은 공간적·시간적 특징들을 포함하는 자원들의 배열로 조건 지어진다. 이러한 배열은 체현적·담론적·제도적·체계적 또는 행위주체적으로 이루어지며, 이것은 발생할 수 있는 학습 유형들에 영향을 미친다. 각각의 학습 에피소드는 사회-역사적 뿌리를 지니고 있다. 학습되는 것은 우선 사회 속에서 그리고 개인적인 것의 외부에서 형성된다. 이것은 사람이 살아가는 삶에 의해 모양 지어진다. 따라서 이것은 외부적·내부적으로 매개되며, 이것이 취하는 형태는 이 과정이 인지적인가, 정서적인가, 메타인지적인가, 의지적인가 또는 표현적인가로 결정된다. 마지막으로 학습은 내부화 요소(학습자에게 공식적으로는 외부적인 것이 학습자에 의해 내부화된다)와 수행적 요소(학습자에게 공식적으로는 내부적인 것이 세계 속의 학습자에 의해 외부화된다)를 가진다.

그러므로 학습은 인식적 활동 또는 지식 생산 활동이다. 지식은 식별되는 세 가지의 학습 유형, 즉 인지적cognitive 학습, 숙련 기반적 skill-based 학습, 성향적dispositional 학습에 중심적이다. 인지는 그 자체에 대해 외부적인 어떤 것을 가리키는 (반드시 반영한다거나 동형적이라는 의미는 아니지만) 상징적 자원들(단어, 숫자, 그림 등)에 대한 조작을 포함한다(준거물은 내적으로 관련된 것으로 파악될 수도 있다). 숙련 기반적 지식은 절차적이지만 선언적이지는 않기 때문에 인지와 다르다. 어떤 것에 대한 지식과 어떤 것을 어떻게 실행하는지에 대한 지식을 구별하는 것은 중요하지만, 본질에서는 둘 다 지식 형성 활동들이다. 성향적 지식은 정신과 신체의 비교적 안정된 습관, 기회에 대한 민감성 및 참여 목록들을 가리킨다. 따라서 이들 세 가지 유형의 지식은 원래 상태에서 상이한 형태들을 가지며, 그 결과 다양한 교육적 구조들과 상이한 표현적 또는 수행적 양식들을 가진다. 그리고 이것들의 상이한 내적 관계들과 관련해서 기능적으로만 평가될 수 있다. 이것들을 상이한 방식으로 평가하거나 판단해야 한다.

지식은 (우리가 지식의 본질, 지식의 정당성, 지식의 계보 어느 것을 가리키거나) 논쟁을 일으킨다. 그러므로 상이한 공식들, 개념들, 배열들 사이에서 선택할 것을 요구한다. 이것은 차례로 사용할 수 있는 교육 유형들과 채택할 수 있는 평가 절차의 유형들에 영향을 미친다. 이것은 학습 자체가 항상 우리가 지식이라고 부를 수 있는 무엇인가를 학습하는 것에 관한 것이라는 가정에 근거한다. 따라서 지식과 학습을 밀접하게 묶는 것은 지식이 선언적·절차적 또는 체현적인 것일 수 있다는 그리고 지식의 생산에서 이것을 학습 활동으로 파악할 수 있다는 인정이다. 한 발 더 나아가 바스카의 학습이론은 학습이 그러하듯 공존co-presence이라는 관념을, 그리고 이미 접힌 상태 속에 존재하는 것을 펼친다는 관념을 가리킨다.

바스카는 필자와 진행한 대담에서 비판적 실재론의 메타이론이 학습의 세 국면들을 통합한다고 제시했다.

기본적 비판실재론에서 학습에 관해 이야기하는 것은 대부분 믿음의 발전이라는 측면에서다. 변증법적 비판실재론에서는 학습이 행위의 모든 구성 요소들과 관련되어 있다. 그러므로 가치 수준에서의 학습, 그리고 당연히 더 일반적으로는 필요 수준에서의 학습이 있음이 분명해진다. 이것은 교육에서의 그리고 삶에서의 믿음의 발전뿐만 아니라 당연히 숙련과 성향의 발전에 대해서도 고려해야 함을 의미한다. 『메타실재의 철학』(2002)에서도 학습 모델이 나타나는데, 이것은 접힌 것의 펼침이 요청하는 것이다. 그러므로 우리는 기본적으로 접힌 것의 펼침 모델에 의해서 학습을 외부의 어떤 것에 대한 학습으로 생각하기보다는 인간들이 보유하는 암묵적 잠재력의 펼침으로 생각할 수 있게 된다. 외부는 여전히 매우 중요하다. 교사는 촉매다. 교사는 펼침의 과정이 진행되도록 만드는 조건과 수단을 제공하지만, 강조점은 인간이 처음부터 무한한 잠재력이라는 은총을 받았다고 보는 것으로 변화한다. 그리고 삶에서 일어나는 일은 우리가 자신의 잠재력의 일부를 실현하거나 실현하지 못하는 것이다. 다른 것들은 대부분 무시되거나 호출되지 않는다.

그러나 외부 요소에 주의하지 않는다면 이것은 일면적인 것이 된다. 접힌 것의 펼침 모델은 이와 같이 진행된다. 우리가 어떤 기술이나 프랑스어 같은 언어를 학습하고 있다고 상상해 보자. 자전거 타는 법을 학습하거나 프랑스어를 학습하고 있다면 이것을 다섯 단계로 나눌 수 있다. 첫 단계에서는 자전거를 타면서 넘어진다. 우리는 자전거 타는 법을 학습하거나 프랑스어를 학습하거나 자동차 운전하는 법을 학습하려는 의지나 의도를 가지고 있을 것이다. 그러나 이것에 대해 별다른 희망을 가지지는 못한다. 그다음의 두 번째 단계에서 마법 같은 일이 일어난다. 우리는 자전거 위에서 5초나 10초 동안 머물 수 있게 된다. 이것은 인지 영역에서도 상당히 유사하다. 그리고 비트겐슈타인[Wittgenstein, 2001(1953)]은 다른 철학자들과 함께 우리가 마법을 알 수 없다는 것을 깨달았다. 우리가 마법을 안다면 그것을 잃을 수도 있다. 그러나 우리가 마법을 안다면 유레카eureka 의 순간에 우리 스스로 그것을 발전시킬 수 있으리라고 어느 정도는 믿는다. 우리는 숙련을 얻거나 개념적 돌파구를 얻을 수 있다. 첫 번째 단계는 구애의 주기cycle of courting, 즉 그것을 실행하려는 의지라고 부를 수 있거나 불려왔다. 두 번째 단계는 전통적으로 창조의 주기cycle of creativity라고 불렀다. 이것은 돌파의 순간이다. 세 번째 단계가 매우 중요하다. 이것은 형성의 국면phase of formation으로 불러왔다. 이제 우리는 자전거를 10초나 20초 동안 타고 있을 수 있게 된다. 하지만 자전거를 타고 다른 곳으로 가려면 방향을 바꾸는 방법을 연습해야 한다. 우리는 자동차를 운전하면서 후진할 때 무엇을 하고 있는지에 대해 의식적으로 생각해야 한다.

다음의 네 번째 단계, 즉 만들기의 단계stage of making에서는 놀라운 일이 일어난다. 이제 실제로 프랑스어로 조금은 말할 수 있다. 자동차나 자전거를 다룰 때도 자연발생적으로, 즉 그것에 관해 생각하지 않으면서도 우리가 모국어를 말할 때 하는 방식으로 운전할 수 있게 된다. 우리는 그것을 실행하기 위해 생각하지 않아도 된다. 단지 그것을 실행하기만 한다. 예컨대 모국어를 말하는 것은 기본적인 행위다. 우리는 그것에 관해 생각하지 않은 채 할 수 있으며 그것은 단지 발생할 뿐이다. 이것은 우리가 지식이나 숙련을 획득하는 만들기의 국면이다. 다섯 번째는 우리가 그것에 대해 훌륭한 전문가가 되는 단계, 즉 우리의 의도를 완벽하게 반영하는 것을 세계에 생산해 낼 수 있는 단계다. 우리는 프랑스 북부 도시 칼레에서 프랑스 남부까지 완벽하게 운전할 수 있다. 또는 프랑스어로 편지를 쓸 수 있다. 이것은 성찰의 주기cycle of reflection다. 이런 다섯 단계들은 특정 지식 영역에 대해 (그리고 일반적으로 숙련이나 성향인 것뿐만 아니라) 우리가 숙달하는 방식을 발전시키는 과정이라고 나는 생각한다. 이 것은 우리가 가져야 하는 상당히 좋은 발견적 학습법heuristic이라고 생각한다. 물론 교사의 역할을 부인하는 것은 아니다. 촉매의 역할을 부인하는 것이 아니다. 지식은 우리가 발전시키고자 시도하고 있는 것이다. 지식은 언제나 우리보다 앞서 존재한다.

## 바스카의 저작

바스카가 남긴 수많은 업적이 그의 삶과 교육철학을 가장 잘 알려줄 것이다. 그의 저작은 다음과 같다.

### 1) 단독 저서
① 『실재론적 과학론A Realist Theory of Science』. 1997(1975)년.
② 『자연주의의 가능성(3판)The Possibility of Naturalism(3rd ed.)』. 1998

(1979)년.

③『과학적 실재론과 인간 해방Scientific Realism and Human Emancipation』.
2010(1987)년.

④『비판적 실재론과 해방의 사회과학Reclaiming Reality: A Critical Introduction
to Contemporary Philosophy』. 2011(1989)년.

⑤『하레와 그의 비판자들: 롬 하레에게 헌정하는 논문들과 이것들
에 대한 그의 논평Harré and his critics: Essays in honour of Rom Harré with
his commentary on them』. 로이 바스카 엮음. 1990년.

⑥『철학과 자유의 이념Philosophy and the Idea of Freedom』. 2011(1991)년.

⑦『변증법: 자유의 맥박Dialectic: The Pulse of Freedom』. 2008(1993)년.

⑧『플라톤 등: 철학의 문제들과 그것들의 해결Plato, etc.: The Problems
of Philosophy and their Resolution』. 2009(1994)년.

⑨『동에서 서로: 정신의 모험 여행From East to West: Odyssey of a Soul』.
2000년.

⑩『과학에서 해방으로: 소외와 계몽의 현실성From Science to Emanci-
pation: Alienation and the Actuality of Enlightenment』. 2002년.

⑪『동양과 서양을 넘어서: 지구적 위기 시대의 영성과 비교 종교
Beyond East and West: spirituality and comparative religion in an age of global
crisis』. 2002년.

⑫『메타실재에 관한 성찰: 초월, 해방, 일상생활Reflections on Meta-

Reality: Transcendence, Emancipation and Everyday Life』. 2002년.

⑬ 『메타실재의 철학: 창조성, 사랑, 자유The Philosophy of MetaReality: Creativity, Love and Freedom』. 2002년.

⑭ 『실재의 깊이 가늠하기Fathoming the Depths of Reality』. 2005년.

⑮ 『평화와 안전 이해하기Understanding Peace and Security』. 2006년.


## 2) 공동 저서

① 『정신들의 만남: 사회주의자들이 철학을 토론하다A meeting of minds: Socialists discuss philosophy』. 로이 에글리Roy Edgley와 엮음. 1991년.

② 『다학문 연구와 건강Interdisciplinary and Health』. 버스 다네르마르크Berth Danermark와 공저. 2007년.

③ 『비판적 실재론의 형성: 개인적 관점The Formation of Critical Realism: A Personal Perspective』. 머빈 하르트비히Mervyn Hartwig와 공저. 2008년.

④ 『다학문성과 기후변화: 글로벌 미래를 위한 지식과 실천의 변화Interdisciplinarity and climate change: Transforming Knowledge and Practice for Our Global Future』. 셰릴 프랭크Cheryl Frank·카를 게오르크 호이어Karl Georg Høyer·페테르 내스Petter Naess·제네스 파커Jenneth Parker 와 엮음. 2010년.

이 책의 제2장부터 제5장까지는 바스카 자신의 작업에 대한 설명, 생전에 필자와 나눈 대담에서 밝힌 내용, 그 밖의 자료에서 바스카가 직접 내놓은 설명에 주로 초점을 맞출 것이다.

# 제2장

—

## 존재함과 앎

제2장부터 제5장까지 내용은 바스카 생애의 마지막 3개월 동안 수집한 단편들이다. 첫 번째 대담에서 바스카와 필자는 비판적 실재론의 세 국면, 윤리, 사전결정predetermination, 사회적 존재의 4평면, 인식적 상대주의, 존재론적 실재론, 판단적 합리주의, 발현, 정신과 세계 등을 논의했다.

나    비판적 실재론의 세 국면, 즉 기본적 비판실재론, 변증법적 비판실재론, 메타실재에 관해 이야기해 달라. 그리고 이것들이 서로 어떻게 겹치는지에 관해서도 이야기해 달라.

바스카    가장 간단한 방법은 이것들이 포괄하는 영역을 명확히 하고 이것들이 관련되는 방식을 제시하는 것이다. 아시다시피 기본적 비판실재론은 초월적 실재론과 비판적 자연주의와 설명적 비판 이론으로, 즉 과학철학, 사회과학철학, 윤리학을 향한 발전으로 구성된다. 그리고 변증법적 비판실재론은 서구 철학에 대한 비판으로 끝난다. 기본적 비판실재론, 특히 초월적 실재론의 주요 주제에 관해서는 여기서 이야기할 것이 많지 않다. 이것은 존재론을 옹호하는 논증, 이것을 인식론으로 환원하는 것에 반대해 존재론을 옹호하는 논증, 새로운 존재론을 옹호하는 논증으로 시작한다. 그리고 이런 존재론의 주제는 아마 기본적 비판실재론에서 가장 중요한 단일 주제일 것이다. 그러나 이것은 과학의 수준에서의 그리고 사회과학 및 원시-윤리학proto-ethics의 수준에서의 노선을 따라 오랫동안 지속되어 온 철학적 문제들을 해결하고자 한다. 그래서 과학철학에서는 예컨대 초월적 실재론이 귀납의 문제를 해결하고자 한다. 그리고 사회과학철학에서는 초월적 실재론이 구조와 행위주체의 문제를, 또는 사회적 삶에서 개념의 역할 문제를 해결하고자 한다. 그리고 설명적 비판 이론은 우리가 사실진술에서 어떻게 가치판단이나 가치 함축을 이끌어낼 수 있는지를 보이고자 한다. 그리고 이것은 정통의 철학 교과과정과 비교적 간단하게 들어맞는다.

나는 변증법적 비판실재론을, 변증법의 영향을 받은 사람들이 왜 이것을 그렇게 중요하다고 생각하는지의 수수께끼를 풀고자 하는 시도로서 시작했다. 예컨대 카를 마르크스는 프리드리히 엥겔스Friedrich Engels에게 보낸 글에서(Engels, 1888), "게오르크 헤겔Georg Hegel은 그의 변증법에서 모든 과학의 비밀을 찾아냈다"라고 썼다. 또 다른 글에서 그는 '합리적 핵심'에 관해 이야기했다. 그는 모든 신비주의, 즉 신비화된 외피를 분리하는 것에 대해 이야기했고 이것이 무엇에 관한 것인지를 일반 독자들에게 설명할 것이라고 말했다. 변증법적 비판실재론은 변증법이 무엇에 관한 것인지에 대한 질문에 답하려는 시도로 시작되었고, 나는 이것이 답하고 있다고 생각한다. 이것은 변증법의 개념을 분해하고, 특히 인식론적 변증법과 관련해 변증법의 이념에서 초월적 실재론에 대해 흥미롭고 비판적인 것을 보여준다. 그러나 우리가 변증법과 존재론을 결합하면 변증법적 비판실재론은 존재론적인 것이 된다.

이것은 서양철학의 오래된 믿음, 즉 우리는 실재 속의 부정적 특성들에 관해서는 아무것도 말할 수 없다거나 실재에는 이런 것들이 존재하지 않는다는 믿음을 다룬다. 변화는 항상 재배분이므로 실재에서 진행하는 실질적인 변화는 없는 것이며 특히 세계는 긍정적이고 현재적이다. 실재에는 없음, 공백, 구멍 또는 모순이 없다. 변증법은 그 신화를 타파하면서 (새로운 존재론이 신호하는) 변화의 가능성을 뒷받침하는 변화 분석을 제공한다고 생각한다. 그리고 이것은 비판적 실재론의 발전에 매우 중요하다고 본다. 그런데 『변증법』[2008(1993)]과 『플라톤 등』[2009(1994)]에서 제시한 것처럼, 존재론적 일가성ontological monovalence의 교의는 서양철학의 모든 궤적에서 절대적인 기초다. 이것은 서양철학에 대한 비판을 요구한다. 기본적 비판실재론에 단일 주제가 있다면 존재론일 것이며, 변증법적 비판실재론에 단일 주제가 있다면 없음과 변화와 부정을 포함하도록 존재론을 심화하는 것일 것이다.

그리고 아시다시피 메타실재는 악명 높은 '영성적 전환'과 함께 시작되었다. 아니, 그것이 직접 선도했다. 그리고 인간세계와 사회세계에는 사회학자들이 대체로 주목하지 않았던 또는 사소한 것으로 취급해 온 더 심층적인 수준이 있다는 것을 제시하고자 했다. 이것은 내가 당신한테서 신문한 부를 사고자 하는데 내가 지갑을 가지고 있지 않거나 당신이 신문을 내게 주지 않아 거래가 일어나지 않는 그런 수준일 것이다. 이것은 신뢰, 즉 기본적인 인간의 신뢰가 모든 상업적 거래의 기초가 되는 방식을 나타낸다. 그러므로 나는 인간의 사회적 삶에는 영성적 수준으로 판별할 수 있는 더 심층적인 수준이 있다고 주장한다. 궁극의 결과는 변증법적 비판실재론에서 그리고 그 정도는 덜하지만 기본적 비판실재론에서 다룬 자유의 변증법dialectic of freedom을 심화하는 것이었다. 또한 바로 지금 위협받고 있는 오늘날의 인간 생존의 희망에 긍정적 가능성을 제공하는 것이었다. 이것은 지구적 종합위기polycrisis라고 불려왔다. 메타실재의 철학은 존재론 그 이상의 심화된 형태를 취했다. 그래서 영성과 없음은 변증법적 비판실재론의 주안점이지만, 그것들은 대체로 그 영역 내에 있으며 기본적 비판실재론이 지녔던 동일한 열망을 대부분 가지고 있다. 그러나 그것들은 그 열망을 심화한다.

**나** 그렇다면 당신의 이론에 강력한 윤리적 기초가 있다고 말하는 것은 적절한가? 당신 이론의 윤리적 근거에 대해 조금 더 이야기할 수 있는가?

**바스카** 기본적 비판실재론과 관련해 내가 사용해 온 비유, 즉 기초작업underlabouring의 비유가 매우 강력하다. 그리고 나는 나 자신이 이 작업(바닥에 흩어져 있는 쓰레기를 청소하는 일)을 실행해 왔다고 생각한다. 과학과 사회과학이 세계에 관해 진술하는 한 사회과학은 가치진술을 할 가능성을 포함하고 있다. 이것은 기본적 비판실재론을 관통하는 그리고 다른 국면들에서도 유지되는 근본적인 주제다.

내가 논의할 또 다른 것은 윤리적 차원에 선행하며, 윤리는 이것에 이어지는 것으로 진지함seriousness의 관념이다. 그리고 이것은 우리가 이것에 기초해 행위할 수 있는 철학을 만들어내는 관념이다. 내가 보기에 진지하지 않은 철학적 진술의 탁월한 사례들은, 우리가 건물 밖으로 나갈 때 2층 창문을 통해 나가는 것보다 현관문을 통해 나가는 것이 더 나은 이유를 제시할 수 없다는 데이비드 흄David Hume의 진술일 것이다. 그리고 이 진술은 왜 그가 늘 현관문을 통해 밖으로 나가느냐는 질문을 제기한다. 물론 이것은 흄이 중력에 관해 알고 있기 때문이라는 아주 타당한 이유를 댈 수 있다. 그러나 흄은 그의 인식론 체계에 중력을 도입하기를 원하지 않는다. 왜냐하면 그의 인식론 체계는 이런 종류의 이론적 실체들의 정당성을 실질적으로 허용하지 않기 때문이다. 이것은 진지하지 않은 철학이다.

기본적 비판실재론의 목표, 윤리적 목표, 전-윤리적pre-ethical 목표는 그 시대에 지배적이었던 인식론적 교리들이 암묵적으로 생산한 세계에 대한 설명에 근본적으로 잘못된 점이 있음을 보이는 것이다. 우리가 흄의 인과법칙 이론, 즉 원자론적 사건들의 규칙적 결합의 이론[Hume, 2000(1738) 참

죄을 받아들인다면, 이것은 세계가 평면적flat이라고, 즉 심층성을 가지고 있지 않다고 제시한다. 세계는 영국이나 미국에서 그러하듯 인도나 짐바브웨에서도 동일하며, 분화는 없고 맥락은 중요하지 않다. 그리고 이것은 세계가 반복적임을 전제한다.

그래서 나는 세계에 관한 이런 가정들에 특히 반대했다. 나는 세계에 관한 이 같은 가정들이 인식론적 이론들을 떠받치고 있으며, 이 이론들은 급진적 변동이나 진보적 발전을 불가능하게 만든다고 파악했다. 바로 여기서 윤리학이 등장했다. 이 이론들을 수용하는 한 우리는 대부분의 이성적인 사람들이 가지고자 하는 것을 가질 수 없었을 것이다. 그리고 우리가 철학적 이론에 깊이 들어가게 되면 우리는 변화할 수 없다. 우리는 플라톤Platon적 형태의 변화하지 않는 요소들의 일종의 재분배를 가지게 된다. 나는 의견을 가지고 있고 윤리적 가치를 가지고 있지만, 비판실재론은 실질적으로 이것들을 전제하지 않는다. 이것들은 그 기초에서부터 발전된다.

**나**  달리 말하면 세계를 보는 정확한 방식은 그 세계에서 행위하는 정확한 방식을 전제하는가?

**바스카**  세계를 보는 정확한 방식은 우리가 진보적 행위라고 생각할 수 있는 것에 대한 장애들을 녹여버린다. 그러므로 나는 설명적 비판의 수준에서, 예컨대 우리가 마르크스와 엥겔스[Marx and Engels, 2003(1738)]와 프로이트(Freud, 1997)가 상정한 것과 같은 심층 수준의 구조적 제약들을 살펴보는 심층 실천을 가진다면 특정한 일이 일어날 것이라는 주장에 반대했다. 이것은 많은 차단된 가능성들에 길을 열어주는 것 이상이다. 그리고 내가 변증법적 비판실재론에서 공산주의란 무엇인가에 관한 마르크스의 아름다운 진술을 차용한다면, "각자의 자유로운 발전이 모두의 자유로운 발전의 조건"[Marx and Engels, 2003(1738)]인 사회를 향해 경향적으로 나아가는 운동이 왜 있을 수밖에 없는지를 논증한다는 것은 사실이다. 이것은 우리가 다른 사람들과 대립하는 것으로 우리의 자아의식이나 자아ego를 극복할 것을 전제한다. 우리는 이것에서 멀리 벗어나 있다. 그러나 이것을 옹호하는 적절한 논증이 있다면 이것은 그 방향을 지향할 수밖에 없다. 그러므로 결국 우리는 인류가 스스로 진실해지기 위해서 궁극적으로 이것을 충족하는 사회를 형성할 수밖에 없다는 것을 알 수 있다.

**나**　　이것은 사전결정된 상태가 아닌가?

**바스카**　아니다. 우리가 스스로를 파괴할 가능성도 매우 크기 때문에 이것이 사전결정된 것일 수는 없다. 그렇지만 우리가 실제로 (내가 사용하는 표현으로) 에우다이모니아eudaimonistic(의미 있고 좋은)* 사회를 발전시킬 가능성도 있다. 이 사회는 자유가 그 수준으로 발전할 수 있는 길을 따라가고자 노력한다.

**나**  하지만 이것에 꼭 몰두해야 하는가?

**바스카**  그렇다. 이것에 몰두해야 한다. 이것은 매우 중요한데 그 작업은 사회적 존재의 4평면 모두에서 수행해야 한다. 자연과의 물질적 교류, 사람들 간의 사회적 상호작용, 사회구조, 체현된 인성embodied personality의 층화가 그것들이다. 이들 4평면 모두에 작용하지 않고서는 우리가 원할 수 있는 실질적이거나 좋은 사회변동을 얻을 수 없다는 것을 이해한다면, 소비에트 공산주의 같은 실험들이나 사회민주주의에 대한 수많은 시도가 왜 미흡하거나 완전히 실패했는지를 알 수 있다. 체현된 인성의 층화 평면은 '포이어바흐의 세 번째 명제'(Engels, 1888)에서의 마르크스의 유명한 진술을 계속한다. 교육자는 누가 교육할 것인가? 변혁가는 누가 변혁할 것

---

* 에우다이모니아의 어원인 그리스어 'εὐδαιμονία'는 '훌륭한(eu)', '영혼(daimon, 사람의 운이나 수호신을 가리키기도 했다)'으로 구성되어 있다. 행복, 복지, 안녕, 번성 등으로 번역되며, 여기서는 '가장 의미 있는 좋은 삶'을 뜻한다. _옮긴이 주.

인가? 혁명가는 누가 혁명할 것인가? 우리가 각자의 자유로운 발전이 모두의 자유로운 발전의 조건이라는 이념에 관해 생각해 본다면 이것은 인간의 번성과 행복이 내게는 나 자신의 번성이나 행복과 똑같이 중요하다는 것을 의미한다. 그러므로 우리는 근본적으로 상이한 유형의 인간이 되어야 한다. 우리 모두는 우리 안에 이러한 의미의 무아無我의 이타심selfless altruism을 가지고 있다. 이것이 가족이나 우리의 배우자에게 나타날 때는 자아 없는 이타심이라고 부르지만, 이것은 그 이상으로 확장되지 않는다. 때때로 우리는 공동체나 사회를 위해 막대한 희생을 치르지만, 이것들은 보통은 다른 사람들을 죽이느라고 아주 바쁜 전쟁 상황에서 있는 일이다. 그러므로 이것은 메타실재에서 공존의 이상을 통해 분석하는 종류의 것이다. 공존은 타인이 나 자신의 일부, 인식되지 않은 나 자신의 일부일 뿐이라는 매우 급진적인 이상이다.

**나** 비판적 실재론의 첫 번째 국면에서의 중심 요소들인 존재론적 실재론, 인식적 상대주의, 판단적 합리성의 삼위일체로 돌아갈 수 있는가?

**바스카** 먼저 말하고 싶은 것은 순서가 중요하다는 점이다. 그 순서는 존재론적 실재론, 인식적 상대주의, 판단적 합리성의 순이다. 인식적 상대주의는 존재론적 실재론의 맥락 속에 위치하며, 판단적 합리성은 인식적으로 상대적인 상이한 이론들 사이에서 선택하는 장치다. 존재론적 실재론의 개념은 『실재론적 과학론』의 첫머리에서 처음 발전되었다. 우리는 암묵적으로 우리 이외의 어떤 것, 즉 우리가 세계에 관해 제시하는 진술 이외의 어떤 것에 관해 이야기할 것이기 때문에 존재론적 실재론자가 되어야 한다. 당연히 이것은 내가 과학에서의 자동적 차원이라고 부른 것이다. 이런 자동적 차원을 살펴보는 또 다른 방식은 의미론적 삼각형을 통하는 것이다. 이 삼각형은 의미가 항상 기표signifier(단어나 텍스트), 기의signified, 준거referent의 세 요소를 포함하고 있음을 나타낸다. 물론 사회구성주의자들과 포스트구조주의 철학자들은 준거를 무시한다. 소쉬르(de Saussure, 1916)도 준거를 생략했다는 점은 흥밋거리다. 이 점에서는 그들이 소쉬르를 추종하고 있다.

**나**     그들은 왜 그렇게 완고하게 우리가 준거를 다룰 필요가 없다고 고집하는가?

**바스카**     그 이유에 대해서는 이렇게 생각한다. 우리가 우리의 서술을 벗어나 세계에 도달할 수 있는 길은 없다. 존재론에 관해서 역사적으로 과거에 제시된 주장은 허위로 드러났다고 흄[Hume, 2000(1738)]과 칸트[Kant, 2007(1781)] 등은 생각했다. 그러므로 우리는 세계에 대해 주장할 수 없다는 것이다. 그러나 내가 세계에 대해 주장하는 방식은 상식적인 수준에서만이 아니라 근본적으로 초월적 논증이라는 장치를 통해서 진행된다. 이것은 특히 자연과학 영역에서의 (인식론에서 중요하다고 평가받는) 인식적 실천을 택하고, 실험 활동 등과 같은 자연과학 안에서의 실천을 택하며, 그것이 무엇을 전제하는지를 질문한다. 그 대답은 그것이 선先존재하고 구조 지어진 세계를 전제한다는 것이다. 그것은 세계에 존재하는 탐구의 대상(이것은 우리가 개방체계인 세계에서 다룰 대상이기도 하다)과 경험적 규칙성과 사건들의 유형 사이에 근본적인 차이가 있다고 전제한다. 그러므로 실재에는 실험 활동이 사전에 상정하는 그리고 적어도 저기에 무엇인가가 있다고 사전에 상정하는 근본적인 구별이 있다. 우리는 그것의 특성을 더욱더 발전시킬 수 있다. 그러나 우리는 문제를 정면으로 다루고 존재론을 옹호하는 논증을 제시해야 한다.

나  그들이 지금까지 제시된 논증을 받아들이지 않기 때문에 존재론이나 존재론의 쟁점을 다루려고 하지 않는다는 것은 내가 생각하기에 이상하다.

**바스카**  나는 비판철학 이전의 형이상학에서는 외부 세계의 존재를
의심한 사람은 없었다고 생각한다. 논쟁은 신이 존재했는
지 아닌지를 우리가 증명할 수 있는가 여부에 관한 것이었
다. 우리가 알고 있듯이 신이 존재함을 증명하는 것은 매우
어려운 일로 판명되었고 매우 의심스러운 주장들이 많이 제
시되었다. 우리는 칸트[Kant, 2007(1781)]가 공격한 주장들이
모두 오류였다고 해도 그가 과학이나 지식 자체에 관한 존
재론적 질문이나 초월적 질문에 대해 답한 것은 아니라고
말할 수 있다. 오히려 칸트는 과학과 지식을 세계(이것은 독
일 형이상학자들의 대상이었다)에 대치시켰으며, 이것은 대체
로 신이 최고의 존재인 세계였다. 내가 설명하고 있는 종류
의 세계는 옴Ohm의 법칙이나 중력이나 과학적 대상 등과 같
은 것들이다. 이것에서 중요한 점은 칸트[Kant, 2007(1781)]
가 존재론을 논박할 때 우리가 물자체things in themselves에 관
해서는 아무것도 말할 수 없으며, 우리가 이야기할 수 있는
것은 외양이 전부라는 이야기가 된다고 생각했다는 것이다.
여기서 사물들은 현상계에 한정되며 이 세계를 칸트는 정
확하게 흄[Hume, 2000(1738)]과 똑같은 방식으로 서술했다.
칸트는 과학적 탐구의 세계에 대해서 흄의 견해나 실증주
의적 견해를 완전히 그대로 받아들였기에 그 세계에는 구

조가 없었다. 칸트[Kant, 2007(1781)]는 현상계에 대한 탐구를 위한 인식론적 구조가 있다는 생각을 믿었다. 전체적인 결과는 비참했다. 우리는 우리가 증명하고 있는 것이 무엇인지에 관해 매우 특정적이어야 한다.

**나** 이제 실재하는 세계의 몇 가지 속성을 이야기하고자 한다. 여기서는 층화와 발현이라는 개념이 매우 중요하다. 이것에 관해 이야기하기에 앞서 다른 두 요소들, 즉 인식론적 상대주의와 판단적 합리성으로 되돌아가고자 한다.

**바스카** 우리는 자동적 차원이라는 개념, 또는 더 친숙한 철학 용어로는 존재론을 알고 있다. 과학을 이해하는 데 핵심적인 것은 과학자들이 무엇을 만들어내는가에 관한 생각이다. 과학자들은 역사적으로나 사회적으로 주어진 언어를 사용해 자동적인 세계에 관한 오류 가능한 상대적 믿음을 만들어낸다. 그 믿음 속에서 언어는 항상 변동하며 이것이 타동적 차원이다. 그런데 1970년대에 과학 지식의 상대성에 관해 이야기하는 사람들이 있었다. 쿤(Kuhn, 1962)이 있었고 파이어아벤트(Feyerabend, 1975)가 있었다. 그리고 과학 지식의 오류 가능성과 변동성에 관해 이야기하는 포퍼(Popper, 1959) 같은 사람이 있었다. 그러나 이들은 타동적 차원에 관해 이야기하는 것을 금지했다. 또한 언어나 믿음과 세계 사이에 동형 관계isomorphic relationship가 있다고 가정하며 실재에 관해 이야기하는 사람들이 있었다. 실증주의자들이었다. 그리고 이 모든 논쟁은 사라졌다. 일단 우리가 타동적 차원을 파악하게 되면(이것은 실증주의적인 것일 수 없다), 우리 믿음의 상대성과 사회적 변동성을 지적하는 사람들의 전통 속에서 생기는 수많은 난제들aporia을 해결할 수 있다. 어디선가 쿤(Kuhn, 1962)은 우리가 아인슈타인 물리학의 영향으로 뉴턴 기계론자의 세계와는 다른 세계에 살고 있다고 지적했다. 하지만 다른 의미에서 이것은 동일한 세계인데 쿤은 이런 사실을 간과했다. 그는 이것을 역설로 남겨두었다. 이 역설은 우리가 동일한 자동적 객체를 말하고 있다고 이해할 때 해결된다. 우리는 알베르트 아인슈타인Albert Einstein과 아이작 뉴턴Isaac Newton은 비교하지만 아인슈타인과 크리켓 경기를 비교하지는 않는다. 왜냐하면 여기서는 자동적 객체들이 상이하기 때문이다. 분명히 우리는 '동일한 세계에 관한 변화하는 믿음들 또는 상이한 믿음들' 같은 표현을 사용하면서, 변화하는 믿음들에 관해 이야기하는 역설적인 문젯거리의 그림을 제거한다. 그러므로 역설은 없다.

우리는 파이어아벤트(Feyerabend, 1975) 같은 이들이 강조하고자 했던 것처럼 상이한 이론들의 용어들은 통약불가능

incommensurable하다는 것, 즉 해당 용어들을 서로 번역할 수 없다거나 적어도 완벽하게 번역할 수 없다는 것까지 인정할 수 있다. 우리는 아인슈타인 이론이 세계를 서술하는 방식과 뉴턴 이론이 세계를 서술하는 방식이 전혀 다르다고 말할 수 있다. 그런데 판단적 합리성은 우리가 실재하는 세계를 가리키는 기준을 상정할 때, 즉 세계에 관해 갈등하는 믿음들을 구별할 수 있다고 인정하는 존재론적 실재론을 취할 때 나타난다. 우리는 아인슈타인의 상대성이론에 관한 논쟁에서 수성의 근일점 이동 측정 사례처럼 실재-세계의 상황에서 10 가운데 약 7, 8, 9는 이런 기준을 찾을 수 있다. 대체로 아인슈타인의 이론은 그 자체의 관점에서 옳다고 받아들여지고 뉴턴의 이론도 그 자체의 관점에서 옳다고 받아들여진다. 하지만 아인슈타인의 이론은 옳은 것으로, 뉴턴의 이론은 틀린 것으로 판단할 수 있는 검증 상황이 있다. 그러므로 과학자들이 뉴턴의 체계보다 아인슈타인의 체계를 선호하는 것은 매우 합리적이다. 우리는 다른 체계들과 기존의 대체로 뉴턴적인 체계들 사이에서도 (뉴턴과 양자역학의 시대 이래 많은 발전이 있었지만) 유사한 형태의 분석을 할 수 있다. 사회과학에서는 이러한 판단을 내리는 것이 상당히 어렵지만 원칙적으로는 이러한 판단을 할 수 있다.

나      그렇다면 원칙적으로 세계의 특정 현상에 대한 해석에서 마
        르크스주의적 관점과 비非마르크스주의적 관점 사이에서도
        판단이 가능하다는 말인가?

바스카    물론이다. 예컨대 우리가 제1차 세계대전의 기원을 설명할
        때 기업들의 차별적인 이해·관심을 언급하지 않는다면, 당
        시 식민지 권력들의 상이한 물질적 이해·관심을 언급하는
        설명보다 심층적이지 못할 것이다. 반면에 우리가 대처주
        의Thatcherism를 설명하고자 한다면 마르크스가 분석하지 않
        았던 현상들을 언급해야 할 것이다.

나      그렇다면 우리는 항상 이론들에 대해 판단할 수 있는가?

바스카    그렇다. 그것은 사회과학이 거의 전적으로 개방체계를 다
        루고 있기 때문이다. 실천에서 우리는 항상 많은 이론을 필
        요로 한다. 우리는 항상 다수의 상이한 구조들이나 기제들
        을 고려해야 한다. 그리고 일반적으로 이런 이론들이 발현
        적 수준에 관해 이야기하는 곳에서는 질적 차이들이 존재
        한다. 나는 제1차 세계대전의 기원 등과 같은 역사적 사건
        들에 관해, 예컨대 계급을 언급하고 무의식을 언급하고 이
        데올로기 등과 같은 다른 여러 가지를 언급하는 이론에 어
        떤 문제가 있다고 생각하지 않는다. 개방체계에서의 현상
        들에 관해 생각할 때 우리가 염두에 두어야 하는 것은 언제

나 복잡성을 고려해야 한다는 점이다. 그리고 그 현상이 인간세계에서 일어나거나 인간세계가 그 현상에 영향을 미친다면, 발현적 요소들이 전면에 등장하게 된다.

**나** 그 발현적 요소들은 존재론적 현상의 속성들, 즉 존재론적 영역 안에서 작동하는 속성들이다. 이런 속성들에 관해 더 많은 것들을 이야기할 수 있다고 본다. 판단적 합리성과 관련해 매우 실질적이고 중요한 쟁점이 있는데, 당신은 충분히 이야기하지 않은 것 같다.

**바스카** 존재론 자체의 필요성을 입증한 논증과 동일한 종류의 논증으로 입증한 새로운 존재론에는 두 가지 기본적인 특징이 있다. 가장 중요한 두 가지 존재론적 특성이다. 첫 번째는 개방체계라는 개념인데 세계의 분화differentiation를 나타내는 지표다. 두 번째는 존재론적 층화ontological stratification 개념, 또는 내가 실재적인 것the real과 현실적인 것the actual이라고 부르는 것 사이의 구별이다. 여기서 현실적인 것도 또한 실재한다는 것, 그러므로 실재적인 것의 수준은 비현실적인 실재적인 것을 의미한다. 이것에 대해서는 당연히 실재적인 것과 현실적인 것과 경험적인 것the empirical의 3층위 사이의 구분의 일부임을 잊지 않아야 한다. 그러므로 이것의 핵심적 특징은 층화다. 층화에 대해서는 좀 더 이야기할 수 있다. 층화에는 세 가지 의미를 부여할 수 있는데 이것을 구별하는 것이 중요하다고 생각한다. 이것들은 모두 비판적 실재론에 속한다.

첫 번째는 구조나 기제와 이것들이 산출하는 사건 사이의 구별, 또는 실재적인 것과 현실적인 것의 구별, 또는 (객체들이 가진) 힘과 이것의 행사 또는 그 힘과 현실에서의 그 힘의 실현 사이의 구별이라는 관념이다. 이것이 첫 번째 기본적인 구별이다.

두 번째는 실재의 다층적 층화의 관념이다. 이것은 세계에 하나의 수준 또는 하나의 층만이 존재한다는 생각에, 심지어 구별되는 하나의 수준조차 없다는 생각에 대립한다. 구조들과 사건들의 구분은 실재 속에서 원칙적으로 무한하게 반복할 수 있다. 예컨대 식탁을 생각해 보자. 식탁은 움직이는 분자들로 구성되어 있고, 움직이는 분자들은 원자들로 구성되어 있고, 원자들은 전자들로 구성되어 있고, 원자들은 특이성의 양자 장quantum fields of singularity으로 설명된다. 근대 물리학의 역사에서 이 다섯 수준의 구조를 확인했다. 비판적 실재론은 과학이 어떻게 한 수준에서 다음 수준으로 나아가는지 보여주는 훌륭한 도식schema을 가지고 있다. 나는 이것을 'D-R-E-I-C 도식', 즉 서술description, 역행추론

retroduction, 소거elimination, 판별identification, 정정correction 도식이라고 이름 붙였다. 이 도식은 모든 순배의 과학적 발견과 발전에서 일어나는 일들을 기본적으로 보여준다.

현상을 서술할 때 우리는 탐구의 첫 번째 단계에 있으며 이것은 D(서술)이다. 그다음으로 해야 할 것은 역행추론이다. 우리는 그것이 실재한다면 문제 현상의 발생을 해명해 줄 구조나 기제를 추론한다. 창조적 상상력의 역할을 활성화함으로써 다수의 기제나 구조들을 상정할 수 있고 무한한 수의 그것들을 상상할 수 있다. 이것이 R(역행추론)이다. 그리고 일관성 등에 대한 판단에 근거해 그것들을 소거해 나간다. 특히 일부의 자연과학에서는 실험적 검증을 사용하기도 한다. 이것이 E(소거)이다. 그다음으로 경이의 순간, 즉 새로운 구조를 판별할 수 있는 순간에 도달한다. 이것이 I(판별)이다. 예컨대 에메랄드가 녹색이거나 녹색으로 보이는 이유는 에메랄드가 특정 종류의 결정구조를 가지고 있기 때문이라거나 이러저러한 분자구조를 가지고 있기 때문이라고 판별하면, 우리는 이 구조에서 녹색을 나타내게 하는 속성들을 연역할 수 있다. 그러므로 귀납의 문제는 합리적으로 해결된다. 그리고 이런 I 단계는 우리가 얻은 다수의 결과를 정정하도록 허용한다. 이 단계를 C(정정)라고 부르는 이유도 여기에 있다. 우리가 C 단계에 도달하면 새로운 수준의 구조에서 모든 것을 다시 시작한다. 여기서 우리는 분명히 이 수준을 가능한 한 경험적으로 자세하고 풍부하게 서술하고자 한다. 그런 다음에 우리는 이 구조의 수준이 왜 그러한지를 알고자 한다.[*] 그러므로 과학은 다양한 현상들

---

[*] 프래튼(Pratten)은 하르트비히가 편집한 『비판적 실재론 사전(Dictionary of Critical Realism)』에 실린 '설명'에 대한 글(Pratten, 2007: 195~196)에서, 구조화되고 분화된 세계에서의 현상들에 대한 설명의 두 가지 기본 양식 또는 도식을 해명한다. "첫 번째 양식은 순수한(또는 이론적 또는 추상적) 설명 또는 DREI(C) 도식을 가리킨다. 이것은 몇 가지 기본 단계로 진행된다. 첫째, 전형적으로 기존 이론의 관점에서 변칙적인 일부 현상들에서의 규칙성(예컨대 실험 결과의 일정함)을 서술한다. 둘째, 몇 가지 설명적 기제를 역행추론한다. 이때 아직 알지 못하는 기제들에 대한 타당한 모델을 만들기 위해 이미 존재하는 이용 가능한 인지적 자원들을 활용한다. …… 셋째, 경쟁하는 설명들을 정교화하고 경험적 적합성에 결함이 있는 설명들은 소거한다. …… 넷째, 작동하고 있는 인과기제를 판별(하기를 희망)한다. 이 인과기제는 다시 설명해야 될 현상이 되는 한편 새로운 지식에 비추어 원래의 이론을 정정한다. 이런 과정을 통해 문제의 현상을 발생시키는 경향들에 대한 진술을 설명적 구조로부터 역행추론적으로 연역할 수 있다. 이 구조 자체를 자연적 종(natural kind)이라고 정의할 수 있다. 이 모델은 우리가 자연적 필연성과 필연적 진리를 추정할 수 있는 최상의 근거를 제공한다."

프래튼(Pratten, 2007: 196)은 계속해서 설명의 두 번째 양식을 제시한다. "이것은 응용적(실천적·구체적) 설명 또는 RRREI(C) 도식으로 불린다. 이것은 근본적으로 개방적인 조건에서 필요한 탐구 형식으로, 앞의 것과는 조금 다른 방식으로 진행한다. 첫째, 관심의 대상인 복잡한 사건이나 상황을 이것의 개별 구성 요소들로, 즉 분리된 각각의 결정요인들의 결과로 분해한다(resolution). 둘째, 이 구성 요소들을 각각에 관해 이론적으로 중요한 관점에서 재서술한다(redescription). 셋째, 각 구성 요소들에 대한 독립적으로 검증된 경

에서 설명적 구조들로의 지속적인 운동의 과정이다. 이것이 과학의 다층적multi-tiered 구조다.

그다음으로 층화의 세 번째 형태는 발현이다. 여기서 발현에 관해 조금 더 이야기해도 괜찮을 것이다.

**나**     괜찮다면 더 이야기하자. 나는 이것이 매우 중요한 개념이라고 생각한다.

**바스카**     그렇다. 이 개념은 대단히 중요하다. 발현에 관해 생각하는 가장 좋은 방식은 발현의 수준에 관해 또는 발현적 수준이라고 보이는 것에 관해 생각하는 것이다. 신체와 정신은 이것의 훌륭한 사례다. 나는 항상 뭔가를 선택하기를 좋아한다. 그래서 나는 누군가에게 당신의 팔을 올릴 수 있느냐고 말하고[이것은 비트겐슈타인[Wittgenstein, 2001(1953)]의 사례다], 그가 팔을 들어 올리는 것은 나의 요청에 대한 반응이다. 이것은 신체에서 진행되는 신경생리학적 결정에 대한 반응으로 일어나는 것이 아니다. 이것은 외부에서 오는 요

---

향 진술의 지식을 활용해 가능한 선행조건들을 소급예측한다(retrodiction). 이 소급예측은 알아낸 원인들이 촉발되고 상호 간섭하며 문제의 구체적 현상이 발생하는 방식에 대한 파악을 포함한다. 넷째, 증거들을 근거로 삼아 가능하지만 부적합한 대안적 해명들을 소거한다(elimination). 그리고 첫 번째 양식과 마찬가지로 판별과 정정(identification and correction)이 이어진다."

청에 대한 반응이며 당연히 팔을 올리는 사람은 그렇게 하는 이유를 가지고 있다. 그는 내 요청에 따르고자 한다. 이것은 철학 강의실에서 있을 수 있는 일이다. 내가 레베카에게 강의실에서 내 겉옷을 가져다줄 수 있느냐고 물으면, 그녀는 강의실에 가서 겉옷을 가져올 것이다. 그 결과로 물질적 이동이 있을 것이다.

이런 사례를 제시하면 발현에는 세 가지 기준이 관련되어 있다는 것을 알 수 있거나 쉽게 이해할 수 있다. 첫째, 발현적 수준은 이것의 기본이 되는 수준에 일방향적으로 의존한다. 우리가 알고 있는 한 사람은 신체가 없으면 정신도 가질 수가 없다. 그래서 신체, 즉 신경생리학은 정신의 필요조건이다.

둘째, 발현적 수준은 분류학적으로(이것의 기본이 되는 수준으로) 환원 불가능하다. 우리는 사람들이 인간세계와 사회세계에서 실행하는 것들에 대해 신경생리학을 준거로 적절하게 설명할 수 없다. 신경생리학은 사람들이 그것을 할 수 있음을 알려준다. 하지만 사람들이 그것을 할 것인가, 그것을 언제 어떻게 할 것인가 등은 사회적이고 인간적인 '원인들'에 달려 있다. 이 원인들은 실천적으로 그리고 원칙적으로 어떤 신경생리학적 수준으로 환원할 수는 없다. 따라서 우리는 동기, 이유, 사회적 규칙, 사회적 관례 및 사회 구조들과 기제들에 입각해 이야기해야 한다.

세 번째 기준이 매우 중요하다. 발현적 수준은 분류학적으로만 (기본적 수준으로) 환원 불가능한 것이 아니다. 현상과 관련된 발현적 수준은 인과적으로도 이것의 기본적 수준으로 환원할 수 없다. 우리가 일단 정신을 가지고 있다면, 그리고 우리가 일단 인간들과 함께 있다면 우리는 인간들이 예컨대 기후를 변화시키는 방식으로 행동할 가능성이 있음을 알고 있다. 이것이 기후변화의 논리적 구조다. 이것은 또한 농업과 공업의 논리적 구조이기도 하다. 하지만 우리가 이것에 대해 생각해 보면 이것은 모든 인간 행동의 논리적 구조다. 우리가 아는 모든 인간 행동이 이러저러한 종류의 물질적 운동이나 이동으로 이루어지기 때문이다. 이것은 물질적 행동을 포함한다. 이것은 신경생리학과 그 밖의 현상들을 포함하며, 우리 인간은 인과 주체causal agent다. 그러므로 의도적 인과성에 대한 이론은 비판적 실재론에서 매우 중요한 부분이라고 생각한다. 이것은 행위가 의도적일 때 그 주체가 변화를 만들어내는 것이며, 그 변화는 행위할 이유를 가지고 있음의 결과로서 물질세계에 나타난다. 이것을 일관성 있는 방식으로 유지할 수 있는, 내가 알고 있는 다른 철학적 체계는 없다. 그리고 이것은 완전히 발전된 발현의 이론을 전제로 한다.

이제 어떤 것이 정말로 발현적인지에 관해, 예컨대 화학이 정말로 물리학에서 발현하는지에 관해 논쟁할 수 있다. 그러나 생명체가 무기물로부터 발현한다는 것을 논박할 수는 없다고 생각한다. 또한 정신이 신경생리학으로부터 발현한다는 주장이나 사회적 수준이 인간적 수준으로부터 발현한다는 주장을 부인할 수는 없다고 생각한다. 적어도 이것들은 아주 분명한 세 가지 발현적 수준들이며, 그것을 더욱 확장하기 위한 논증이다. 그러나 그것은 층화의 세 번째 의미다. 그러므로 구조와 사건 사이의 구별, 실재의 다층 구조, 실재가 층화되어 있다는 생각에서 유래하는 세 번째 유형의 발현 모두가 중요하다. 또한 개방체계라는 관념, 즉 실재가 분화되어 있다는 관념도 흥미로운 결과를 낳는다. 이것의 즉각적인 결과는 우리가 개방체계 안에서 발생하는 것들에 대해서는 단일의 기제나 구조를 준거로 설명할 수 없다는 것이다. 우리는 항상 다중성에 관해 이야기하고 복합적인 세계에 관해 이야기한다.

여러 수준들, 발현적 수준들이 관련되었을 때 상이한 분류법들을 참고해야 한다. 적어도 다중학문분과적multidisciplinary

분류법들, 통상적으로는 적어도 다학문분과적interdisciplinary
분류법들에 관해 이야기한다. 다중학문분과성의 경우 우리
는 단지 여러 학문 분과들을 언급할 뿐이다. 그러나 다학문
분과성의 경우 유기적 방식으로, 각각의 학문 분과들에서
는 예측할 수 없었던 새로운 방식으로 결합해 작동하는 여
러 학문 분과들의 대상들을 언급한다. 이것은 내가 적층적
체계laminated systems라고 부르는 것에 대한 이론으로 바뀌었
다. 적층적 체계 개념에 대해서는 내 동료인 버스 다네르마
르크Berth Danermark와 함께 논의를 발전시켰다(Bhaskar and
Danermark, 2006 참조). 이것에 대해 조금 더 이야기하면 좋
겠다.

나    그렇게 하자. 우리가 이 이야기를 하기에 앞서서 그 개념을
잊지 않으면서 질문을 하나 하고 싶다. 신체-정신 문제에 대
한 당신의 답은 당신의 일반 이론에서 중심적인 것이다. 하
지만 학계의 지배적인 생각과는 상충하지 않는가?* 당신

---

*   『비판적 실재론 사전』에서 모건(Morgan, 2007)은 정신-신체 문제에 대한 비판적 실재론
    의 주요한 공헌을 다음과 같이 정리한다. "이것은 이원론과 환원론이 설정한 논쟁의 기본
    관점에 대한 (둘 모두가 존재론적 관념론-물질론의 이분법에 뿌리를 두고 있다는 데 기초
    한) 거부를 존 설의 생물학적 자연주의(Searle, 1998)와 공유한다. 이원론은 의식을 신비
    하고 수정 불가능하고 불가해한 것으로 남겨두는 반면에 물질론이라는 이름의 환원론은
    의식적 존재의 총체성을 무시한다. 이것이 정신의 특성에 대한 질문을 먼저 제기하는 바

은 이 말에 동의하는가? 확실히 교육에서 지배적 사유는 당

신의 생각과는 다르지 않은가?

**바스카**　동의한다. 1987년『과학적 실재론과 인간 해방』을 쓰고 있

---

로 그 속성이다. 공시적 발현적 힘 물질론(synchronic emergent powers materialism)은
의식이 물질적인 두뇌의 환원 불가능한 발현적 속성이라고 주장한다. 공시적(synchronic)
이라는 용어는 발현이라는 용어의 사용을, 종들 및 그것들의 능력 진화에 대한 그것의 통
시적(diachronic) 적용과 구별하기 위해 사용된다. 따라서 의식은 주어진 형태의 물질적
뇌와 동시 발생한다. 그러나 이것이 그 자체로 의식적 행위와 두뇌 물질성의 시간적 관계
에 대한 단호한 주장을 나타내지는 않는다. …… 철학적 관점에서 볼 때 비판적 실재론자
들은 관념론이나 물질론의 언어로 그것에 관해 이야기하는 것은 개념적으로 납득되지 않
는다고 주장하는 경향이 있다."

모건(Morgan, 2007: 221)은 계속해서 다음과 같이 주장한다. "이유가 원인일 수 있는, 정
신의 발현적 힘은 이것의 중요한 측면이다. 상식적으로 볼 때 믿음과 욕구가 의도적 행위
를 결과한다고, 그러므로 의식이 개인의 행위를 안내하고 변형적 사회활동 모델을 통해 자
연적·사회적 구조들에 영향을 미친다고 주장하는 것은 상대적으로 문젯거리가 아니다. 이
것에 대한 부인은 의식이 상호작용적이라는 생각에 대한 거부에 관한 것이기보다는 인과
관계와 자유에 대한 상이한 철학적 입장들의 견해의 원상태의 보전에 관한 것이다. 강한
형태의 사회구성주의인 포스트모더니즘과 많은 정치철학자들은 이유가 원인일 수 있다는
생각을 거부하는데, 이들이 인과관계를 흄의 인과 개념인 규칙적 연쇄로 이해하기 때문이
다. 의식이 선택을 수반하고 이유에 기반한 행위의 결과가 다양하게 실현되기 때문에 이
들의 관점에서 그것은 인과적인 것이 아니다. 그리고 이런 정의를 적용하는 것은 자유의
지와 선택 등의 소중한 개념들을 손상하면서 인간의 행위를 유전적 결정관계나 행동주의
적인 자극-반응으로 환원하는 형태로 가는 길을 열어주는 것이다. …… 비판적 실재론은
이유의 가능성의 발생과 이유의 이어지는 발생적 기제들에 주목하기 때문에 인과관계와
이유 사이의 그리고 환원주의적 물질론과 방어적 관념론 사이의 이런 잘못된 선택에서 벗
어난다."

을 때 출판사가 내게 (이름을 밝히고 싶지 않은) 어떤 학자와의 만남을 주선했다. 그는 발현이 과학적 개념이 아니라며 나를 설득하려고 했다. 당시 발현 개념은 완전히 논란거리였다. 그러나 오늘날 발현은 인정되고 있으며 세계를 재서술하는 한 방식으로 간주되고 있다. 표준 이론은 발생하는 모든 일은 신체적 수준에서 발생한다는 것, 그러나 우리가 심리학적 수준에서 현상에 관해 이야기할 때에는 이 요소들을 재서술한다는 것이다. 나는 이것이 명백히 부적절하다고 생각한다. (『자연주의의 가능성』에서 제시한) 사례를 들어보겠다. 우리가 식사를 하는데 소금과 후추가 당신 앞에 있다면 나는 당신에게 소금과 후추를 건네달라고 요청할 것이고 당신은 그것들을 건네줄 것이다. 이것은 당신이 수행하는 신체적 행위이지만 당신의 신체와 관련되지는 않았다. 이 행위의 이유, 즉 원인은 나의 요청이다. 이런 모델들은 모두 실질적으로 우리가 환경에서 분리되어 작동할 수 있는 신체라는 암묵적인 폐쇄체계를 가지고 있음을 전제한다. 이것들은 사회적 상호작용을 제외한다. 비를 맞는 상황을 예로 들어 이해해 보자. 비가 내릴 때 건물 밖에서 걷는다면 비에 젖을 것이다. 비와 나 사이에는 인과적 상호작용이 있다. 비는 나를 젖게 만들며 이것을 예측해 나는 우산을 준비한다. 이때의 설명은 내게 일어난 일들이 아니라 비에 입각해 이루어질 일들이다. 우리의 신경생리학은 정확하지만, 의도적 행위 속에서 신경생리학이 이유나 동기에 대해 반응하는 방식은 기계가 스스로 재설정할 수 있는 방식이나 우리가 자동차에 들어가서 운전할 때 일어나는 것과 상당히 유사하다.

**나**  그렇다면 뇌에 대한 연구, 특히 교육에서의 뇌에 대한 연구에 투입된 온갖 시간, 노력, 자원으로 인해 어떤 일이 일어나고 있는가? 뇌가 작동하는 방식을 탐구하는 수많은 연구에 막대한 돈이 지출되고 있다. 이 연구들은 피상적 수준에서 수행될 것이다. 이 연구들은 생리학적 수준보다 더 깊은 수준으로 나아가지는 않을 것이다.

**바스카**  그렇게 생각한다. 이 연구들이 흥미로운 사실들을 보여줄 수도 있지만 정신의 작동에 접근할 수는 없을 것이다.

**나**  우리는 뇌 연구에 관해 이야기하고 있다.

**바스카**  내가 정신이라고 부르는 것의 수준에서 무엇인가가 일어난다. 그리고 두뇌에서는 반응이 일어난다. 이것은 순간적인 반응이다. 일단 우리가 의도적 수준을 고려한다면 뇌 연구는 상당히 일관된 것일 수 있다.

**나**  그러나 그것은 제한적이다. 그것은 정신의 작동에 대해 충분한 설명을 제공하지 못할 것이다.

**바스카**  일부 뇌과학자들은 의도적 수준을 고려하는 쪽으로 나아가
리라고 생각한다. 궁극적으로 두뇌는 폐쇄체계가 아니다.
우리의 두뇌 상태는 부분적으로는 의도적 주체의 수준에서
그리고 사회적 인과성의 수준에서 일어나는 것들로 결정된
다. 예컨대 우리는 이 책을 쓰려는 계획의 결과로 여기서 만
나 대담하고 있다. 우리 신체 안에 이것을 미리 결정하는 것
은 없다. 물론 우리 신체가 이것을 수행할 수 있는 상태에
있어야 한다.

**나**  나는 이것이 매우 중요한 의견이라고 생각한다. 그 돈은 모
두 피상적 수준의 현상을 탐구하는 데 소비될 것이다.

**바스카**  주석 삼아 말한다면 비판적 실재론자들이나 비판적 실재론
이 이런 종류의 연구에 대한 개입에 더 많이 비판할 수 있다
면 좋을 것이다. 그러나 우리는 학계에서 이제 돈을 따내라
는 압력을 강력하게 받고 있다. 우리에게는 그것을 할 시간
이 없다.

**나**  적층lamination에 대한 이론은 근래 당신이 발전시킨 것이다.
이 이론에 대해 설명해 달라.

**바스카**  적층이론은 내가 다네르마르크와 함께 작성한 논문에서부
터 발전시켰다(Bhaskar and Danermark, 2006). 나는 다네르

마르크의 초청으로 스웨덴 외레브로 대학교Örebro University
에서 한 학기 동안 객원교수로 지낸 적이 있다. 당시 다네
르마르크는 다학문분과성의 모든 주제에 깊은 관심이 있었
다. 우리는 다학문성에 관한 저작들에 대한 문헌 검토에서
시작했는데 당시에 이 개념이 유행했다. 그러고 나서 다학
문성의 존재론에 관한 글을 찾을 수 없다는 데 놀랐다. 세
계에 있는 무엇이 다학문성을 필요한 것 또는 유익한 것으
로 만드는지에 관한 글은 없었다. 이것은 모두 인식론적 차
원에서만 다루고 있었다. 이것은 인식적 오류의 수준이나
존재론의 인식론으로의 환원이 여전히 지배적임을 보였다.
이것이 우리의 첫 번째 관찰이었다.

우리의 두 번째 관찰은 장애 연구였다. 1960년대부터 장애
연구의 전체 역사가 연속적인 단계들의 환원주의를 특징으
로 한다는 내용이었다. 첫 번째 단계의 환원주의는 장애를
임상 모델이라고 부르는 것에 입각해 이야기하고 설명했
다. 장애는 신체적 손상의 문제로 간주되었다. 이것은 신경
생리학적 수준이나 생물학적 수준의 문제였다. 1970년대와
1980년대에 와서 이런 입장에 대한 비판이 제기되었고 이
제는 장애를 자원의 결과로, 아니 오히려 자원 부족의 결과
로 보는 견해가 등장했다. 예컨대 모든 공간에 휠체어로 접

근할 수 있다면, 즉 우리가 충분한 자원을 보유하고 있다면 장애는 아무런 문제가 되지 않는다. 이것은 대체로 사회경제적 수준에서의 경제적 문제였다. 그러나 이것도 본질적으로는 여전히 환원주의적이었다. 이들은 손상 등은 말하지 않았다. 장애 연구는 손상을 설명하는 것인데도 말이다. 1980년대에서 1990년대로 들어서면서 세 번째 국면의 환원주의가 나타났다. 이것은 사회구성주의적 환원주의였다. 여기서는 장애가 모두 언어의 문제라고 주장했다. 내가 두 사람을 지목하며 그중 한 사람을 장애인disabled이라고 부르고, 그들을 능력이 상이한 사람들differently abled이라고 부른다면 아무런 문제도 없을 것이다. 사회구성주의적 환원주의는 언어, 예컨대 오명 찍기stigmatization 사용의 심리학적 상관물들을 지적했다.

그런데 우리는 세 가지 비판을 모두 좋아했다. 분명한 생각은 세 가지 모두에 진리의 수준이 있다는 것이다. 그러나 왜 이것들을 결합하지 않는가? 이것들을 결합하지 않은 이유는 현실주의, 즉 현상에 대한 설명에서 폐쇄체계 관념의 지배, 그리고 한 수준의 인과성, 하나의 계기의 인과성이 있다는 생각의 강력한 영향 때문이었다. 물론 개방체계에서는 그렇게 되지 않는다. 우발적인 사고를 설명하고자 한다면 우리는 언제나 네댓 가지의 상이한 기제들, 구조들 또는 작인作因들을 관련시킨다. 제1차 세계대전의 기원을 설명하고자 한다면 여러 상이한 수준의 결정관계들과 여러 상이한 유형의 기제들을 끌어들인다. 그래서 우리는 적층이라는 개념을 차용해 사용하는 것이 좋은 착상이라고 생각했다. 이 착상은 개방체계에서는 우리가 흔히 사실상 적층적 체계라고 할 수 있는 것을 다룬다는 것이다.

적층적 체계에 관해서는, 어떤 사건의 인과관계나 그에 대한 처리를 완전하게 이해하기 위해서는 해당 체계의 모든 수준들을 고려해야 한다. 그래서 실제 장애의 몇몇 사례를 논의했다. 분화의 수준들이 고정되어 있지는 않았다. 하지만 우리가 논의한 전형적인 한 가지 분화는 가령 휠체어로 접근 가능한 물리적 수준, 그다음으로 신체의 손상일 수 있는 생리적 수준이나 생물학적 수준, 그다음으로 심리적 수준, 그다음으로 사회적 수준이나 경제적 수준을 강조하는 사회-경제적 수준, 그다음으로 의미에서 언어가 매우 중요한 사회-문화적 수준, 그다음으로 규범적인 수준을 포함했다. 이렇게 예닐곱 가지 수준을 모두 고려하지 않고서는 장애라는 현상에 관해 실질적으로 언급하거나 적절하게 이야기할 수 없다고 주장했다. 이것은 명백히 불완전할 것이다.

우리가 이러한 점을 지적했을 때 여러 사람들이, 그리고 (예컨대 명백히 개방체계적인 기후변화 분야와 같은) 다른 분야들에서 연구하는 비판적 실재론자들이 주로 즉각 공감을 보였다. 고든 브라운Gordon Brown은 「교육학에서 존재론적 전환: 학습 환경의 장소The ontological turn in education: The Place of the Learning Environment」(2009)라는 논문에서 적층적 체계를 언급했다. 내가 노르웨이의 몇몇 비판적 실재론자들과 함께 쓴 『다학문성과 기후변화: 글로벌 미래를 위한 지식과 실천의 변화Interdisciplinarity and Climate Change: Transforming Knowledge and Practice for Our Global Future』(Bhaskar et al., 2010)도 출판되었다. 또한 『위기의 시대의 노르딕 생태철학Nordic Eco-Philosophy in an Age of Crisis』(2008)도 있다. 이 두 종의 책은 적층적 체계를 사용하는 사람들의 수많은 사례를 담고 있다. 그런 다음에 나는 여러 상이한 유형의 적층적 체계들이 있다는 것을 분명히 알게 되었다.

이러한 상이한 수준들로 구성된 적층적 체계 외에도 4평면 사회적 존재four-planar social being의 모델도 있었다. 일반적으로 우리는 이 4평면, 즉 자연과의 물질적 교섭, 사람들과의 사회적 상호작용, 사회구조, 체현된 인성이라는 층화의 4평면 모두를 고찰해야 한다. 다른 모델은 규모의 상이한 수준들different levels of scale로 구성되었다. 그래서 사회세계에서는 내가 처음에는 우리가 특징적으로 행동과 사물들이 아니라 사회세계에 있는 지속적인 관계를 다룬다고 말했지만, 그렇다고 해도 이것에 관해서 과잉-순결하지 않아야 한다는 생각이 들었다. 나는 일곱 개 수준의 규모의 모델을 개발했다. 첫째는 하위-수준sub-level의 규모로 동기와 의식이었으며 사회적 설명의 수준이 될 것이었다. 둘째는 개인적인 것의 수준이 있다. 행위주체들의 생애사도 매우 중요하며 소설에서 강조된다. 셋째는 미시-수준의 사회적 상호작용이 있다. 고프먼(Goffman, 1959)과 가핑클(Garfinkle, 1984)이 다루었으며 우리는 이것을 배제할 수 없다. 넷째는 중간-수준의 고전사회학이 있다. 뒤르켐[Durkheim, 1982(1895)], 베버[Weber, 2002(1905)], 마르크스[Marx, 2003(1738)]가 언급했다. 다섯째는 거시-수준이 있다. 이 수준에서는 전체로서 사회, 또는 예컨대 노르웨이 경제 같은 전체로서 부문에 관해 이야기하고자 할 수 있다. 여섯째는 거대-수준mega-level이 있다. 이 수준에서는 예컨대 자본주의나 고도근대주의 같은 전체적인 지리적 또는 지리-역사적 궤적들이나 구획들에 관해 이야기하고자 할 수 있다. 일곱째는 행성적 수준이다. 이 수준에서는 지구적인 것의 수준, 즉 지구적 수준에서의 인과

관계에 관해 이야기하고자 할 수 있다. 월러스틴(Wallerstein, 1984)이 그 예다. 우리는 이것을 시간 속에서 뒤로 확장할 수 있다. 이것의 친숙한 장르는 세계사를 참조하며 이행적인 경향을 찾아내는 것이다. 내 동료인 리 프라이스Leigh Price는 일곱 개 수준의 규모를 사용해 남아프리카에서 젠더에 기초한 폭력을 연구했다. 프라이스는 이 연구에서 일곱 개 수준의 규모를 사용하는 이론이 유엔 기구나 대부분의 설명에서 나타나는 단지 두세 개 수준을 사용하는 경우보다 얼마나 더 좋은지를 입증했다. 달리 말하면 식민주의나 인종격리apartheid가 있었고, 이것들은 또한 무의식의 수준에서도 작용할 수 있었다. 그러므로 우리는 이것들을 거대 수준에서 그리고 무의식의 수준에서 고찰해야 한다. 젠더에 기초한 폭력에 대한 통상적인 해명은 그렇게 하지 않는다.

그래서 이것은 규모에 관한 적층적 모델이다. 그리고 발현을 포함하는 상이한 공간-시간성들과 관련된 매우 흥미로운 네 번째 모델이 있다. 우리는 뉴델리 거리에서 거기에 존재하는 상이한 역사적 시대들을 볼 수 있다. 고급 승용차, 작은 삼륜차, 스포츠카, 코끼리가 같이 다니고 하늘에는 로켓이 날아다닐 수도 있다. 비판적 실재론자들은 가령 정신 건강을 돌보는 사회복지 사업을 설명하는 데 이 모델을 사용해 사회복지사들이 상이한 모델들을 가지고 활동한다고 주장했다. 정신 건강에 대한 (기본적으로 그것은 모두 각자의 결함이라고 주장하는) 신자유주의적 모델이 있으며 이것의 밑에는 더 오래된 사회복지 모델이 있다. 그 밑에는 더 원시적이고 시간적으로 더 오래된 모델이 있다. 여기서는 사람들을 정신병원에 가두어놓고 공동체에서 격리했다. 그들이 오늘날의 실천을 다룰 때는 이 상이한 수준들 사이에서 전환한다. 이것은 페디먼트적 모델pedimental model이라고 부를 수 있다. 왜냐하면 페디먼트pediment*에 그려진 오래된 장인들의 그림을 살펴보면 기존의 그림은 그대로 둔 채 그 위에 다시 그린 그림을 볼 수 있기 때문이다. 페디먼트적 모델이라는 용어는 여기서 유래한다. 그렇게 이것들은 적층적 체계의 네 가지 모델이다. 이 모델들은 교육 현상을 포함한 개방체계적 현상들을 설명하는 데 모두 매우 유용한 장치로 입증되었다. 여기서 우리는 설명을 단일 수준으로 환원하지 않고 상이한 수준들 사이의 동역학을 살펴보아야 한다. 그래서 나는 적층적 모델의 관념은 개방체계에서의

---

• 고대 그리스와 로마 건축물의 지붕 밑이나 문 위쪽에 사용된 삼각형 모양의 장식물로 주로 양각의 조각을 넣었다. 르네상스 이후 신고전주의 정신이 확산되면서 유럽에서 건축물들은 물론 가구나 소품들에도 사용되었다. _옮긴이 주.

상이한 기제들의 환원 불가능성을 다루는 유용한 비판적 실재론적 방법이라고 생각한다.

여기서부터 바스카가 말하기 힘들어했기 때문에 대담을 끝냈다. 우리는 한 달 뒤에 대담을 위해 다시 만났는데 그것이 마지막 만남이 되었다. 그 대화의 기록이 다음 장의 주요 부분을 차지한다.

# 제3장

—

# 지식, 학습, 변화

두 번째 대담에서 우리는 재현representation, 지식, 학습, 변화, 환원주의, 메타-성찰, 보편적인 것의 가능성, 변증법적 비판실재론, 복잡성, 현실주의, 인식적 오류, 메타실재 및 행위주체에 관해 논의했다.

**나**  재현과 비판적 실재론에 관해 이야기해도 괜찮겠는가?

**바스카**  물론이다. 재현의 개념은 지식, 학습, 변화의 개념과 마찬가지로 비판적 실재론에서 매우 중요하다. 이 세 가지 개념에 관해 그리고 이 개념들이 비판적 실재론의 세 국면들을 통해 어떻게 심화(한다고 내가 생각)하는지에 관해 조금 말하고 싶다. 지식에서 시작하자. 기본적 비판실재론의 관점에서 자동적 차원과 타동적 차원은 근본적으로 구별되지만 변증법적 비판실재론으로 나아가면 지식은 존재함의 일부로 나타난다. 그러므로 여기서 우리가 사용하려는 개념은 짜

임관계성constellationality*이다(Hartwig, 2007: 78 참조). 이것은
변증법적 비판실재론의 개념이며, 존재함은 존재론을 포괄
하고 존재론은 인식론을 포괄한다는 생각이다. 인식론과 믿
음은 존재론의 부분이 된다.

그런데 존재적 자동성의 개념은 모든 과학적 탐구에서 필
수적인 요건으로 유지된다. 하지만 이것이 과학자는 어떤
순간에도 자신이 만들어내지 않은 그리고 자신에 대해 독
립적으로 존재하는 객체들을 탐구한다는 이야기는 아니다.
지식의 과정과 존재함, 즉 일반적으로 사회적으로 존재함
의 과정은 상호 의존적일 수 있다. 그러므로 변증법적 비판
실재론의 시기의 생각은 대체로 존재론이 모든 것을 포괄
한다는 것이다. 이것은 단지 믿음들뿐 아니라 허위의 믿음들
과 망상들까지 포함한다. 실제 이것은 인과적 영향을 미치
는 온갖 것을 포함한다. 메타실재의 철학의 시기에 이르면

---

● 바스카는 "개념들은 별자리가 별들과 관계를 맺는 것처럼 객체들과 관계를 맺는다"라는
베냐민(Benjamin)과 아도르노(Adorno)의 견해를 참고해 '짜임관계성'이라는 개념을 사용
한다. 원어인 'Konstellation'은 별자리, 성좌를 의미한다. 별자리에서 특정 별의 위치는 다
른 별들과의 관계를 통해 규정된다. 예컨대 존재론 안의 인식론이나 원인 안의 이유처럼,
확장하는(over-reaching) 용어 안에서의 봉쇄의 형상을 의미한다. 이 용어로부터 확장당
하는(over-reached) 용어가 통시적으로 또는 동시적으로 발현할 수 있다. 이 용어는 동일
성, 통일성, 유동성 등의 형태를 취할 수 있다. _옮긴이 주.

강조는 다시 세계의 객체와 인지적 약진cognitive breakthrough 사이의, 적어도 발견의 순간에서의 일종의 동일성이라는 관념으로 조금 이동한다.

내가 생각하기에 중요한 개념은 변증법적 비판실재론에서 정리한 진리의 변증법dialectic of truth이다. 이것은 정말로 재현에 관한 약간의 이야기로 이어진다. 이것을 간략히 개관한다. 진리는 상당히 복합적인 개념이다. 진리는 이런저런 방식으로 특징적인 변증법적 진보와 연결될 수 있는 네 가지 구별되는 의미를 지닌다.

진리에 부여할 수 있는 첫 번째 의미는 내가 신뢰의 의미라고 부르는 것이다. 내가 무엇인가에 대해 참이라고 말하면 이것은 나를 신뢰하라는 의미의 말이다. 우리는 이것을 근거로 행위할 수 있다.

진리의 두 번째 의미는 증거적 의미다(비판적 실재론자들이 가장 많이 이야기해 온 것이다). 이 경우에 우리가 무엇인가에 대해 참이라고 말한다면 우리의 말이 의미하는 것은 이것이 확실한 근거를 가지고 있으며 이것에 대한 충분한 증거가 있다는 뜻이다. 그런데 이런 두 가지 의미는 분명히 타동적 영역에 속한다. 첫 번째의 신뢰의 의미는 진리의 주관적 또는 내재적 측면이라고 부를 수 있다.

다음으로 우리는 진리의 세 번째 의미로 이동한다. 이것은 타르스키(Tarski, 1983)의 잉여이론redundancy theory의 풍미를 보여준다. 이 의미의 진리는 자동적 차원과 타동적 차원 양쪽에 걸쳐 있다. 여기서의 의미는 '잔디는 녹색이다'는 문장은 잔디가 녹색임에 대한 최선의, 즉 가장 완벽한 재현 또는 표현이라고 말하고 싶어 할 때의 그것이다. '잔디는 녹색'이라고 말하는 것은 잔디를 언어로 완벽하게 표현한다. 이것은 표현적인 것으로서 진리이거나 우리가 그렇게 부르고자 한다면 표현적 지시다.

네 번째 의미의 진리는 진리에 관해 이야기하는 것은 사물들의 진리에 관해 이야기하는 것이라는, 즉 왜 그것들은 그러한가에 대한 설명 또는 이유를 의미한다. 가령 물이 섭씨 100도에서 끓는다는 것에 대한 진리 또는 설명은 물이 $H_2O$의 분자 구성을 가지고 있다고 말하고자 하는 것이다. 여기서의 진리는 사물들에 대한 근거이며 이런 의미의 진리는 존재론적이다. 나는 복잡한 개념으로서의 진리에 대한 이런 이해가 철학자들이 씨름해 온 몇 가지 어려움을 해결할 수 있다고 생각한다.

나    이제 재현, 특히 재현의 다양한 (가상적·도형적·계수적·법제적·상징적 또는 구술적) 형식들로 옮겨갈 수 있겠다. 당신이 이미 언급한 관계, 즉 지식과 세계 사이 또는 지식과 존재함 사이의 관계에 대해 나는 관심이 있다고 할 수 있다.

**바스카**  그렇다. 이것은 지식과 세계 사이의 관계다. 나는 철학자들, 특히 경험주의적 전통의 철학자들이 이것을 상당히 조악한 방식으로, 즉 동형적 반영isomorphic reflection인 것으로 파악해 왔다고 생각한다. 물론 우리가 도형적 재현이나 법제적 재현에 관해 다룰 때 동형적인 것에 관해 이야기하는 것은 아니다. 우리가 물리학이나 양자역학의 측면을 다룬다면 분포에 관해 이야기하고 있기 때문에 심지어 일대일의 관계에 관해서조차 이야기하는 것이 아니다. 이것을 이해하는 방식은 세계에 대한 우리의 재현을 그 세계를 이해하고 설명하고 잠재적으로 그 세계를 변화시키는 우리 과정의 일부로 보아야 한다는 것이다. 그러므로 이것은 지식 발전의 맥락 속에 놓여야 한다.

**나**  그렇다면 리처드 로티Richard Rorty의 허수아비는 문자 그대로 거짓인가? 여기서 우리는 자연의 거울을 다루는 것이 아니다.

**바스카**  참으로 우리가 관심이 있는 것은 자연의 반영mirroring nature이 아니다. 우리는 자연의 이해에 그리고 그렇게 할 수 있는 한에서 자연을 변경하는 것에 관심이 있다. 이것은 우리

가 인간과 환경 사이의 관계에 관해 제기한 문제와 연결된
다. 매우 중요한 문제라고 해야 한다.

나　알다시피 레프 비고츠키Lev Vygotsky는 우리 자신과 세상 사
이에 있는 다양한 매개 형식들에 관해 이야기했다. 나는 당
신이 그러한 매개들에 대해 어떻게 느끼는지 궁금했다. 우
리는 단어들을 통해 세계를 매개할 수 있다. 우리는 언어를
통해 세계를 매개할 수 있다. 우리는 발화를 통해 세계를
매개할 수 있다.

바스카　물론 우리는 그렇게 한다. 여기서 1970년대나 1980년대에
하레(Harré, 1993) 같은 사람들이 과학철학 분야에서 발전시
킨 모델이 중요하다. 왜냐하면 이들이 보기에 세계에 대한
모델구성은 단순하게 세계와 동형 관계에 있는 문장을 제
시하는 ─ 실증주의자들이 그리고 역설적으로 로티(Rorty, 1990)
가 전제하는 경향이 있었던 것과 같은 ─ 문제가 아니었다. 하
레(Harré, 1993)에게 이것은 상형적 요소도 포함하며 그러므
로 그림이 매우 중요했다. 이것은 감각적 모델구성sententional
modelling 또는 상형적 모델구성iconic modelling과 더 관련이 있
었다. 뉴턴 모델로 돌아가면 이것은 세계를 근본적으로 당
구공에 입각해 그렸다. 확신할 수는 없지만 내가 알기로는,
윌리엄 틴들William Tyndall은 세계에 대해 서로 부딪히는 검

거나 붉은 당구공에 입각해 상상할 수 있게 하는 과학적 설명이 아니라면 만족할 수 없으며 이것은 굉장히 생산적인 모델로 입증되었다고 말했다고 알고 있다. 그러나 결국 이것으로 아원자 수준의 원소들을 다루기에는 부적절하다고 판명되었다. 나는 『실재론적 과학론』에서 당시 모델은 결국 그 자체로 부정확하다고 주장했다. 왜냐하면 원자라는 관념은 원자가 유사한 종류의 객체들과 상호작용하는 한 내적 구조가 있어야 하며, 구조가 없다면 그것은 원자적인 것일 수 없기 때문이다. 그러므로 세계를 매개하는 데에는 다양한 방식이 있다.

**나** 이런 다양한 재현 형식들 사이에서 우리는 (많은 사람들이 하고 싶어 하듯) 판단할 수 있는가? 우리는 이것이 저것보다 낫다거나 이것이 저것보다 적합하다고 말할 수 있는가?

**바스카** 그렇게 할 수는 없다고 생각한다.

**나** 내가 하고 싶은 이야기는 어떤 사람들은 세계에 대한 비수학적 견해가 수학적 견해보다 우월하다고 주장하고자 한다는 것이다. 왜냐하면 수학적 견해가 환원적이고 그러므로 왜곡적이기 때문이라는 것이다.

**바스카** 이것에 관해서는 학습과 변화에 대해 다룬 뒤에 다시 이야기하면 좋겠다. 왜냐하면 물리학의 이데올로기라고 불려온 것이 가진 진정한 문제들 가운데 하나가 슬프게도 이것이 본질적으로 환원적이라는 점이기 때문이다. 이것은 압도적으로 세계를 기본적이거나 근본적인 요소들에 입각해서 보는 경향이 있으며, 그러므로 실질적으로 발현이나 새로움을 부인한다. 물리학의 이데올로기는 우주 시작에서의 초기 순간이나 형성을 부인한다. 왜냐하면 그런 순간에는 모든 요소들이 변화했기 때문이다. 그것은 이른바 변화하지 않는 요소가 만들어지는 순간이었다. 창조의 행위는 그 자체로 세계에 관한 발현적이고 새로운 발견들로 존재하기 때문에 당연히 그것은 스스로를 부정하며 또한 성찰적으로 스스로를 유지할 수 없다.

여기서 학습과 변화에 관해 조금은 이야기할 수 있다. 이 장의 세 주제인 지식과 학습과 변화가, 지식에 대한 이해가 비판적 실재론의 세 국면의 전개 과정에서 발전하는 것과 똑같이 학습에서도 세 가지의 진보적인 변형이 있다고 생각한다. 기본적 비판실재론에서는 학습에 관해 대체로 믿음의 발전이라는 관점에서 이야기한다. 그러나 변증법적 비판실재론으로 옮겨가면 행위의 모든 구성 요소가 학습과 관련되어 있다는 것, 그러므로 가치 수준에서의 학습이 있고 더 일반적으로 당연히 필요 수준에서의 학습이 있다는 것이 분명해진다. 이것은 우리가 교육에서 그리고 삶에서 믿음의 발전뿐만 아니라 우리가 명확하게 하는 것처럼 당연히 숙련과 성향의 발전도 고려해야 함을 의미한다. 나는 학습이 행위의 모든 상이한 구성 요소들에 영향을 미친다고 생각한다.

기본적 및 변증법적 비판실재론의 국면에서는 특별히 교육에 관해 언급하지 않았다. 하지만 비판적 실재론의 상당 부분은 의식의 변화에 관한 것이거나 이것에 의존하고 있다. 그리고 교육 및 교육철학에서의 주제들과 쟁점들에 대한 공명이 있다. 그러나 메타실재의 철학에서 나는 접힌 것의 펼침으로 불리는 학습 모델을 개관했다. 그런데 이 모델은 자전거 타기와 같은 숙련, 그리고 아마도 성향을 다루기에 가장 적합하다. 물론 이 모델은 인지 영역에서도 역할을 한다. 학술·지식 연구들의 많은 발전은 세계를 보는 새로운 기술이나 방식에 대한 이해를 포함한다. 우리가 미적분을 학습할 때 상이한 것들을 수행하는 것을 학습하며 이런 학습은 대체로 기술 숙달의 문제다. 그래서 접힌 것의 펼침 모델에 입각하면 기본적으로 학습을 외부의 어떤 것에 대한 학습보다는 우리가 지닌 암묵적 잠재력의 펼침의 학습으로 볼 수 있게 된다. 이것이 진정한 진보적 문제-전환을 만들어낸다고 생각한다. 물론 외부는 여전히 중요하다. 교사는 촉매다. 교사는 펼침의 과정이 일어날 수 있는 조건과 수단을 제공하지만, 강조점은 사람을 처음부터 무한한 잠재력을 부여받은 존재로 보는 것으로 바뀐다. 삶에서 일어나는 일은 우리가 우리 잠재력의 일부를 실현하거나 실현하지 못하는 것이 된다. 다른 것들은 대부분 무시되거나 다루어지지 않는다. 언어 학습은 이것의 훌륭한 사례다. 우리는 어떤 언어라도 학습할 수 있는 잠재력을 가지고 태어난다. 촘스키의 주장이다(Chomsky, 1965).

**나**  그 주장은 비판받지 않았는가?

**바스카**  비판받았다. 그렇지만 우리가 외부적인 요소에 주의하지 않는다면 그것은 일면적인 것이 된다. 아무튼 접힌 것의 펼침 모델은 다음처럼 진행된다. 우리가 자전거 타기 같은 숙련이나 프랑스어 같은 외국어를 학습한다고 상상해 보자. 이런 것들의 학습은 다섯 단계의 지도로 나타낼 수 있다.

첫 번째 단계에서는 자전거를 타면서 넘어진다. 우리는 어떻게 자전거를 타거나 프랑스어를 구사하거나 자동차를 운전하는지를 배우고자 하는 의지나 의도를 가지고 있다. 하지만 이것에 대해 어느 정도는 좌절한다.

두 번째 단계에서는 마법 같은 일이 일어난다. 우리는 자전거를 타고 5초에서 10초 동안 나아갈 수 있게 된다. 이것은 인지 영역에서도 상당히 유사하다. 몇몇 다른 철학자들과 함께 비트겐슈타인[Wittgenstein, 2001(1953)]은 우리가 마법을 알 수 없다는 것을 깨달았다. 우리가 마법을 안다면 우리는 그것을 잃을 수도 있다. 그러나 우리가 마법을 안다면 유레카의 순간에 우리는 스스로 그것을 발전시킬 수 있으리라고 어느 정도는 믿는다. 우리가 숙련을 얻을 수 있으리라고 또는 개념적 돌파를 성취할 수 있으리라고 믿는다. 내가 시도하는 우주론과의 비교의 관점에서 일반적으로 첫 번째 국면은 구애의 주기라고, 즉 그것을 수행하려는 의지라고 부를 수 있거나 불려왔다. 두 번째 국면은 전통적으로 창조의 주기로 불리었다. 이것은 돌파의 순간이다.

세 번째 단계가 매우 중요하다. 이것은 형성의 국면이라고 불려왔다. 이제 우리는 자전거를 10초나 20초 동안 타고 있을 수 있게 된다. 하지만 자전거를 타고 다른 곳으로 가려면 방향을 바꾸는 방법을 연습해야 한다. 자동차를 운전하는 중에 후진할 때 우리가 무엇을 하고 있는지를 의식적으로 생각해야 한다.

**나**      이것이 메타-성찰의 과정인가?

**바스카**      그렇다. 그러므로 네 번째 단계, 즉 만들기의 단계에서는 놀라운 일이 일어난다. 우리는 실제로 프랑스어로 조금은 말할 수 있게 된다. 자동차나 자전거를 자연발생적으로, 즉 그것에 관해 생각하지 않으면서 우리가 모국어를 말할 때 하는 방식으로 운전할 수 있다. 자동차 등을 운전하기 위해 생각하지 않아도 되며 단지 실행하기만 하면 된다. 예컨대 모국어를 말하는 것은 기본적인 행위다. 우리는 그것에 관해 생각하지 않은 채 할 수 있으며 그것은 단지 발생할 뿐이다. 이것은 우리가 지식이나 숙련을 획득하는 만들기의 국면이다.

다섯 번째는 우리가 그것에 대해 훌륭한 전문가가 되는 단계, 즉 우리의 의도를 완벽하게 반영하는 것을 세계에 생산해 낼 수 있는 단계다. 우리는 프랑스 북부 도시 칼레에서 프랑스 남부까지 완벽하게 운전할 수 있다. 또는 프랑스어로 편지를 쓸 수 있다. 이것은 성찰의 주기다. 이런 다섯 단계들은 특정 지식 영역에 대해 (그리고 일반적으로 숙련이나 성향인 것뿐만 아니라) 우리가 숙달하는 방식을 발전시키는 과정이라고 생각한다. 이것은 우리가 가져야 하는 상당히 좋은 발견적 학습법이라고 생각한다. 물론 교사의 역할을 부인하는 것이 아니다. 촉매의 역할을 부인하는 것이 아니다. 지식은 우리가 발전시키고자 하고 있는 것이다. 지식은 언제나 우리보다 앞서 존재한다. 나는 지식이 주관적인 것이라는 점보다 지식의 중요성을 아주 강력하게 강조하고자 한다.

**나**  이것들은 보편적인 것들이다. 학습과정의 보편적인 국면들이다. 학습에는 항상 역사적이고 사회적인 맥락이 있다고 주장하는 사회적 상대주의자들을 향해 당신은 무슨 말을 할 것인가? 달리 말하면 14세기 영국에서 살던 사람들은 오늘날의 현대인들과는 상이하게 학습한다는 주장이다. 이들의 주장은 환경과 사람 사이의 관계에 대한 당신의 견해와 부합하는가?

**바스카**  그렇다. 그 주장은 상당히 적절하다. 지식의 내용을 보면 이들의 주장은 분명히 사실이다. 왜냐하면 우리는 상이한 것들을 알 수 있기 때문이다. 우리는 상이한 숙련들을 발전시킬 수 있다. 여기서 구체적인 보편적인 것이라는 비판적 실재론의 개념은 당연히 그것이 보편적 측면이기 때문에 매우 중요하다고 말할 것이다. 하지만 나는 추상적인 보편적인 것에 대해서는 아주 강력하게 비판하고자 한다. 추상적인 보편적인 것은 모든 시간의 모든 것들에 관해 진술하고자 한다. 사실 나는 모든 사람들에 관한 단일한 추상적인 보편적인 것은 있을 수 없다고 생각한다. 우리는 무언가에 관해 무제한적인 진술을 할 수는 없다. 그것이 무엇이든 그것은 항상 제한들과 함께 나타난다. 모든 여성들에 대한 보편적인 것을 생각해 보자. 모든 개별 여성들은 결혼했을 수도 있고 하지 않았을 수도 있고, 자녀가 있을 수도 있고 없을 수도 있고, 부모가 있을 수도 있고 없을 수도 있고, 교사일 수도 있고 학생일 수도 있고, 노동조합원일 수도 있고 아닐 수도 있고, 정당원일 수도 있고 정치에 관심이 없을 수도 있다. 그리고 온갖 독특한 매개물들이 있다. 정확히 동일한 매개물들을 가진 두 개의 보편적인 것들을 생각해 보면 이것들은 상이한 시간 좌표, 상이한 공간 좌표, 상이한 궤적을 가졌기 때문에 일반적으로 여전히 상이할 것이다. 이것들은 상이한 장소에서 왔거나 상이한 시간에 태어났다. 그래서 이것이 분화의 세 번째 요소다. 동일한 일련의 매개물들과 동일한 공간-시간 궤적을 가진 동일한 보편적인 것들에 대해 생각해 보더라도 이것들은 여전히 환원할 수 없는 독특함에 의해 상이할 것이다. 이것이 구체적 단일성이다. 존재하는 모든 것은 이러한 네 측면을 가지고 있다. 물론 이러한 지리적-역사적 측면이 있는 반면에 학습과정에는 개별적 측면들도 있을 것이다. 나는 그것에 크게 공감한다. 그것은 매우 중요하다.

나는 변화에 관해서 조금 말하려고 했다. 세 가지 전체적인 주제, 즉 지식, 학습, 변화가 교육 이론의 필수 요소라고 생각한다. 기본적 비판실재론의 장점은 변화의 가능성을 자리 매긴다는 것이다. 타동적 차원과 자동적 차원을 명확하게 구분함으로써 우리는 (상대적으로) 변화하지 않는 세계에 대한 (상대적으로) 변화하는 지식의 가능성을 포착할 수 있다. 비판적 실재론, 즉 초월적 실재론과 비판적 자연주의의 기초적인 동기들 가운데 하나는 세계를, 구조화되지 않고 분화되지 않고 변화하지 않는 세계가 아니라 변화가 가능한 곳으로 위치시키는 것이었다.

이제 기본적 비판실재론은 세계가 구조화되고 분화되었다는 것을 입증했다. 우리가 사회세계에 관해 이야기할 때 핵심 모델인 변형적 사회활동 모델은 사회가 본질적으로 변형 과정에 있다고 주장한다. 그렇지만 이 모델은 변화에 대한 분석은 포함하지 않았다. 변증법적 비판실재론이 이 분석을 수행했다. 그래서 변증법적 비판실재론에서 나는 변화에 대한 분석을 제공했다. 그것은 (변화를 합리화된 부분들에 입각해서, 즉 차이에 입각해서 설명할 수 있다고 주장하는) 플라톤 이론에 대한 비판이었다. 그것은 존재론적으로 읽으면 세상에는 변화가 없다는 것이었다. 일어난 것은 그것이 변화처럼 보인다는 것이었고, 일어나고 있던 것은 변화하지 않는 요소들의 재배치였다. 나는 '없음'의 개념에 초점을 맞추어야 한다고 주장했다. 왜냐하면 없음에 대한 일상적 이해에 입각해서 보면 변화는 없음을 포함하기 때문이다. 어떤 것이 변화했다고 말할 때는 있었던 어떤 것이 없어졌거나 새로운 어떤 것이 존재하게 되었음을 의미한다. 그래서 이전에 있었던 어떤 것이 없어졌거나 없었던 어떤 것이 지금 나타났다는 것이다. 없음은 변화에 대한 이해에 결정적이다. 그래서 나는 없음이 있음에 본질적이며 변화에 대해 본질적이라고 주장한다. 그리고 없음은 인간 행위에서의 의도에도 본질적이다. 의도적으로 뭔가를 수행했을 때 우리는 없음을 없애기 위해 이것을 수행한 것이다. 나는 이것이 대단히 중요하다고 생각한다. 우리가 교육에 관해 이야기할 때 우리의 정향은 더 나은 사회를 만드는 쪽으로 크게 향하고 있다. 더 나은 사회를 위해서는 변화가 있어야 한다. 그러므로 세계를 변화시키고자 하는 일관성 있는 시도를 위해서는 변화를 가능하게 하는 존재론을 가지는 것이 매우 중요하다. 그리고 변화에 관해 말하고 있는 것 가운데 하나는 새로운 어떤 것의 발현에 대한 이해가 필요하다는 것이다.

변화에 관해, 특히 변증법에 관해 더 많은 이야기를 나눌 시간이 있기를 바란다. 하지만 우리는 발현에 관해 생각하는 데에도 시간을 할애해야 한다. 변증법이라는 관념에 많은 사람이 관심을 가지는 이유는 무엇인가. 마르크스가 변증법을 헤겔 변증법의 심장에 있는 합리적 핵심이며 모든 과학의 비밀로 본 이유는 무엇인가. 물론 이 이유는 설명하기 매우 어려운 것으로 증명되었다. 마르크스[Marx, 2003(1738)]는 시도했지만 실패했다. 내가 『변증법』을 쓰고 있을 무렵에는 변증법이 왜 그렇게 중요한 개념인지를 누구도 충분히 명확하게 설명하지 못했다. 인식론적 변증법의 본질과 관련해 내가 말하고자 하는 것은 이것이 기존 상황 속에서의 불완전성의 과정이며 이것이 정정되었다는 것이다.

불완전성이 수행한 것은 문제를 야기하고 불일치들과 모순들을 발생시키는 것이었다. 그래서 우리는 가령 과학의 발전에 대한 쿤Kuhn의 모델을 만들 수 있었다. 쿤(Kuhn, 1962)은 과학에서는 기본적으로 과학 이론들을 시험하는 정상과학의 상황에서, 모순들이 해결되지 않는 것으로 드러나는 혁명적 지시의 과정으로, 혁명이 성취되는 순간으로, 변혁의 과정으로, 개념적 장을 재조직하는 새로운 개념을 도입하는 과정으로 이동한다고 주장했다. 변증법적 비판실재론의 존재론의 관점에서는 이것을 모두 쉽게 이해할 수 있다. 시작 시점 T0로 돌아가서 이론은 무엇인가를 빠뜨린다. 그리고 이것은 모든 서술에 핵심적이다. 이론가들은 항상 인과적으로 관련 있는 모든 것을 포함하고자 한다. 그러나 이론가들이 그렇게 하지 못했다고 가정해 보자. 그러면 이론은 불완전하며, 이론의 불완전성은 조만간 불일치들과 모순들을 발생시킨다. 빠뜨린 것들이 우리에게 문제를 일으키기 시작한다. 이러한 모순들과 불일치들은 신호 장치라고 할 수 있으며 우리는 우리의 개념적 장을 확장해야 한다. 우리는 발견으로 이것을 수행한다.

나      이것을 매우 조악하게 표현한다면 (여기서 나는 교육 분야에서 매우 중요해지고 있는 복잡성 이론에 대해 생각하는데) 세계가 매우 복잡하고 항상 존재하는 변화 과정이 있다는, 즉 변화는 언제 어디에나 있다는 견해가 있다. 이것은 우리 이론들이 항상 시대에 뒤떨어져 있다는 것, 우리의 이론들이 서술하고자 시도하고 있는 것의 풍부함이나 완전함을 결코 포착할 수 없음을 의미한다.

바스카   그렇다. 잠재적으로 그 견해가 옳다고 생각한다. 그 견해를 사회세계에 적용하고 사회적 실재에 관해 생각한다면 동일한 종류의 과정이 진행되고 있음을 알 수 있다는 이야기다.

여성에 대한 정치적 배제와 선거권 불인정에 반대하는 20세기 초반의 여성참정권 운동 사례를 보자. 그런 없음은 온갖 종류의 문제들과 어려움들을 발생시켰다. 제1차 세계대전 뒤에 여성들은 투표권을 얻었다. 그래서 우리는 처음의 불완전성의 상황, 즉 모순과 불일치 상황과 그다음의 조금 더 결론적인 총체성을 가진다. 그러나 이런 총체성은 그 자체로 불완전했다. 왜냐하면 식민지 주민들은 선거권 논의에 당연히 포함되지 않았기 때문이다. 여전히 제국주의 강대국들이 점령한 지역들의 시민들은 투표권이 없었으며 그곳에서는 조만간 탈식민화 과정이 진행되었다. 그러므로 우리는 역사를 이런 방식으로 해석할 수 있다. 물론 우리가 불완전성을 가지고 있어도, 또는 우리가 무엇인가를 배제하고 있어도, 또는 일련의 불일치들이 있다고 해도 그것이 우리가 그것을 긍정적으로 해결하리라고 보장하지는 않는다. 그 대신에 이러한 모순들이 확산되고 엔트로피entrophy가 증가하는 경우 우리는 더 포괄적인 총체성을 가지지 못할 수 있다. 이것은 우리가 기후변화에 대처하지 못하고 있음을, 또는 오늘날 세계의 다른 여러 문제들에 대처하지 못하고 있음을 묘사하는 한 가지 방식이다. 그래서 진보적인 변증법적 해결책이 유일하게 가능한 한 가지 대답이다.

| 나 | 이것이 어디로 나아갔는지 궁금하다. 그 결과는 무엇인가? 예컨대 헤겔에 대한 해석은 사유 속에서의 그리고 현실 속에서의 특정 형태의 완전성을 향하고 있다는, 즉 총체화의 시나리오라는 것이다. |
|---|---|
| 바스카 | 변증법 과정에 대해 헤겔[Hegel, 1975(1855)]은 그의 시대의 종결에 도달하는 것으로, 그리고 매우 훌륭한 종류의 통일과 조화를 만들어내는 것으로 이해했음이 분명하다. 나는 이것이 정확하지 않다고 생각한다. 그런데 우리가 마르크스의 사례를, 그리고 마르크스가 발전시킨 세상을 바라보는 변증법적 방식을 생각해 보면 거기에도 이것의 잔재가 있다. 마르크스는 세 가지를 들어 헤겔을 비판했다(이것은 마르크스에 대한 비판적 실재론의 해석이다). |

첫째는 (인식적 오류라고 부를 수 있는) 동일성의 원리 및 이것과 결합된 현실주의actualism에 대한 비판이었다. 마르크스는 굉장히 많은 현실주의적 요소들을 보여주고 있다.

마르크스가 헤겔을 비판한 두 번째 이유는 그가 논리적 신비주의logical mysticism라고 부른 것 때문이었다. 이것은 개념성, 언어 등의 관념적인 것에 대한 강조였다. 하지만 우리는 마르크스와 마르크스주의자들이 개념적인 것과 의식(결국 계급의식은 막대하게 중요하다)에 충분히 주의를 기울이지 않았다고, 그리고 물질적 요인들과의 관계에서 재앙적으로 의식의 역할을 체계적으로 무시했다고 주장할 수 있다. 그래서 이것은 상이한 종류의 오류였다. 이것이 헤겔이 수행한 것과 똑같은 일을 하지는 않았지만, 이 경우 정반대의 것을 똑같이 극단적이고 환원주의적인 방식으로 수행했다.

마르크스가 헤겔을 비판한 세 번째 이유는 헤겔의 승리주의triumphalism 때문이었다. 그러나 존재의 상태에 관해 마르크스가 승리주의적 입장을 가지고 있음을 보여주는 구절들이 많이 있다. 예컨대 소비에트 공산주의는 승리주의적인 것이었다. 나는 사회를 단일 차원에 입각해 해석할 수 없다고 생각한다. 우리는 분화된 요소들의 체계적으로 연결된 총체성을 다루고 있다. 계급과 마르크스주의자들이 전면에 내세우기 좋아하는 것들은 이런 요소들의 하나일 뿐이다.

4평면 사회적 존재 개념은 모든 것을 자연환경의 맥락 속에 위치시키는 데 도움을 주기 때문에 여기서 도움이 된다. 기억하겠지만 사회적 존재의 4평면 가운데 첫 번째인 자연과의 물질적 교류와 관련해서 우리가 일단 이 개념을 포착하게 되면 생태학이 중요하다는 것을 알게 된다. 우리가 오늘날의 위기에 관해 생각하고자 한다면 기후변화와 생태학적 문제를 언급해야 한다. 예컨대 에볼라Ebola 바이러스에 관해 말할 때조차 우리는 자연과의 물질적 교류에 관해 이야기하고 있다. 다음으로 사람들 사이의 사회적 상호작용, 사회구조, 체현된 인성의 층위가 있다. 그런데 이것에서 찾아낼 수 있는 하나는 급진적 사회 변화는 네 수준들 모두에서의, 그리고 4평면 모두에서의 행위를 포함함을 쉽게 알 수 있다는 것이다. 하지만 대부분의 시도는, 그리고 소비에트 공산주의의 시도는 분명히 한 수준(이 경우 사회구조의 수준)에서만 사회를 변형하려는 것이었다. 사람들이 변화하지 않으면서 사회를 변혁할 수는 없다. 마르크스[Marx, 2003(1738)]가 포이어바흐의 세 번째 명제, 즉 교육자들은 누가 교육할 것인가에서 설명했듯이 사람들이 변화해야 한다. 혁명가는 누가 변혁할 것인가? 이것은 근본적으로 (변화된) 다른 사람들, 사람들 사이의 근본적으로 다른 관계들, 자연과 사람의 근본적으로 다른 관계가 필요하다는 것을 의미한다. 우리는 이것을 고통스럽게 학습하고 있다. 우리는 이런 네 수준들이나 평면들 모두에서 위기의 세계에 살고 있다. 그리고 메타실재 개념은 이런 위기들에 관해 이야기할 흥미로운 것을 가지고 있으며, 이것들을 개념화하고 해결하는 가능한 방식을 보여준다고 생각한다.

나      이 주제에 관해 메타실재는 우리를 어디로 안내하는가?

**바스카**  메타실재로 이동하고 나서 맨 먼저 해야 할 일 가운데 하나가 성장과 발전의 구분이다. 우리는 부의, 자원의, 소득과 기회의 급진적 재분배를 포함하는 심층적 성장을 해야 한다고 주장할 수 있다. 이것은 부유한 사람들로부터 가난한 사람들로의 분배를 의미한다. 이것이 지구상에서의 삶을 유지할 수 있는 유일한 길이다. 성장과 발전 사이의 구별은 매우 중요하다. 왜냐하면 성장 없는degrowth 발전도 가능하기 때문이다. 메타실재가 제시하는 또 다른 것, 또 다른 관점은 많은 발전이 나눔shedding에 의해, 사물들을 줄임에 의해 진행된다는 것이다. 이것은 해방적 사상에서 오랜 전통을 가지고 있다.

마르크스[Marx, 2003(1738)]와 루소[Rousseau, 1979(1762)]는 몇몇 수준에서 인간은 모두 훌륭하다는 생각을 보이고 있다. 마르크스에 따르면 인간은 노동하며, 노동은 인간에게 매우 중요하고, 노동하면서 인간은 자신의 존재를 개선한다. 그렇지만 당연히 마르크스의 모델에서 생산력은 계급구조의 제약을 받으며, 이러한 생산력의 제약에서 해방되려면 계급구조를 변혁해야 한다. 즉, 계급들을 없애야 한다. 그러므로 이것은 발현제거dis-emergence, 즉 나눔을 포함한다. 이것은 우리가 삶에서 일반적으로 수행해야 하는 중요한 것이라고 할 수 있다. 우리는 살아가면서 언젠가는 흡연을 시작할 수도 있지만 그런 다음에 삶의 여건을 개선하기 위해서는 금연을 해야 한다.

그래서 메타실재에서 인간의 모델은 한 수준(내가 기본 상태 ground state라고 부르는 것에 있는 수준)에서 우리는 절대적으로 좋다는 것을 제시한다. 우리의 기본 상태, 즉 우리의 체현된 인성들에 더하여, 어려움은 우리가 우리 자신을 다른 사람들과 분리되고 상이한 존재로 이해하기를 원하는 자아(이 자아는 탐욕, 자기중심성 등과 함께 온다)를 보유한다는 점, 우리가 당연히 우리의 체현된 인성 속에 기본 상태와 정반대되는 많은 특징적인 특성들을 보유한다는 점이다. 육체적 수준에서 우리는 이러저러한 종류의 탐닉들을 지니고 있다. 감정적 수준에서는 질투와 증오를 지니고 있다. 정신적 수준에서는 이러저러한 형태의 편견들을 지니고 있다. 이모든 경우와 관련되어 있는 것은 이것들의 나눔이나 줄임, 즉 발현제거다. 그런데 우리는 이러한 관점을 잃어버린 것처럼 보인다. 그리고 나는 이것이 보유해야 할 중요한 관점이라고 생각한다. 이것이 메타실재가 전면에 내세우는 것이다.

나  이것은 인간 존재의 위기다. 어떤 사람들은 이것을 행위주체의 위기crisis of agency라고 부르고 싶어 한다. 나는 당신이 인간을 행위주체로 이렇게 이항하는 것에 그리고 행위주체 개념의 해석에 만족하는지 묻고 싶다. 또한 행위주체의 위기라면 행위자들이 세계와 상호작용하는 방식의 위기도 있지 않은가?

**바스카** 행위주체의 개념은 막대하게 중요하다. 우리가 기본적 비판실재론으로 돌아가 과학철학, 비판적 자연주의, 그리고 여기서 전면에 내세우게 되는 것에 관해 이야기한다고 하자. 처음에 구조와 행위주체의 개념이 있듯 행위주체의 개념이 있으며, 둘 모두를 필수적인 것으로 간주하고 또한 둘 모두를 환원 불가능한 것으로 간주하는 점에서 그것은 대부분의 견해들과 다르다. 달리 말하면 우리는 행위주체를 구조에 입각하거나 또는 그것의 반대로 설명할 수 없다. 변형적 사회활동 모델의 핵심은 어떤 시점에서나 행위주체는 항상 구조 개념의 존재를 전제로 한다는 것을 파악하는 것이다. 그러므로 여기에는 구조가 있어야 한다. 이것은 초월적으로 필요하며 행위주체에 선행한다.

그렇다면 행위주체의 역할은 무엇인가? 구조의 관점에서 볼 때 행위주체가 수행하는 일은 구조를 재생산하거나 변형하는 것이다. 행위주체가 없다면 이런 일은 일어나지 않는다.

구조는 재생산되거나 변형되지 않을 것이다. 구조는 라틴어 같은 언어처럼 소멸할 것이며, 여기서 구조가 수행하는 것은 아무것도 없다. 그럼에도 행위주체 자체를 살펴본다면 이것은 가장 놀라운 것이다. 행위주체는 의도적 인과성의 과정에 의존하며 전형적으로 행위는 우리가 이러저러한 이유로 무엇인가를 수행하고자 할 때 일어난다. 우리가 층화의 첫 번째 계기의 사회적 삶을 이해하고자 할 때 수행하는 것은 행위를 이유에 입각해 알아보는 것이다. 층화의 두 번째 계기는 구조들과 구조적 변화가 어떻게 행위자들에게 이런 일을 수행하는 이유를 제공하는지를 알아보는 것이다. 이것이 전형적인 행위의 계기의 층화다.

그런데 기본적 비판실재론의 관점에서 행위의 계기의 층화는 절대적으로 훌륭하다. 비판적 변증법적 추론의 관점에서 우리는 부정성의 역할을 개념적으로 이해할 필요가 있다. 구조의 변형에 관해 실질적인 변화라는 관점에서 이야기할 수 있어야 하며, 이 개념은 구조들에서의 모순이라는 관념을 포함한다. 그러므로 우리는 지속 가능한 지구를 향한 요구와 현재의 화석 연료 사용 사이에 모순이 있다고 말하고자 할 것이다. 이것은 기존의 1가monovalent 철학으로는 다룰 수 없는 강력한 모순이다. 그렇다면 왜 메타실재가 필요한가? 우리는 갈등 상황에 처하게 될 것이며, 메타실재는 갈등 해결의 모델을 제공한다. 그래서 우리는 사회세계의 단순한 층화 모델에서 시작한다. 우리는 인간 행위를 특징적으로 이유로 인해 수행하는 인간 행위인 것으로 보기 때문에, 그리고 이유를 (어떤 것은 기회를, 어떤 것은 제약을 만들어내는) 여러 종류의 구조들과의 관계에서 형성되는 것으로 보기 때문에 우리는 구조들이 모순 속에 있는 것으로 보아야 하며 실재의 변동을 이해해야 한다. 사람들은 갈등하는 상황 속에 있으며 실재의 대안들은 갈등하는 상태 속에 있다. 그래서 이것을 다루는 두 가지 방식, 즉 변증법적 방식과 메타실재의 방식이 있다. 그러나 기본적 비판실재론의 수준에서도 행위를 완전히 이해할 수 있다.

**나** 자아의 변형이나 행위주체의 변형에 관해서는 어떤 이야기를 할 것인가? 나는 찰스 테일러Charles Taylor 같은 사람을 염두에 두고 있는데, 물론 그는 여러 시기에 걸쳐 자아의 구조들을 추적한다. 행위주체의 변형에 관해 당신은 무엇을 생각하는지 궁금하다. 특히 이 변형은 당신 철학의 다른 부분과 어떻게 조화를 이루는가?

**바스카** 그것들은 완전히 일치할 것이다. 메타실재의 수준에서의 자아 모델로 들어감으로써 이것을 설명할 수 있다. 기본 모델은 삼중의 자아 관념이 있다는 것이다.

이 중 첫 번째는 자아로서의 자아 감각으로, 다른 사람과 분리되고 상이한 것으로서 자아 감각을 의미한다. 이것은 어떤 의미에서는 환상이지만 우리 문명의 중심에 있는 관념이다. 이것은 자본주의의 핵심이다. 근대성 자체가 그 가정을 체현하고 있다.

두 번째로 우리는 체현된 인성으로서의 우리 자신이라는 개념을 지니고 있다. 나는 이것이 정확하다고 생각한다. 우리는 체현된 인성들이다. 이 관념이 가진 문제는 이 관념이 휘발성이 매우 큰 개념이며 상황에 따라 변화한다는 것, 그러므로 우리가 나이가 들어가면서 변화한다는 것이다.

그리고 우리가 가진 세 번째 자아 감각이 있다. 이것에 접근하는 데에는 상이한 방법들이 있다. 첫째, 좋은 날의 우리 자신에 대한 관념이 있는데, 어떤 사람들은 이것을 우리의 고등 자아higher self와 동일시할 수도 있다. 이것은 모든 것이 순조롭게 진행될 때의 우리 자신, 또는 가장 자비롭거나 가장 친절하거나 가장 관대한 때의 우리 자신이다. 그다음으로 이것에 대한 더욱더 철학적인 접근이 있다. 이것은 초월적으로 실재적인 자아가 존재해야 한다고 파악한다. 흄[Hume, 2000(1738)]이나 니체[Nietzsche, 1966(1886)]가 우리에게 그들이 어디서나 자아를 찾지만 발견할 수 없다고 말할 때 (그렇다면 나는 그들에게 절대적으로 괜찮다고 말하겠지만) 그것을 말하고 있는 사람은 초월적으로 실재하는 자아다. 그래서 우리는 기본 상태를 가진, 자아를 가진 체현된 인성으로서의 자아를 굳게 붙잡기 시작한다. 자아는 항상 구체적으로 개별화된다singularised. 그래서 우리는 지리와 역사, 사회학과 문화에 의해 거대하게 형성된다. 이것은 상대적일 것이다.

순수한 추상적인 보편적인 것들은 없다. 그것은 구체적인 보편적인 것이다. 그러나 모든 사회의 사람들이 가질 수 있는 열망은 있을 수 있다. 왜냐하면 이러한 전망의 관점에서 우리가 실제로 말할 수 있는 유일한 것은 우리의 기본 상태와 일관성을 갖는 통일이라는 입장이라고 주장할 수 있기 때문이다. 왜냐하면 우리의 기본 상태, 또는 우리의 체현된 인성이 우리의 기본 상태나 우리의 초월적으로 실재적인 자아와 상충하는 특징들을 포함한다면 우리의 의도는 갈등할 것이기 때문이다. 그러므로 우리가 우리의 목표들(인간으로서 실제로 성취할 수 있는 유일한 목표들)을 실제로 성취할 수 있는 유일한 상태는 우리의 기본 상태 또는 우리의 초월적으로 실재적인 자아, 즉 고등 자아와 통일되거나 일치하는 것이다. 당연히 이것은 대부분의 사람에게 저주anathema일 것이다. 우리 자아의 비일관적인 부분이나 나쁜 부분을 우리가 삶에서 실제로 즐기는 것이라고 간주하겠지만, 이것은 예컨대 부처의 열망이었던 정진이나 자기완성의 변증법을 제시한다. 모델이 적절하다면 우리가 언제나 해야 하는 것은 우리 자아들의 상실할 수 없는 단편들과 통일되도록 시도하는 것이라고 주장할 수 있다. 우리가 상실할 수 없는 우리 자아의, 우리의 초월적으로 실재하는 자아의 단편을 4평면 사회적 존재의 맥락 속에서 이해해야 한다고 주장할 수 있다. 그러므로 자아-일관성의 상태에 있는 사람은 사회적 존재의 다른 모든 평면들에서도 일관되게 행위한다. 이들은 사회구조에 입각해 행위하며, 더 평등주의적인 사회나 더 정의로운 사회를 만들어낸다. 그래서 우리는 우리가 종들에 대해 보편적인 열망을 가졌다고 상상할 수 있다.

**나**     그렇다면 탈인간적 학습이론들post-human theories of learning과 당신은 아무런 관련이 없다. 물론 탈인간적 학습이론들은 기본적으로 물질성에 대한 이론들이며 인간적 요소들과 무인간적 요소들에게 동등한 지위를 부여한다.

**바스카**     나는 행위자 연결망 이론들에 입각한 그것의 한 가지 변종을 잘 알고 있다.

나　　　그것들은 이런 학습이론들을 넘어선다.

바스카　이 사람들의 이야기에는 재미있는 것들이 많다. 이들은 우리가 보기에 세계의 상이한 부분들인 것들 사이의 상호작용, 예컨대 과학에서 사회적·자연적 상호작용의 실재를 지적한다. 그러나 이 이론들에는 많은 문제가 있다.

나　　　당신은 이것들 중의 일부를 이미 언급했다.

바스카　이 이론의 문제들은 아주 명백한 자동적 차원을 결여하고 있는 점이다. 가장 중요한 것은 구성 요소들 사이의 분화의 없음이다. 그리고 이런 구성 요소들의 붕괴, 인간 존재의 인간 행위로의 붕괴, 물질세계의 상이한 측면들의 사건들 수준으로의 붕괴다. 여기에는 일종의 현실주의가 있는데 반본질주의적 anti-essentialist 이라는 이상으로 포장된다. 그러나 반본질주의가 세계의 상이한 부분들 사이에 아무런 중요한 차이도 없다는 것을 뜻한다면 그것은 분명히 잘못되었다고 생각한다. 나는 인간과 다른 동물들 사이에는 분명히 차이들이 있고, 동물들과 무기물들 사이에도 차이가 있다고 본다. 따라서 우리는 물질세계의 상이한 구성 요소들에 대해 층화된 것으로 이해해야 한다. 각각의 경우에 비판적 실재론자는 행동을 생성하는 가장 중요한 기제들을 찾아내고자 할 것이다. 이러한 기제들은 근본적으로 상이할 것이며, 나는 모든 것을 보편적 상호작용으로 붕괴시키는 것은 아무런 도움도 되지 않는다고 생각한다.

**나**  이 점에 관해서는 나도 동의한다.

**바스카**  복잡성 이론들이 지닌 문제는 문화-역사적 활동 이론들의 문제와 조금 비슷하다. 어떤 문제인가 하면, 복잡성 이론의 경우 훨씬 더 칸트적인 정식이 있다는 점[Kant, 2007(1781)]이다. 문화-역사적 활동 이론의 경우 헤겔[Hegel, 1975(1855)]과 마르크스[Marx, 2003(1738)]가 하지 않은 작업의 잔재에 가깝다. 이들은 경험적 사실주의를 비판하지 않았다. 즉, 칸트에게서 물려받은 경험적 실재론을 비판하지 않았다. 신칸트주의적 입장에서의 문제는 헤겔이나 마르크스를 거치지 않고 칸트를 직접 계승한 형태로 나타난다. 따라서 비판적 실재론적이지 않은 많은 사회 이론은 경험적 실재론이라는 과거 유산의 맥락 속에서 형성되었다. 현재에도 매우 많은 이론이 때로 그러하다.

하버마스의 이론(Habermas, 1981a, 1981b)을 보면 신칸트적 인식론이 들어 있음을 알 수 있다. 이것은 존재론을 거부하고 있다. 자연세계에 대해, 따라서 자연과학에 대해 실증주의가 서술하는 것과 똑같이 상정하고 있다. 결과적으로 자연세계와 인간세계 사이의 상호작용은 있을 수 없으며, 생활세계와 체계의 대립에 관해 하버마스가 이야기하는 많은 아름다운 것들은 상당히 무능력하다. 생활세계는 체계를 변형할 수 없다. 우리 상황은 체계의 그 이상의 침략에 대항해 생활세계를 방어하는 것으로 축소된다. 이것은 완전히 불만족스러운 것이다.

나는 이것을 4평면 사회적 존재 모델에 연결해 설명할 수 있다. 우리는 자연과 물질적 교류를 한다. 이 말이 우리가 자연의 모든 것에 영향을 미치거나 작용을 가할 수 있다는 이야기는 아니다. 이것에 대한 보다 충실한 이해가 자연 속에서 4평면 사회적 존재를 볼 수 있게 할 것이다. 우리가 우리 자신과 문명을 파괴한다고 하더라도 자연에는 자연법칙이 있고 물리적 법칙이 있고 화학적 법칙이 있을 것이다. 우리가 자연과 싸워 항상 이길 수 있는 길은 없다. 우리가 자연의 근본적인 한 부분이라는 점을 이해할 때 우리가 기후와 관련해 해오고 있는 일이 실질적으로는 자멸적인 일이라는 점을 깨닫게 되리라고 생각한다. 메타실재를 포함한 비판적 실재론은 무無인간중심성non-anthropocity에 기초하며 오늘날 우리에게 매우 중요한 관점이다. 비판적 실재론은 처음부터 (인식적 오류, 언어적 오류를 지적하며) 무인간중심성의 입장을 취했다. 이것은 우리가 자연에 종속된 인간일 수밖에 없음을 의미한다.

나 　그러나 이것은 또한 바로 이 수준에서 행위주체와 구조 사
　　이의 (윤리적 의미에서가 아니라 분석적 의미에서) 분리가 있다
　　는 것을 의미한다.

바스카 　그렇다. 인간은 자연에 대한 자신의 생각을 잊어야 하고 자
　　연에게 지배받지 않아야 한다고 말하고자 하는 사람도 있
　　다. 나는 이 말이 절대적으로 불합리하다고 생각한다. 이것
　　이 우리의 출발점이다. 우리의 출발점은 우리가 자연적 존
　　재라는 것을, 태양에 의존해서 살아간다는 것을 기억하는
　　것이다. 하지만 서구 사상의 대부분의 암묵적인 경향은 반
　　자연주의적 관점이었다. 사회는 자연에서 생겨나고 우리가
　　자연에서 우리 자신을 분리하면 할수록 더 많은 문제가 생
　　겨난다.

　우리의 대담은 여기까지였다. 바스카는 다음 대담을 약속한 전날
에 별세했다.

제4장
—
다학문성과 적층적 체계

바스카가 별세하기 2년 전에 우리는 경험적 연구 계획서를 준비하기 위해 만났다. 그 계획서는 연구비를 신청하기 위해서 준비한 것이었다. 당시 우리는 대담을 나누고 기록했다. 바스카와의 대담은 비판적 실재론 및 실제 생활에서 비판적 실재론의 응용과 관련한 여러 주요한 쟁점을 다루었다. 특히 현장에서 경험적 연구를 수행할 수 있는 가능성에 초점을 맞추었다. 이 장에 실린 글은 우리가 선택한 개념적 틀에 대한 설명이며 교육 이론의 발전에 중심적인 쟁점들에 초점을 맞추고 있다. 다학문성interdisciplinarity, 적층적 체계laminated systems, 반환원주의anti-reductionism, 우리가 앎과 존재함 사이를 연결할 수 있게 하는 다리를 제공할 가능성이 그것이다. 우리가 준비한 계획서는 연구비를 받지 못했다.

　　　　　　　　　　　　* * *


　　다학문분과적 연구에 관한 기존 문헌은 압도적으로 인식론적으로 왜곡되어 있다. 전형적으로 이 문헌들에는 세계에 있는 무엇이 그리고 세계에 관한 무엇이 다학문성을 필요하고 가능하게 하는지에 관한 논의가 빠져 있다. 이 연구에서 우리가 고른 접근법의 혁신은 바스카와 다네르마르크(Bhaskar and Danermark, 2006)가 발전시킨 다학문성 이론을 따른 것이다. 이 이론은 인식론적 고려와 함께 존재론적 고려에 명시적으로 초점을 맞추었다. 다학문성에 관한 지금까지 이용 가능했던 것보다 훨씬 더 포괄적이고 종합적인 해명에 기초해 이 연구는 다학문분과적 연구진이 자리하고 있는 맥락의 인식론적 특징과 함께 존재론적 특징에서 기인하는 다학문성에 대한 장애물들이나 억제물들을 밝히고 판별할 수 있다. 따라서 우리는 다학문분과적 연구에 대한 기존 논의들에서 지금까지 판별하지 못했거나 잘못 서술했던 장애물들이나 억제물들의 위치들을 판별할 수 있다. 그리고 다학문분과적 연구 기획의 참여자들 자신도 인지하지 못하고 지내온 또는 기껏해야 '어려움들'이나 '긴장들'로 경험했던 장애물들이나 억제물들을 찾아낼 수 있다. 따라서 이 연구 기획을 뒷받침하는 사례의 첫 번째 부분은 다학문분과적 연구와 이 연구의 성공을 위한 조건에 대한, 과거에 이용 가능했던 것보다 종합적인 설명을 포함한다.

또한 거의 모든 응용 연구, 즉 극소수의 실험적으로 폐쇄된 맥락 밖의 연구는 이런저런 유형의 다학문성을 필요로 한다는 분석에서 출발한다. 이것의 형식적 조건은 복잡성과 발현성 모두에 달려 있다. 발현은 인간 삶의 보편적 특징이기 때문에 인간과 관련 있는 응용 연구나 인간의 영향을 받는 세계의 모든 부분에 관한 응용 연구는 모두 필연적으로 다학문분과적이다. 따라서 다학문성은 선택 가능한 여분이나 보충이 아니라 처음부터 응용 연구의 필요조건으로 이해해야 한다. 이 기획을 뒷받침하기 위한 두 번째 부분은 이 연구가 특별한 종류의 응용 연구(또는 소수의 특수 영역들에 한정되거나 특수한 방식으로 수행하는 응용 연구)를 위한 조건뿐만 아니라 응용 연구 자체를 위한 조건을 분석하고 주제화한다는 것이다.

더하여 다학문분과적 연구를 위한 조건은 일반적으로 전문가들 사이의 협력을 위한 조건이 될(또는 조건과 중첩될) 것이다. 그리고 자연 및 다른 사람과 우리의 일상적인 물질적 교류를 포함하는 매우 다양한 다른 사회적 실천들은, 그리고 일상적 삶에서 우리의 설명 활동들, 즉 세계를 설명하고 영향을 미치고 변화시키려는 우리의 시도들은 이런 조건을 전제할 것이다. 따라서 다학문분과적 연구의 성공을 위한 조건을 명확히 밝히는 것은 실천적 합리성(에 관해 명확히 밝히는 것)을 위한 전제 조건이다. 여기서 제안하는 광범위한 분석은 광범위한 다른 (연구 이외의 활동을 포함하는) 활동들에서의 성공을 위한 조건에 대해서도 조명을 비출 수 있다. 그리고 역사에서의 설명이라는 문제 영역부터 과학에서의 발견이라는 문제 영역을 거쳐 도덕이나 문화에서의 명백한 통약불가능성incommensurability의 문제 영역에 이르기까지 일련의 명백하게 다양한 문제 영역들을 통합할 수 있다.

그렇지만 많은 사람이 다학문 연구의 잠재적 유익함을 떠벌리면서도 ① (예컨대 적층적 체계 개념 같은) 개념적 도구 또는 ② (예컨대 급진 해석학적 접근의 실행 같은) 방법론적 절차 또는 ③ 다학문 연구가 가능하고 효과적인 것으로 만들기 위해 필요한 실질적인 숙련들에 대해, 또는 (적절한 학문분과적 연구와 함께 진행하는) 적절한 다학문분과적 연구 실천을 요구하는 교육 조건이나 연구 조건에 대해 거의 주의를 기울이지 않았다. 더욱이 학문 분과를 가로지르는 파악과 효과적인 인식론적 통합의 실천이 사회적 '타자'에 대한 이해 및 타자와의 동의에 도달이라는 일반적 문제들을 반영하는 한 여기서 수행하는 연구가 일반적인 갈등 해결의 문제에 기여하리라고 기대한다.

## 이론적 배경

다학문성에 대한 일반 이론은 두 가지 이유 때문에 독특하다. 첫째, 이 이론은 인식론적 고려 사항(그리고 다학문성의 근거)과 아울러 존재론적 문제에 초점을 맞춘다. 이것은 비판적 실재론이 존재론적 관심을 인식론적 관심으로 환원하는 인식적 오류를 비판하고 존재론을 옹호하기에 가능하다(Bhaskar, 2008). 둘째, 이 이론은 세계를 분화되고 층화된 것으로 보는 비흄적non-Humean이고 비환원주의적인 관점을 전면에 내세운다. 이 관점은 현실주의에 대한 비판이나 자연법칙을 (이것의 사례나 경험적 근거인) 경험적 규칙성으로 환원하는 것에 대한 비판을 포함한다. 이 관점에 따르면 드러난 현상들에서 기저의 발생기제들과 구조들로 나아가는 운동이 과학적 발견의 핵심에 자리하고 있으며, 이 운동은 과학에서의 학문분과성disciplinarity에 대한 근거를 제공한다. 학문분과성에서 다학문성으로의 논증과 다학문성의 옹호는 일련의 일방향 톱니바퀴ratchets나 단계들을 포함한다.

다학문성을 뒷받침하는 존재론적 사례는 소수의 실험적인 (그리고 이보다 훨씬 더 소수로 자연적으로 발생하는) 폐쇄적 맥락 밖에서는, 어떤 사건이나 구체적 현상들에 대한 설명이 언제나 원인들과 기제들과 잠재적으로 이론들의 다중성을 필요로 한다는 통찰에서 시작한다. 이것은 연구 대상의 복잡성을 나타내는 지표다.

하지만 다중-기제성multi-mechanismicity에서 다중학문분과성으로 나아가려면 복잡성에 대한 고려에 발현에 대한 고려를 더해야 한다. 간단히 실재의 발현적 수준은 ① 더 기본적 수준에 일방향적으로 의존하며, ② 분류학적으로 더 기본적 수준으로 환원할 수 없고, ③ 더 기본적 수준이 작동하는 영역으로 인과적으로 환원할 수 없다(Bhaskar,

2009). 이런 발현이 관련되어 있다면 개방체계의 특징적인 다중-기제성은 다중학문분과적 방식으로, 즉 다수의 학문 분과들이 (또는 다수 학문 분과들의 관점에서) 연구해야 할 것이다. 발현적 **수준**에 더해 질적으로 새롭거나 발현적인 **결과**가 인과 연계의 작동에 관련된다면, 필요한 지식은 관련된 여러 학문 분과 지식의 부가적인 집결로 산출되는 게 아니라 종합적인 통합이나 진정한 다학문성을 요구할 것이다.

기제들이 자체로 발현적이라면 내부학문분과성intradisciplinarity이라고 부를 수 있는 사례를 가지게 된다. 바스카와 다네르마르크(Bhaskar and Danermark, 2006)는 장애 연구에서의 (처음에는 생명의학적 환원, 그다음에는 사회-경제적 환원, 그다음에는 문화적 또는 언어적 환원으로 진행하는) 연속적인 환원주의적 경향을 비판했다. 그러면서 장애 연구 분야에서 적절한 설명과 실천은 일반적으로 물리적, 생물학적(또는 신경생리학적), 심리적, 정신-사회적, 사회-경제적, 사회-문화적, 규범적 수준들로 구성되는 **적층적** 체계에 의지해야 한다고 주장한다. 일반적으로 (내부학문분과성을 포함한) 다학문성은 다수의 환원 불가능한 수준들로 구성되는 적층적 체계의 구성을 필요로 한다. 적층적 체계의 상이한 수준들은 방법론적으로 특수한 방식으로 연구해야 한다. 인간들이 그 안에서 활동하는 개방체계는 복잡성과 발현성뿐만 아니라 다른 구별적인 특성들에 의해서도 특징지어진다(Bhaskar, 1998). 여기에는 사회구조들 및 인간 행위주체의 환원 불가능성과 상호 관련성,

그리고 사회적 삶이 개념적 측면에 의존하는 (그러나 개념적 측면이 사회적 삶의 전부를 포괄하지는 않는) 특성 등이 포함된다.

그런데 존재론적 고려에서 인식론적 고려로 옮겨가면 발현적 결과 (또는 기제)에 대한 지식의 산출은 일종의 초학문분과성transdisciplinarity 에 의존할 것이다. 전형적으로 이것은 이미 존재하는 지식이라는 자원의 활용을 포함한다. 이 자원은 온갖 상이한 인지적 분야들에서 얻을 수 있고 유추, 비유, 모델에서 사용할 수 있다.

적층적 체계의 작동에 대한 지식을 성공적으로 통합해 논리 정연한 결과를 만들려면, 꼭 연구진 구성원들 간의 교차학문분과적cross-disciplinary 또는 상호전문적interprofessional 이해가 필요하다. 교차학문적 (또는 교차전문적) 이해와 다학문분과적(또는 다전문적) 통합의 가능성은 보편적 연대와 주축적axial 합리성의 원칙을 전제하거나 이런 공리나 가정에 기초한다고 주장되어 왔다. 그러나 특정 학문 분과에서 작동하는 인지 구조가 인식적 통합을 허용하지 않는 경우에 그런 통합이 가능하려면 해당 학문 분과를 (예컨대 내재적 비판 과정의 결과로서) 변화시켜야 한다는 점도 지적해야 한다. 이 과정은 ① (적절한 적층적 체계의 구성에 필요한 전문 지식을 갖춘) 연구진과 여러 학문 분과 실행자들의 해석학적 조우, ② 필요하다면 연구진에 참여하는 다른 학문 분과들의 내재적 비판, ③ 효과적인 인식적 통합의 순서로 진행한다.

이 분석에 따르면 성공적인 다학문분과적 연구는 다음 사항을 포함한다. ① 인식론으로부터 존재론의 명확한 분리, 그리고 이것에 동반하는 존재론적 실재론, 인식론적 상대주의, 판단적 합리성이라는 비판적 실재론의 삼위일체에 대한 연구자들의 수용과 이해. ② 반反환원주의. ③ 적층적 체계에 입각한 설명 개념. ④ 다학문분과적 연구의 '성삼위일체holy trinity'라고 불러온 것, 즉 최소한 위의 ①에서 ③으로 구성되는 메타이론적 통일성, 적층적 체계의 상이한 수준들을 탐구하는 규범으로서 방법론적 특수성, 그리고 이론적 다원주의와 관용. ⑤ 그 성과로서 통합적인 설명을 가능하게 하는 충분하고 일반화된 교차학문분과적 이해와 인식론적 통합. ⑥ 다학문분과적 연구를 막는 경력적·행정적·재정적 장애의 해소. ⑦ 적절한 설명을 위한, 미래의 다학문분과적 연구자들의 교육과 훈련을 위한 (깊이를 중심으로 하는) 학문분과성과 (통합을 중심으로 하는) 다학문분과성의 변증법. 그렇지만 우리는 이것들이 실천에서 어떻게 나타나는지 이해해야 한다.

* * *

이 장을 구성한 단편은 우리에게 바스카의 교육 이론에 대한 통찰력을 제공해 준다. 다음 장에서는 이렇게 얻은 통찰력이 우리를 어디로 안내할 수 있는지에 대한 해명을 바스카 자신의 목소리로 제시한다. 그것은 충분히 발전된 교육철학이라고 할 수 있다.

# 제5장

—

# 교육 이론, 계몽 그리고 보편적 자아실현

2002년 바스카는 인도에서 학생들을 대상으로 한 강연에서 그의 교육 이론의 몇 가지 요소를 제시했다. 이 장은 당시의 강연을 정리한 것이다. 원문은 바스카가 쓴 『과학에서 해방으로: 소외와 계몽의 현실성』의 제11장으로 실려 있다.

\* \* \*

지금 내가 말하고자 하는 것은 교육과 나의 경험과 여러분의 경험에 관한 이야기라고 할 수 있습니다. 나는 먼저 마르크스가 포이어바흐의 세 번째 명제에서 교육자 자신도 교육받아야 한다며 누가 교육자들을 교육할지, 누가 그들에게 권한을 줄지, 누가 그들을 변화시킬지를 질문했을 때 지녔던 생각, 아주 시의적절한 생각을 여러분이 염두에 두기를 바랍니다. 여러분이 실제로 존재하는 공산당들의 실천을 살펴보면 그 지도자들이 스스로를 변화시키지 않았다는 점, 이른바 교육자들이나 자칭 변혁가들이 스스로를 교육하고 변혁하고 변화시키지 않았다는 점을 알게 될 것입니다. 그래서 오늘 이 강연은 어떤 측면에서는 나 자신에 관한 이야기로 들어가는 아주 좋은 실마리가 될 것입니다. 왜냐하면 내가 이야기하고자 하는 것은 전형적으로 동양적 접근이라고 말할 수 있는, 원한다면 전형적으로 영성적 접근(여기서는 자기 변화, 자기 발전, 자기 계발 또는 자기완성을 강조합니다)이라고 말할 수 있는 자기 변화, 자기 변혁과 반대로 서구적 접근(여기서는 자기 외부의 변화, 즉 세계의 나머지 부분의 변혁을 강조합니다) 사이의 일종의 변증법이기 때문입니다. 서구적 접근은 전형적으로 저승의 이야기가 아니라 이승의 이야기입니다. 이것은 최상의 경우에 이타적인, 외부로 향하는, 즉 점검받지 않고 변화되지 않은 채 남아 있는 자아가 아니라 다른 사람들을 위해 무언가를 하려는 것과 관련됩니다.

그런데 사실 나는 이 두 가지 접근 사이에 모순이 있지 않다고 생각합니다. 우리가 진정으로 영성적이라면, 우리가 실제로 자아를 넘어선다면, 우리가 정말로 다른 사람들을 사랑한다면 우리는 세계 속에서 실천적인 변혁 활동들에 참여할 수밖에 없다고 생각합니다. 그래서 자신을 위한 진정한 영성을 나는 실천적 신비주의practical mysticism라고 부릅니다. 이것은 전적으로 지상으로 내려오는 것입니다. 인간 해방의 대의에, 사실은 보편적 자기실현의 대의에 복무하도록 여러분 자신을 완전히 맡기는 일입니다. 이것이 내가 진정으로 영성적이라고 생각할 수 있는 유일한 영성적 접근이며, 당연하게 참으로 모든 위대한 영성적 교사들의 접근입니다. 우리가 부처를 보는지 예수를 보는지는 중요하지 않습니다. 하지만 동시에 이것은 매우 흥미롭게도 서구적이고 세속적인 해방 이론들에 함축된 접근이기도 합니다. 자리自利-이타利他를 설법하는 보살의 대승불교Mahayana Buddhism of the Bodhisattva의 이상을 생각해 봅시다. 보살은 가장 크게 깨달은 사람인데도 세상의 다른 모든 존재가 깨달을 때까지 보살 자신의 깨달음, 자신의 행복, 자신의 열반nirvana을 미룬 존재입니다. 이것은 공산주의 사회에서는 각 개인의 자유로운 발전이 모든 사람의 자유로운 발전의 조건이라고 설명한 마르크스의 입장과 매우 유사합니다. 마르크스는 최고의 무신론자였습니다. 달리 말하면 여러분의 안녕과 발전이 나 자신의 안녕과 발전의 조건이며, 나의 안녕과 발전만큼 중요하다는 것입니다. 달리 말하면 여러분이 여전히 비참하고 불행하다면 내가 자유롭다고 하더라도 이것이 좋을 수는 없으며, 내가 가장 훌륭하게 수양하고 완벽한 사람이 되더라도 이것이 좋을 수는 없습니다. 이것은 또한 정확하게 불교의 입장이기도 합니다. 그리고 우리가 이것에 더 깊이 들어가면 어떤 수준에서 이것은 모든 위대한 종교들의 입장이자 심지어 정치적 영감과 열망이 되기도 합니다. 그러므로 나는 바로 여기서, 즉 영성과 급진적 사회변동 사이에는 정말로 아무런 모순이 없다는 데서 출발합니다. 자기 개선, 넓은 의미에서의 교육, 사회구조들의 변혁과 모두의 해방 추구 사이에는 아무런 모순도 없습니다.

일단 우리의 삶이 전체적인 인간해방을, 궁극적으로 보편적인 자기실현을 지향한다고 느끼는 지점에 도달하면 우리는 이런 결과가 어디에서 왔는지, 이것을 어떻게 이룰 수 있는지를 알고자 합니다. 여기서 이해해야 할 중요한 사실은 우리가 다른 사람을 해방시킬 수 있는 것은 결코 아니라는 점입니다. 해방은 밖으로부터 부과할 수 있는 것이 아니라 언제나 안으로부터 생겨나야 합니다. 그러므로 우리는 변증법의 과정을 밟게 됩니다. 이 변증법은 정확히 어떻게 작동할까요? 우리는 영성적 영감에서 시작해 적당한 경험을 하기를 원하고 우리에게 급진적인 사회 변화를 추구할 수 있게 하는 의식 속에 있기를 원합니다. 급진적인 사회 변화를 추구할 때 우리는 어떻게 사람들을 변화시킬지를 스스로에게 물어보며, 외부에서 해방을 강제하려는 시도는 무엇이든 거짓이며 타율적이고 작동하지 않을 것임을 깨닫게 됩니다. 개인들 자신은 오로지 스스로 해방될 수 있으며 해방은 외부로부터 부과될 수 없습니다. 유토피아의 기획들, 세속적 해방의 기획들이 겪은 모든 실패는 자기-준거성self-referentiality의 원칙을 충분히 진지하게 고려하지 않은 데에서 비롯했다고 할 수 있습니다. 이것은 교육에서 매우 중요합니다. 영성의 발전과 급진적 사회변혁의 변증법을 개관하겠습니다.

개인 없이는 아무 일도 일어날 수 없다는 점으로 돌아가겠습니다. 우리 모두는 교육과 관계가 있으며 대부분 교사이거나 상담 교사입니다. 그렇다면 실제 우리는 누군가에게 무엇인가를 어떻게 가르칩니까? 이것에 관해서 생각해 보았습니까? 내가 칠판에 논리학이나 수학의 증명을 쓰고 "이것은 q와 p를 나타내고 그러므로 q입니다"라고 말한다고 상상해 봅시다. 사람들이 이것을 이해합니까? 여러분이 이것을 이해하지 못하고 메타이론을 끌어들여야 한다면, 여러분은 모두 이 이론을 다른 이론에서 추론해야 합니다. 내가 말하고 있는 것을 여러분이 이해하지 못한다면 가르치는 나의 노력은 희망 없고 쓸모없어집니다. 결국 가르친다는 일은 대화적 관계이며 언제나 주체가 새로운 관점을 얻는가에 달려 있습니다. 이것을 얻는다면 그/그녀는 "이제 당신이 이것을 어떻게 하는지 알 수 있습니다"라고 말할 것입니다. 자동차 운전과 같은 응용 기술을 학습할 때도 마찬가지입니다. 운전을 처음 시작하는 사람들은 대부분 어떻게 후진을 하는지를, 운전대를 어떻게 조종하는지를 알지 못합니다. 운전은 어렵습니다. 하지만 어느 순간에 문득 우리는 운전의 요령을 알게 됩니다. 프랑스어를 학습한다면 어느 순간에 우리는 갑자기 프랑스어를 어떻게 말하는지를 알게 됩니다. 우리가 어떤 그림을 보며 오리 그림이라고 생각해 왔는데요. 그런데 어느 순간 이 그림을 토끼로 볼 수도 있게 됩니다. 이것은 학습과 교육의 모든 행위에 관련된 형태gestalt입니다. 이것 없이 우리는 아무에게도 아무것도 가르칠 수 없습니다. 그러므로 이해해야 하는 주체는 언제나 자아입니다. 우리는 다른 사람들에게 이해를 부과할 수 없습니다. 그들이 내부로부터 이해해야 합니다.

예컨대 우리가 "P는 Q를 의미하고, 그러므로 P는 Q라면, 따라서 P는 (P는 Q를 의미하고, P는 Q이기 때문에) Q이다"라고 말해야 한다고 상정해 봅시다. 이것이 도움이 됩니까? 그렇다면 이것의 조건은 무엇입니까? 특이한 조건인데, 이 조건은 사람들이 이미 이것을 알고 있어야 함을 의미합니다. 왜냐하면 이것이 사람들의 안에서부터 와야 한다면 이들은 이미 해당 지식이 있어야 합니다. 사실상 모든 교육은 상기anamnesis, 想起라는 플라톤 이론과 다르지 않다면, 우리가 하는 일이 사람들 안에 내재하고 접혀 있고 잠재해 있는 것들을 이끌어내는 것이라면 우리의 일은 이것들을 현실화하는 것이며, 이것들을 드러나도록 하는 것입니다. 그러나 이것들이 안에 있지 않다면 교사가 말하고자 하는 것을 학생들이 이해할 때 보여주는 "아, 알겠습니다"라는 반응을 얻을 수 없을 것입니다. 그러므로 자기-준거성 관점의 우선성은 해방에 중요할 뿐만 아니라 교육에도 똑같이 중요합니다. 이것이 오늘 우리의 중심 주제입니다.

이것이 얼마나 중요한지를 우리가 알게 되면, 내가 이 사람들을 어떻게 이해하게 되는지를 이야기할 수 있습니다. 이들은 누구이며 어디에 있는지, (집합적 해방과 관련 없는, 세계를 더 좋은 곳으로 만드는 것과 관련 없는) 작은 일에 누가 관심을 가질지, 거기에 있는 이들을 우리가 어떻게 이해하게 되는지를 이야기할 수 있습니다. 그래서 우리는 우리 변증법의 또 다른 수준에 도달하게 됩니다. 이 수준에서 우리는 삶의 어떤 목적에 대해서나, 이 사람이 삶의 목적에 얼마나 전념하는지와 무관하게, 이 목적을 성취하고자 한다면 오직 하나의 길만이 있음을 알 수 있습니다. 이 길은 단일목적성single-pointedness이나 명확성clarity 또는 일관성coherence과 순수성purity입니다. 어느 수준에서든 삶에서 겪는 대부분의 실패는 혼란에서 유래합니다. 즉, 무엇을 원하는지가 명확하지 않은 데에서 비롯됩니다. 은행을 털려는 강도가 있고 우리가 그의 상담자라고 상정해 봅시다. 먼저 강도에게 할 이야기는 그가 하고 싶어 하는 일이 무엇인지에 관해 명확하게 생각해 보라는 것입니다. "하고 싶은 일이 무엇인지 내게 말해보라. 은행을 터는 것인가? 오직 그 생각뿐인가? 그렇다면 좋다." 그러나 그다음에 우리는 이렇게 이야기하고 싶을 것입니다. "당신은 왜 은행을 털고 싶어 하는가? 은행을 털면 정말 부자가 되리라고 생각하는가?" 그리고 나서 이것을 한 걸음 더 끌고 갈 수 있습니다. 우리가 이것을 어떤 지점으로 끌고 가든 성공적인 행동을 위한 기준, 삶에서의 목표 성취를 위한 기준은 단일목적성, 명확성, 일관성, 순수성입니다.

그런데 우리가 어디에서 시작하든 이지적·정서적·육체적 삶 속에서 더 일관되고 더 자중하고 더 순수해짐에 따라 어떤 아름다운 품성과 공덕을 드러내기 시작한다는 것을 깨닫게 될 것입니다. 이것은 락슈미Lakshmi, 吉祥天*가 언급한 품성인데, 나는 이것을 인간의 기본 상태의 품성ground state qualities이라고 부릅니다. 이것은 자유의 품성, 무한한 창의력의 품성이며, 사랑과 정확한 행위의 품성이며, 의도를 실현하는 품성입니다. 이 품성에서 비범한 것은 이것 없이는 우리가 아무것도 할 수 없다는 점입니다. 우리는 이 품성이 매우 비범하다고 말할 수 있습니다. 모든 난잡함과 엄청난 혼란, 우리가 하는 온갖 종류의 타협들 아래에서 여러분은 순수한 창의력, 순수한 에너지, 사랑, 자유, 앎 외에는 아무것도 없다고 말할 것입니다. 그렇습니다. 이것이 내가 주장하는 것입니다.

먼저 이것을 세속적 사유의 몇 가지 주제들과 일관되게 만들고, 우리 자신의 방식으로 살펴보겠습니다. 이렇게 이야기하는 것이 나만의 생각은 아닙니다. 모든 해방 이론을 충분히 깊이 생각해 본다면 해방 실현의 이론들은 모두 이렇게 주장합니다. 궁극적으로 인간은 훌륭하다는 것, 인간은 절대적으로 훌륭하다는 것, 인간에게 잘못된 것은 없다는 것, 인간은 아름답다는 것이라고 말입니다. 똑같은 두

---

* 고대 인도 신화에서 풍요와 행복을 관장하는 여신이다. _옮긴이 주.

사람의 인간은 없기 때문에 인간은 개별성 측면으로 보아도 그렇습니다. 우리는 모두 각자의 독특한 다르마를 가지고 있습니다. 우리는 모두 매우 특별한 존재들입니다. 그러나 우리는 모두 절대적으로 훌륭합니다. 어떤 사람들은 우리 모두가 이미 깨달음을 얻었다고까지 말했습니다. 우리의 깨달음이 실현되는 것을 방해하는 것은 오직 그 깨달음을 덮고 있는 혼란뿐입니다.

어쨌든 서구의 관점에서 루소는 인간은 자유롭게 태어났으나 어디서나 쇠사슬에 묶여 있다고 설파했습니다. 이 말의 의미는 인간의 본질과 관련해서 우리가 자유롭다는 것, 우리가 스스로를 구속한다는 것, 오히려 우리가 유지하는(그리고 궁극적으로 책임이 있는) 사회가 우리를 구속한다는 것입니다. 위대한 현대 언어학자 놈 촘스키Noam Chomsky는 우리가 언어를 배우는 본유의innate 능력, 즉 우리가 실제로 해당 문장들을 얼마나 많이 쓰는지와 관계없이 무한한 수의 문장들을 생성할 수 있는 능력을 지니고 태어난다고 강조합니다. 우리는 무한한 창의성의 능력을 지니고 있습니다. 우리가 일본에서 살고 있다면 영어나 힌디어나 마라티Marathi어● 대신에 일본어로 말할 것입니다. 우리는 모두 그런 재능, 그런 능력을 태어날 때부터 지니고 있습

---

● 인도·유럽 어족에 속한 산스크리트어로 인도 뭄바이와 그 주변에서 마라타족이 쓴다. _옮긴이 주.

니다. 보통 남성들의 사례로 취급되지만 전형적으로 여성들의 사례이기도 한데, 가령 사무실이나 작업 현장에서 단조롭고 힘든 일을 하는 사회현상을 생각해 봅시다. 조금도 창조적이지 않은, 가장 소외된 노동을 강제하는 생산 라인조차 거기서 작업하는 노동자들이 자발적인 창의력을 발휘하지 않는다면 한순간도 가동되지 못할 것입니다. 우리가 그저 단순하게 규칙만을 준수한다면 사무실은 기능할 수 없습니다. 가장 기계적인 체계조차도 작동하려면 인간의 자발성과 창의적 재능이 필요합니다. 우리가 어떻게 컴퓨터를 작동하게 만듭니까? 가령 우리가 실수로 컴퓨터를 발로 차 기계가 말을 듣지 않게 된다면 우리는 그것을 제대로 되돌려 놓을 필요가 있습니다.

전쟁과 같은 사회현상을 사례로 삼아봅시다. 전쟁은 더 끔찍할 수 있는데, 전쟁은 어떻게 지속됩니까? 결국 전쟁은 전선에서 싸우는 군인들의 자기희생적인 단결과 후방의 집에 있는 군인들의 자매들, 아내들, 딸들의 지원과 생계유지와 사랑으로 지속됩니다. 심지어 은행 강도는 어떻습니까? 강도들 사이의 단결과 신뢰가 없다면 이들의 행동은 성공할 수 없습니다. 그러나 또 하나의 요점이 있습니다. 여러분이 정확하게 행위하지 않는다면 여러분은 삶에서 어떻게 무슨 일인가를 할 수 있습니까? 내가 무엇을 하고 있거나 간에, 내가 여러분을 설득하거나 못 하거나 간에 적어도 지금 나는 얼마간의 단어들을 정확하게 발성하고 있으며, 이것은 정확한 행위입니다. 내가 지금 하고자 하는 것은 여러분에게 자유, 창의력, 사랑, 정확한 행위 또는 의도 실현이라는 기본 상태의 품성에 의지하지 않는 인간의 상황이 도대체 존재하는지 찾아보라는 것입니다. 이것들은 인간의 기저의 품성입니다.

내가 말하고자 하는 것은 교육의 기획, 깨달음의 기획, 보편적인 자기실현의 기획이 동일하다는 것, 또는 이것 모두가 하나의 사안에 달려 있다는 것, 그리고 이것은 타율성heteronomy의 제거, 본질적으로 여러분의 것이 아닌 다른 온갖 것들의 제거에 달려 있다는 것입니다. 본질적으로 여러분의 것이 아닌 모든 것을 제거하는 과정에서 자동적으로 여러분은 본질적으로 다른 모든 사람의 것이 아닌 모든 것을 제거하기 위해 노력할 것입니다. 이것은 개인주의적 접근이 아닙니다. 왜냐하면 (내가 만든 몇 가지 기술적technical 개념들 가운데 하나인) 4평면 사회적 존재라고 부르는 것을 전제하기 때문입니다. 이것은 사회적 삶에서의 모든 사건을 4차원에 입각해 이해해야 한다고 전제합니다. 우리의 자연과의 교환, 즉 자연과의 물질적 교섭에 입각해서, 다른 사람들과의 우리의 사회적 상호작용에 입각해서, 사회구조와의 우리의 관계에 입각해서 이해해야 한다는 것입니다. 사회구조는 무엇입니까? 사회구조들은 언어, 경제, 정치 형태 등과 같은 사물들입니다. 분명히 우리는 태어나면서 사회구조들을 창조하는 것이 아니라 물려받습니다. 그러나 우리는 사회구조들의 재생산에서 중요한 역할을 합니다. 왜냐하면 우리는 우리의 의도적 활동들을 수행하는데, 우리의 활동 없이 사회구조들은 존재할 수 없기 때문입니다. 사회구조들은 우리의 의식적인 의도적 활동들로 부지불식간에 이리저리 재생산되거나 변형됩니다. (어떻게 불러도 좋은데) 자본주의나 상업주의의 사회구조들을 예로 생각해 봅시다. 탐욕과 욕망이 없다면 이 사회구조가 잠시라도 기능할 수 있겠습니까? 서쪽으로 미국으로 유럽으로 영국으로 가봅시다. 한 가구가 자동차 한 대를 가지는 것으로는 충분하지 않습니다. 한 명당 한 대의 차를 가져야 합니다. 한 사람이 자동차한 대를 가지는 것으로 충분하지 않습니다. 두 대, 세 대를, 아니 네대, 다섯 대, 여섯 대를 가져야 합니다! 그 결과 내가 (주로) 살고 있는 영국에서는 도로마다 자동차들이 가득 차 있습니다. 이웃끼리 차를 공유한다면 참 좋겠지만, 사람들은 그러는 대신에 각각 차를 몰고 일터로 나갑니다. 서로 이웃에 사는 이들은 어쩌면 이웃한 직장에서 일할 수도 있습니다. 심지어 이들은 각자의 자동차를 주차하는 데 막대한 어려움을 겪고 많은 시간을 소비해 가면서 나란히 주차할지도 모릅니다.

이제 4평면 사회적 존재의 네 번째 차원에 대한 사회구조의 영향을 생각해 봅시다. 이 차원은 우리 인성의 층위입니다. 이 사회구조는 우리를 민감하게 만들고 성마르게 만듭니다. 그리고 이것은 똑같은 것들을 더 많이 만들어낼 뿐인 구조를 재생산합니다. 근본적인 혁신, 질적 변화를 위한 혁신, 내부적 관계와 외부 경제들과 환경에 주목하는 질적이고 비수량적인 판단을 고려하는 혁신 등과 같은 종류의 혁신에 대해 우리의 자본주의 사회체계는 아무것도 알지 못합니다. 다음으로 이것이 4평면 사회적 존재의 두 번째 차원에 미치는 영향을 생각해 보면, 서로에 대한 우리의 관계를 망친다는 것을 깨닫게 됩니다. 우리는 열 시간이나 열두 시간쯤 직장에서 일한 뒤에 각자의 차를 타고 귀가합니다. 집에서 배우자와 사소한 일로 말다툼을 하고, 자녀들을 속상하게 만들고 때리거나 더 심한 일을 벌인 뒤에 화를 내면서 험악한 분위기를 만들고는 합니다. 다음 날 아침이면 두통과 함께 깨어나 끝없는 순환을 반복합니다. 그러므로 사회적 삶의 네 차원 모두가 상호작용합니다.

실제 문제는 우리가 어디서 시작하는지가 아닙니다. 왜냐하면 이런 종류의 영성적 접근을 진정으로 이해하지 못하는 대부분의 사람들은 당연한 듯이 영성적 존재는 아무것도 수행하지 않는다고 생각하기 때문입니다. 그런데 이런 생각은 다른 시기와 시대에는 적절할 수도 있었고 아마도 사회 속에 있지 않은 일부 사람들에게는 여전히 어떤 역할이 있을 테지만, 오늘날 우리는 누구나 사회 속에 있어야 한다고 말해야 한다고 나는 주장하고자 합니다. 왜냐하면 우리는 지구적으로 상호 연결되어 있고 지구적인 위기 속에서 살고 있기 때문입니다. 우리는 빠른 속도로 돌아올 수 없는 지점에 도달하고 있습니다. 우리는 제어장치가 망가진 채 낭떠러지를 향해 달리는 자동차와 같습니다. 낭떠러지까지 100미터쯤 남아 있고, 자동차는 시속 60킬로미터의 속도로 달리고 있으며, 방향을 바꿀 수 있는 시간은 5초가량 남았습니다. 상황이 그러합니다. 방글라데시의 해발고도는 대부분의 지역에서 10미터 이하이고 해안가는 1미터 정도입니다. 아마도 25~30년 뒤에는 많은 지역이 바다에 잠기는 끔찍한 일이 일어날 것입니다. 세계의 여러 섬들과 영국의 섬들의 운명도 그리 다르지 않습니다. 지구온난화는 우리가 이 현상에 대응해 무엇인가를 하지 않으면 안 될 만큼 빠른 속도로 진행되고 있습니다.

그러나 이것만이 아닙니다. 우리 사이의 상호작용과 우리가 표면구조를 재생산하는 방식을 생각해 봅시다. 잘잘못을 따지기 전에 이제 우리는 9·11 테러 이후 소수의 사람들이 저지른 행동이 어떻게 세계 전체를 불안정하게 만들 수 있는지 알게 되었습니다. 또한 정치인들과 그들의 일부 행동들이 이런 불안정화를 심화한다는 것도 알고 있습니다. 정치적 수준에서 우리는 끔찍한 상태에 처해 있습니다. 경제적 수준에서는 만성적 부채, 만성적 제3세계의 부채, 만성적 위기가 있음에도 우리는 풍요의 행성에서 살고 있습니다. 우리는 필요로 하는 모든 것을 잠재적으로 소유하고 있습니다. 피정을 가거나 오래된 수도원에 들어가는 것의 장점이 무엇이든, 오늘날 우리는 영성적 존재로서 지구상에 신을 실현하고자 하면서 실천하는 존재일 수밖에 없으며 사회에 참여할 수밖에 없습니다. 그리고 이것은 우리가 좋든 싫든 무엇을 하든, 동시에 이런 네 개의 전선 모두에서 행위할 것임을 의미합니다. 우리는 좋든 싫든 (반복과 재생산이거나 아니면 변형과 변화인) 사회변동의 과정에 참여할 것입니다. 왜냐하면 의도적으로 행위하는 행위주체만이 사회에서 일어나는 모든 일을 발생시키기 때문입니다. 의도는 다른 것으로 환원될 수 없습니다. 행위주체는 환원 불가능합니다. 이 4차원의 평면들과 영향들 모두에서 행위주체는 환원 불가능합니다. 그러므로 우리가 하는 행위들은 모두 이런 다차원적 방식으로 세계에 영향을 미칩니다. 그렇더라도 우리는 행위하지 않을 수 없습니다. 우리가 행위하기를 중단한다고 해도 이것 또한 행위가 아닙니까? 이것도 행위입니다. 결국 우리는 자발적으로 행위해야 하며 어느 시점에서는 자발적으로 행위할 것입니다. 이것은 매우 중요합니다. 우리가 무엇인가를 하고자 할 때를 상상해 봅시다. 내가 여기 있는 물 한 컵을 집어 들려고 한다고 상정해 봅시다. 나는 할 수 있는 가장 조심스러운 방법으로 물을 마실 수 있습니다. 나는 그런 방법으로 물을 마실 수 있거나 그런 방법으로 마셔야 하거나 그럴 것입니다. 그러나 어떤 시점에서는 나는 단지 물컵을 집어 들기만 할 뿐입니다. 주장하는 행위에 대해서도 생각해 볼 수 있습니다. 다음에 나는 무슨 말을 할지를 생각해야 합니다. 그러나 어떤 시점에서 나는 단지 그것을 말해야 할 뿐입니다. 이것은 우리가 음식을 조리할 때도 마찬가지입니다. 이것이 인간 행위의 자발성입니다. 어떤 시점에서 우리는 단지 행위해야 합니다. 우리가 자발적으로 행위할 때 우리의 사유는 그 행위 속으로 들어가지 않습니다. 우리는 생각하지 않습니다. 그런 행위는 우리의 가장 깊은 존재에서 흘러나오는 어떤 것입니다. 우리는 그것을 계획하지 않으며 미리 숙고하지도 않습니다. 물론 우리는 그것을 배울 수도 있고 습득할 수도 있습니다. 그것은 숙련입니다. 그러나 그것이 일어날 때 그것은 단지 자연발생적인 것이고 무조건적인 것이고 재능입니다. 그것은 재능이며 우리는 아무것도 묻지 않습니다.

이제 사람에 관한 이야기에서 어떤 측면에서는 여성에 관한 이야기라고 할 수 있는 것으로 옮겨보겠습니다. 이것은 양날의 칼입니다. 여성의 가사 노동을 생각해 봅시다. 자본주의경제는 가사 노동을 존중하거나 인정하지 않습니다. 부불不拂 노동이며 상품화된 노동에 속하지 않습니다. 가사 노동을 하는 여성은 그녀가 돌보는 자녀와 계약을 맺지 않습니다. 이것은 무조건적이고 비계약적인 노동이며 자발적인 재능의 제공입니다. 어떤 면에서 이것은 아름답습니다. 불교나 마르크스주의에서의 이런 전망을 우리가 가지고 있어야 한다면(물론 이런 전망이 모든 것에 대해 참인 상태가 최선입니다만), 이런 전망을 우리가 실현해야 한다면, 우리는 무조건적인 자발적 행동, 미리 계획하지 않았지만 자발적인 행동, 고단하지만 여전히 자발적이고 즐거운 행동을 하는 품성을 갖추어야 합니다. 이것에 더해서 총체적이어야 합니다. 왜냐하면 여성들은 대개의 경우 이 아이와 저 아이의 이해·관심을 어떻게 균형 있게 조절할지, 남편이 언제 집에 올지, 이웃 사람들이 언제 갑자기 방문할지에 대해 알고 있기 때문입니다. 몇 달 전에 나온 유엔 보고서에서는 남성들이 기본적으로 세계의 자원들에 대해 '남편화하기husbanding'를 계속한다면, 즉 자원들을 계속 관리한다면 지구에는 미래가 없다고 지적하고 있습니다. 그렇게 되면 15~20년 안에 지구는 멸망할 것입니다. 그렇지만 여성들이 자신들의 가정경제 양식을 이용해 지구적으로나 일국적으로 권력의 자리에서 사용한다면 진정한 미래가 있을 것입니다. 여성의 전형적이고 무조건적이고 자발적 행동과 남성의 물상화되고 소외된 세계 사이의 이런 비대칭은, 반복해서 말하지만 매우 양날적입니다. 그러나 비대칭이 존재하며, 여성의 가사 노동에는 우리가 미래에 보편적으로 지녀야 할 것에 대한 일종의 단속적 원형punctuated prefiguration이라고 부를 만한 것이 자리하고 있습니다. 하지만 이것은 우리가 미래에 보편적으로 지녀야만 하는 것일 뿐만 아니라 지금 당장 적어도 부분적으로는 지녀야 하고 지니고 있는 것이기도 합니다. 그리고 남성이 사람이려면 이런 측면에서는 여성이 되어야 합니다. 사실 남성들은 아내가 없을 때 여성이 됩니다. 남성은 자발적으로 즐겁게 부모가 될 것이고 가사를 균형 있게 공유하면서 남성들도 가정에서 자신이 여성이 됨을 발견하는 것에서 실질적으로 기쁨을 얻을 것입니다.

그리고 당연히 여성으로서도 여러분은 긴 연쇄의 정신적 추론을 실행할 것입니다. 여러분은 산술에 약하다고 생각할 수도 있는데, 실제로 그런 것은 아니지만 그렇다고 해둡시다. 여러분은 산술을 즐길 수 있습니다. 체스를 할 수 있는 공간도 있습니다. 여러분이 체스에 대해 생각할 때(체스를 위한 공간이 있고, 체스에서 말하는 것을 위한 공간이 있으며, 실제로 이것 없이는 체스가 있을 수 없습니다) 또는 중력의 발견이라는 위대한 작업을 진행해 가는 뉴턴의 노동이나 공간-시간의 발견으로 나아가는 아인슈타인의 노동에 대해 생각할 때 무슨 일이 일어납니까? 이런 발견은 마른하늘의 번개처럼 갑자기 모습을 나타냅니다. 이런 발견은 유도되거나 도출될 수 있는 것이 아닙니다. 초월에서, 저 너머에서 오는 것입니다. 가장 정교하고 비상한 활동이고, 가장 평범하고 일상적인 활동입니다. 어느 경우든 이런 발견은 자발적이며 재능입니다. 중력의 발견이라는 행운gift은 자연이 준 선물gift 이었으며 천체가, 신(원한다면 그렇게 불러도 좋을 것입니다)이, 우주가 뉴턴에게 준 것입니다. 그러나 이것은 특별히 준비된 정신에게 주어진, 정신이 열정적으로 힘들여 노력하고 철저히 준비했기에 주어진 선물이었습니다. 이 정신, 뉴턴의 정신이 중력이라는 영역에, 즉 지금 우리가 중력으로 알고 있는 전체적인 물리적 장에 잘 들어맞았다고, 그 순간이 왔을 때 창조적인 영감이 왔을 때 뉴턴은 중력이었다고, 그는 세계와 '하나'가 되었다고, 그 '유레카'의 순간에 그는 중력이 되었다고 말할 수 있습니다. 그것은 일체의non-dual 순간 또는 초월적 순간이었습니다.

이 이야기를 하기에 앞서 무엇인가를 배우는 어린이의 사례를 들어봅시다. 어떤 점에서는 어린이가 무엇인가를 배우려면 이미 그것을 알고 있어야 하는 것처럼 보입니다. 그런데 어린이가 겪는 유레카의 순간은, 즉 '알았다, 바로 이거다'의 순간은 과학자들이나 예술가들이 문득 자신들이 무엇인가를 해냈다는 것을 깨달을 때와 매우 비슷합니다. 누구에게나 이런 순간이 있습니다. 여러분이 어떤 숙련을 습득할 때, 여러분이 그 숙련을 자신의 일부로 만들고 하나가 될 때 이것은 새로운 몸짓입니다. 그러므로 모든 학습 과정이나 창조 과정에서 우리는 몇 개의 특징적인 계기들을 찾아볼 수 있습니다.

첫 번째 단계는 어디서든 어떻게든 문득 무엇인가 떠오르고 어린이가 갑자기 그것을 깨닫는 것입니다. 뉴턴은 그것을 보고 깨달았습니다. 또는 여러분은 그림을 이해하거나 책의 글을 어떻게 해석할지를 이해하거나 어떤 철학자가 말하는 것을 이해하게 됩니다. 이제 우리는 그가 무엇을 하고 있는지를 알게 됩니다. 이것이 기초입니다.

이런 이해의 단계에서 지식은 (외적 권위에 의지하는) 타율적인 것heteronomous이며 우리는 이 점을 잊지 않아야 합니다. 실제로 철학자로서 시인으로서 이런저런 종류의 작가로서 우리는 종종 어떤 생각이 떠올랐다가 사라져버리는 것을 느끼고는 합니다. 그래서 우리는 떠오른 생각을 적어놓고 외부화하게 됩니다. 이것이 두 번째 단계입니다. 세 번째 단계는 어린이나 누군가가 무엇인가를 학습하고 있을 때 그것을 점차 자신의 일부로 만드는 것입니다. 이것은 비상하게 힘겨운 과정일 수 있지만 반대로 매우 즐길 만한 과정일 수도 있습니다. 이것은 여러분이 적용하는 형성의 과정, 구성의 과정, 계획의 과정입니다. 여러분은 컴퓨터가 어떻게 작동하는지, 자동차를 사용해 무엇을 할 수 있는지, 언어로 무엇을 할 수 있는지를 알게 됩니다. 그러면 어떤 시점에서 여러분은 이것을 알고 있는 것입니다. 여러분은 이 지식을 자신의 일부로 만들게 됩니다.

그래서 이것은 변증법입니다. 지식은 저기에 암묵적으로 이미 있었습니다. 그다음에 그 지식은 외부로부터의 어떤 것에 의해 깨어나 우리의 의식에 왔습니다. 하지만 우리는 그 지식을 통제할 수 없었고 점차 그 지식을 익혀가며 우리 자신과 하나로 만들어야 했습니다. 그다음에 그 지식이 우리 자신과 하나가 되었을 때 더 이상 그것은 우리의 외부에 있는 것이 아닙니다. 이 단계에서 우리는 자발적일 수 있습니다. 네 번째 단계에서 우리는 객체화에, 즉 세계에 무엇인가를 만드는 행동에 참여할 수 있습니다.

창조의 모든 주기는 이런 특징적인 계기들을 가지고 있습니다. 첫째, 번쩍이는 번개 같은 영감, 둘째, 외부화를 포함한 창조 자체, 셋째, 구성, 형성, 점진적인 심층적 재Ⅲ내부화, 넷째, 새로운 무엇인가를 만들기, 생산과 객체화입니다. 끝으로 창조의 주기의 다섯 번째 단계는 우리가 만든 것이 우리의 의도를 반영하는지를 알아보는 것입니다. 이것은 내가 가진 내부적 충동을 표현하고 있는가? 이것이 나의 의도를 반영할 때 창조의 주기는 완벽하게 완성됩니다.

이것은 사실상 우주적 창조의 주기입니다. 모든 우주론은 마른하늘의 번개처럼 갑자기 나타나는 동일한 특징적인 공식을 가지고 있습니다. 첫째, 씨앗이 있을 수도 있는데 그 씨앗은 나타나고 사라질 수도 있지만 갑자기 떠오를 수도 있습니다. 둘째, 창조의 단계가 있고 그것은 안정화됩니다. 셋째, 구성과 형성의 단계가 있습니다. 넷째, 그것은 객관화됩니다. 다섯째, 그것은 창조자의 의도를 실현하거나 실현하지 못하거나 합니다.

인간의 모든 행위는 창조의 주기의 다섯 단계를 반영합니다. 특히 학습의 모든 행위를 포함하는 인간의 모든 행위는 (이런 표현이 괜찮다면) 우주의 창조를 반영합니다. 결국 우리가 하고 싶은 일은 우리 자신을 실현하는 것입니다. 외부 세계에서 우리의 성찰을 찾아봅시다. 이런 일이 언제 일어날 것인가? 우리가 우리 자신을 실현할 때 이런 일이 일어날 것이며, 오로지 모든 사람이 그들 자신을 실현할 때 일어날 것이며, 그렇게 되면 마침내 초기 충동을 실현하거나 완성할 것입니다.

따라서 창조의 주기의 다섯 단계에 상응해서 비판적 실재론 또는 락슈미가 언급한 철학은 존재론이라는 서양철학, 즉 존재의 이론에 대한 재주제화re-thematisation에 관여해 왔습니다. 나의 학창 시절의 경험을 이야기해 달라는 요청을 받았기 때문에 말씀드리자면, 학부 시절에 제가 배운 서양철학에서는 세계 자체에 관해 아무것도 이야기하지 않았다고 할 수 있습니다. 그것은 금지된 것, 금기 사항이었습니다. 존재에 관해 생각하는 것이 바로 비판적 실재론의 첫 번째 단계였습니다. 두 번째 단계는 존재를 과정으로 생각하는 것이었습니다. 세 번째 단계는 존재를 과정으로 그리고 총체로, 즉 통일체로 전체론적으로 생각하는 것이었습니다. 네 번째 단계는 존재를 모든 사물들과 연결하는 것, 그리고 변형적이고 자의식적인 잠재력, 자의적인 변형적 인간의 주체성과 성찰성, 즉 이론과 실천을 통합하는 우리 능력에 연결하는 것이었습니다. 다섯 번째 단계는 존재를 어떤 방식으로인가 실현되는 것으로, 어떤 방식으로인가 자유로운 것으로, 어떤 방식으로인가 실행되는 것으로 생각하는 것이었습니다. 근래에 나는 바로 이 단계에 관해 탐구하고 있는데, 여기에 새로운 영성적 개념들을 가져오거나 조금 다른 방식으로 조명하고자 합니다.

하지만 이 자리에서는 이것들을 어떻게 교육에 적용할 수 있을지 생각해 봅시다. 창조의 주기의 다섯 단계를 거치면서 우리는 이것들이 인간 행위의 다섯 계기들, 즉 의지의 계기, 사유의 계기, 느낌의 계기, 객체화의 계기, 그리고 우리의 객체화에서 실현(또는 실현하지 못함)의 발견의 계기에 상응함을 알 수 있습니다. 이것들은 존재의 연속적인 풍부화의 다섯 영역들에, 다양한 기본 상태의 품성들에 상응합니다. 이것들은 인간의 근본적인 특징입니다. 첫째는 자유, 둘째는 창조성, 셋째는 사랑, 넷째는 정확한 행위, 다섯째는 의도를 실현할 수 있는 능력이 됩니다. 그런데 많은 사람들이 영성적인 것은 일상의 삶에서 아주 멀리 떨어져 있다고 생각합니다. 많은 이들이 영성을 초월성이나 일체성non-duality 같은 개념들과 적절하게 연결합니다. 내가 말하고자 하는 것은 초월성과 일체성은 기초적이라는 것, 인간의 기본적 수준이며 우리 모두 이것에 익숙하다는 것, 사실상 이것은 여기서 언제나 계속되고 있다는 것입니다. 철학자들은 존재에 대해, 행위 주체에 대해 부적절한 개념을 제시해 왔습니다. 물질론 철학자들뿐만 아니라 영성적 철학자들도 일체성과 초월성에 대해 적절하게 해명하지 못했습니다.

이 이야기를 조금 더 해봅시다. 교육자로서 자기 교육자로서 우리의 목표는 (자신과 세계를 분리하는) 이자성duality, 二者性의 세계에서 우리 자신을 일체의 존재로 창조하는 것을 돕는, 존재와 창조와 협력의 인간 과정에서 당사자가 되는 것이라고 나는 주장하고자 합니다. 초월성에 대해 살펴봅시다. 관련된 것들 가운데에는 분명히 동일화identification도 있습니다. 구별되는 두 가지 항들이 있습니다. 나와 당신이 있습니다. 또는 우리가 처해 있는 의식의 상태와 우리가 도달하고자 하는 의식의 상태가 있습니다. 사실상 이것들은 초월적 동일화의 매우 단순한 두 패러다임을 보여줍니다. 하나는 우리가 객체성에 대한 감각을 상실할 때의 것으로, 주체-객체 이원론에서 객체를 상실하고 우리 자신과의 하나가 될 뿐입니다. 우리 자신과의 하나 속으로, 창조적 에너지나 행복이나 만족이나 평화 등의 훌륭한 꾸러미 속으로 깊이 들어갑니다. 다른 하나는 우리가 주체에 대한 감각을 잃고 우리 자신의 외부의 것 속으로 완전히 들어가는 것입니다. 가령 우리가 그림에 몰두하거나 음악에 사로잡혔을 때 우리는 우리 자신과 객체들을 구별하는 감각을 잃게 됩니다.

여기서 특별한 것은 초월적 동일화가 인간의 모든 의사소통이나 행위에 필수적이라는 것입니다. 여러분이 나의 이야기를 어떤 수준에선가 이해한다는 단순한 의미로, 여러분이 나의 단어와 하나가 되지 않는다면 나는 여러분과 의사소통하고 있는 것이 아닙니다. 여러분이 "안녕하세요, 어떻게 지내세요"라고 말하고 다른 사람이 "안녕하세요, 어떻게 지내세요"라는 말을 이해한다면, 이 이해의 순간에 초월적 동일화가 있는 것입니다. 영화를 보고 있을 때 자신을 잃어버릴 만큼 집중해 영화에 몰두한다면 우리는 영화에서 분리되어 있다는 느낌을 잃게 됩니다. 우리가 신문을 읽고 있을 때 신문 속의 문장과 하나가 되지 않는다면 어떻게 그 문장을 이해할 수 있겠습니까? 이해할 수 없을 것입니다. 우리가 신문의 문장과 하나가 되기를 그치는 순간 그것을 읽고 있지 않는 것이고 듣고 있지 않는 것입니다. 우리는 행위와 완전히 하나가 됩니다. 그러므로 초월적 동일화 또는 주체와 객체 사이의 이원성을 깨뜨린다는 의미에서의 초월성은 우리가 사회적 삶의 모든 측면에서 친숙한 것입니다.

그러나 여기서 그치지 않습니다. 일체성은 의식 상태의 특징에 그치지 않습니다. 우리가 자동차를 운전할 때 어떻게 해야 하는지에 관해 의식하지 않고 그저 자연발생적으로 운전한다는 점을 생각해 보면 일체성은 행위의 특징입니다. 어떻게 운전해야 하는가, 어떻게 말해야 하는가를 자연발생적으로 알고 있기 때문에 우리는 그저 운전하고 말합니다. 우리는 그저 자연발생적으로 우리 자신을 표현합니다. 아기가 우리 곁에서 넘어졌을 때 우리는 그 일에 관해 생각하지 않고 그저 안아서 일으킵니다. 우리는 그저 일체적 방식으로 그렇게 합니다. 삶에서의 모든 것, 우리가 수행하는 모든 행위에는 한 가지 요소, 즉 일체성이라는 요소로 유지됩니다. 우리가 무엇인가를 건드릴 때 그 속에 있는 요소는 우리의 기본 상태 또는 그 상태와 일치하는 어떤 것입니다. 그래서 우리가 본질적으로 누구인지에 대해 우리는 모두 매우 잘 알고 있습니다. 그렇다면 초월에는 네 번째 측면이 있습니다. 초월의 네 번째 형태는 두 사람이 한 팀으로서, 분리되었다는 느낌이 전혀 들지 않을 만큼 완벽하게 작업할 때 볼 수 있습니다. 우리는 서로의 움직임을 예상하며 완벽하게 협력하는 요리사들, 축구 선수들, 크리켓 선수들을 볼 수 있습니다. 예컨대 음악 악단도 이런 상태에 있지 않다면 아무것도 만들어낼 수 없을 것입니다. 인도 거리에서 (이 점에 관해서라면 다른 곳들에서도) 실제 충돌 사고를 내는 사람들이 별로 없다는 사실에 기이하다고 생각한 적이 없습니까? 그 렇게 많은 사람이 있는데도, 그렇게 혼잡한데도 어떻게 통행해야 할 지 심각하게 고민하지 않습니다. 이것은 마술이라고 할 수 있습니다. 사람들이 서로 충돌하지 않도록 하는 동조성synchronicity이 있는 것입 니다. 이것이 바로 우리가 무엇인가를 할 때 그 속에 있어야 하는 네 번째 종류의 초월적 일체의 상태입니다. 영성 철학자들이 그렇게 많 이 이야기한 일체성의 상태는 우리에게 일상의 경험을 통해 매우 익 숙한 것입니다.

여기서 일체성은 자연발생적이기 때문에 구조화된 것이 아니라 고 생각하는 철학자들이 많습니다. 하지만 이것은 정확한 생각이 아 닙니다. 예컨대 우리가 그림에 빠져 있을 때 그림과 우리의 통일은 당 연히 구조화된 것입니다. 우리가 음악을 듣고 있을 때 이 음악은 전 체론적 구조를 가지고 있으며 우리는 이 총체와 하나가 됩니다. 우리 의 통일 개념, 하나됨oneness 개념은 극히 단순합니다. 하나됨은 점 형 태puncti-form가 아닙니다. 하나의 점point이 아닙니다. 하나됨은 총체 입니다. 우리가 하나됨과 하나가 될 때 이것은 전체와 전체입니다. 이것은 두 개의 맞물린 전체들입니다. 초월적 동일화에 이른다는 것은 총체에 들어가서 모두가 총체에 합류하는 것입니다. 자연이 얼마나 멋지고 아름답고 일치하고 동조적이고 일관되고 시의적절한지 생각해 봅시다. 초월적 통일은 점 형태가 아닌 분화된 총체들과 일치하는 데 그치지 않고, 아름다운 그림이나 음악을 감상하는 방식에 그치지 않고, 발전의 방식입니다. 그래서 우리는 확장하고 성장할 수 있다는 나의 두 번째 요점으로 이어집니다.

우리가 완벽하게 깨달았다고, 완벽하게 계몽되었다고 가정해 봅시다. 이것은 우리가 모든 숙련을 얻었다는 것을 의미하지는 않습니다. 우리에게 아무도 일본어를 가르쳐주지 않는다면 우리가 일본어를 어떻게 알 수 있다고 기대하겠습니까? 우리가 일본어를 배우기로 마음먹었다면 다른 사람들보다 더 빨리 배우거나 더 늦게 배울 것입니다. 그렇게 우리는 학습해서 일본어를 습득하고 이 숙련을 우리 자신과 통일합니다. 우리 자신에 대해 외부적인 이런 숙련을 우리 자신 속으로 구성하는 과정에서 우리는 항상 총체로 남아 있습니다. 이러한 새로운 발전을 우리 자신 속으로 새겨 넣고 재귀적으로 새겨 넣고 그렇게 확장합니다. 그렇게 우리는 일체적이고 성장하는 존재가 될 수 있습니다. 우리가 절대적인 것에 도달하면 그것이 끝이라고 항상 사람들은 생각해 왔습니다. 하지만 사실상 그 절대적인 것은 시작일 뿐이며 자유로운 발전, 성장, 확장은 아직 남아 있습니다. '나는 일체의 상태에 있다'는 이야기가 우리가 동일하다는 이야기가 아니라는 점을 인식하는 것이 중요합니다. 우리는 독특하게 차별화된 품성들을 지닐 수 있으며 이것은 교육에서 매우 중요합니다. 실제로 우리가 깨달음에 접근할 때 개인적 자아의 감각을 지니지 않기에 이런 점은 깨달은 존재에게 그다지 문제가 되지 않습니다. 하지만 각각의 **화신** avatar(부처가 중생을 교화하기 위해 세상에 나타난 모습)은 가장 독특하게 정의된 존재이며, 각각의 부처는 각각 다르고, 모든 깨달은 존재는 독특하게 다르며, 우리가 창조적이고 비범할수록 더 확장적이고 독특하다는 것을 강조하고자 합니다. 그러나 우리는 우리의 독특함이 자아에서 유래한다고 인식하지 않기 때문에 우리의 독특함에 대한 감각을 느끼지 못합니다. 누군가가 진리를 '소유'할 수 있는 것 이상으로 우리가 우리의 독특함을 '소유'할 수는 없습니다. 우리의 독특함은 우주의 현시입니다. 우리는 우주가 스스로를 실현할 수 있는 바로 그 지점에 행복하게 도달할 특권을 가지고 있습니다.

정말로 중요한 점은 우리 각자가 기본 상태에서는 독특하다는 것입니다. 이런 독특함을 이해하고 차이를 존중하는 것은 내가 당신과 하나가 될 수 있기 때문에 일체성과 일치합니다. 우리가 어느 팀이 하키를 더 잘하는지에 관해 논쟁할 때 당신은 독일을 말하고 나는 네덜란드를 말할 수 있습니다. 우리는 상대방이 말하는 것을 이해합니다. 그러므로 우리는 논쟁의 조건으로 초월적 동일성을 가지고 있지만 당신은 당신의 관점을 나는 나의 관점을 가진 것입니다. 이런 방식으로 두 사람은 일체적일 수 있습니다. 한 사람은 예술가의 재능을, 다른 사람은 과학자의 재능을 가질 수 있습니다. 한 사람은 인도 사람으로서, 여성으로서, 마하라슈트라주* 주민으로서, 하키 선수로서 자신의 정체성을 가질 수 있고 존중할 수 있고 사랑할 수 있습니다. 다른 한 사람은 농구 선수로서, 유태인으로서 자신의 기량을 사랑할 수 있습니다. 그리고 이 두 사람 모두 일체적인 존재가 될 수 있습니다. 그래서 총체성과 일관되는 일체성, 발전과 일관되는 분화, 차이성 속의 동일성을 획득합니다.

인식해야 할 마지막 요점은 일체성 획득이 싸움의 종결을 의미하지 않는다는 것입니다. 최고의 전사는 상대와의 완전한 동일성을 가지고 상대를 완전히 이해합니다. 철학자로서 나는 (락슈미가 제안하듯) 우리가 학교 등에서의 전장에 나갈 수 있다는 것을 알고 있습니다. 하지만 철학자로서 나는 그릇되고 신비화된 믿음 체계에 대해 우리가 이 믿음 체계를 총체적으로 파악할 때까지는, 이것과 총체적으로 하나가 될 때까지는 진정으로 비판할 수 없다는 것을 알고 있습니다. 그래서 최고의 지휘자는 그 자신이 정찰을 실행하는 사람, 적을 완전히 이해하는 사람, 적과 완전히 하나가 되는 사람입니다. 그러나 그는 적

---

* 인도 중서부에 있는 주. 주도는 인도 최대의 도시 뭄바이다. _옮긴이 주.

과 하나가 되는 것에 그칠 수 없습니다. 그는 적과 맞서 싸우고 죽이고 제거해야 합니다. 우리는 다른 사람과 하나가 되지만, 반드시 그 사람에게 동의하기 위해서 또는 영구히 그 사람이 되기 위해서가 아니라 그 사람을 없애기 위해서 하나가 되는 것입니다. 그래서 우리는 우리 자신의 해방을 가로막는 장애, 제약, 방해를, 모든 곳에서 모든 사람과 모든 존재의 해방을 가로막는 장애, 제약, 방해를 이해해야 합니다. 우리는 이것들과 하나가 되어야 합니다. 이런 장애, 제약, 강제들을 제거하기 위해 우리는 이것들을 총체적으로 이해해야 합니다. 이것은 영성적인 존재는 전사이기도 하다는 의미지만, 그는 자신과의 평화 속에 있는 전사입니다. 이것은 아름다운 것입니다. 크리슈나 Krishna* 가 아르주나 Arjuna** 에게 "너 자신의 다르마, 네가 해야 하는 것을 거부하지 말라. 영혼이 영원하다는 것을 이해해야 한다. 너의 다르마는 너의 적을 죽이는 것이며, 너는 결과를 걱정하지 말고 너 자신의 행동에 집중하라"고 했을 때, 그는 우리가 신의 사람, 싸움의 인간이 될 수 있다고 말하는 것이었습니다. 이것이 우리가 해야 할 일입니다. 여기서 행동의 비상한 특징은 첫 번째 단계에서는 이 행동이 우주로부터의 선물이면서 동시에 신에 대한 또는 자연에 대한, 우리

---

* 힌두교 신화의 영웅신이자 인도의 대서사시 『마하바라타』의 주요 인물이다. _옮긴이 주.
** 『마하바라타』의 주인공이다. _옮긴이 주.

의 동료 인간에 대한, 우리가 사랑하는 모든 것에 대해 바치는 공물이라는 것입니다. 두 번째 단계에서 이것은 세계의 변형입니다. 세 번째 단계에서 이것은 투쟁, 즉 과정의 일부, 해방의 실천입니다.

이제 나는 마지막으로 이 모든 것이 우리의 기본 상태의, 그리고 이 속에서 우리의 연결성의 아주 아름다운 특징들 덕분에 진정으로 가능하다고 말하고자 합니다. 이것은 실질적인 의미에서, 즉 대부분의 사람들은 이해하기 매우 어려운 의미에서 나와 너는 정말로 다르지 않다는 것, 너는 실질적으로 나라는 것을 의미합니다. 확실히 인격체로서 너는 나와 다르지만, 또한 너는 내 안에 접혀 있습니다. 너는 나의 일부이고 나는 너의 일부이며, 그러므로 너의 아픔은 그만큼 나의 아픔입니다. 이런 사실을 완전히 이해할 때 나의 감수성은 너의 고통을 나의 고통으로 느낄 수 있는, 그리고 너의 부자유를 나의 부자유와 똑같은 정도의 나에 대한 저주와 병폐로 느낄 수 있는 수준으로 높아집니다. 그러므로 나는 모든 사람이 자유롭게 될 때까지 싸움을 멈출 수 없습니다. 이것이 우리의 이상입니다. 내가 자유롭게 될수록 나의 행위는 정확한 방향으로 움직입니다.

이 경험은 양날의 칼이라고 생각합니다. 한편으로 이 경험은 세계로 열린 창이며 우리는 이것으로부터 배웁니다. 그리고 우리가 배울 때 그리고 배우면서 동시에 우리는 버려야만 합니다. 이것은 꼭 이야기해야 하는 아주 특별한 것이지만, 참입니다. 우리가 무엇인가에 집착하는 한 누군가에 대해 나쁜 경험을 가지게 되고, 이것은 우리를 구속하고 방해하고 상처를 냅니다. 그렇다면 우리는 무엇을 해야 합니까? 우리가 소중한 보석 상자를 가지고 있는데 나쁜 경험이 구르는 바위처럼 우리에게 달려든다고 상상해 봅시다. 우리는 바위에서 보석을 뽑아내 보석 상자에 넣습니다. 보석은 학습이고 나머지는 버리는 것입니다. 누군가가 우리에게 끔찍한 짓을 했다고 가정하면 우리는 이 경험을 그저 버려야 합니다. 당연히 우리는 조심할 것이며 우리는 그 사람에 대해 생각할 것입니다. 사랑이 기본 상태의 품성이라고, 우리는 무조건적으로, 즉 대가를 바라지 않고 사랑해야 한다고, (어느 정도는) 사랑한다고 내가 말할 때 이것은 우리가 올라가서 모든 사람을 받아들여야 한다는 이야기가 아닙니다. 우리는 우리 가슴에 비수를 꽂는 누군가를 받아들일 수 없습니다. 그러므로 이것이 학습이고, 그 사람에게서 찾아내는 보석입니다. 우리가 가볍게 버리는 것은 우리에게 오는 모든 사람이 우리를 억압하거나 질식시키거나 학대하리라고는 생각하지 않는 것입니다. 때때로 뉴욕이나 런던에서 밤에 여성이 밖으로 외출하지 않는 것은 매우 현명한 일입니다. 끔찍한 상황이지만 매우 현명한 일입니다. 우리가 하는 일은 이것에서 배우는 것입니다. 우리는 모든 시간 동안 우리를 사로잡는 피해망상의 느낌을 가지지 않으며, 이것에 집착하지 않습니다. 우리는 그저 이것을 알고 있으며, 이것을 마음속에 세우고 버립니다. 우리는 자유롭습니다. 우리는 이것을 느끼고 그다음에 이런 행동을 필요하게 만드는 상황을 변화시키려고 노력합니다. 우리는 구르는 바위를 없애는 것이 아니라 모든 바위의 근원을 없애려고 노력합니다. 이것이 가르침이고 바위에서 우리가 뽑아낸, 우리에게 주어진 보석입니다. 삶에서의 모든 것은 일종의 행운입니다. 우리는 "고맙습니다. 네, 가르쳐주셔서 고맙습니다"라고 말해야 합니다. 이제 나는 런던의 브릭스톤 Brixton● 같은 동네에 갈 때 정말 조심하게 됩니다. 우리는 정말 조심하게 되고 뉴욕과 런던에서 여성들이 밤거리를 안전하게 걸을 수 있게 만들기 위해 노력하게 됩니다. 그 거리는 무섭습니다. 우리는 이것을 배우지만 이것에 우리 자신을 가두어두지 않습니다. 우리의 정신은 완전히 자유로워야 합니다. 참으로 우리의 정신 속에는 아무것도 없어야 합니다. 우리의 정신 속에 무엇인가 있다면 우리가 해야할 일, 해야 할 최선의 일을 자유롭게 하지 못합니다. 우리는 배울 수없습니다. 이것은 특별한 일이지만 우리가 정신 속에 무엇인가 가지고 있으면 배울 수 없습니다. 우리의 정신 속에 무엇인가가 고정되어 있다면, 우리의 정신 속에 실제 무엇인가가 자리하고 있다면 우리는 배울 수 없습니다. 학습의 순간에 우리의 정신은 백지상태tabula rasa여야 합니다. 정신 속에 선입관이 자리하고 있다면, 어떤 고정된 것이

---

● 영국 런던의 동남쪽에 위치하며 치안이 불안정한 지역으로 알려져 있다. _옮긴이 주.

있다면, 어떤 집착이 있다면, 우리에게 고착되거나 우리의 눈을 멀게 하는 무엇인가가 있다면 배울 수 있는 사람으로서 우리를 구속하고 행위주체로서 우리를 감금합니다. 왜냐하면 우리는 고정된 생각 아래에서 행위하기 때문입니다. 더구나 이것은 우리를 늘 업보적으로 karmically 구속합니다. 우리가 이것을 몰아낼 때까지는 이것을 가지고 있어야 합니다. 그래서 결코 자유롭게 되지 못하고 변화의 자유로운 행위주체가 되지 못하기 때문에 이것은 우리를 구속합니다.

이것은 힘겨운 일입니다. 나는 전쟁과 싸움 그리고 평화 속의 우리 자신에 관해 이야기했습니다. 이것은 정말로 중요한 것입니다. 우리는 평화 속에 있습니다. 그러나 사실 (인도) 경전들에 있는,『바가바드기타Bhagavad Gita』•에 있는 모든 전쟁 이야기는 또 다른 전쟁입니다. 심지어 이슬람의 지하드jihad, 즉 성전의 개념조차 또 다른 전쟁입니다. 우리 자신이 평화로울 때, 우리 자신과의 평화 속에 있을 때 우리는 서로에 대해 평화 속에 있게 될 것입니다. 우리 자신과의 평화는 우리 자신으로부터 모든 쓰레기를 치우는 것을 의미합니다. 우리 자신에게서 쓰레기를 모두 치웠을 때 우리는 억압, 노예 상태, 부자유로 이어지는 보급선을 차단하게 됩니다. 사회세계의 모든 것들

---

• 고대 인도의 힌두교 경전의 하나.『마하바라다』에 포함되어 있으며 '거룩한 신의 노래'라는 뜻이다. _옮긴이 주.

은 우리의 사랑과 창의력에 의지해 존속하며, 이것들 없이는 한순간도 존재할 수 없습니다. 그러나 억압도 실재합니다. 억압들은 실재하는 구조들이며 실재하는 체계들이지만, 우리는 억압들에 대한 보급선을 차단할 능력을 지니고 있습니다. 어려운 일이지만 우리는 이 일을 할 수 있습니다.

\* \* \*

교육은 억압, 노예 상태, 부자유에 도전하는 실천이다. 이 장에 실린 짧은 강연록을 통해 바스카는 우리에게 특히 교육과 학습에 관한 통찰력을 제공해 준다.

# 제6장

—

## 교육 및 학습 이론에 관한 주석

교육 이론에 무엇이 필요한가? 교육 이론의 특성은 무엇인가? 교육 이론의 특징들은 무엇이며 특징들 사이의 관계는 어떠한가? 필자가 제1장에서 제시했듯이 이 특징들은 교육 과정을 이해하기 위한 언어, 교육 과정을 분석할 수 있는 (다양한 구성 요소들과 요소들 사이의 관계를 식별하고 분리하는) 능력, 존재론과 인식론 그리고 이것들 사이의 관계, 이 모든 것들을 교육 상황에 필요한 것을 규정하는 일관된 이론으로 통합하는 방식, 일련의 교육적 가치 등이다.

교육 이론은 다음과 같은 특징이 있다. 첫째는 인간의 발현적 능력, 행위 유도성affordances, 인간이 위치하고 있는 환경을 포함하는 인간에 관한 기본적인 규범적 전제다. 둘째는 인간과 환경 사이의 관계에 관한 기본적인 규범적 전제다. 셋째는 개인들과 그들이 위치한 환경 둘 모두에 관련한 지식, 학습, 변화/변형에 관한 기본적인 규범적 전제다. 넷째는 지식체, 숙련, 성향에 관해, 이 세 묶음의 전제들에 기초해 교육이 발전시켜야 하는 가치들을 포함하는 결론이다. 다섯째는 이런 전제들로부터의 추론, 그리고 적절한 교육학, 교과과정, 표현 및 표현 매체, 학습 환경에 관한 결론이다. 여섯째는 이런 믿음에서 나온 일련의 실천적 활동들의 확인이다.

바스카의 비판적 실재론은 첫째, "인식론과 구별되는 (하지만 궁극적으로는 인식론을 포함하는) 존재론의 재입증re-vindication"(Bhaskar and Lawton, 1998: ix), 둘째, 실재적 영역, 현실적 영역, 경험적 영역의 구별, 셋째, 세계에 존재하는 객체들과 발생기제들이 인과적 힘을 보유하고 있으며, 이 힘은 행사될 수도 있고 행사되지 않을 수도 있지만, 이것들에 대한 인간의 인식이나 알아내는 능력에 대해 독립적으로 존재한다는 믿음을 특징으로 한다. 바스카는 이것들에 더하여 앎이라는 (인간의 인식에 의존하는) 타동적 세계와 존재함이라는 (인간의 인식에 대해 독립적인) 자동적 세계를 구별한다. 사회세계는 충화되어 있으며, 상이한 수준들에 있는 기제들(이 기제들은 이것을 구성하는 더 기본적 수준의 요소들에서 발현하지만 그 요소들로 환원할 수 없다)을 통합한다. 이것은 객체들이 상호작용하는 발현적 속성을 가진다는 것, 이 결과로 객체들의 과거 조합에서 새로운 속성들이 창출되거나 발현한다는 것을 의미한다. 이것은 구조와 행위주체 사이의 관계가 존재론적 수준에서 핵심적인 (인식의) 틀 조정 장치framing device라는 것을 의미한다. 나아가 모든 관찰적 또는 경험적 진술은 특정한 일련의 개념적 관계로 조정된다는 것, 즉 모든 관찰적 또는 이론적 진술은 어떤 의미에서 이론-적재적이라는 것을 의미한다. 결과적으로 세계에 대한 서술은 어느 것이든 특정한 일련의 개념적 관계들 안에서 설명적이며 이 관계들에 대해 잠재적으로 변형적이다. 간단히 말해 교육 과정은 개방체계에서 진행된다.

로이 내시Roy Nash는 비판적 실재론의 세 가지 핵심 요소를 찾아냈다(Nash, 2005). 첫째는 경험세계가 사회세계의 총체성을 구성할 수 없다는 것이다. 둘째는 "실재적 영역은 현실적 영역보다 더 광범하다"라는 것이다(Nash, 2005: 187). 셋째는 사회세계가 층화되어 있고, 상이한 수준에 있는 기제들로 구성되어 있으며, 이 기제들의 요소들은 이것을 발현시킨 수준의 요소들로 환원할 수 없다는 것이다. 더하여 실체들은 활성화될 수도 있고 활성화되지 않을 수도 있는 인과적 힘을 지니고 있다. 따라서 구조적 형태를 배제한 채 행위자들의 의도와 믿음만을 고려하거나 반대로 행위자의 의도와 믿음을 배제한 채 구조적 속성만을 고려해서는 사회적 사건들과 과정들을 충실하게 설명할 수 없다. 행위자와 구조 둘 모두 실재하는 인과적 힘을 보유한다. 이런 존재론적 입장은 부분적으로 사회적 과정에 대한 실재론의 설명을 경험론적·관념론적 설명과 구별하게끔 하는, 그리고 참으로 방법론적 개인주의와 구별하게끔 하는 특징이다.

바스카는 이것을 다음과 같이 설명했다.

① 현상들(즉, 경험 속에서 개념화되는 사회적 활동들)이 발생하는 조건들은 자동적으로 존재한다. 그러므로 조건들은 이것에 대한 적절한 개념화에 대해 독립적으로 존재할 것이다. 그리고 그 자체로 역사적 변혁의 인식되지 않은 가능성의 지배를 받을 것이다.

② 현상들 자체는 허위이거나 중요한 의미에서 부적절할 수 있다(예컨대 피상적이거나 체계적으로 오도적일 수 있다)(Bhaskar, 1998: 231).

이것은 세 가지 함의를 가진다. 첫째는 현상에 대한 적절한 또는 심지어 부적절한 개념화가 일련의 적절한 조건이 주어지면 이 현상에 영향을 미치고 변화시킬 수 있다는 것, 이 개념화에는 현상에 대한 연구자나 다른 유형의 관찰자의 후속의 개념화도 포함된다는 것이다. 이것에서 나아가 둘째는 게임 참가자들이 의도적이고 의식적으로 하지만 어떤 상황에서는 무의식적으로, 이러한 존재의 조건에 대해 자신들이 이 조건을 이해하는 대로 대응함으로써 이로움을 얻고자 할 것이며, 이 과정에서 (특히 참가자들이 외적 구조들과 행위의 구조들에 연결되기 때문에) 이러한 존재의 조건을 변화시킨다는 것이다.

끝으로 셋째는 이런 개념화들은 기존의 권력 구조들에 의해 뒷받침되는데 이 권력 구조들은 이런 개념화의 진리성이나 그 반대의 것에서 독립해 작동한다. 다시 말해 진술의 진실성과 사회에서 이 진술의 영향력 사이에는 직접적인 관계가 없다. 사회에서는 진실하지 않은 관념도 진실한 관념도 모두 똑같은 정도의 영향력을 행사할 가능성이 있다. 부분적으로 이것은 (앎이라는) 타동적 세계가 끊임없이 유동적인 상태에 있고 그러므로 진실한 관념이기 때문이며, 진실한 관념이 (존재함이라는) 자동적 세계와 논리적으로 어떤 관계를 가질 수밖에 없고 급속하게 낡은 것이 되거나 적어도 두 세계가 항상 일치하는 것은 아니기 때문이다. 이런 존재의 이론 안에 암묵적인 학습이론이 자리하고 있다.

바스카의 학습이론에는 다음의 요소들이 있다. 기본적 비판실재론에서는 학습에 관해 믿음의 발전이라는 측면에서 매우 많은 것을 이야기한다. 변증법적 비판실재론에 이르면 학습을 행위의 모든 요소들을 포함하는 것으로 이해한다. 따라서 가치 수준에서의 학습, 필요 수준에서의 학습, 더 일반적으로 존재 수준에서의 학습이 있다. 『메타실재의 철학』에서 바스카는 접힌 것의 펼침이라고 명명한 학습 모델을 제시했다. 접힌 것의 펼침 모델은 학습을 외부의 어떤 것에 대한 학습이 아니라 인간이 지니고 있는 내재적인 잠재력의 펼침으로 이해한다. 물론 외부적인 것도 매우 중요하다. 교사는 촉매다. 교사는 펼침의 과정이 일어날 수 있는 조건과 수단을 제공한다. 그러나 강조점은 사람이 처음부터 무한한 잠재력을 지니고 있다고 보는 것으로 바뀐다. 삶에서 일어나는 일은 사람들이 자신의 잠재력의 일부를 실현하거나 실현하지 못하는 것이다. 다른 것들은 대부분 무시되거나 호출되지 않는다.

하지만 외부적 요소들에 충분한 주의를 기울이지 않는다면 접힌 것의 펼침 모델도 일면적인 모델이 될 것이다. 접힌 것의 펼침 모델은 다섯 요소를 가지고 있다. 창조성의 순환, 구애의 순환, 구성의 단계, 완성의 단계, 마지막으로 반성의 순환이다. 이것은 교사의 중요성을 부인하거나 촉매의 역할을 부인하는 말이 아니다. 지식은 학습하는 사람이 발전시키고자 노력하는 어떤 것이다. 지식은 항상 학습하는 사람보다 먼저 존재하며, 지식과 학습은 존재함에 대한 모든 이론에서 중심적이다.

## 지식

교육에 대한 바스카의 메타-이론은 일련의 인식론적·존재론적 교훈을 포함한다. 여기에는 지식-구성의 사회적 차원이 있지만 (그 세계를 서술하는 방식에서 분리된) 세계에 대한 준거를 범주적으로 배제하지는 않는다. 개념적 틀 조정과 일련의 서술 어구들은 이것들을 사용하는 특정 순간의 세계나 실재에 의해 중요한 방식으로 안내되고 제약되고 가능하게 된다. 그리고 차례로 존재론적 영역의 모양과 형식은 발전되고 있는 지식 유형들의 영향을 받는다. 우리의 개념적 틀,

세계에 대한 전망, 서술적 언어는 우리가 실재라고 부르고 있는 것에 미리 도식화된pre-schematised 세계를 생각하는 것이 불가능할 정도까지 침투한다(Putnam, 2004 참조). 그러나 이것이 세계의 구조들에 대한 간접적으로 생각한 준거를 배제하지는 않는다. 세계에 대한 지식은 저기 밖의 세계에 있는 것의 (일련의 사실들로 표현된) 단순한 재현이 될 수 없다. 왜냐하면 세계는 인간이 그 세계를 이해하기 위해 발전시켜 온 매개 도구들에서 완전히 분리되어 있지 않기 때문이다. 결과적으로 지식을, 그리고 지식의 분화를 본질화하지 않는 것, 그러므로 지식의 발전에 내재한 타동성을 몰각하지 않는 것이 중요하다(Bhaskar, 2010 참조). 마지막으로 모든 지식주장은 이성의 공간space of reasons 안에 위치시켜야 한다(Brandom, 2007 참조). 이것은 지식주장이 담론 특수적인 것이며, 시간과 장소에서 그 주장에 선행하는 개념적 틀 안에 자리 잡고 있다는 것이고, 미래의 사용에 대해 함의를 지닌다는 것을 의미한다. 이런 교훈은 비판적 실재론자들이 세계에 관한 자료를 모으는 데 사용하는 전략과 방법에 관해 선택하는 데 영향을 미친다.

비판적 실재론의 방법론의 핵심 요소 중에 하나는 독특하고 특수한 인과성 개념이다. 이런 발생적 인과관계 이론에 대한 믿음은 행위의 이유를 원인으로 해석할 수 있다는 믿음을 포함한다. 비판적 실재론자들은 연속적 인과이론과 발생적 인과이론을 구별한다(Bhaskar, 1998, 2010). 연속적 인과이론가들은 흄이 주장하는 사건들의 시공간적 인접성, 연속성과 규칙적 결합으로서 인과성 개념을 따라[Hume, 2000(1738)] 인과관계는 관찰할 수 없다고 주장한다. 연구자들은 사건들의 연속적 발생은 관찰할 수 있지만, 사건들을 연결하는 인과기제를 이해하고 기록할 수는 없다. 따라서 인과관계는 외부적이고 관찰 불가능하며, 핵심은 인과관계와 가짜 연관을 구별하는 것이다. 발생적 인과이론은 다르다. 인과적 작용은 내부적으로뿐만 아니라 외부적으로도 일어나며, 이 작용은 현상의 변형적 잠재력을 서술한다. 이 이론은 인과성을 객체들의 경향으로 이해한다. 이것은 조건에 따라 실현될 수도 있고 실현되지 않을 수도 있다. 이것은 사회·교육 연구자가 어떻게 행동해야 하는지에 대해, 현재의 교육 환경에 대한 서술을 미래 상황에 관한 예측 근거로 사용할 수 있는지 여부에 영향을 미친다.

존재론적 차원에서 실재는 층화되어 있으며, 사람들을 포함한 객체들의 속성들은 발현적이다. 비판적 실재론자들이 가장 자주 인용하는 것은 실재적 영역, 현실적 영역, 경험적 영역의 구분이다. 현실적인 것은 구체적인 역사적 맥락 속의 사물들과 사건들을 가리키는데, 인간들은 이 중 일부만을 경험하거나 알 수 있다. 경험적인 것은 현실적인 것과 관련되는데, 사람들은 세계에서 일어나는 현상들 가운데 일부만을 경험한다. 현실적인 것과 경험적인 것 모두 **실재하는** 것이며 결과적으로 세 번째 영역, 즉 실재적 영역의 일부다. 그러나 실재적인 것의 영역에는 객체들의 **구조들**, 예컨대 어떤 객체의 구성 부분들 사이의 관계와 이러한 구성이 만들어내는 **발현적 속성들**이 포함된다. 이러한 구조들의 힘이 행사될 때 특정한 결과를 낳을 것이므로 우리는 이것들을 발생기제라고 서술할 수 있다.

(종종 비판실재론적 메타이론이라고 부르는) 메타이론은 전략과 방법의 수준에서는 일련의 단계들이나 행위-묶음들로 이해할 수 있다(Bhaskar, 1998 참조). 첫 번째는 자연적이고 사회적인 객체들이 가진 경향들의 표현으로서 인과법칙을 추론하고 분석하는 과정이 필요하다. 두 번째는 일정한 맥락 속에서 발생하는 구체적인 사건을 이것의 구성 요소들로 분해한다. 세 번째는 이 구성 요소들을 이론적으로 중요한 방식으로 재서술한다. 네 번째는 역행추론적 움직임이나 사건의 구성들에 대한 서술에서 사건을 만들어내는 것에 관한, 또는 사건의 조건에 관한 설명의 제안으로 나아간다. 다섯 번째는 대안적인 가능한 설명들을 검토해 제외한다. 여섯 번째는 설명적으로 중요한 설명을 찾아낸다. 일곱 번째는 먼저 제안된 설명들을 이 시점에서 완성한 분석에 비추어 정정한다. 끝으로 여덟 번째는 이러한 후속 설명들의 매개 변수들과 이 변수들이 세계에 대한 존재론 및 인식론과 어떻게 관련되는지를 설명할 필요가 있다.

이러한 과정들을 이해하기 위해서는 기제들을 현실화할 수 있도록 실험적 활동을 신중하게 진행해야 한다. 실험 활동에서 연구자들은 세 영역이 일치하는 상황을 만들어낸다. 바스카는 다음과 같이 주장했다.

> 우리는 과학에서 세 국면으로 이루어지는 발전 도식을 제시한다. 여기서는 과학이 지속적인 변증법 속에서 현상(또는 일련의 현상들)을 판별하고, 이 현상에 대한 설명을 고안하고 만들고, 이 설명을 실험적으로 시험하며, 작동하는 발생기제들의 식별로 나아간다. 그러면 이 발생기제들은 다시 설명해야 하는 현상들이 된다. 과학에 대한 이런 견해에서 핵심은 어느 한 수준에서 드러난 현상에서 이 현상을 발생시키는 구조들로 나아가는 움직임에 자리하고 있다(Bhaskar, 1998: 4).

이런 과학적 탐구의 과정은 자연과학에 더 분명하게 적용되지만 자연과학과 사회과학 사이의 방법의 통일은 가능하며 바람직하다고 바스카는 지적한다. 연구 목적이 관찰 가능한 현상들 사이에서의 규칙성을 설명하는 것이라면, 과제는 규칙성을 만들어내는 기제들과 구조들을 찾아내는 것이다. 이 기제들과 구조들에 인간 의식이 즉각 접근할 수는 없다. 그러므로 과정의 첫 단계는 관찰 가능한 것에서 얻은 증거를 활용해 이것들에 대해 가능한 모델을 구성하는 것이다. 이러한 모델구성은 현상을 인과적으로 설명하려는, 즉 이러한 기제들과 구조들이 (문제의 현상을 발생시키는) 인과적 속성들을 보유하고 있음을 보이려는 시도다. 다음 단계는 모델을 시험하는 것이다. 시험이 성공하면 연구자는 이러한 기제들과 구조들의 존재를 믿을 수 있거나 적어도 믿을 수 있다는 충분한 근거를 확보하게 된다. 이러한 기제들과 구조들의 존재를 확인할 수 있을 만큼 전체적인 과정을 되풀이할 수 있다. 분명히 이러한 방법의 실행 가능성은 정교한 종류의 것이지만 실재론에 대한 믿음에 의존한다. 또한 관찰 불가능한 실체들을 포함하는 실재의 개념화에 의존한다. 이러한 기제들과 구조들의 존재는 실험적 활동과 시험의 복잡한 과정을 통해 추론된다.

## 존재론

교육 연구에 대한 순진한 실재론적 접근의 옹호자들은 객체에 대한 지식이 (객체의) 존재론적 상태를 반영하거나 재현하거나 그 상태와 상응한다고 주장한다. 존재론적 상태는 객체를 서술하거나 객체에 관해 이론화하거나 지식을 만드는 방식으로부터 분리되어 존재하기 때문에 '실재적인 것'으로 특징지어진다. 이들이 하는 주장의 요점은 객체에 대한 서술이 이루어지지 않았더라도 그것은 객체로서 존재하리라는 것이다. 이것이 순진한 실재론의 핵심이다. 그러나 비판적 실재론자들은 이것에 더하여 또 다른 것, 즉 인식론적 상대주의를 제안하면서 동시에 우리가 그 실재에 관한 참인 그러나 오류 가능한 진술을 만들 수 있다는 생각을 포기하지 않는다. 바스카는 다음과 같이 표현했다.

> 그러나 이론들 사이의 관계가 단순하게 차이가 아니라 갈등의 관계라면 이것은 그 이론들이 **동일한** 세계에 대한 대안적인 설명들이라는 것을 전제하는 것이다. 한 이론이 그것의 서술 측면에서 다른 이론이 그러한 것보다 더 중요한 현상을 설명할 수 있다면 이론 선택의 합리적 기준이 있는 것이며 시간의 경과에 따라 과학적 발전을 한다는 생각에 한층 더 유력한 실증적 의미가 있는 것이다. 이러한 종류의 방식으로 비판적 실재론은 존재론적 (심층)실재론, 인식론적 상대주의, 판단적 합리성을 결합하고 조화할 수 있다고 주장한다(Bhaskar, 1998: xi, 강조는 원문).

이것들 가운데 가장 중요한 것은 바스카가 제3장에서 밝혔듯 존재론적 실재론이다. 세계에 관한 이론들은 사회적으로 생산되지만(인식론적 상대주의), 이것이 경쟁하는 이론들 사이에서 어느 이론이 더 타당한지를 판단할 수 있는 가능성을 배제하는 것은 아니며 배제할 수 있는 것도 아니다. 예컨대 바스카는 "우리가 어떤 행위를 해야 한다면 (어떤 영역에 관한) 이 믿음이 아니라 저 믿음을 선호하는 근거가 분명히 있어야 한다"라고 주장했다(Bhaskar, 1998: 236). 이것은 지금의 상황과 관련해 $T_c$가 적합한 한에서 왜 이것이 $T_d$, $T_e$, ⋯ $T_n$보다 더 나은지에 관한 이유를 찾지 못한다면 세계에서의 모든 행위는 자의적인 것임을 시사한다.

바스카는 이론의 적합성을 판정하는 두 묶음의 기준을 제시했다.

한 이론 $T_c$가 그것의 서술 아래서, 다른 이론 $T_d$가 그것의 서술 아래서 설명할 수 있는 거의 모든 현상들에 더하여 $T_d$는 설명하지 못하는 어떤 중요한 현상들까지 설명할 수 있다면, 비록 두 이론이 공약 불가능하다고 해도 우리는 간단히 $T_c$보다 $T_d$를 선호할 수 있다(Bhaskar, 1989: 15, 강조는 원문).

바스카의 이런 설명은 그것의 평면적 존재론 때문에 비판받아 왔다. 그러나 그는 이전에 경쟁하는 두 이론들의 타당성을 판단하는, 실재의 층화성을 고려한 수단을 판별했다. 바스카의 이 설명은 더 종합적이며, 이론 $T_c$가 다른 이론 $T_d$보다 우월하다고 진술하고 있다.

실재의 더욱 심층적인 수준을 판별하고 그리고/또는 서술하고 그리고/또는 설명할 수 있다면, 그리고/또는 새로운 질서의 인식적(설명적 그리고/또는 분류적) 통합을 성취할 수 있다면, 또는 적어도 그렇게 할 수 있다는 근거가 있는 약속을 보여준다면(……)(Bhaskar, 1998: 82).

바스카는 Tc가 Td보다 외부의 실재를 더 적절하게 재현하고, 그리고/또는 외부에 실재에 대해 더 설득력 있는 해명을 더 잘 제공할수 있기 때문에 더 우월한 이론이라고, 더하여 Tc가 더 일관성이 있기 때문에 더 우월하다고 제시하고 있다. 그러므로 우리는 메타-이론은 존재론적 (심층)실재론, 인식론적 상대주의, 판단적 합리성의 요소들을 가져야 하며, 이 메타-이론은 내부적으로 모순되지 않아야 한다고 주장할 수 있다.

## 학습

학습에서의 기초주의에 대한 고전적이거나 시범적인 개념화에 따르면 교육적 명제의 진리성에 대한 정당화는 어느 것이든 당장의 문제에 관한 후속의 진술들을 뒷받침하는, 그리고 전제에서 결론으로나아가는 연구자의 적절한 추론을 뒷받침하는 기본 원칙을 확인하는것에 달려 있다. 이러한 기본 원칙이나 믿음이 기초적인 원칙으로 인정받으려면 자명한 것이어야 하며 그 이상의 정당화를 필요로 하지않는 것이어야 한다.

그러므로 이 강력한 기초주의적 견해는 (지각장치에 결함이 있는 사람들이나 인식할 수 없는) 자명한 진리를 찾아내는 과정을 포함한다. 이 진리를 옹호하는 사람들이 분별력에 결함이 있다고 간주되는 사람들을 배제하기로 하는 경우를 제외하고는 이러한 근본적이고 자명한 진리는 논쟁, 발전, 동의의 대상이 되지 않는다. 문자 그대로 이 진리는 정상적인 사람에게 스스로를 제시하고 기본 구조의 구축에 사용할 수 있는 수단을 제공한다.

실질적인 기초주의에 중심적인 이러한 본래적으로 신뢰할 수 있는 믿음에는 세 가지 유형이 있다. 첫째 유형은 인지-인상주의cognitive-impressionism다. 어떤 관념이 사람들의 의식에 그 사람들이 의심할 수 없는 강력함과 확신을 가질 수 있게 스스로를 각인한다면 이 관념은 정확하다고 제시한다. 이런 이유로 어떤 관념에 대해 참이라고 주장하는 것은 확실히 합리적이다(본질적으로 심리학적인 설명이다). 그렇지만 검토해 보면 사람들이 이 관념이 아니라 저 관념을 선호하는 것은 통상적으로 보편적이지 않은 기준이나 주관적 선호에 기초한 것으로 드러나기 때문에 이 설명이 크게 확실하지는 않다. 어째서 우리가 어떤 사람이 관념을 수용하는 방식을 이유로 그 사람의 관념이 참이라고 인정해야 하는가? 어째서 한 관념이 다른 관념보다 나은지에 관해 더 설득력 있는 이유가 필요하다.

둘째 유형은 인지-보편성cognitive-universality이다. 실재 또는 물자체를 알 수는 없지만 근본적인 의미에서 작동하는 정신이 객체를 파악할 수 있는 구조적인 기제를 제공한다고 제시한다. 이 유형은 정신 작동의 보편성을 제시한다. 그러므로 구조들의 다수성, 알려진 객체들의 다수성, 동일한 객체에 대한 상이한 개념화의 다수성을 배제한다. 이러한 신칸트주의적 접근은 세계의 범주들이 지각을 지닌 모든 사람에게 주어지며 그러므로 버려지거나 포기될 수 없다고 상정한다. 이 범주들은 사람들이 세계에 접근하는 방식에 본질적이며, 이것들에 대해서는 그 이상의 정당화가 필요하지 않기 때문에 기초적이다. 이것들은 논증에서 종착점이다. 이런 접근의 약한 형태는 사회적 삶의 한 측면, 즉 현존하는 행위의 형식들, 또는 사람들이 현재 물질세계에 접근하는 방식, 또는 사람들이 지금 논리적 형식을 어떻게 해석하는지에 대한 생각 등에 초점을 맞출 것이다. 그리고 옹호자들은 이런 것들이 주어져 있으며, 그러므로 사람의 본질, 또는 사람이 실재에 어떻게 접근하는지의 본질, 또는 담론에서 사용하는 본질적인 논리적 형식을 구성한다고 주장할 수 있다. 이것들은 사람들이 신봉하는 신념에 대한 정당화의 연쇄에서 종착점 역할을 하기 때문에 기초적이다.

셋째 유형은 형이상학적metaphysical이며, 따라서 초월적 본질주의와 존재론적 본질주의를 가리킨다. 이 두 가지는 모두 인식적 함의를 가진다. 앞의 것, 즉 초월적 본질주의는 믿음을 위한 권위가 비非물질적 기초에 의지하기 때문에 초물질적인 것extra-material이다. 또는 적어도 이런 믿음을 위한 권위의 원천이, 이것에 대한 정당화의 종착점으로서 초물질적이고 초월적인 존재에서 정점에 도달하는 일련의 추론에 자리하고 있다. 뒤의 것, 존재론적 본질주의는 존재론적이며 그러므로 형이상학적 믿음에 대한 고전적 정의에 들어맞는다. 바스카(Bhaskar, 2008), 바스카와 노리(Bhaskar and Norrie, 1998)의 후기 철학은 이런 측면에서 가장 적절하다. 호스테틀러와 노리(Hostettler and Norrie, 2003)가 지적하듯이 윤리 이론이 인간 본질에 대한 몰역사적a-historical 개념화에 근거한다면, 윤리 이론은 존재론적 의미에서 기초주의적일 수밖에 없기 때문이다. 나아가 객체들이 특정한 본질들을 가지고 있기 때문에 바로 이러한 본질들이 해당 객체들에 대해 알아내는 수단의 선택을 추동한다. 이것은 단일의 인식론, 즉 세계에 존재하거나 실질을 가진 모든 상이한 형태의 객체들을 다룰 수 있는 방법을 찾아낼 수 있다는 이야기가 아니다. 정확한 인식론은, 상이한 사회적 객체들은 상이하게 구성되어 있기 때문에 이 객체들을 파악하기에 적절한 상이한 방법들이 있다는 생각을 포함한다는 것을 의미하며, 또한 논리적으로 그것을 의미한다는 것이다. 이것은 형태를 가진 제도적이거나 체계적인 객체들뿐만 아니라 담론적 객체들에게도 적용된다. 그 까닭은 담론적 객체도 존재론적 실재이며 인과적으로 효력을 행사하기 때문이다.

세계에 대한 지식(인식론)이 외부의 실재(존재론)를 정확하게 반영할 수 있는 한 인식론은 기초주의적 작업으로 이해된다. 지식을 외부 세계의 표상으로 이해한다면 인상의 명확성이나 강력함은, 예컨대 확실성을 높인다는 주장은 오로지 표상 모델 안에서만 작동한다. 표상 모델은 외부 세계에 대한 그림을 수동적으로 받아들이는 것, 그리고 정신의 계산 모델computational model of mind에 적합한 것으로 색칠한다.

정신에 대한 계산적 또는 기호-처리적 견해는 학습(사회적 행위자가 외부 세계에 대한 접근을 획득하는 과정)을 세계에 관한 부호화된 명확한 정보를 입력하고, 그다음에 컴퓨터가 자료를 가공하는 것과 같은 방식으로 정보를 정렬하고, 저장하고, 검색하고, 관리하는 것으로 이해한다. 정신은 백지상태의 빈 화면이다. 이 장치에 정보가 입력되고, 입력된 정보는 세계에 관한 사전에 소화된 사실들로 구성되어 세계가 작동하는 방식 위에 지도로 그려진다. 학습 행위 속에서 정신은 정보를 처리하고, 새로운 정보를 이미 보유하고 있는 사실들과 이론들의 저장소에 소화 흡수시키고, 그다음에 새 정보에 비추어 기존의 세계관을 조정한다. 학습을 기계적 과정으로 보는 이 견해는 학습에서 학습자의 해석이 수행하는 역할을 빈약하게 취급한다. 이 견해는 해석을 개인의 사고방식mind-set이 진행하는 새로운 정보의 소화 흡수 및 후속의 재정식화로 축소한다. 이 견해는 개인을 세계가 작동하는 방식에 대한 수동적인 반영자로 취급하며, 세계에 대한 정확하거나 부정확한 견해를 이러한 처리 과정 수행에서의 효율성의 함수로 이해한다.

기호-처리 접근의 옹호자들은 학습자와 환경이 분리되어 구성된 것으로 취급한다. 학습은 사람들이 각자의 감각기관을 통해 받아들인 정보를 처리하고, 정보를 소화 흡수하고, 새로운 이해 방식을 창조할 때 사람들의 정신 안에서 일어난다는 것이다. 이 접근은 경험주의 철학 이론에 기원을 두고 있다. 경험주의는 세계를 개인의 정신에 주어진 것, 개인의 정신이 수동적으로 받아들이는 것으로 이해한다. 경험주의는 실재에서 언어를, 신체에서 정신을, 사회에서 개인을 분리한다(Bredo, 1999 참조).

이것들 중 첫 번째인 실재에서 언어의 분리는 오래된 철학 계보를 가지고 있다. 해킹(Hacking, 1981)은 과학에 대한 전통적인 생각, 즉 경험주의에 기초한 생각은 다음의 방식으로 이해할 수 있다고 제시한다. 저기 밖에 실재 세계가 존재하며, 그 세계는 관찰자가 그 시간에 그것을 관찰하고 있는지 여부 또는 그것을 그 자체로 서술하고 있는지와 관계없이 존재한다. 더하여 그 세계를 서술하는 정확한 방식이 있다. 과학적 이론들은 세계에 대한 상식적 이해보다 우월하다. 과학은 지식의 축적으로 작동한다. 과학은 세계에 대한 이전의 이해들 위에 건설되며 그 이해들을 향상시킨다. 궁극적 목적은 자연세계와 사회세계 모두에 대한 완전한 이해를 제공하는 것이다. 과학은 관찰과 이론을 구분한다. 관찰적 진술은 이론을 결여하고 있다. 이것은 관찰자가 가진 믿음 체계에 관계없이 수집할 수 있는 사실들이 세계에 있다는 생각으로 이어진다. 해석과 이론-구성은 이차적 작업이며, 세계에 관한 사실의 축적으로부터 나오며, 사실의 축적에 선행하지 않는다. 연구 수행의 정확한 방법은 자료 수집 단계에 앞서 발전된 가설들을 시험하는 것이다. 언어는 투명한 매체로 취급된다. 즉, 단어들은 고정된 의미를 지니며 개념들은 모호하지 않게 정의될 수 있다. (개념 형성, 자료 수집, 자료 분석 절차를 포함하는) 진실한 진술을 어떻게 만드는가와 그 진술들을 어떻게 정당화하는가는 통상적으로 구분된다. 각각에는 상이한 기준이 적합하다고 생각한다. 끝으로 자연과학에 적합한 방법은 사회과학에도 똑같이 적합하다고 주장한다.

여기서 유래하는 연구 과정은 다음의 네 가지 안내 원리로 뒷받침된다. 연구는 확정적이며(알아낼 수 있는 확실한 진리가 있다), 합리적이며(모순되는 설명이나 심지어 대안적인 설명은 없다), 몰개인적이고(더 객관적이고 덜 주관적일수록 더 좋다), 예측적이다(연구는 그것을 기초로 예측을 제시하고 사건들과 현상들을 통제할 수 있는 일반화된 형식의 지식주장을 만드는 것이다). 연구자들은 자신들에게 실재에 대한 접근을 허용하는 미리 특정된 경로나 규약protocol을 따른다. 탐구의 유일한 영역은 경험적 영역이다. 그러므로 경험적 검증 가능성은 다양한 종류들에 대한 측정을 통해 성취된다. 인과성은 함께 변화하는 변수들covariant variables 사이의 연관성에 기초한다. 따라서 인과기제들은 미리 정의된 변수들 사이에서 확인된 연관관계나 상관관계로 축소된다. 연구자들은 (교육 현상이 그 안에서 작동하는 개방체계가 아니라 폐쇄체계에 더 적합한) 실험설계와 준실험설계를 사용해 특정 변수들을 고립시킴으로써 실재를 통제한다. 가능한 한 많은 원인-변수들이 결과-변수와 상관관계가 없음을 보여줄 수 있다면, 연구자는 고립시키지 않은 원인-변수와 결과-변수 사이에 자신들이 확인한 관계를 더욱 신뢰할 수 있다. 그리고 단순한 연관관계 이상의 인과관계를 주장할 수 있게 된다. 연구 설계, 개념화, 조작, 자료 수집, 코딩, 입력·분석, 그 다음에 인과적 결론의 형식을 가지는 연구 모델을 산출한다. 그리고 외부 세계에 접근, 기존 개념 도식 속에 투입되는 감각 자극의 수용, 선택/협상/재배치 등의 처리 과정을 통한 외부 자극들의 소화 흡수, 새로운 개념적 틀의 창조 과정으로 구성되는 학습 모델을 산출한다.

앞의 언급에서 가장 중요한 점은 세계에 관한 연구자가 지닌 가치 가정에서 자유로운 사실들을 수집할 수 있다는 생각이다. 이 사실들은 세계에 관한 명확하고 진실된 진술을 구성한다. 또한 학습은 무엇이 사실들인지를 발견하고, 사실들을 설명하기에 적합한 모델들을 발전시키는 것으로 이루어진다. 그러나 실재에 대한 충실한 재현은 세계가 언어로 고정되어 있으며 언어는 투명한 매체로 활동한다는 것을 함축한다. 바스카에 따르면 재현적 실재론의 견해는 사람들이 자신들의 환경으로부터 받는 자극과 관련해 어떻게 행위하는지의 과정을 그릇되게 보여준다.

인지에 대한 기호-처리 접근은 정신과 몸 사이의 또 다른 이원론을 제안한다. 정신과 몸의 분리는 학습과 인지를 정신 속에 위치시키며, 정신이 신체적인 감각 정보로부터 수동적으로 받아들이는 것으로 제시한다. 정신은 육체적인 몸에서, 몸이 위치하고 있는 환경에서 분리된 것으로 간주된다. 학습은 환경에서 정보를 획득하는 수동적 과정으로 이해된다. 그러므로 인지에 대한 이 견해는 교육과 학습에 대한 훈육적 접근didactic approaches을 지지한다. 상황인지론자들situated-cognitionists은 학습이 환경과의 긴밀하고 상호작용적인 접촉을 포함하며, 개인에 대한 더 깊은 이해에 기여하고 환경 자체를 변화시키거나 변형시킨다고 주장한다. 지식은 환경과 관련된 사실들의 수동적인 통일체가 아니라 의미를 재구성하는 상호작용 과정으로 이해된다.

마지막으로 기호-처리 접근에 대해 비판자들이 문제로 제시해 온 세 번째 이원론을 식별하는 것이 중요하다. 이것은 사회에서 개인의 분리다. 개인적인 것과 사회적인 것의 구분은 인지에 대한 기호-처리 견해에 중심적인 것인데, 개인의 정신 활동을 사람들의 공동체들에 의한 지식 구축에서 분리한다. 이 때문에 이것은 불완전한 학습이론으로 남아 있으며 지식 구축에 대한 부분적 관점을 제시한다. 학습에 대한 기호-처리적 또는 계산적 관점은 사회 속에 위치하거나 자리 잡은 문화적 측면들을 강조하는 학습이론과 비교할 수 있다. 그러므로 학습이나 인식 해석에 대한 기호-처리적 또는 계산적 모델은 인식론적 사안과 존재론적 사안 사이의 관계에 대한 설명으로 결함이 있다.

기호-처리적 또는 계산적 학습 모델과 대조적으로 바스카는 학습 과정을 다음과 같이 이해한다.

> 변증법은 층화된 (그리고 분화된) 총체성들의 …… 형성(변형)과 해체 과정 …… 의 경험으로 이해할 수 있다. …… 인간의 영역에서는 변증법이 학습과정에 대한 일반적 도식을 구성한다. 학습과정에서 불완전성을 나타내는 …… 없음은 원칙적으로 …… 그 자체를 위치 지을 수 있는, 그리고 그것이 되어가는 과정을 위치 지을 수 있는 성찰성 속에서 초월로 그리고 더 큰 총체성으로 나아간다(Bhaskar, 2008: 23).

학습과 다른 교육적 과정에 대한 바스카의 초점은 궁극적으로 초월과 더 큰 총체성의 성취라는 개념에 의존한다.

# 지식 형식

인식론적 수준에서의 연구가 존재론적 수준에서의 연구에 영향을 미칠 수 있다고 제시하는 것은 세 가지 주장을 함축한다. 첫 번째는 실재를 어떻게 서술하는가에서 분리한 별개의 존재론적 실재의 수준이 있다는 것이다. 두 번째는 대부분의 관념들 및 관념 묶음들은 인식론적 수준에 머물며 실재에 영향을 미치지 않는다는 것이다. 세 번째는 일반적 규칙과 상반되게 인식적인 것에서 존재적인 것으로 나아가는 형태의 작용들이 있다는 것이다. 이 세 번째 주장 안에는 세계에 대한 사람의 인식에 직접 영향을 미치는, 참으로 세계의 일부인, 그러므로 존재론적으로 실재하는 인식적 수준이 있다는 주장도 포함되어 있다. 이것은 다양한 방식으로 구조가 지어져 있으며, 메타-구조화와 이 구조화가 만들어내는 형식들 모두가 시간과 장소에 따라 상대적이라고 필자는 주장하고자 한다. 현존하는 메타-형식들은 보편성, 수행성, 준거, 가치, 이항적 대립, 표상, 정당성, 변화 등과 같은 구성물들을 가리킨다.

이것들 중 첫 번째는 객체들을 세계의 다른 객체들에서 분리된 것으로 지정하는 것이다. 부분적으로 이것은 이름 부르기naming 과정을 구성하며 단일체들과 일반체들singulars and generalities 사이의 관계, 즉 일련의 객체들에 대한 일반적 서술 안에서 이 항목들을 구성하는 것을 가리킨다.

두 번째 메타-형식이란 교육적 진술에서 표시와 수행denotation and performativity 사이의, 또는 세계를 변화하려는 의도 없이 어떤 것에 대한 해명을 제공하는 것과 객체를 변화하거나 새로운 객체를 만들어 내려는 의도를 가진 해명을 제공하는 것 사이에서의 균형과 관련된다. 수행적 진술은 발언자가 자신이 세계에 있다고 생각하는 것을 단순히 서술하려는 의도가 아니라 이러한 진술을 하면서 무엇인가를 존재하게 하려는 의도를 가지고 있다는 점에서 수행적이다. 그녀가 이러한 행위를 수행하기 위해서는 그녀가 발언하는 진술이 추구하는 행위를 권위 있는 것으로 만들고, 이 권위적 지위를 기초로 그녀가 일어나기를 희망하는 수행이 정당하다고 주장할 수 있어야 한다. 물론이 수행적 진술이 실제로 목표를 달성하리라는 보장은 없다. 표시적 진술은 지금 존재하는 것, 미래에 존재할 수 있는 것, 과거에 있었던 것을 서술하고자 하는 점에서 수행적 진술과는 다른 기능을 한다. 발언자는 어떤 것을 세계에 존재하게 하려는 의도를 가지고 있지 않다. 실천에서 이것을 깨닫고 있지 못하더라도, 타동적 영역은 자동적 영역에서 분리된 것으로 취급된다. 수행과 표시의 구분은 발언자의 의도에 입각해서, 진술과 행위 사이의 인식된 관계에 입각해서만 이해할 수 있다. 달리 말하면 이 관계가 무엇인지를 밝히지 않더라도 이런 관계가 있다는 것을 의미한다. 수행적 행위는 이러한 의도가 없더라도 존재론적 변화에 기여할 수 있지만 일반적으로 이것은 일련의 다른 행위들의 결과로 이렇게 기여한다. 그러므로 교육적 진술은 그 속에서의 수행과 표시의 균형에 입각해 특징지을 수 있다.

세 번째 메타-인식적 형식은 다른 목표와 비교해서 한 목표에 주어지는 상대적 가치에 관한 것이다. 네 번째 메타-구조화 장치는 목표들의 양극성, 즉 서술과 성향descriptions and dispositions 또는 예컨대 객관성-주관성의 위계적 이항 대립과 관련된다. 어떤 객체, 서술 또는 성향은 이것의 정반대 목표인 다른 객체, 서술이나 성향에 입각해서 정의된다. 이러한 양극성의 개념적 용어들을 사례로 쓰는 경우에 두 용어를 대립적인 의미로 정의하는 것, 이어서 이것들의 대립성 때문에 한쪽(객관성)을 가치 있다고 평가하고 다른 쪽(주관성)을 가치 없다고 평가하는 것은 인식론과 존재론 사이의 관계에 관한 논쟁을 수행하는 방식에 중요한 영향을 미치리라는 점을 알 수 있다. 따라서 특정 단어들·문구들·서술자들·개념들은 이것들을 세계에 대한 이해에 필요한 자원으로 어떻게 사용할 수 있는지를 결정하는 양극적 관점에서 이해된다.

다섯 번째 메타-원칙은 진술의 준거적 가치를 가리킨다. 교육적 진술이나 사회적 진술을 하는 것은 특정 유형의 진릿값을 이끌어내고 있음을 함축한다. 예컨대 상응 이론은 어떤 진술이 서술하고자 하는 실재를 해당 진술이 반영하는지 여부에 관한 진리성 문제를 나타낸다. 이러한 수많은 이론이 존재하는데 그중에는 사실들에 순진하게 호소하는 상당히 원시적인 이론들도 있고, 반영의 인상을 벗어나고 적어도 회의론적 논증을 고려하는 상당히 정교한 이론들도 있다. 반면에 일관성 이론들은 어떤 진술의 진릿값은 외부 세계에 대한 이 진술의 준거에 자리하는 것이 아니라 이 진술이 지식의 일관된 망에 들어맞는지 여부에 자리한다고 주장한다. 그러므로 교육적 진술은 암묵적으로나 명시적으로 진리 이론 안에 자리 잡은 준거 이론으로 뒷받침되며, 교육적 진술을 인식적 형식으로 두드러지게 만든다. 여섯 번째 인식적 원리는 교육적 진술이 위계적 또는 수평적 지식 구조 안에서 정당화되는 정도를 가리킨다(Bernstein, 2000 참조).

마지막으로 인식적 메타-원리는 변화를 위한 추동자가 자동적 또는 타동적 영역에서 오는 정도와 이것이 기존 구조들 속에 자리 잡는 정도를 가리킨다. 그러므로 변화는 네 가지 방식으로 일어날 수 있다. 우발적인 존재론적인 것, 계획적인 존재론적인 것, 인식론적으로 추동된 존재론적인 것, 타동적 영역 또는 지식의 영역에서 인식론적인 것이다. 첫 번째로 우발적인 존재론적 변화는 인과적 힘을 지닌 사회적 기제들이 상호작용하면서 예측할 수 없었던, 또는 어떤 사람들이나 사람들의 집단이 계획하지 않았던 결과를 만들어낼 때 발생한다. 두 번째로 계획적인 존재론적 변화는 어떤 기제 또는 상호작용하는 기제들의 활성화가 이 기제의 작동에 대해 중심적이었을 행위자들이나 행위자들의 집단의 계획된 의도의 결과일 때 발생한다. 세 번째로 인식론적으로 추동된 존재론적 변화는 타동적 영역과 자동적 영역 사이의 만남의 지점에서 발생한다. 이 지점은 개인 또는 개인들의 집단이 일련의 관념들에 존재론적 실체를 제공하거나 이러한 관념들의 아이디어의 수입을 변경할 수 있는 곳이다. 사회에서 관념들은 단순히 문화적 수준에서 작동하며 사회에 실질적인 영향을 미치지 않을 수도 있다. 그러나 어떤 관념들은 존재론적 수준에 침투할 수 있다. 끝으로 네 번째 유형의 변화는 인식론적 수준에서 일어나며 개인 또는 개인들의 집단이 문화적 수준에서 불규칙성들, 모순들, 곤경들aporias 등에 직면해 이것들을 정정하고자 할 때나 일부의 지식 형식들이 경시되고 다른 형식들이 부각될 때 발생한다. 일반성, 수행과 표현의 균형, 상대적 가치, 위계적 이항 대립, 재현, 정당성과 변화 등의 개념이 그렇다. 이것들 각각은 차례로 다른 것들과의 관계 속에서 변화할 수 있다. 이것들 각각에 대해 사회들은 상이한 가치 평가를 제공하기 때문에 상이하다.

## 비판

지금까지 비판적 실재론의 비판적 요소를 고려하지 않았는데, 이제 사회적 사건들, 기제들, 구조들에 대한 해명이 왜 비판적이어야 하는지에 대한 설명을 제공해야 한다. 비판적 접근을 택한다는 것은 필연적으로 일의 상태가 결함이 있거나 불완전하며, 그러므로 동일한 방식으로 결함이 없거나 불완전하지 않은 대안으로 대체해야 한다는 것을 의미한다. 여기서 초점은 바스카가 『변증법』에서 사용한 잘 알려진 논증에 있다. 이것은 사람들에게 필요needs가 있는데, 이러한 필요가 충족되지 않으며, 우리는 이러한 필요를 충족하도록 논리적으로 명령받는다는 전제에서, 가치진술이나 심지어 가치결론에 대한 실천적인 규정적 진술의 추가에 호소하지 않더라도 이 두 가지 사실진술로부터 시작할 수 있다는 것이다. 필요를 판별한다는 것은 그 필요를 충족해야 한다는 것을 함축한다. 우리는 설명적 비판에는 본래적으로 가치에 대한 진술, 그리고 옳은 행위와 그른 행위를 판단하는 수단이 자리하고 있다고 결론을 내릴 수 있다. 다시 말하면 이 논증은 실천적으로 적합하다. 또한 이 논증은 우리가 필요를 판별하면서 인간의 본성에 대한 본질주의적 견해에 대한 믿음을 확인한다는 것을 함축한다. 이 견해는 부분적으로 보편적 필요와 권리의 개념을 통합한다. 이것은 교육적 필요의 판별 수준과 해당 필요를 충족하는 수단의 판별에서 훨씬 더 많이 적용된다. 이러한 판별은 잘하더라도 어려울 것이며 최악의 경우 불가능할 수도 있다.

이것과 관련해 더 진전된 주장은 다음과 같다. 사회과학자들은 세계의 객체들에 관해 진리주장을 한다. 그러나 사회세계에서 지식의 객체들에는 사람들이 이 객체들에 관해 가지고 있는 관념들도 포함된다. 이것에 더하여 이 관념들은 단순히 서술이나 설명만으로 작동하지 않으며 객체에 인과적으로 영향을 미치면서 원래의 객체를 변형할 수도 있다. 이 관념들의 대부분은 그 동일한 사회의 특징들을 설명하고자 할 것이다. 사회과학자들이 사회를 설명하고자 하는데 이들의 설명들이 사회에 속한 사람들이 가진 설명들과 다르다면 둘 모두가 옳을 수는 없다. 이런 사정은 비판의 가능성을 알려준다. 이것은 사회과학이 자연과학과 다른 점으로 물리적 객체들은 그 자신에 대한 개념을 가지지 않으며 그 자신이 하고 있는 것에 대해 설명을 제공할 수단을 가지지 않기 때문이다. 간단히 말해 물리적 객체들은 반성적reflexive일 수 없기 때문이다.

사회과학자들은 사회 속의 사람들이 자신들의 삶에 관해 가지고 있는 해명의 부정확함들을 찾아내는 것에서 더 나아간다. 또한 사회과학자들은 사람들이 왜 이러한 그릇된 믿음을 가지고 있는지를 설명하고자 한다. 그릇된 믿음을 낳는 기제는 무엇인가? 일단 이 기제를 확인하면 논리적이고 필연적으로 다음 단계는 이 기제에 대한 부정적인 평가다. 우리가 어떤 제도나 구조 때문에 세계의 객체들을 잘못 서술하고 있다고 말한다면, 우리는 필연적으로 이 제도나 구조를 비판하고 이것의 유해한 결과를 개선해 변화시키고자 노력한다. 게다가 단순히 평가 결과를 보고할 뿐이라고 해도, 그 보고는 그릇된 믿음을 낳은 기제를 비판할 뿐 아니라 또한 그릇된 믿음을 형성하는 그 기제의 힘을 손상할 잠재력을 가진다. 따라서 설명은 서술, 설명, 전복의 삼중의 목적을 가진다.

마지막으로 오류 가능성을 기초로 하는 논증이 있다. 교육 및 사회 연구자들이 자신들의 탐구가 오류 가능한 결과를 산출할 수 있다는 생각을 인정하기 때문에 비판적 실재론은 비판적이다. 또한 세계의 질서를 이해하는 (사회질서를 구성하는 범주적 구별도 포함하는) 다양한 방식들이 자명하게 정당화되는 것이 아니라 (시간상 과거로 거슬러 올라가는) 개인들 및 개인들의 집단들의 특정한 결정으로 정해지고, 그러므로 언제나 비판 대상이 되고 다른 일련의 범주들과 관계들로 대체될 수 있기 때문에 비판적 실재론은 비판적이다. 이것에 더하여 비판적 실재론의 입장에 대한 정당화, 그리고 사회세계의 구조에 작용하는 범주들과 관계들 모두에 적용해야 하는 내재적 비판의 개념이 있다.

사회세계와 그 세계를 서술하는 방식 사이의 관계에 대한 모사이론picture theories이나 반영 이미지가 부적절하다는 것을 인정하면(이런 입장에 대한 바스카의 논증은 제3장을 볼 것), 대안이 필요하다. 그러나 이러한 대안적인 이론들조차도 내재적 비판을 피할 수 없다. 따라서 비판적 실재론자들은 제안되고 있는 존재론적 틀의 정확성을 확신할 수 있다고 주장하지 않는다. 오류 가능성은 연구자들이 실천적이고 윤리적인 이유에서 자신들이 관심을 가진 인과연쇄에 관한 자료를 수집하지 못할 수 있다는 사실, 그리고 연구자들이 위치하는 방식(지리적이든 문화적이든 인식론적이든 관계없이) 둘 모두를 가리킨다. 결과적으로 오류 가능성을 단지 부적합성이나 불충분성과 같은 것으로 취급할 수는 없으며, 이 가능성은 인식론적 확실성을 보장할 수 없음을 함축한다. 이 논증은 세계에 대한 서술과 세계가 실제로 작동하는 방식 사이의 괴리에 놓여 있으며, 따라서 자동적 영역과 타동적 영역을 정렬하려는 시도가 이루어진다. 그러나 자동적 세계에 대한 설명이 그 세계를 변화시킬 잠재력이 있다는 점을 고려하면, 여기서 비판은 부적절하고 낡은 개념들과 생각들을 버림으로써 더 좋은 것을 만드는 것을 가리킨다. 지식과 지식을 구축하는 방식은 모든 교육 이론에서, 특히 바스카의 지식과 존재에 대한 메타이론에서 중심적이다.

바스카의 여정은 막을 내렸다. 하지만 그의 '생명'은 살아 있다. 그는 우리에게 놀라운 업적을 남겨놓았다.

# 참고문헌

Archer, M. 1996. *Culture and Agency*. Cambridge: Cambridge University Press.

Barthes, R. 1995. *The Semiotic Challenge*. Los Angeles: University of California.

Bernstein, B. 2000. *Pedagogy, Symbolic Control and Identity: Theory, Research and Critique*(revised ed.). Lanham, MD: Rowman and Littlefield.

Bhaskar, R. 1997(1975). *A Realist Theory of Science*. London: Routledge.

_____. 1998(1979). *The Possibility of Naturalism*(3rd ed.). London: Routledge.

_____. 1998. "General introduction." in M. Archer, R. Bhaskar, A. Collier, T. Lawson and A. Norrie(eds.). *Critical Realism: Essential Readings*, pp.ix~xxiv. London and New York: Routledge.

_____. 2000. *From East to West: Odyssey of a Soul*. London: Routledge.

_____. 2002. *From Science to Emancipation: Alienation and the Actuality of Enlightenment*. London: Sage Publications.

_____. 2002. *Reflections on Meta-Reality: A Philosophy for the Present*. New Delhi and London: Sage Publications.

_____. 2008(1993). *Dialectic: The Pulse of Freedom*. London: Routledge.

_____. 2009(1994). *Plato, etc.: The Problems of Philosophy and Their Resolution*. London: Routledge.

_____. 2010(1987). *Scientific Realism and Human Emancipation*. London: Routledge.

_____. 2011(1989). *Reclaiming Reality: A Critical Introduction to Contemporary Philosophy*. London: Routledge.

_____. 2011(1991). *Philosophy and the Idea of Freedom*. London: Blackwell.

Bhaskar, R. and A. Norrie. 1998. "Introduction: Dialectic and dialectical critical realism." in M. Archer, R. Bhaskar, A. Collier, T. Lawson and A. Norrie(eds.). *Critical realism: Essential Readings*, pp.561~574. London and New York: Routledge.

Bhaskar, R. and B. Danermark. 2006. "Metatheory." *Interdisciplinarity and Disability Research: A Critical Realist Perspective, Scandinavian Journal of Disability*

*Research*, 8(4), pp.278~297.

Bhaskar, R. and M. Hartwig. 2008. *The Formation of Critical Realism: A Personal Perspective*. London and New York: Routledge.

Bhaskar, R. and T. Lawton. 1998. "Introduction: Basic texts and developments." in M. Archer, R. Bhaskar, A. Collier, T. Lawson and A. Norrie(eds.). *Critical realism: Essential Readings*, pp.3~15. London and New York: Routledge.

Bhaskar, R., C. Frank, K. G. Hoyer, P. Naess and J. Parker(eds.). 2010. *Interdisciplinarity and Climate Change: Transforming Knowledge and Practice for Our Global Future*. Abingdon, Oxon and New York: Routledge.

Brandom, R. 2007. *Reason in Philosophy: Animating Ideas*. Oxford: Oxford University Press.

Bredo, E. 1999. "Reconstructing educational psychology." in P. Murphy(ed.). *Learners, Learning & Assessment*, pp.23~45. London: Sage Publications.

Brown, G. 2009. "The ontological turn in education: The place of the learning environment." *Journal of Critical Realism*, 8(1), pp.5~34.

Brown, A., S. Fleetwood and J. Roberts. 2002. *Critical Realism and Marxism*. London and New York: Routledge.

Cherryholmes, C. 1988. "An exploration of meaning and the dialogue between textbooks and teaching." *Journal of Curriculum Studies*, 20(1), pp.1~21.

Chomsky, N. 1965. *Aspects of the Theory of Syntax*. Cambridge, MA: MIT Press.

Dunne, J. 2009. *Back to the Rough Ground*. London: University of Notre Dame Press.

Durkheim, E. 1982(1895). *The Rules of Sociological Method*. with an introduction by Steven Lukes(ed.). W. D. Halls(trans.). New York: The Free Press.

Engels, F. 1888. *Ludwig Feuerbach und der Ausgang der Klassischen Deutschen Philosophie: Mit Anhang Karl Marx über Feuerbach von Jahre 1845*(*Ludwig Feuerbach and the End of Classical German Philosophy: With Notes on Feuerbach by Karl Marx 1845*), pp.69~72. Berlin: Verlag von J. H. W. Dietz.

Erben, M. 1996. "The purposes and processes of biographical method." in D. Scott and R. Usher(eds.). *Understanding Educational Research*, pp.159~174. London:

Routledge.

Feyerabend, P. 1975. *Against Method.* London: New Left Books.

Freud, S. 1997(1900). *The Interpretation of Dreams.* London: Penguin.

Gadamer, H. G. 2004. *Truth and Method.* London: Continuum International Publishing Group.

Garfinkle, H. 1984. "Commonsense knowledge of social structures: The documentary method of interpretation in lay and professional fact finding." in *Studies in Ethnomethodology.* Cambridge: Cambridge University Press.

Giddens, A. 1984. *The Constitution of Society.* Cambridge: Polity Press.

Goffman, E. 1959. *The Presentation of the Self in Everyday Life.* New York: Anchor.

Habermas, J. 1981a. *Theory of Communicative Action, volume I: Reason and the Rationalization of Society.* T. McCarthy(trans.). Boston, Mass: Beacon Press.

_____. 1981b. *Theory of Communicative Action, Volume II: Liveworld and System: A Critique of Functionalist Reason.* T. McCarthy(trans.). Boston, Mass: Beacon Press.

Hacking, I. 1981. *The Taming of Chance.* Cambridge: Harvard University Press.

Harré, R. 1993. *Social Being*(2nd ed.). Chichester: Wiley.

Hegel, G. 1975(1955). *Lectures on the Philosophy of World History.* H. B. Nisbet(trans.). Cambridge: Cambridge University Press.

Heidegger, M. 1996. *Being and Time.* New York: State University of New York Press.

Hostettler, N. and A. Norrie. 2003. "Are critical realist ethics foundationalist?" in J. Cruikshank(ed.). *Critical Realism: The Difference It Makes*, pp.3~27. London: Routledge.

Hume, D. 2000(1738). *Enquiry Concerning Human Understanding.* Oxford: Oxford University Press.

Kant, I. 2007(1781). *Critique of Pure Reason*(Penguin Modern Classics). London: Penguin.

Kuhn, T. 1962. *The Structure of Scientific Revolutions.* Chicago: University of Chicago Press.

Marx, K. and F. Engels. 2003(1738). *The Communist Manifesto*. London: Bookmarks.

Morgan, J. 2007. "Mind." in M. Hartwig(ed.). *Dictionary of Critical Realism*. London and New York: Routledge.

Nash, R. 2005. "Explanation and quantification in educational research: The arguments of critical and scientific realism." *British Educational Research Journal*, 31(2), pp. 185~204.

Nietzsche, F. 1966(1886). *Beyond Good and Evil(Jenseits von Gut und Böse)*. W. Kaufmann(trans.). New York: Vintage.

Popper, K. 1959(1934). *The Logic of Scientific Discovery(Logik der Forschung)*. London: Hutchinson.

Pratten, S. 2007. "Explanatory critique." in M. Hartwig(ed.). *Dictionary of Critical Realism*. London and New York: Routledge.

Putnam, H. 2004. *The Collapse of the Fact/Value Dichotomy and Other Essays*. Cambridge: Harvard University Press.

Rorty, R. 1990. *Philosophy and the Mirror of Nature*. Oxford: Blackwell.

Rousseau, J. J. 1979(1762). *Emile, or on Education*. with an introduction by A. Bloom (trans.). New York: Basic Books.

de Saussure, F. 1916. *Course in General Linguistics*. P. Meisel and H. Saussy(eds.). W. Baskin(trans.). New York: Columbia University Press.

Scott, D. and R. Usher. 1998. *Researching Education: Data, Methods and Theory in Educational Enquiry*. London: Continuum.

Tarski, A. 1983. *Logic, Semantics, Metamathematics(2nd ed.)*. J. Corcoran(ed.). J. H. Woodger(trans.). Indianapolis: Hackett.

Usher, R. 1997. "Telling a story about research and research as story-telling: postmodern approaches to social research." in G. McKenzie, J. Powell and R. Usher(eds.). *Understanding Social Research: Perspectives on Methodology and Practice*. London: Falmer Press.

Wallerstein, I. 1984. *The Politics of the World Economy: The States, the Movements and the Civilizations*. Cambridge: Cambridge University Press.

Weber, M. 2002(1905). *The Protestant Ethic and the Spirit of Capitalism.* Roxbury: Roxbury Publishing Company.

Wittgenstein, L. 2001(1953). *Philosophical investigations.* Oxford: Blackwell Publishing.

# 찾아보기

## 용어

**가**다머(H. G. Gadamer) 29

가사 노동 154~155

가치신술 57, 205

가치판단 54

가핑클(H. Garfinkle) 87

간디(Gandhi) 34

감각적 모델구성(sentential modelling) 98

개방체계(open system) 35~38, 64, 69~70, 77, 84~86, 89, 134, 179, 197

개인적인 것과 사회적인 것의 구분 198

경향적 자원론(tendential voluntarism) 25

경험적 검증 가능성 196

경험적 규칙성 64, 133

경험적 실재론 124

경험적인 것(the empirical) 70, 184

경험주의 8, 97, 195

계급구조 115

계획적인 존재론적 변화 203

고등 자아(higher self) 120~121

고전사회학 87

고프먼(E. Goffman) 87

공산주의 60~61, 113~114, 141

공시적 발현적 힘 물질론(synchronic emergent powers materialism) 38, 79

공존(co-presence) 32, 43, 62

공-텍스트(contexts) 29

과학의 다층적(multi-tiered) 구조 74

과학적 탐구의 과정 186

관계적 변증법 39

교육 이론 31~33, 129, 136, 139, 177, 208

교육 이론의 필수 요소 107

지식, 학습, 변화 32, 40, 93, 100, 107, 177

교육적 관계(pedagogic relations) 41

구애의 주기(cycle of courting) 45, 103

구조와 행위주체 20, 54, 117, 178

구조의 변형 118

구조주의 34

구조주의자 33

구체성 이론가(theorists of the concrete) 33

구체적 단일성 106

구체적인 보편적인 것 105, 121

귀납의 문제 54, 72

그람시, 안토니오(Antonio Gramsci) 33

그릇된 믿음 206~207

급진적 사회변혁의 변증법 143

기든스(A. Giddens) 25

기본 상태의 품성(ground state qualities)

146, 149, 161, 170

사랑과 정확한 행위의 품성 146

의도를 실현하는 품성 146

자유의 품성 146

창의력의 품성 146

기본적 비판실재론 17~18, 40, 43, 53~54, 56~58, 93, 100~101, 107, 117~119, 181

기의(signified) 63

기초작업(underlabouring) 57

기표(signifier) 63

기호-처리 접근 195, 198

**내**부학문분과성(intradisciplinarity) 134

내시, 로이(Roy Nash) 179

내재적 비판 135, 207

노리(A. Norrie) 193

논리적 신비주의(logical mysticism) 112

뉴턴, 아이작(Isaac Newton) 67~68, 98, 156~157

니체(F. Nietzsche) 120

니체의 관점주의(Nietzschean perspectivism) 33

**다**네르마르크, 버스(Berth Danermark) 48, 78, 82~83, 130, 134

다르마(Dharma, 法) 13~15, 147, 168

다중-기제성(multi-mechanismicity) 133~134

다중학문분과성 78, 133

다학문분과성 78, 83, 136

단속적 원형(punctuated prefiguration) 155

담론적 객체 193

대승불교(Mahayana Buddhism of the Bodhi-sattva) 141

대처주의(Thatcherism) 69

던(J. Dunne) 27

동양적 접근 140

동조성(synchronicity) 164

동형적 반영(isomorphic reflection) 97

뒤르켐(E. Durkheim) 87

**락**슈미(Lakshmi, 吉祥天) 146, 160, 167

레비스트로스, 클로드(Claude Lévi-Strauss) 33

로티, 리처드(Richard Rorty) 97~98

루소(J. J. Rousseau) 115

**마**르크스, 카를(Karl Marx) 8, 33~34, 55, 60~61, 69, 87, 109, 112~115, 124, 139, 141

만들기의 단계(stage of making) 45, 103

메타실재의 철학 18, 40, 57, 94, 101

모건(J. Morgan) 78~79

모델구성(modelling) 39, 98, 186

몰-역사적 방법(a-historical method) 27

몰-이론적 방법(a-theoretical method) 27

무아의 이타심(selfless altruism) 62

무인간중심성(non-anthropocity) 125

물리학의 이데올로기 99~100

물자체(things in themselves) 65, 191

**바**스카의 저작 46

바스카의 학습이론 43, 181

반본질주의 123

반연역주의 33

반일원론 33

반자연주의적 관점 126

반현상주의적(counter-phenomenalist) 진리 36

반환원주의(anti-reductionism) 129

발견적 학습법(heuristic) 46, 104

발생적 인과이론 183~184

발현 16, 33~34, 53, 66, 70, 74~75, 77, 79~80, 88, 94, 100, 108~109, 131, 133~135, 178~179, 184

발현적 속성(emergent properties) 38, 79, 178, 185

발현적 수준 69, 74~77, 133~134

　세 가지 발현적 수준 77

발현적 역량 32

방법론적 개인주의 179

방법의 통일 186

백지상태(tabula rasa) 171, 194

베버(M. Weber) 87

변증법 33, 39, 54~55, 95, 109, 111~112, 119, 140, 142, 145, 158, 186, 199

변증법적(dialectical) 비판실재론 17~18, 40, 43, 53~57, 60, 93~95, 100~101, 107, 109, 181

변형적 사회활동 모델(Transformational Model of Social Activity: TMSA) 33, 79, 107, 117

복잡성 이론 110, 124

부정성의 역할 118

부정의 14

브라운, 고든(Gordon Brown) 86

비고츠키, 레프(Lev Vygotsky) 98

비실증주의적인 존재론 16

비트겐슈타인(L. Wittgenstein) 44, 74, 103

비판의 가능성 206

비판적 실재론의 세 가지 핵심 요소 179

비판적 자연주의(critical naturalism) 17, 53, 107, 117

비판철학 65

**사**건들의 규칙적 결합(constant conjunctions) 38

사실의 축적 196

사실진술 54, 205

사회구성주의 79

사회구성주의자 63

사회적 인과성 82

사회적 존재의 4평면 53, 61, 113

사회 정의 14

삼중의 자아 관념 120

상기(anamnesis, 想起) 144

상형적 모델구성(iconic modelling) 98

상황인지론자(situated-cognitionists) 198

생물학적 자연주의 78

생산력 115

생애사 20~24, 26, 30, 87

서구적 접근 140

서사 분석 21

설, 존(John Searle) 78

설명적 비판 17, 60, 205

설명적 비판 이론 53~54

성공적인 행동을 위한 기준 145

   단일목적성(single-pointedness) 145

   명확성(clarity) 145

   순수성(purity) 145

   일관성(coherence) 145

성장과 발전의 구분 115

성찰의 주기(cycle of reflection) 46, 104

성향적(dispositional) 학습 42

세계의 분화(differentiation) 70

소쉬르(F. de Saussure) 63

숙련 기반적(skill-based) 학습 42

순진한 실재론 187

승리주의(triumphalism) 113

식민주의 88

식민지 권력 69

신뢰 56, 95, 148, 191, 197

신자유주의적 모델 89

신체-정신 문제 78

신칸트적 인식론 124

실재에서 언어의 분리 195

실재의 개념화 187

실재의 다층적 층화 71

실재적인 것(the real) 35, 70~71, 184, 187

실증주의자 67, 98

실천론적 전환 34

실천적 신비주의(practical mysticism) 140

실천적 합리성 131

실험 활동 64, 185


아르주나(Arjuna) 168

아인슈타인, 알베르트(Albert Einstein) 67~
   68, 156

아처(M. Archer) 25~26

알튀세르, 루이(Louis Althusser) 33

앎이라는 타동적(transitive) 영역 35

양자역학 68, 97

없음(absences) 39, 55~57, 108, 111, 123,
   199

에우다이모니아(eudaimonistic) 61

엥겔스, 프리드리히(Friedrich Engels) 55,
   60

여성참정권 운동 111

역행추론(retroduction) 39, 71~73, 185

연속적 인과이론 183

영성적 수준 56

영성적 전환(spiritual turn) 9, 18, 56

영성적 접근 140~141, 151

영성적 존재 151~152

오류 가능성 66, 207~208

옴(Ohm)의 법칙 65

우발적인 존재론적 변화 203

월러스틴(I. Wallerstein) 88

위기 이론 33

유레카(eureka) 45, 103, 157

유전적 결정관계 79

유토피아의 기획들 142

윤리 이론 193

윤리적 자연주의 17

윤리학 53, 59

응용적(실천적·구체적) 설명 73

의도적 인과성(intentional causality) 38, 76,
    118

의미론적 삼각형 63

이데올로기 비판 17, 33~34

이론의 적합성 189

이론적(순수한, 추상적) 설명 73

이론적 실체 58

이론-적재적 179

이름 부르기(naming) 과정 200

이성의 공간(space of reasons) 183

이유의 인과성(causality of reason) 38

이자성(duality, 二者性) 161

인간의 발현적 능력 177

인간의 번성 62

인간 행위의 다섯 계기들 160

인간 행위의 자발성 154

인과기제 37, 73, 184, 197

인과 주체(causal agent) 76

인식론적 변증법 39, 55, 109

인식론적으로 추동된 존재론적 변화 204

인식론적 통합 132, 136

  인식적 통합 135

인식론적 확실성 208

인식적 상대주의 53, 62~63

인식적 오류(epistemic fallacy) 35, 83, 93,
    112, 125, 133

인식적 활동 42

인종격리(apartheid) 88

인지-보편성(cognitive-universality) 191

인지-인상주의(cognitive-impressionism)
    191

인지적 약진(cognitive breakthrough) 95

인지적(cognitive) 학습 42

일체성(non-duality) 161, 163~164, 166~167

일체의(non-dual) 순간 157

잉여이론(redundancy theory) 96


**자**기완성의 변증법 122

자동적 차원 63, 66, 93, 96, 107, 123

자연적 종(natural kind) 73

자연적 필연성 73

자유에 대한 관심 14

자유의 변증법(dialectic of freedom) 57

자유의지 79

재현(representation) 21, 93, 95~97, 99, 183,
    187, 190, 197, 204

재현적 실재론 198

적층(lamination) 82, 85, 88~89

  적층적 체계(laminated systems) 78, 85~86,

89, 129, 132, 134~136

전기적 방법(biographical method) 20~21

전-텍스트(pretexts) 28~29, 31

접힌 것의 펼침(unfolding of the enfolded)
　9, 43~44, 101~102, 181~182

정상과학 109

정신의 계산 모델(computational model of
　mind) 194

제1차 세계대전 69, 85, 111

존재라는 자동적(intransitive) 영역 35

존재론을 옹호하는 논증 54, 64

존재론의 재입증(re-vindication) 178

존재론적 깊이 35, 37

존재론적 변증법 39

존재론적 본질주의 192~193

존재론적 실재론 53, 62~63, 68, 136, 188
　존재론적 실재론의 강한 프로그램 17

존재론적 일가성(ontological monovalence)
　56

존재론적 층화(ontological stratification) 70

존재적 오류(ontic fallacy) 35

존재적 자동성 94

준거(referent) 21, 24, 63, 75, 77, 182~183,
　200, 203

지식과 세계 사이의 관계 97

지식의 대상들 20

지식의 자동적 차원 34

지식의 타동적 차원 34

지평의 융합 30

진리 14, 32, 84, 95~96, 166, 191, 196, 203
　(진리) 상응 이론 202
　(진리) 일관성 이론 203

진리의 변증법(dialectic of truth) 95

진지함(seriousness) 58

짜임관계성(constellationality) 93~94


창조의 주기(cycle of creativity) 45, 103,
　159
　창조의 주기의 다섯 단계 159~160

창조적 상상력 72

체리홈스(C. Cherryholmes) 28

체현된 인성(embodied personality) 61, 86,
　114, 116, 120~121

초월성 161, 163

초월적 논증 64

초월적 동일화 162~163, 165

초월적 변증법적 비판실재론(transcendental
　dialectical critical realism) 18

초월적 본질주의 192

초월적 실재론(transcendental realism) 17,
　53~55, 107

초학문분과성(transdisciplinarity) 135

초현상주의적(trans-phenomenalist) 진리 36

촘스키, 놈(Noam Chomsky) 33, 102, 147

총체성 14~15, 78, 111, 113, 167, 179, 199

추상적인 보편적인 것 105, 121

층화 16, 33, 61, 66, 70~71, 74, 77, 86, 118~
　119, 123, 133, 178~179, 184, 199

칸트(I. Kant) 64~66, 124

쿤(T. Kuhn) 66~67, 109

크리슈나(Krishna) 168

타동적 차원 66~67, 93, 96, 107

타르스키(A. Tarski) 96

타율성(heteronomy)의 제거 149

탈식민화 111

탈인간적 학습이론(post-human theories of
    learning) 122

테일러, 찰스(Charles Taylor) 119

텍스트 분석 26

통약불가능(incommensurable) 67

통약불가능성(incommensurability) 132

통일성 14, 94

틴들, 윌리엄(William Tyndall) 98

파농, 프란츠(Franz Fanon) 33~34

파이어아벤트(P. Feyerabend) 66~67

판단적 합리주의 53

페디먼트적 모델(pedimental model) 89

폐쇄체계(closed system) 36~37, 80, 82, 84,
    197

포스트구조주의 63

포스트모더니즘 79

포이어바흐의 세 번째 명제 61, 114, 139

포퍼(K. Popper) 66

표상 모델 194

표시와 수행(denotation and performativity)
    201

수행적 진술 201

표시적 진술 201

풍요의 행성 152

프라이스, 리(Leigh Price) 88

프래튼(S. Pratten) 73

프로이트(S. Freud) 60

플라톤(Platon) 59

플라톤 이론 107, 144

하레(R. Harré) 98

하르트비히, 머빈(Mervyn Hartwig) 48, 73

하버마스(J. Habermas) 124

하이데거(M. Heidegger) 28, 30

학문분과성(disciplinarity) 133, 136

학습 9, 33, 38~44, 99~102, 105, 114, 143~
    144, 158~159, 165, 170~171, 173, 181~
    182, 190, 194~195, 197~199

  학습의 세 국면들 43

합리적 핵심 55, 109

해석의 전-구조(fore-structure) 28, 30

해석학적 조우 135

해킹(I. Hacking) 195

행위 유도성(affordances) 177

행위의 계기의 층화 118

행위자 연결망 이론 122

행위주체의 위기(crisis of agency) 116~117

헤겔, 게오르크(Georg Hegel) 55, 112~113,
    124

헤겔 변증법 109

현실적인 것(the actual) 70~71, 184

형성의 국면(phase of formation) 45, 103

호스테틀러(N. Hostettler) 193

화신(avatar) 166

환원주의 79, 83~84, 93, 113, 134

    사회구성주의적 환원주의 84

훈육적 접근(didactic approaches) 198

흄, 데이비드(David Hume) 58, 63, 65, 79,

120, 183

흄의 인과법칙 이론 58


1가(monovalent) 철학 118

4평면 사회적 존재 개념 113

9·11 테러 152

DREI(C) 도식 71, 73

RRREI(C) 도식 73

## 도서명

『과학에서 해방으로: 소외와 계몽의 현실성(From Science to Emancipation: Alienation and the
    Actuality of Enlightenment)』 6, 18, 47, 139

『과학적 실재론과 인간 해방(Scientific Realism and Human Emancipation)』 17, 47, 79

『다학문 연구와 건강(Interdisciplinary and Health)』 48

『다학문성과 기후변화: 글로벌 미래를 위한 지식과 실천의 변화(Interdisciplinarity and climate
    change: Transforming Knowledge and Practice for Our Global Future)』 48, 86

『동양과 서양을 넘어서: 지구적 위기 시대의 영성과 비교 종교(Beyond East and West: spirituality
    and comparative religion in an age of global crisis)』 47

『동에서 서로: 정신의 모험 여행(From East to West: Odyssey of a Soul)』 18, 47

『메타실재에 관한 성찰: 초월, 해방, 일상생활(Reflections on MetaReality: Transcendence, Eman-
    cipation and Everyday Life)』 18, 39, 47

『메타실재의 철학: 창조성, 사랑, 자유(The Philosophy of MetaReality: Creativity, Love and Free-
    dom)』 18, 43, 48, 181

『변증법: 자유의 맥박(Dialectic: The Pulse of Freedom)』 17, 47

『비판적 실재론과 해방의 사회과학(Reclaiming Reality: A Critical Introduction to Contemporary
    Philosophy)』 17, 47

『비판적 실재론의 형성: 개인적 관점(The Formation of Critical Realism: A Personal Perspective)』 13, 48

『실재론적 과학론(A Realist Theory of Science)』 16~17, 46, 63, 99

『실재의 깊이 가늠하기(Fathoming the Depths of Reality)』 48

『위기의 시대의 노르딕 생태철학(Nordic Eco-Philosophy in an Age of Crisis)』 86

『자연주의의 가능성(The Possibility of Naturalism)』 17, 46, 80

『정신들의 만남: 사회주의자들이 철학을 토론하다(A meeting of minds: Socialists discuss philosophy)』 48

『철학과 자유의 이념(Philosophy and the Idea of Freedom)』 17, 47

『평화와 안전 이해하기(Understanding Peace and Security)』 48

『플라톤 등: 철학의 문제들과 그것들의 해결(Plato, etc.: The Problems of Philosophy and their Resolution)』 17, 47, 56

『하레와 그의 비판자들: 롬 하레에게 헌정하는 논문들과 이것들에 대한 그의 논평(Harré and his critics: Essays in honour of Rom Harré with his commentary on them)』 47

# 노량, 지지 않는 별
## 1598년 11월 19일

# 노량, 지지 않는 별
## 1598년 11월 19일

**초판 1쇄 발행** 2015년 5월 10일
**개정판 발행** 2024년 2월 13일

**지 은 이** 장한성
**발 행 인** 권선복
**편집주간** 김정웅
**디 자 인** 최새롬
**마 케 팅** 정희철
**전 자 책** 신미경
**발 행 처** 도서출판 행복에너지
**출판등록** 제315-2011-000035호
**주    소** (157-010) 서울특별시 강서구 화곡로 232
**전    화** 0505-613-6133
**팩    스** 0303-0799-1560
**홈페이지** www.happybook.or.kr
**이 메 일** ksbdata@daum.net

값 20,000원
ISBN 979-11-93607-16-9 (03810)

# 노량, 지지 않는 별
## 1598년 11월 19일

장한성 장편소설

도서
출판 행복에너지

# 추천사

## '노량, 지지 않는 별'

여수는 이순신의 도시요, 거북선의 도시다.

임진년 일본의 침략으로 부산에서 한양까지 파죽지세로 유린당하고 그 어느 전투에서도 승리의 소식 하나 전하지 못하였다. 선조가 한양 도성을 버리고 떠나야 할 수밖에 없는 즈음 조선군의 첫 승전보를 알린 곳이 여수다. 임진년 초기 5월부터 9월까지 남해안 해상전투에서 이순신 함대가 16전 전승을 거둘 수 있게 준비하고 기획한 곳 또한 전라좌수영 본영 여수다. 풍전등화 조선을 이순신이 구했다. 여수 전라좌수영 영민들과 함께….

좌수영민의 후예답게 여수에서 학창시절을 보낸 저자는 광범위한 독서와 함께 자료를 섭렵해 이순신의 후반기 일대기를 다룬 장엄한 발자취를 남겼다. 작가는 장편소설 구성에서 탁월한 인문학적 식견의 정수를 보여준다. 한문 글자로 대구되는 두 글자씩 키워드를 뽑아내 40개 챕터를 연결해 소설을 서술해 나갔다. 기발하다. 초판이 절판돼 아쉬운 참에 다시 세상에 나온 것은 우리 시대에 여전히 이순신이 그리운 탓이다. 현실을 막막해하지 말자. 지금을 비루하다고만 하지 말자. 한탄하며 과거 역사를 탓하지만 말자. 대신 일독을 권한다. 함께 '지지 않은 별'을 보자.

- *(사)여수여해재단 이사장

강용명

* (사)여수여해재단은

汝諧(여해)는 충무공 이순신의 자이다.

여해재단은 충무공의 업적을 연구하고 그 정신을 계승하고자 설립된 비영리법인이다. 여수여해재단은 전라좌수영의 본영인 여수에 위치하고 있다.

저자
**장한성**

전남 광양 옥곡에서 태어났다.
이순신이 조선 수군의 초석을 다진 전라좌수영의
여수고등학교를 졸업했다.
현재 성공세무회계 공인회계사 · 세무사로,
(사)한국산업단지경영자연합회서울(KIBA서울)과
㈜지슨의 감사로 활동 중이다.
저서로는 장편소설『한설』(2014) ,
『긍정의힘』(2014),
『핵심실무양도소득세』(2023)이 있다.

## 한설

장한성 지음 | 372쪽 | 값 15,000원

시대를 대표하는 문인 '김승옥
소설가'가 추천하는, 장한성 공인회계사의 첫 소설! 한 번도 전문적으로
글을 배운 적 없는 저자가 백 일 만에 써낸 작품이라고는 믿기지 않을 만
큼 거침없는 전개로 독자의 시선을 사로잡는다.
"한 시대를 살아온 청년들의 고뇌와 사랑을 담았다는 것만으로도 가치
있는 소설이다." – 김승옥(소설가)

역사소설은 역사적 진실과 표절에 대한 시비가 항상 있을 수 있다. 저자 또한, 조심스럽게 이 소설을 집필하였다. 이 소설에서 등장인물 간의 갈등은 전쟁과 권력의 생리를 표현하기 위해 일부분은 창작된 것이며 해전과 전투 서술 또한 정확성을 담보할 수 없다. 저자는 그 당시 영웅이 처한 주변 국내외 정세와 환경 그리고 인간적 고뇌와 감정 표현에 중점을 두고자 했다. 그러나 저자가 원하는 만큼 쓰여지지 않았다는 것도 고백한다. 단, 영웅이 걸어간 길에 대한 고증은 철저히 검증하고자 노력하였다.

이 소설은 2014년 가을쯤 영화 '명량'을 관람하고 집필을 시작하였다. 벌써 9년이란 시간이 지났다. 2014년 4월에는 세월호의 희생이 있었고 7월에는 영화 '명량'이 개봉되었다. 세월호 참사는 그 희생보다 진영논리로 갈라진 민심에 마음이 아팠고 1,700만 명이 관람한 영화 '명량'은 나에게 큰 여운을 주

지 못하였다. 세월호와 이순신, 그 당시 많은 상념들이 떠돌았다. 그 상념들이 『노량, 지지않는 별』로 이끌었다. 초판이 3년 전에 절판되어 항상 아쉬웠는데, 최근에 상영된 영화 '노량_죽음의바다'를 관람 한 후 행복에너지 권선복 대표님의 응원에 힘입어 2판 출판을 결정하였다. 이번 영화 '노량'의 중요한 픽션 시나리오에서 상당히 많은 부분이 이 소설의 일부 장면과 비슷하다는 것은 나만 느끼는지 모르겠다.

'이순신 장군의 막내아들 이면에 대한 꿈'

'이면의 죽음과 유품으로 진린이 이순신을 회유하는 장면
소설은 누르하치가 회유'

'등자룡과 진린이 판옥선을 타고 전투하는 장면'

'이순신 장군이 마지막 북을 치면서 해전을 독려하는 장면' 등

역사소설과 역사물은 공공재라고 생각하지만 그래도 다른 이들의 거대한 노력과 고통으로 만들어진 창작물을 무조건적으로 사용하는 것 또한 문제가 있다고 지적하고 싶다. 나 또한 소설을 완성하기 위해 『난중일기』노승석 역 등 많은 문헌들을 참고하였다. 이자리를 빌어 『선조실록』 박시백 화백님과 『그러나 이순신이 있었다』 김태훈 선생님께 감사의 인사를 올립니다. 『선조실록』은 7년 조일전쟁을 관통하는 핵심이 만화를 통

하여 쉽게 잘 표현되어 있으며,『그러나 이순신이 있었다』는 그 자료의 방대함과 섬세한 고증에 감탄하지 않을 수 없었습니다.

비록 졸작이지만 힘든 현실을 견디고 미래를 꿈꾸는 대한민국의 젊은이들에게 이 소설이 작은 위로가 되었으면 합니다.

'이순신은 대신과 상관들의 미움을 받아 10년 동안 백의종군을 포함하여 2번이나 계급이 강등되는 수모를 겪고도 한 치의 흐트럼 없이 말단 장수의 길을 걸었다.'

마지막으로 평생 꾸지람 한번 없이 둘째 아들의 모든 면을 응원해 주고 사랑해주신 어머니 조삼례 여사님, 큰누나 장경애 그리고 형제들, 큰집의 장한태 큰형님과 형수님, 나의 아내 오세인과 아들 장유완에게 이 자리를 빌어 감사의 마음을 전합니다.

2024년 1월

장 한 서

# 맹골수도

## 死와 殺
사와 살

그날 그는 죽었다. **스스로 죽은**死 **것인지 남이 죽인**殺 **것인지 모른다.** 그날 그는 죽었다. 몸은 살아서 지렁이처럼 비굴했지만, 분명히 그는 죽었다. 희망, 이 단어처럼 허망한 것이 없다. 희망을 스스로 죽인 것인지 남이 죽인 것인지 모른다. 그의 외동딸도 죽었다. 그의 딸은 아직도 차가운 바닷속에서 떠돌고 있다. 아, 살아서 돌아오라는 말은 사치였다. 큰 희망은 죽어서 돌아오라는 것이었다. 죽어서 돌아오는 것이 그에게는 무엇과도 바꿀 수 없는 큰 기쁨이었다. 식은땀을 흘리며 악몽에서 깨어났다. 새벽 4시. 아직 어둡다. 너무나 흉측한 꿈이었다. 바닷물에 뭉개진 딸이 집에 데려다 달라고 소리치면서 달려들었다. 더는 잠을 이룰 수 없을 것 같았다. 지금 그의 집에

9

는 아무도 살지 않는다. 딸의 죽음과 사회의 무관심을 더는 견디지 못하고 아내는 어디론가 떠나고 없었다. 속이 메스껍고 머리가 어지러워 움직일 수가 없었다. 황량한 이 집에 더 있다가는 껍데기만 남아있는 육신을 스스로 죽일 것 같았다. 어디론가 떠나야 살 것 같았다. 복잡한 머리와 텅 빈 가슴으로 차에 시동을 걸었다. 이젠 더는 눈물도 나오지 않았다. 고속도로에 진입한 차는 정처 없이 한참을 달렸다. 바다 내음 그리고 진도대교. 이곳은 그에게 지옥과도 같은 곳이다. 20여 분을 더 달리자 저 멀리 팽목항이 보였다. 날이 밝아 왔다. 그 많던 사람들은 다 떠나고 없었다. 노란 리본만이 외롭게 펄럭였다. 어린 영혼들을 위해 아직도 광화문 앞에서 농성 중인 사람들도 있지만 많은 사람은 놀러 가다 해상에서 죽은 하찮은 교통사고로 여기는 것 같았다. 그들도 이해한다. 억울하게 죽은 사람이 그의 딸만 있겠는가? 그는 소리치면서 울부짖었다.

"하은아, 사랑하는 내 딸아."

다시 저 밑으로부터 슬픔과 분노가 태풍처럼 밀려왔다. 힘없는 아빠의 입장으로서 돌아오지 못하는 딸을 위해 해줄 수 있는 것이 아무것도 없었다. 아, 과연 앞으로 세상을 살아갈 수 있을까? 용기가 없었다. 그는 맹골수도 쪽 바다를 아무 말도 없이 오랫동안 바라보았다. 아, 이게 꿈이 아니라 현실이란 말인가! 다시 한 번 외동딸의 웃음소리가 귓가에 윙윙거리면

서 이명으로 다가왔다. 머리가 깨질 듯이 아프고 숨이 가빠왔다. 황량한 집에 있으면 죽을 것 같아 이곳으로 왔는데, 여기서도 사지가 찢어지는 고통이 다가왔다. '아 나는 어디로 가야 한단 말인가?'

다시 팽목항을 떠나 어디로 가고 싶은지도 모르면서 차를 몰았다. 진도대교가 보이자 자신도 모르게 차를 멈추었다. 명량, 400여 년 전 13척으로 130여 척의 일본군을 물리친 이순신의 바다, 죽음 앞에 초연하지 못했다면 영웅은 해전에서 승리하지 못했을 것이다. 진도대교 앞 이순신 장군의 동상이 있는 곳으로 내려갔다. 동상 앞 명량의 물살은 거칠었다. 그 소리는 머나먼 이국땅에서 전쟁의 이유도 모르고 죽어간 일본군의 울음처럼 들렸다. 백성보다는 권력의 생리에 충실했던 왕 선조, 백성보다는 자신들의 권력이 더 중요했던 신하들, 시드는 벚꽃처럼 한순간에 도륙당한 백성들, 천지 사방의 적들로 둘러싸여 외로웠던 조선의 영웅 이순신. 임진왜란은 조선과 일본만의 전쟁이 아닌 명나라까지 합세한 국제 전쟁이었다. 이 때문에 명나라는 청나라에 의해 멸망했으며, 일본 또한 내전으로 도요토미 히데요시의 유지를 받든 서군이 도쿠가와 이에야스의 동군에 패해 정권이 바뀌었다. 일본 제1군 대장 고니시 유키나가는 서군에, 제2군 대장 가토 기요마사는 동군에 속해 서로를 죽여야 하는 전쟁을 치렀다. 동군의 승리로 고니시 유

키나가의 목이 떨어졌고 그의 영지는 가토 기요마사에게 복속되었다. 그러나 조선은 코가 베이고 목이 도륙 난 백성들의 송장만 산천에 가득할 뿐이었다. 전쟁의 징후가 하늘을 가득 덮어도 자신들의 이익을 위해 믿고 싶지 않았던 왕과 신하들, 싸워보지도 못하고 의주로 도망갔던 왕과 신하들, 그들은 전쟁 이후에도 그 자리에 있었으며 자기들끼리 공신록에 이름을 올리며 더러운 사리사욕에 눈이 멀어 도탄 난 백성에 대한 조그마한 측은지심조차 없었다. 그리고 자기들끼리 권력다툼으로 인한 반정은 시대의 변화를 읽지 못하고 후금의 침략을 불러왔고 다시 도륙당한 백성만 있을 뿐 왕과 신하들은 또 그 자리에서 권력 싸움을 계속했다. 시간은 흘러 권력만 있고 백성이 없었던 이 나라는 그 수탈에 못 이겨 동학혁명이 일어났고 그것이 빌미가 되어 열강들의 싸움터로 변하고 말았다. 결국, 임진년의 수모를 다시 겪고 나라까지 잃게 되었다.

백성을 수탈해 가면서 권력을 유지하려고 했던 그들은 무엇을 했는가? 사직을 위해서 국가를 위해서라며 백성의 안위는 눈곱만치도 신경 쓰지 않았던 그들은 그들이 그토록 외치던 그 나라조차도 지키지 못한 부끄러운 역사만을 이 땅에 남겼을 뿐이다. 일제 36년의 치욕 속에 해방의 기쁨은 잠시 우리의 백성은 다시 남과 북으로 나누어져 어제의 형제와 친구를

죽여야 하는 운명으로 내몰렸고 잠시의 휴전이 지금까지 이어지고 있다. 그리고 군사정권 수십 년, 오직 경제 개발에만 몰두한 나머지 윤리와 도덕은 땅에 떨어지고 국민의 안전, 존엄, 평등의 가치는 경제 논리에 매장되어 합리로 포장된 무관심 속으로 사라졌다. 힘없는 백성으로 살았지만 윤리와 도덕의 가치를 지키며 살아온 민족에게 밥은 먹고 산다는 알량한 자존심과 남과 북, 동과 서, 보와 진, 노와 소, 남과 여의 첨예한 갈등만이 남아있다. 밥 먹고 살 만하다는 그 말 또한 무너지고 있다. 헐벗고 비루한 삶을 견디다 못해 스스로 목숨을 던지는 이들이 늘어만 가는 참혹한 시대가 도래하고 있는데도, 나만 아니면 된다는 구역질 나는 이기심이 독버섯처럼 고개를 내밀고 있다.

모두가 임금에 대한 충을 향하던 그 시대, 백성에 대한 애를 향했던 이순신, 영웅의 동상 앞에서 국가의 현실과 미래를 생각하며 영웅의 바다 명량을 향해 아직도 돌아오지 못한 딸의 이름을 피를 토하면서 불러 보았다.

"하은아, 하은아."

세월호 1주년을 추모하며

장 한 서

13

# 목차

추천사 ································· 04

저자소개 ····························· 05

2판에 대하여 ······················ 06

프롤로그 ····························· 09


01 露와 梁 노와 량 ················ 16

02 臣과 忠 신과 충 ················ 18

03 愛와 覺 애와 각 ················ 34

04 天과 廢 천과 폐 ················ 42

05 忠과 節 충과 절 ················ 53

06 能과 信 능과 신 ················ 66

07 殺과 火 살과 화 ················ 75

08 王과 戰 왕과 전 ················ 86

09 戰과 和 전과 화 ················ 94

10 忠과 愛 충과 애 ················ 100

11 忠과 孝 충과 효 ················ 107

12 敗와 忠 패와 충 ················ 114

13 猛과 殺 맹과 살 ················ 121

14 外와 內 외와 내 ················ 127

15 鼻와 殺 비와 살 ················ 135

16 勇과 智 용과 지 ················ 143

17 孤와 悲 고와 비 ················ 150

18 父와 子 부와 자 ················ 157

19 遁과 死 둔과 사 ······················ 167

20 死와 死 사와 사 ······················ 175

21 貪과 能 탐과 능 ······················ 186

22 幸과 備 행과 비 ······················ 194

23 身과 心 신과 심 ······················ 201

24 海와 血 해와 혈 ······················ 211

25 多와 華 다와 화 ······················ 219

26 國과 民 국과 민 ······················ 235

27 愛와 貴 애과 귀 ······················ 244

28 由와 的 유와 적 ······················ 253

29 學과 行 학과 행 ······················ 260

30 鄕과 淚 향과 누 ······················ 266

31 露와 夢 노와 몽 ······················ 274

32 武와 民 무와 민 ······················ 286

33 進과 進 진과 진 ······················ 295

34 雄과 賊 웅과 적 ······················ 312

35 臣과 忠 신과 충 ······················ 314

36 露와 梁 노와 량 ······················ 328

37 露와 辰 노와 진 ······················ 337

38 腐와 國 부와 국 ······················ 358

39 兄과 國 형과 국 ······················ 340

40 友와 敵 우와 적 ······················ 348

41 賊과 敵 적과 적 ······················ 352


부록 ······················ 358

출간후기 ······················ 374

# 露 와 梁

노와량

1.
숨을 곳이 아닌
죽을 곳을 찾던 함선
적이 적을 불러
피로 물든 바다 내음
오사카의 말발굽에
코가 베인 민초
나의 고향, 나의 눈물
칼로 베듯 시린
마지막 회색 여명
**아, 이슬露 내린 바다梁여**

2.

산천 초목 울린

그림자가 이른 장검

칼이 칼을 불러

피로 물든 바다 내음

나고야의 뱃노래에

살이 에린 민중

나의 고향, 나의 눈물

칼로 베듯 시린

마지막 회생 여명

**아, 이슬露 내린 바다梁여**

17

## 2

# 臣과 忠

신과 충


　겨울이 다가오는 광양만의 검푸른 파도가 유난히도 심란했다. 조선 수군 진영이 있는 묘도의 봉화산은 멀리 순천 예교성이 보일 만큼 좋은 시야를 확보하고 있다. 좌측부터 여수반도의 초입에 순천 예교성이, 정면으로 광양의 구봉산과 가야산이, 그 뒤로 백운산이 큰 능선을 형성하며 자리 잡고 있다. 백운산 뒤로는 조선의 영산 지리산이 백운산을 감싸는 듯 높은 기상을 뿜어내고 그 크기를 알 수 없는 웅장한 형세로 시야에 가득했다. 그리고 우측으로는 경상도와 전라도의 경계가 되는 진안 팔공산에서 발원한 섬진강이 광양만으로 흘러들고 그 앞쪽의 남해도 사이의 바다가 노량이다. 명나라 수군 진영 앞에 금호도와 태인도가 사이좋게 바라보고 있고 순천 예교성 앞에는

유도와 장도가 자리 잡고 있다. 묘도*가 있는 광양만은 정면
으로는 광양이, 오른쪽으로는 남해도가, 왼쪽으로는 예교성이
있는 순천으로부터 시작되는 여수반도가 깊숙이 감싸고 있다.
임진년 한산도로 가기 위해 이순신은 여수 전라좌수영을 출발
하여 이 광양만을 거쳐 노량의 바다를 통과했다. 노량은 사천
등 경상 일대의 일본 수군이 순천의 예교성으로 가기 위해 통
과할 수밖에 없는 전략적 요충지였다.

　노량해전이 발발하기 한 달 전인 무술년 1598년 10월, 순천
예교성에 주둔하고 있는 고니시 유키나가의 일본군을 공격하
던 명나라 제독 유정과 조선의 도원수 권율이 지휘하는 조명
연합 육군이 물러나자 조선 땅에는 더는 포성이 울리지 않았
다. 광양만의 묘도에 주둔하고 있는 명나라 도독 진린과 조선
삼도수군통제사 이순신이 지휘하는 조명연합 수군은 순천 예
교성의 일본군과 서로 대치하면서 지루한 소강상태를 지속했
다. 도요토미 히데요시의 죽음으로 철군 명령이 내려졌고 일
본군은 명나라와 강화를 통해 안전한 철수를 보장받았다. 그
러나 광양만의 조명연합 수군은 순수하게 순천 예교성의 일본

---

* 묘도: 여수시 묘도동, 이순신의 마지막 삼도수군통제영, 한산도가 최초의
　통제영이라면 묘도는 마지막 통제영

군을 보내주지 않았다. 진퇴양난에 빠진 고니시 유키나가의 생각은 명확했다. 그동안 명나라 육군 제독 유정에게 뇌물을 먹여 육상 공격을 저지하고 안전한 퇴로를 보장받으려 했다면 지금은 명나라 수군 도독 진린에게 뇌물을 먹여 조선 수군의 손발을 묶어 일본으로 가는 안전한 퇴로를 확보하려고 했다. 육로를 선택해 사천과 부산으로 갈 수도 있었으나 명나라와 조선의 육군이 약속을 어기고 언제든지 공격할 수 있었기 때문에 육로도 쉽게 선택하지 못했다. 그때부터 고니시 유키나가는 진린에게 지극 정성을 다하기 시작했다. 진린도 더는 전쟁이 무의미하다고 생각했는지 고니시 유키나가의 뇌물을 마다치 않았다. 지난번 전투에서 사로잡힌 명나라 포로를 석방하고 2천의 수급을 주면 철군을 허용하겠다고 제안했다. 또한, 철군을 위해 소 요시토모와 의논해야 한다는 구실로 일본군 8명을 태운 소선 한 척이 남해도로 가는 것을 허용했다. 그 이후에도 여러 차례 예교성으로 들어가서 함선에 전리품을 가득 싣고 명나라 수군 진영으로 돌아왔다. 진린은 이순신에게 일본군의 안전한 철수를 요구했다.

이순신은 진린을 찾아와 아무 말도 하지 않고 노려보았다.

"통제사, 왜 이러시오. 인제 그만 고니시 유키나가를 놓아줍시다."

"도독, 명나라 수군에게 같이 싸워달라고 하지 않겠습니다.

대신 조선 수군에게 저들의 길을 열어주라는 명령을 거두어
주십시오."

이순신은 무릎을 꿇으며 진린에게 간곡하게 부탁했다.

"조선 수군이 가지고 있는 모든 것을 도독께 드리겠습니다.
부족하다면 소장 책임지고 한양에 부탁해서라도 섭섭하지 않
게 보상하겠습니다."

"통제사, 전쟁은 끝났소. 왜 이렇게 고집을 부리십니까."

"소장이 살아 있는 한 저들을 용서할 수 없습니다. 그게 한
양에 계시는 전하의 뜻이며, 죽은 제 막내아들의 뜻이며, 조선
백성들의 뜻입니다."

"통제사도 어지간하십니다."

이순신의 간곡한 청에 진린은 난처할 수밖에 없었다.


예교성의 고니시 유키나가는 뇌물은 뇌물대로 받고 갑자기
변심한 진린에 대한 분노를 억제하지 못했다.

"진린 이놈. 네놈이 받아먹을 것은 다 받아먹고 배신을 했
겠다!"

고니시 유키나가의 분노가 하늘을 찌르고 있을 때 소 요시
토모가 뜻밖의 소식을 가지고 왔다.

"장군, 조선 수군 묘도 진영의 임영석이라는 자가 밀지를
보내왔습니다."

"임영석, 그놈이 누구더냐?"

"모르겠습니다. 조선 수군의 장수 중에서 임영석이란 자를 찾을 수 없었습니다."

"이리 주거라."

고니시 유키나가는 임영석의 밀지를 읽고 음흉한 미소를 지었다.

"왜 그러십니까? 장군."

"어떤 놈인지 모르겠지만, 이순신을 암살하려는데 우리에게 도움을 요청하고 있다."

"장군, 알지도 못하는 놈을 어찌 믿겠습니까?"

소 요시토모가 고개를 흔들면서 말했다.

남해도에 있던 소 요시토모는 퇴각을 상의하기 위해 장인 고니시 유키나가를 만나러 왔다가 순천 예교성에 잠시 머물고 있었다.

"아니다. 냄새가 난다. 냄새가."

"네? 무슨 냄새가 난다는 말씀이십니까?"

"이놈이 보내온 밀지를 보면 이순신 암살 계획이 치밀하다는 것을 알 수 있다. 이것은 우연히 일어난 일이 아니다. 장수도 아닌 놈이 단독으로 이 엄청난 일을 꾸밀 수가 있겠느냐."

"그럼, 그놈 뒤에 누군가 있다는 말씀이시군요."

"그렇지, 뒤가 누굴까? 권율, 아니면 진린…… 아니야, 아니야."

고니시 유키나가는 도무지 생각이 정리되지 않는다는 듯 고개를 저었다.

"전쟁이 끝났을 때 이순신을 가장 부담스러워할 자가 누구일까?"

고니시 유키나가는 스스로 자문해 보았다.

"전쟁이 끝났을 때 이순신을 가장 부담스러워할 사람이라……."

소 요시토모도 장인 고니시 유키나가를 따라서 중얼거렸다.

"이것은 분명 조선 왕의 소행일 가능성이 높다. 그는 정유년에도 이순신을 죽이려 하지 않았느냐. 그가 그때 이순신을 죽이려 했던 이유는 겉으로는 왕의 명령을 거부한 죄라고 했지만, 그 이면은 이순신의 힘이 강해지는 것을 두려워했기 때문이었다."

"그럼 조선의 왕이 지금 이순신을 암살하려고 한다는 것입니까?"

"정확한 것은 아니지만 아마 그럴 가능성이 높다."

"임영석이란 놈의 밀지에 정확하게 뭐라고 쓰여 있습니까?"

"전라좌수사 시절부터 이순신은 여수 오동도 옆 장대언덕*에서 활 쏘는 것을 좋아했다고 한다. 내일 아침 일찍 장대언덕

---

* 장대언덕: 전라좌수영 수군의 훈련장, 현재는 여수고등학교가 위치하고
  있음

에서 활을 쏠 예정인데 호위병도 얼마 되지 않다고 알려왔다."

"하늘이 내린 기회가 아닙니까."

소 요시토모는 기쁨을 감추지 못하며 소리쳤다.

"권력이 참으로 비정하구나. 조선의 영웅을 이렇게 보내려 하다니."

고니시 유키나가는 이순신의 암살이 남의 일 같지 않았다. 자신도 일본으로 돌아가면 도요토미 히데요시의 죽음으로 공백이 생긴 권력을 차지하기 위한 내전이 불가피했기 때문이었다. 특히 7년간의 조일전쟁에 가병을 파병하지 않은 도쿠가와 이에야스가 가장 두려웠다. 고니시 유키나가는 도쿠가와 이에야스가 분명 조용히 힘을 키웠을 것으로 생각했다.

"소 요시토모, 네가 뛰어난 무사들을 데리고 내일 아침 이순신을 제거하라."

"네 알겠습니다. 내일이 이순신의 제삿날이 되겠군요."

소 요시토모는 자신 있게 대답했다.

소 요시토모가 막사를 나가자 고니시 유키나가는 깊은 고민에 빠졌다. 관백 도요토미 히데요시의 죽음으로 조선에서 살아 돌아가더라도 다시 전장으로 내몰릴 운명이었다. 그리고 그 결과에 따라서 모든 것을 잃을 수도 있었다. 평생을 전장에서 살아오면서 누구보다도 형세 판단에 밝았던 고니시 유키나가였지만 조선에서의 전쟁으로 지칠 대로 지쳐있었다.

고니시 유키나가에게 이순신의 암살 계획을 보낸 임영석은 잠을 이룰 수가 없었다. 조선 수군 묘도 진영의 일반 군졸로 대장선에 배치되어 임무를 완수하기 위해 하루하루 맘을 졸이면서 시간을 보냈다. 막상 그 임무가 현실로 다가오자 몹시 혼란스러웠다. 도성 한양에 있을 때는 몰랐지만, 묘도에 내려와 통제사 이순신을 보면서 임영석의 마음은 조금씩 변하고 있었다. 임영석은 왜 그토록 백성들과 조선 수군들이 이순신을 따를 수밖에 없는지 가슴으로 느낄 수 있었다.

'내일이면 모든 일이 끝난다. 여기서 아무 일도 없었다. 단지, 통제사는 적들에 의해 암살되었을 뿐이다. 그리고 나는 임무를 수행했을 뿐이다.'

임영석이 자위하면 할수록 더욱 더 큰 갈등이 몰려왔다.

새벽녘까지 임영석은 잠을 이루지 못했고 아침이 다가오는 것이 두려웠다.

이순신은 아침 일찍 호위병 몇 명을 데리고 여수 전라좌수영으로 향했다. 이순신이 떠나는 것을 보고 있던 임영석의 마음은 몹시 어지러웠다.

'통제사, 죄송합니다.'

임영석은 정탐선을 타고 여수 전라좌수영으로 향하는 이순신을 향해 고개를 숙이면서 눈을 감았다.

이순신은 우울할 때면 오동도에 올라 남해를 바라보았고 장

대언덕에서 활을 쏘곤 했다. 그날 일찍 이순신은 조선 수군 진영이 있는 삼도수군통제영 묘도 선장개를 떠나 오동도에 도착했다. 오동도에 올라 잠시 산책을 하고 내려와 장대언덕으로 뱃머리를 돌렸다. 소 요시토모는 장대언덕 주위에 예교성의 일급 무사 30명을 배치했다. 저 멀리서 조선의 영웅 이순신이 장대언덕으로 걸어오고 있었다. 장대언덕은 전라좌수영의 수군이 훈련하는 장소였다. 소 요시토모는 이순신을 처음보았다. 이순신의 외모는 용맹한 장수라기보다는 단아한 선비의 인상이었다. 하지만 그 단아한 얼굴에서 범접할 수 없는 기운이 흐르고 있었다. 이순신이 가까이 다가오자 소 요시토모는 팽팽한 긴장감을 느꼈다. 이순신을 호위하고 있는 군사들은 다섯 명이었다. 소 요시토모는 7년 조일전쟁 영웅의 마지막 모습을 바라보았다. 이순신은 조용히 활을 쏘았다. 이순신이 쏜 세 번째 화살이 날아갈 때 주위에 숨어있던 일본군은 함성을 지르면서 공격했다.

"통제사를 보호하라. 통제사를 보호하라."

호위병들이 이순신의 앞을 가로막았지만 일본군에게 포위되었다.


"그대가 조선 수군의 통제사 이순신인가?"

소 요시토모가 나타나면서 이순신에게 물었다.

"네 이놈들, 내가 바로 조선의 삼도수군통제사 이순신이다."

이순신은 위험이 닥쳤는데도 조그마한 흐트러짐조차 없었다.

"통제사, 죽음이 두렵지 않으시오."

소 요시토모가 이순신을 바라보며 물었다.

이순신은 칼을 조용히 뽑았다. 그리고 그 칼에 새겨있는 문구를 바라보았다.

'一揮掃蕩 血染山河, 일 휘 소 탕 혈 염 산 하.'
'한번 휘둘러 쓸어버리니 피가 강산을 물들이도다.'

"이순신을 제거하라."

소 요시토모의 명령이 떨어지자 일본군 무사들이 이순신과 호위병들에게 달려들었다. 절체절명의 순간이었다. 그때 저 멀리서 조선 수군이 함성을 지르면서 달려왔다. 갑자기 나타난 조선 수군에 소 요시토모와 일본군 무사들은 당황하기 시작했다. 가장 먼저 나타난 이는 임영석이었다. 조선 수군과 일본군 무사들 사이에 격렬한 백병전이 일어났다. 임영석의 칼에 이순신을 공격하던 일본군 무사 두세 명이 쓰러졌다. 10여 명이 쓰러지자 이순신은 소 요시토모를 찾았으나 벌써 도주한 뒤였다.

"통제사, 괜찮으신지요."

청충수사 권준이 이순신을 향해 달려오면서 소리쳤다.

"권 수사, 이게 어찌 된 일이요?"

"저도 대장선의 군졸로부터 통제사가 위험하다는 급보를 듣고 달려오는 길입니다."

"대장선의 군졸, 그가 누군가?"

이순신이 대장선의 군졸이 누구냐고 묻자 임영석이 다가왔다.

"소인 임영석이라 하옵니다."

"너는 내가 위험하다는 것을 어떻게 알았느냐?"

임영석은 이순신의 갑작스러운 물음에 약간 당황하며 대답했다.

"소인 적들이 기습한다는 것을 우연히 들었습니다."

"우연히 들었다. 적들이 나를 기습한다는 것을……. 그대는 조선 수군이 되기 전에 무슨 일을 했느냐?"

"소인은 원래 광양의 둔전*에서 농사를 지었습니다. 정유년 왜군의 침략으로 떠돌아다니다 조선 수군에 지원했습니다."

이순신은 임영석의 말을 듣고 아무 말도 하지 않았다.

"고맙구나. 네가 내 목숨을 구했구나."

이순신은 임영석에게 고맙다고 말한 다음 장대언덕을 떠나

---

* 둔전: 군량을 충당하기 위하여 변경이나 군사요지에 설치한 토지.
　　전라좌수영은 광양, 돌산 등지에 둔전을 두고 있었음.

조선 수군 묘도 진영으로 돌아왔다. 묘도에 도착하고 한참이 지나서 이순신은 임영석을 조용히 불렀다.

"다시 묻겠다. 조선 수군이 되기 전에 무슨 일을 했느냐?"

이순신은 임영석에게 장대언덕에서 물었던 질문을 똑같이 물었다.

"소인, 광양의 둔전에서 농사를 지었습니다."

"그대에게 다시 한 번 기회를 주겠다. 조선 수군이 되기 전에 무슨 일을 했느냐?"

"소인은 광양의 둔전에서 농사를 지었습니다."

"나를 바보로 아느냐?"

이순신의 추궁에 임영석은 아무 말도 할 수가 없었다.

"무슨 말이신지……."

"나는 네놈이 나를 구할 때 왜군과 싸우는 검술을 유심히 보았다. 네놈은 광양의 둔전에서 농사를 지은 게 아니라 검을 다룬 놈이다. 내가 보기에는 네놈보다 검을 잘 다루는 자는 이 조선 수군 묘도 진영에는 없을 것이다. 이래도 내게 진실을 말하지 않겠느냐."

"소인, 광양의 둔전에서 농사를 짓던 천한 놈이옵니다."

임영석은 계속하여 광양의 둔전에서 농사를 지었다고 주장했다.

"네놈이 죽고 싶은 게로구나. 다시 한번 묻겠다. 네놈의 정

체가 무엇이냐?"

"소인, 광양의 둔전……."

임영석이 더는 말을 하지 않으려 하자 이순신은 긴 장검을 빼 들었다. 그리고 임영석의 눈앞에 장검을 겨누었다.

"이 글귀를 읽어 보아라."

임영석은 장검의 글귀를 보고 아무 말도 하지 않았다.

"네 이놈, 어차피 죽을 놈이 조선 수군의 통제사를 능멸하려 드느냐."

임영석은 이순신의 낮고 근엄한 목소리에 압도 당해 자신도 모르게 장검의 글귀를 읽었다.

"三尺誓天 山河動色, 삼 척 서 천 산 하 동 색."

"뜻이 무엇이더냐?"

이순신은 다시 한번 임영석에게 물었다.

"장검으로 하늘에 맹세하니 산과 강이 떠는구나."

임영석은 자포자기의 심정으로 이순신의 물음에 대답했다.

"전하가 보냈느냐?"

임영석은 조선의 왕이 자신을 죽이라고 보냈느냐는 이순신의 말에 기겁하지 않을 수 없었다.

"아니옵니다. 통제사……."

"괜찮다. 네가 무슨 잘못이 있겠느냐."

"아니옵니다. 장군 아니 통제사……."

30

"내 더는 너의 죄를 추궁하지 않겠다."

임영석은 더는 죄를 추궁하지 않겠다는 이순신의 말에 어리 둥절할 수밖에 없었다. 이순신은 한참을 아무 말 없이 임영석을 바라보았다.

"네가 할 수 있겠느냐?"

"장군 아니 통제사, 제가 할 수 있겠……."

"네놈의 임무가 나를 암살하는 것 아니었더냐?"

"통제사……."

"내가 네놈의 검술을 유심히 보았다. 네놈의 검술은 야전에서는 볼 수 없는 고귀함을 가지고 있다."

"통제사, 이놈을 용서하지 마십시오. 이 자리에서 저를 베어주십시오."

"내 하나만 묻겠다. 왜 갑자기 마음이 변했느냐?"

"통제사, 저를 그냥 베어주십시오."

이순신은 임영석이 더는 진실을 이야기하지 않으리라는 것을 본능적으로 알 수 있었다.

"내 너에게 더는 묻지 않겠다. 대신 너의 임무를 완수해라."

"통제사……."

임영석은 이순신이 임무를 완수하라는 말에 다시 한번 당황할 수밖에 없었다.

"저 순천에 있는 고니시 유키나가가 본국으로 탈출할 때 이

광양만에 대규모 해전이 있을 것이다. 전투가 끝나가는 시점
에 나를 죽여 달라."

"통제사……."

"임영석이라 했느냐?"

"네. 소인 임영석이라 하옵니다."

"신하에겐 죽이라면 죽이고 죽으라면 죽는 게 진정한 충이니
라."

"통제사……."

"내 너에게 대장선의 조총수로 자리를 옮겨 주겠다. 왜군과
의 전쟁이 끝나는 시점에 나를 죽여 다오."

"통제사, 제가 어떻게 그럴 수 있겠습니까?"

"나를 역적으로 죽게 하고 싶은 게냐."

임영석은 이순신의 입에서 역적이라는 말이 나오자 세자 광
해군의 말이 떠올랐다.

"통제사……. 흑흑."

임영석의 눈에서 눈물이 멈추지 않았다.

눈물을 흘리는 임영석을 바라보는 이순신의 눈에서도 눈물
이 흘러내리고 있었다.

**"임영석, 신하臣에겐 죽이라면 죽이고 죽으라면 죽는 게 진
정한 충忠이니라."**

임영석을 보내고 이순신은 혼자 함선에 올라 여수 삼일포를

바라보았다. 차가운 바람에 얼굴은 칼로 베듯 시렸다. 마지막 해전이 다가오고 있었다. 그 바다는 아마 노량이 될 것이다. 마지막 해전을 앞둔 이순신의 귓가에 한산과 명량의 승리 함성이 아득하게 밀려왔다. 이순신은 임진년부터 이어진 참혹했던 칠 년 전쟁을 뒤돌아보았다.

'아, 한산의 바다여. 명량의 바다여.'

# 3

# 愛와 覺

애와 각

이순신의 조선 수군이 한산도에서 대승을 거둔 지 얼마 되지 않은 임진년 1592년 가을, 만주군 3명은 희미한 어둠을 뚫고 백두산 천지로 가던 중 웅장한 비룡폭포를 잠시 바라보았다. 셋은 건주 여진을 통합한 누르하치와 그의 막내아들 홍타이지 그리고 충직한 부하인 마신이었다. 누르하치는 건주 여진을 통합하고 칸의 지리에 올라 나라의 이름을 만주滿州라고 칭했다. 여진족은 거주 지역에 따라 백두산 주변의 건주 여진建州 女眞, 흑룡강성 주변의 해서 여진海西 女眞, 두만강 주변의 야인 여진野人 女眞으로 나누어져 있었다. 누르하치의 집안은 대대로 명나라로부터 건주 여진의 건주좌위 관직을 받았다. 누르하치가 25살 되던 해 그의 할아버지와 아버지가 명나

라군과의 전투에서 전사했다. 이때 명나라군의 장수는 조선에 파병된 제독 이여송의 아버지 이성량이었다. 누르하치는 할아버지와 아버지의 시신을 수습하여 백두산 천지가 잘 보이는 곳에 유골을 묻었다. 오늘은 누르하치의 할아버지와 아버지의 제삿날이었다. 누르하치는 백두산 천지를 바라보면서 할아버지와 아버지의 원수 명나라를 제압하고 천하의 주인이 되겠다고 맹세했다. 그날 이후 누르하치는 제삿날마다 백두산 천지에 올라 어둠 속에서 떠오르는 태양을 바라보며 천하 통일의 대업을 이룰 수 있도록 도와달라고 기도를 올렸다. 또한, 그동안 흐트러졌던 자신을 채찍질했다.

누르하치 그의 성은 애신각라愛新覺羅 이름은 노이합적努爾哈赤이다. **애신각라愛新覺羅, 신라新羅를 사랑愛하고 신라新羅를 생각覺한다**는 뜻이다. 금金나라의 태조 아골타는 신라 경순왕의 아들 마의태자 김일의 아들 김준의 후손이다. 마의태자 김일의 아들은 3명이었는데 그중 한 명인 김준은 여진으로 갔고 두 형제는 고려에 남아 부안김씨의 조상이 되었다. 아골타는 국호를 '김씨나라'라는 명칭으로 '금金'이라 했다.

여명이 밝아 올 무렵 3명은 백두산 천지에 도착했다. 누르하치는 할아버지와 아버지의 산소에 조촐한 음식을 차려놓고 큰절을 올렸다. 백두산 천지의 여명이 처음인 홍타이지는 그

장엄한 장관에 감탄하지 않을 수 없었다.

"아들아, 이 백두산과 천지가 우리 건주 여진에게 어떤 의미가 있는지 아느냐?"

홍타이지는 아버지의 물음에 대답을 하지 못했다.

"이 백두산을 중심으로 건국된 고구려, 발해, 금나라는 중원의 한족도 무서워하는 강력한 대국들이었다."

"아버지, 고구려와 발해는 우리 여진과 어떤 관계가 있는 것입니까?"

홍타이지는 여진족이 세운 금나라는 잘 알고 있으나 고구려와 발해에 대해서는 잘 알지 못했다.

"고구려는 이 백두산을 중심으로 살아가는 민족들이 세운 최초의 강력한 대국이었고 발해는 당나라에게 망한 고구려의 유민들이 세운 나라였다."

누르하치는 고구려와 발해 그리고 금나라는 모두 자신의 조상들이 세운 나라라고 생각하고 있었다.

"아버지, 그렇다면 조선은 우리와 어떤 관계입니까?"

"조선은 형제의 나라이니라. 고구려와 발해의 후손들이 지금 조선과 우리 여진의 백성들이다. 조선의 태조 이성계도 우리 여진족들이 많이 살고 있던 동북면 출신이 아니더냐."

"그런데 조선은 왜 우리를 적대시하는 것입니까?"

홍타이지는 조선이 여진족을 무시하는 것을 이해할 수 없었다.

"그들은 한반도를 기반으로 오랫동안 자신들만의 고유한 문화를 이룩했다. 우리가 지금 저들보다 군대의 힘이 강할지라도 문화의 힘에서는 미치지 못한다."

"아버지는 조선을 너무 과대평가하는 것 같습니다. 바다 건너 미개한 왜놈들에게도 힘없이 무너진 저들이 아닙니까."

"조선은 오랜 시간 평화가 지속되다 보니 무를 경시하는 풍조가 지배하고 관리들의 부패로 인해 그 힘을 잃었기 때문이지 결코 약한 나라가 아니다. 저들이 가진 각종 화포는 그 위력이 매우 뛰어나고 신기전과 같은 무기들은 보면 그 우수함을 알 수 있을 것이다."

"하지만 저는 조선이 싫습니다. 그들의 오만방자함을 언제가 꼭 꺾어버리겠습니다."

"아들아, 내가 죽고 네가 칸의 자리에 앉더라도 조선을 침략하지 마라. 조선은 형제의 나라라는 것을 항상 잊지 마라."

누르하치는 멀리 떨어져 있는 마신에게 가까이 오라는 손짓을 했다.

"조선에 파병하는 것은 어떻게 되었느냐?"

누르하치가 마신에게 물었다.

"조선에 파병하겠다는 뜻을 명나라 조정을 통해 전했으나 조선이 우리를 믿을 수 없다면서 거절했습니다. 또한, 미개한

오랑캐의 도움을 받을 수 없다면서 명나라 황제에게 여진의 도움을 받을 수 없다는 칙서까지 보냈다고 합니다."

마신은 난처한 듯 말했다.

"아버지, 파병하여 도움을 주겠다는 호의를 계속 거절한 조선을 왜 도우려 합니까?"

"그 이유를 모르겠느냐?"

누르하치는 조용히 홍타이지에게 물었다.

"조선이 형제의 나라라 도움을 주려는 것입니까?"

누르하치는 홍타이지의 말에 조용히 웃었다.

"내가 어찌 국가 대사에서 형제의 나라라는 하찮은 감정에 흔들리겠느냐."

누르하치는 조선 파병은 전략적인 선택이라고 홍타이지에게 설명했다.

"그럼 아버지는 조선 파병이 미래 북방 정세에 영향을 미칠 것으로 생각하고 계시는군요."

"그렇다. 조선에서의 전쟁이 끝나면 명나라는 본격적으로 우리를 공격할 것이다. 그때 조선이 명나라와 손을 잡는다면 승리를 장담할 수 없다. 또한, 우리가 조선을 먼저 공격할 경우 명나라는 우리의 뒤를 공격할 게 자명하다. 그래서 이번 파병으로 조선과 친선을 도모할 생각이었다. 나는 명나라를 먼저 무너뜨리고 조선을 복속시킬 예정이다."

"아버지, 저는 조선을 먼저 복속시키겠습니다. 지금 왜국과 조선의 전쟁을 보면 조선은 나라라고 하기에는 그 힘이 너무나 미약합니다. 조선이 지금까지 버틴 것은 이순신의 조선 수군과 의병들 덕택이었습니다. 하지만 조선 조정은 의병들을 하찮은 도적의 무리로 취급하고 있습니다. 우리가 다음에 조선을 침략할 경우 의병들은 다시 일어나지 않을 것입니다. 저는 압록강이 얼기를 기다렸다가 한걸음에 달려가 조선의 왕을 사로잡아 전쟁을 끝낼 것입니다."

"조선을 함부로 하지 말라는 아비의 말을 잊었느냐."

누르하치는 정말로 조선에 대해 약간의 애정이 있는 듯 말했다.

"칸, 그런데 이번 한산 해전에서 왜 수군이 전멸 당했다고 합니다. 왜군은 조선 수군으로 인해 바닷길이 완전히 막히면서 추가 병력과 군량미 등의 지원이 원활치 않은 상태입니다. 이번에 명나라군까지 압록강을 건넜으니 전쟁은 금방 끝날 것 같습니다."

마신은 누르하치에게 전쟁에 대한 조선의 정세를 보고했다.

"하늘이 우리를 도와야 할 텐데……."

누르하치는 심각한 표정을 지으며 말했다.

"아버지, 하늘이 우리를 돕는다는 게 무슨 뜻입니까?"

홍타이지 뿐만 아니라 마신도 누르하치의 의중을 아직 파악

하지 못하고 있었다.

"명나라도 조선만큼 관리들이 부패해 백성들의 원망이 하늘에 닿을 정도다. 명나라는 내부의 문제로 전쟁에 파병할 여유가 없었다. 그러나 조선이 왜국에 정복될 경우 왜국이 조선을 앞세워 자신들을 공격할 것이 두려워 어쩔 수 없이 파병한 것이다. 순망치한脣亡齒寒, 입술을 잃으면 이가 시리다. 명나라는 원치 않았지만 파병하지 않을 수밖에 없는 형편이었다."

"아버지는 명나라와 조선 그리고 왜국의 전쟁이 오래될수록 우리에게 유리하다고 생각하고 계시는군요."

홍타이지는 누르하치의 하늘이 도와야 한다는 말을 이제야 깨달은 듯했다.

"명나라는 그동안 우리 여진의 힘이 강해지는 것을 두려워해 부족 간의 알력과 힘의 균형을 유지하며 관리했다. 그러나 지금은 조선에서 왜국과의 전쟁으로 그럴 여유가 없다. 우리를 관리해 오던 요동군이 조선으로 파병되고 그 지휘관이 자주 바뀌어 우리 내부의 정보에도 어두운 편이다. 이 기회를 이용하여 여진을 통합하고 전쟁으로 힘이 빠진 명나라를 친다면 천하를 통일할 수 있을 것이다."

누르하치는 천하통일을 금방이라도 달성할 수 있을 듯 힘있게 말했다.

"그런데 칸, 조선 파병은 어떻게 할까요?"

마신이 누르하치에게 물었다.

"마신, 너는 어떻게 생각하느냐?"

누르하치는 오랜만에 마신에게 물었다.

"오늘 칸의 의중을 이해할 수 있을 것 같습니다. 그동안 칸은 명나라에 무리하면서까지 많은 조공을 바치고 명나라를 도와 두 번이나 조선에 파병 의사를 전달했습니다. 이는 모두 명나라에 충성을 보임으로써 감시를 느슨하게 하여 내부의 힘을 기르기 위한 칸의 뜻으로 보입니다."

마신의 말을 들은 누르하치는 만족한 표정을 지었다.

일본군과 조명연합군이 조선 땅에서 전쟁을 치르고 있는 사이 백두산 호랑이 누르하치는 건주 여진을 통합하고 기타 여진족을 복속해 나가고 있었다. 누르하치의 만주군은 팔기라는 체계를 갖춤으로써 더 강력해졌고 명나라를 무너뜨리고 천하를 호령할 기반을 소리 없이 마련해 가고 있었다.

# 4

# 天과 廢

천과 폐

"다시 말해 보아라. 우리 수군이 조선 수군에게 한산도에서 전멸을 당했단 말이냐?"

평양성에서 조선의 목줄을 끊기 위해 마지막 공격을 준비하고 있던 일본 제1군 대장 고니시 유키나가는 경악했다. 고니시 유키나가는 며칠 전 조선 국왕에게 '우리 수군 10만 명이 곧 서해로부터 도착할 것입니다. 그러면 조선 국왕께서는 이제 어디로 가시렵니까?'라고 조롱하는 글을 보냈는데 공교롭게도 그 일이 실패로 돌아간 것이었다.

"장군, 이순신의 함대가 남해안을 돌아다니며 우리 함선을 모조리 파괴했다고 합니다. 부산포에 정박 중인 100여 척의 함선도 모두 불타서 수장되었다고 합니다."

고니시 유키나가의 부장이 심각한 표정을 지으며 부산포까지 조선 수군의 영향력 아래 들어갔다고 보고했다.

"이거 큰일이구나. 남해안의 해상권을 빼앗기면서 전라도와 충청도가 온전히 지켜져 우리의 후미가 조선군에게 노출되게 생겼구나."

고니시 유키나가는 현실적인 장수였다. 개전과 함께 부산진성과 동래산성에서 무자비한 살육을 자행했는데 이는 조선군에게 공포를 심어주기 위함이었다. 그는 사태 파악이 뛰어난 냉철한 무장이었다.

한편, 명나라는 짧은 시간에 무너진 조선을 믿으려 하지 않았다. 명나라는 조선이 작은 나라지만 무시할 수 없는 존재라고 생각하여 태조 때부터 군사력에 신경을 쓸 정도였다. 이에 명나라는 사신을 파견하여 모든 것을 철저하게 확인했다. 명나라 내부에서 파병을 반대하는 의견도 많았지만, 조선이 무너지면 명나라도 위험해질 것을 염려하여 파병을 결정했다. 명나라가 파병을 결정했을 때쯤 조선은 초기의 무능함을 극복하고 스스로 힘으로 전쟁의 양상을 바꾸어 가고 있었다. 그 중심에는 자발적으로 일어난 의병들의 분전과 일본군을 압도하는 신기전과 비격진천뢰 등을 포함한 뛰어난 화포가 있었다.

"유격장 심유경은 들어라. 파병을 위해서는 시간이 필요하다.

조선으로 넘어가 평양에 주둔하고 있는 왜군 제1군 대장 고니시 유키나가와 거짓으로 평화 협상을 진행하라."

명나라 병부상서 석성은 심유경에게 파병을 준비하기 위해 거짓으로 협상하라는 명령을 내렸다. 석성은 조선이 무너지면 요동이, 요동이 무너지면 그다음은 북경이 위험하다면서 파병 반대론자들을 설득한 장본인이었다. 석성의 명령을 받은 심유경은 평양성의 고니시 유키나가를 찾아 50일간의 휴전을 제안했다.

"고니시 장군, 그대들의 처지가 참 딱하게 되었습니다."

"어허, 무슨 말씀이오. 우리군은 오랜 전쟁으로 단련된 최고의 정예군입니다. 심 유격장은 우릴 너무 쉽게 생각하시는 것 같습니다."

"그럴 리가 있겠습니다. 조선이 무너지는 것을 보면서 우리 명나라도 그대들에 대해 두려움이 있어 이렇게 휴전을 제안하는 것 아니겠습니까?"

심유경은 명나라가 일본군에 대해 두려움을 가지고 있다면서 고니시 유키나가를 안심시켰다. 그러나 그 말에 넘어갈 고니시 유키나가가 아니었다.

"내 생각해 보고 연락을 드리리다."

고니시 유키나가는 명나라가 참전할 시간을 벌고 있다는 것을 알고 있었다. 그러나 휴전을 받아들이지 않을 다른 뾰족한

수가 없었다. 해상권을 이순신에게 빼앗기면서 서해로부터 추가 병력과 군량미 등의 지원을 기대할 수 없게 되었다. 또한, 의병들의 분전으로 육로를 통한 지원도 안심할 수 없었다. 설상가상으로 겨울이 다가왔다.

경략 송응창과 제독 이여송은 5만여 명의 명나라군을 이끌고 얼어붙은 압록강을 건너왔다. 압록강을 건너온 이여송은 조선이 독자적인 군사 활동을 할 수 없도록 작전권을 인수했다. 이여송의 조명연합군은 압도적인 병력과 화력으로 평양성을 몰아쳤다. 그러나 고니시 유키나가는 밀리면 끝이라는 것을 너무나 잘 알고 있었기에 악착같이 저항했다. 평양성은 조선의 성 중에서도 그 견고함이 으뜸일 정도로 공략하기 어려운 성이었다. 시간이 지날수록 명나라군의 희생이 커지자 이여송은 고니시 유키나가에게 퇴로를 열어주었다. 일본군은 평양성 점령 6개월 만에 추위와 굶주림 속에 한양으로 퇴각했다. 부산에 상륙한 1만 8천여 명의 고니시 유키나카군 중 살아남은 자는 6천여 명에 불과했다. 이여송의 명나라군은 퇴각하는 일본군을 공격하지 않고 그 뒤를 따라 유유히 남하했다.

함경도에 있는 가토 기요마사를 제외한 대부분의 일본군 대장들이 한양에 모였다. 그들은 전쟁의 상황이 극도로 안 좋다는 것을 잘 알고 있었다.

"빠르게 남해안으로 퇴각해야 합니다. 이러다가는 전멸을 당할 수 있습니다."

제3군 대장 구로다 나가마사가 급하게 퇴군하자고 제안했다.

"구로다 장군의 말이 맞습니다. 군사들의 사기와 군량미가 모두 바닥이오. 지금이라도 퇴각합시다."

제4군 대장 모리 요시나리가 구로다 나가마사의 퇴각에 동의했다.

"그게 그리 쉽게 결정할 사항이 아니오. 아무 대책 없이 퇴각했다가는 몰살을 당할 가능성이 있소."

하지만 고니시 유키나가는 일방적인 퇴각이 더 위험하다고 주장했다.

"고니시 장군의 말이 맞소. 쉽게 뒤를 보였다가는 되돌릴 수 없는 사태에 빠질 것이오. 저들은 지금 사기가 하늘을 찌르고 있소. 우리가 뒤를 보인다면 그것으로 전쟁은 끝난 것이오. 이 한양에서 명나라군의 기를 꺾지 못한다면 우리는 모두 살아서 돌아가지 못할 것이오."

"공격이 최고의 방어요."

제6군 대장 고바야카와 다카카게는 일본군 대장 중 가장 나이가 많은 60세의 노장이었다.

"고바야카와 장군의 말이 극히 지당하시오. 여기 한양에서 명나라군에게 패한다면 우리 군 전체가 전멸당할 수 있소. 우

리가 살아서 고향으로 돌아가려면 이번 전투에서 꼭 승리해야 합니다."

고니시 유키나가는 다시 한 번 이번 전투의 중요성을 강조했다.

"조총으로 무장한 우리에게 유리한 장소로 적들을 유인해야 확실하게 승산이 있을 것이오. 저들은 지금 기고만장해 있기 때문에 쉽게 넘어올 것이오. 기병이 강한 저들을 막기 위해서는 좁은 길목으로 유인해야 합니다."

구로다 나가마사가 평양성의 승리로 기고만장해진 명나라군을 유인하여 좁은 길목에서 섬멸하자고 제안했다.

"제 생각에는 벽제관으로 유인한다면 충분히 승산이 있을 것이오."

고니시 유키나가는 조선의 지리에 대해 누구보다도 정확하게 알고 있었다.

일본군 4만여 명은 벽제관에 진을 치고 유인 부대를 보냈다. 이여송의 명나라군은 유인 부대를 물리친 작은 승리에 도취해 벽제관의 좁은 산길로 성급하게 일본군을 추격했다. 산속에 매복해 있는 일본군이 조총으로 공격하자 명나라군은 무수한 사상자만 내고 파주로 퇴각했다. 파주로 퇴각한 명나라군은 다시 개성으로 철수했고 더 이상 움직이려 하지 않았다. 유성룡은 한양에 주둔한 일본군의 상황이 좋지 않다는 것을

잘 알고 있었다. 다시 한 번 더 대규모 공격을 주장했지만, 이여송은 더는 싸우려 하지 않았고 일본군이 후퇴하기만을 기다릴 뿐이었다.

명나라군이 한양을 수복하기 위해 내려온다는 소식을 들은 수원 독산산성의 전라도순찰사 권율은 수하 2천 3백여 명을 이끌고 행주산성으로 들어갔다. 명나라군과 합동으로 한양을 탈환하기 위해서였다. 그러나 벽제관에서 퇴각한 명나라군은 개성에서 움직이려 하지 않았다. 벽제관에서 승리한 일본군은 적은 병력으로 행주산성에 진을 치고 있기는 하나 이치고개와 독산산성에서 패배를 안겨준 바 있는 권율이 신경에 거슬렸다. 일본 제8군 대장 우키타 히데이에가 3만여 명의 대군으로 행주산성을 공격하기 위해 이동했다.

"장군, 중과부적입니다. 3만여 명의 대군을 어떻게 막을 수 있겠습니까. 이 행주산성을 버리고 후일을 도모하십시오."

1천여 명을 이끌고 행주산성으로 들어온 승병장 처영이 권율에게 중과부적이니 행주산성을 버리자고 주장했다.

"전하는 아직 한양으로 돌아오지 못하고 있소. 어찌 신하 된 장수로서 죽음을 두려워한단 말이오."

권율은 아직 도성 한양이 일본군의 손아귀에 있는 것이 용서되지 않는 듯 결연하게 말했다.

"변 장군, 준비를 끝냈는가?"

"네 장군, 목책을 이중으로 설치했고 다연발 신기전 화차 40대와 수차석포 10문도 설치했습니다."

다연발 신기전 화차와 화포를 책임지고 있는 변이중이 자신감 있는 표정으로 권율에게 말했다. 변이중은 다연발 신기전 화차를 직접 고안할 정도로 그 방면으로 뛰어난 장수였다.

계사년 1593년 2월 12일 아침, 일본군은 3만여 명을 동원해 행주산성을 공격했다. 그러나 행주산성의 조선군은 전쟁 초기의 무력한 군대가 더는 아니었다. 특히 권율이 거느리고 있는 호남 정예병들은 이치전투와 수원 독산산성에서 이긴 최고의 군사들이었다. 수적으로 열세인 조선군은 미리 준비된 화포와 다연발 신기전으로 일본군의 예봉을 꺾었다. 전투가 원활하지 않자 총대장 우키타 히데이에가 직접 선두에 나서서 일본군을 독려하였다. 전세가 조선군에 불리하게 돌아가기 시작했다.

"적장을 향해 다연발 화차와 화포를 집중하라. 빨간 투구를 쓰고 있는 자가 적장 우키타 히데이에다. 적장을 향해 화차를 집중하라."

변이중이 일본군 총대장 우키타 히데이에를 발견하고 화포를 집중했다.

집중된 화차와 화포에 우키타 히데이에뿐 아니라 기쓰카와 히로이에까지 부상을 당했다.

부상을 당한 우키타 히데이에는 공격을 멈추지 않았다. 한 때 서북쪽 성곽을 넘은 일본군과 죽고 죽이는 백병전으로 성이 함락되기 일보 직전이었다. 하지만 죽음을 무릅쓴 권율의 독려와 처영이 지휘하는 승병들의 분전으로 승기를 잡았고 어렵게 일본군을 내성에서 축출할 수 있었다.

"장군, 화살과 화포의 포탄이 다 떨어졌습니다."

변이중이 다가와 권율에게 더는 공격할 화살과 포탄이 없음을 알렸다.

"백성들에게 돌을 모으라고 하라. 이가 없으면 잇몸으로 싸우듯 화살이 없으면 돌로 적들을 공격할 것이다. 가까운 시일 내에 강화도의 김천일 장군이 한강을 따라 화살을 배에 싣고 올 것이니 병사들을 독려해 주시오."

나주에서 의병한 김천일은 강화도를 점령하고 한강 제해권을 장악하여 마포나루까지 그 지배력을 확보하고 있었다. 화살이 떨어진 조선군이 돌을 던지며 일본군에 대항하고 있을 때 경기수사 이빈과 김천일이 수만 개의 화살을 행주산성에 제공했다. 그리고 한강을 거슬러 올라가자 일본군은 후미가 노출되는 것이 두려워 행주산성에서 퇴각했다. 권율은 기병을 내세워 끝까지 일본군을 추격했다.

벽제관에서 승리했으나 행주산성의 패배로 일본군은 심각한 타격을 입었다. 일본군 장수들은 군량미와 사기가 떨어져

더는 한양에 머무를 수 없게 되자 관백 도요토미 히데요시에게 남해안으로 철군을 요청했다. 도요토미 히데요시의 철군 허락이 떨어지자 장수들은 다시 한 번 고민했다.

"명나라군은 더는 우리를 공격하지 않을 것 같은데 조선군이 퇴각하는 우리를 공격할 가능성이 높소."

가토 기요마사는 함경도의 추위와 배고픔으로 부하 대부분을 잃을 만큼 일본군 대장 중 가장 타격이 심했다.

"그건 내게 맡겨주시오. 명나라군과 협상을 통해 조선군이 우리를 공격하지 못하도록 하겠소. 조선군은 지금 독자적으로 군대를 움직일 권한이 없소."

고니시 유키나가가 자신 있다는 듯 웃으며 말했다.

"고니시 장군, 문제는 의병들이오. 의병들이 명나라군의 말을 듣겠소."

가토 기요마사는 안심이 안 된다는 표정이었다.

"가토 장군, 무엇이 걱정이오. 장군이 잡아온 임해군과 순화군이 있지 않소. 그들을 앞세워 퇴각한다면 조선 의병들도 함부로 공격하지 못할 것이오. 그리고 명나라 조정에 강화를 위한 사신 파견을 요구할 것이오. 그러면 조선의 의병들이 함부로 움직이지 못할 것이오."

고니시 유키나가는 가토 기요마사가 걱정하는 것을 이해하지 못하겠다는 표정으로 말했다.

고니시 유키나가는 심유경을 만나 한양에서 순수하게 물러날 테니 안전한 퇴로를 보장해 달라고 요청했다. 심유경이 명나라 조정에 건의하여 강화를 위한 사신인 강화사가 파견되었다. 일본군은 아무런 제약 없이 임해군과 순화군을 앞세우고 남해안으로 철수할 수 있었다. 일본군을 공격하기 위해 한강을 건너려던 권율은 명나라군의 저지로 그저 바라만 볼 수밖에 없었다.

'전쟁을 끝낼 기회를 명나라가 도와주지 않는구나. **아, 하늘天이 조선을 버리는廢구나.**'

퇴각하는 일본군을 바라보면서 권율은 조용히 읊조렸다.

남해안으로 철수한 일본군에게 오사카의 도요토미 히데요시로부터 진주성을 공격하라는 명령이 떨어졌다.

"군사를 총동원하여 진주성을 함락하라."

# 忠과 節

충과 절

　진주성의 서장대에 올라 남강을 바라보았다. 온종일 내린 비는 충청병사 황진의 마음을 더욱 무겁게 했다. 초승달은 보이지 않았고 사방천지는 칠흑처럼 어두웠다. 백성의 피처럼 검은 강물은 내일이면 일본군의 본영인 부산에 도달할 것이다. 임진년 부산에 상륙한 일본군은 16일 만에 도성 한양을 점령하고 평양까지 진격했다. 하지만 전쟁은 명나라의 참전과 남해안에서 이순신의 제해 해상권 장악 그리고 의병들의 선전으로 크게 바뀌었다. 고양 벽제관에서 일본군에 패한 명나라 군은 강화에 무게를 두었다. 남해안으로 퇴각한 일본군은 명나라와의 강화 협상을 어기고 임진년 진주성 패배의 수모를 갚는다면서 갑자기 진주성을 공격해 왔다.

내일이면 10만여 명의 일본 대군이 진주성을 공격할 것이고 패배는 확실했다. 진주성은 1만여 명의 관군과 의병들의 무덤이 될 것이고 남은 백성들은 모두 도륙될 것이다. 황진에게 오늘 밤은 이승에서의 마지막 삶이 될 수 있었다. 황진은 허리에 차고 있던 칼을 빼들었다. 어둠 속에서 칼은 서리처럼 차갑게 빛을 발했다.

'내일 이 칼로 적을 베고 나 또한 죽으리라.'

전쟁이 발발하기 1년 전 조선통신사 김성일과 황윤길의 호위 무관으로 일본을 방문했을 때 현지에서 직접 주문한 칼이었다. 오랜 전쟁으로 일본에는 칼을 만드는 뛰어난 장인들이 많았다. 자신처럼 하찮은 무관의 눈에도 전쟁은 시간의 문제로 보였다. 하지만 조선은 전쟁을 준비하지 않았다. 그 원인은 동인과 서인으로 분열된 사림세력의 갈등이었다. 그 당시 집권하고 있던 동인들 사이에 신뢰가 높았던 김성일은 1년이란 기간을 일본에서 보내고도 '전쟁의 징조가 있는 것을 보지 못했다.'고 선조에게 보고했다. 유성룡을 포함한 대부분의 동인까지 동조했다. 전쟁의 기운이 석양의 노을처럼 하늘을 새빨갛게 뒤덮어도 그들은 손바닥으로 하늘을 가리고 있었다.

그 당시 황진이 본 일본선 도요토미 히데요시가 100여 년간의 전국시대를 통일하고 100만여 명의 정예 무장병력의 기세는 하늘을 찔렀다. 도요토미 히데요시 아래로 복속된 지방

영주들의 반란은 폭발하지 않는 휴화산처럼 잠복해 있었고 이들의 관심과 욕망을 채워주기 위해서라도 외부로 관심을 돌려야만 했다. 그 첫 번째 대상은 조선임이 분명했다.


황진은 인기척이 들려 뒤를 돌아보았다. 의병장 고경명의 아들 고종후였다.

"종후구나. 왜 잠이 안 오더냐."

"장군은 왜 눈을 조금 붙이시지 않고 늦은 시간까지 남강을 바라보고 계시는지요."

"흠, 내일이면 죽어 없어질 몸 눈을 붙여서 뭐하겠느냐. 종후, 너는 왜 김천일 장군의 말을 듣지 않는 것이냐. 금산성 전투에서 아버지와 동생을 잃은 네가 이 진주성에서 목숨을 잃는다면 지하에서 너희 아버지가 뭐라 하겠느냐. 고집 그만 피우고 이 진주성을 떠나거라."

황진은 조용히 고종후를 타일렀다.

"장군, 어찌 저만 살겠다고 나라를 구하겠다는 일념으로 따라나선 의병들을 외면한 채 떠날 수 있겠습니까?"

"종후야, 네 아버지가 나를 살린 것이다. 그러니 나는 죽어도 되지만 너까지 죽게 할 수는 없다."

"어찌 제 아버지가 장군을 살렸다고 하십니까? 이치고개 전투는 권율 도원수와 장군의 승리입니다. 이는 조선의 백성들

도 다 알고 있습니다. 장군은 그 선봉장이 아니었습니까."

"아니다. 이치고개 전투가 한창일 때 너희 아버지 고경명 의병장이 금산성을 공격하지 않았다면 우리는 웅치고개 김제 군수 정담의 군대처럼 전멸했을 것이다."

황진은 의병장 고경명에 의해 자신들이 온전히 전라도를 지킬 수 있었고 이치고개에서도 승리할 수 있었다고 말했다.

파죽지세로 평양까지 진격했던 일본군의 전략이 틀어지기 시작한 것은 서해로 전쟁 물자를 공급하려던 일본 수군이 한산도에서 대패하고 남해의 해상권을 전라좌수사 이순신에게 넘겨주었기 때문이었다. 또한, 전쟁 초기 지리멸렬했던 관군과는 달리 구국 항쟁의 깃발을 높이 든 의병들과 전화를 피한 호남의 관군들은 스스로의 힘으로 전쟁의 양상을 변화시켰다. 일본군의 전라도 점령이 실패함으로써 조선은 다시 일어날 수 있는 기반을 마련할 수 있었다. 일본군은 전라도의 곡창지대를 점령하여 군량미를 확보할 예정이었다. 조선과 일본 모두에게 전라도는 전쟁의 승패가 달린 절대 양보할 수 없는 지역이었다. 일본 제6군을 이끌던 일본의 백전노장 고바야카와 다카카게는 충청도 금산에서 전라감영이 있는 전주성으로 가는 전략적 요충지인 대둔산 이치고개에서 광주목사 권율과 동복현감 황진이 이끄는 조선 관군과 대치했다. 조선의 마지막 보

루인 전라도를 지키려는 조선 관군과 이치고개를 넘으려는 일본군의 처절한 전투였다. 그런데 돌연 일본군이 이치를 포기하고 본거지인 금산성으로 철수함으로써 조선 관군은 전라도를 사수할 수 있었다. 전라도 나주에서 의병을 일으킨 고경명은 한양을 향해 전진하다가 일본 제6군의 본거지인 금산성을 공격했다. 본진을 공격당한 고바야카와 다카카게는 이치고개에서 군대를 금산성으로 철수할 수밖에 없었다. 금산성 전투에서 고경명은 아들 고인후와 함께 전사했으며 살아남은 장남 고종후는 다시 의병을 모집하여 2차 진주성 전투에 참가했다.

"종후야, 만약 그때 너희 아버지 고경명 장군이 금산성을 공격하지 않았다면 웅치전투에서 승리하여 전주성 함락을 눈앞에 둔 안코쿠지의 왜군 1만여 명이 이치전투의 고바야카와 다카카게 군을 지원했을 것이다. 그렇게 되었다면 그날 권율 도원수와 나를 포함한 조선 관군은 전멸했을 것이고 조선의 운명도 크게 위태로웠을 것이다. 네 아버지의 죽음으로 권율 도원수와 내가 살았는데 나는 젊은 너를 여기서 잃을 수가 없구나. 부탁하마 종후야. 날이 새는 대로 이 진주성을 떠나거라."

"그건 황 장군의 말이 맞다."

창의사 김천일이었다. 김천일 그는 수원 독산산성과 금령 전투에서 공을 세웠고, 강화도에서 적을 공격, 양천, 김포 등

지의 일본군을 격퇴하고 양화도 전투에서 승리를 거둔 뛰어난 의병장이었다. 그 뒤에는 경상우병사 최경회가 서 있었다. 김천일과 최경회는 환갑이 넘는 나이로 갑옷이 힘겨워 보일 정도로 몸은 야위었으나 눈빛만은 상대방을 제압하기에 충분했다. 김천일은 고경명과 같은 전라도 나주에서, 최경회는 전라도 능주*에서 의병했다.

"황 장군은 나라에 녹을 먹는 사람이고 우리야 살 만큼 살았으니 나라를 위해 죽을 수 있다면 무슨 바람이 있겠느냐. 하지만 종후 너는 고씨 집안의 장남이 아니더냐. 황진 장군과 김천일 장군의 말대로 오늘 밤 여기를 떠나거라. 내 비록 몸은 늙었으나 왜놈들은 이 진주성을 쉽게 넘지 못할 것이다."

최경회가 김천일을 거들고 나섰다.

"어찌, 제가 어리다고 욕보이려고 하십니까? 금산의 아버지 주검 앞에서 약속했습니다. 곧 아버지의 뒤를 따르겠다고……."

고종후의 간절한 눈빛에 그들은 더는 진주성을 떠나라고 하지 못했다.

"김 장군, 황 장군 내일이면 저승길 가는데 이승의 마지막

---

* 능주: 전남 화순 지역

58

밤에 곡주 한잔 없어서야 하겠습니까?"

최경회가 김천일을 바라보면서 말했다.

"허참, 최 장군은 내일 죽는데 곡주가 그리 고프시오. 그럼 최 장군이 한잔 준비하시오. 황 장군도 같이 하시죠. 종후 너도."

넷은 최경회의 처소로 자리를 옮겼다. 조금 있으니 이목구비가 단아한 여인이 소탈한 술상을 들고 들어왔다.

여인을 보자 황진이 살짝 놀라는 표정이었다.

"이 아이를 아시오?"

최경회가 황진에게 물었다.

"아, 아닙니다."

황진이 약간 당황하며 말했다.

"너도 이리 앉아라."

최경회는 술상을 두고 나가려는 여인에게 말했다.

"이 아이를 보호하기 위해 사람들에게 거짓으로 소장의 첩이라고 소개했소."

최경회가 여인을 가리키며 말했다.

"고향이 어디더냐?"

황진은 자리가 어색했는지 여인에게 고향을 물었다.

황진에게 여인은 초면이 아니었다. 군사를 이끌고 진주성으로 향하던 중 한 가냘픈 여염집 여인이 뒤를 따르고 있었다. 황진이 그 여인에게 위험한 진주성으로 가는 이유를 물었는데

여인은 황진을 보고 수줍은 미소만 지을 뿐이었다.

"전라도 장수이옵니다."

여인은 수줍어하면서 말했다.

"장군들에게 술 한 잔씩 올릴 수 있겠느냐?"

최경회가 말했다.

"소첩처럼 미천한 몸이 어찌 마다할 수 있겠습니까?"

여인도 죽음이 다가오는 것을 느끼는지 술을 따르는 한 잔한 잔에 정성이 가득했다.

"나는 고향이 전라도 남원이다. 네 이름이 뭐더냐?"

평소 말이 없고 과묵한 황진이 술을 두어 잔 마시더니 여인에게 이름을 물었다.

"논개이옵니다."

"논개, 좋은 이름이구나……."

"너는 오늘 밤 여기를 떠나거라. 내일이면 이 진주성은 왜놈들의 세상이 될 것이다."

황진이 낮은 목소리로 논개에게 말했다.

"어찌 이 미천한 몸 지키고자 혼자 떠나겠습니까? 이 몸도조선의 백성이니 살아남아 뜻있는 일을 하겠사옵니다."

"어허, 종후도 논개도 어찌 어른의 말을 이리도 무시하는것이냐."

최경회가 낮은 목소리로 꾸짖었다.

"그러고 보니 논개까지 모두가 고향이 전라도구나."

김천일은 고향이 생각났는지 마지막 술잔을 비우고 4명의 손을 꼭 잡고 눈물을 글썽였다.

김천일과 고종후는 이승에서 마지막 밤을 군사들과 같이 한다면서 일찍 자리를 떠났다. 조금 뒤에 최경회가 고뿔이 걸려 힘들다고 하자 황진과 논개는 자리에서 일어나려고 했다.

"황 장군, 이승에서 마지막 술이오. 이 늙은이야 기력이 쇠해서 어쩔 수 없다 하더라도 장군은 조금 더 마시시오."

"논개, 네가 조금 더 황 장군의 말벗이 되어 드리거라."

논개는 최경회의 말을 듣고 약간 주저했다.

최경회가 나가자 약간의 어색함과 침묵이 둘 사이에 흘렀다.

황진은 조용히 술을 마시면서 가끔 논개를 보았다.

"이 진주성이 무너지는 것이 두렵구나."

"장군, 권율 도원수가 행주산성에서 대승을 거두었고 왜군은 경상도 남해안으로 철수했는데 무엇이 그리 두려우신지요?"

"너는 왜놈들의 속셈을 모르겠느냐?"

"소첩이 어찌 알겠사옵니까? 소첩은 강화 협상으로 안전한 퇴로를 보장받은 왜군이 갑자기 진주성을 공격하는 것을 이해할 수 없사옵니다."

"저들은 전쟁을 그만둘 생각이 없느니라. 그들은 서해를 통해 한강과 대동강으로 추가 병력과 전쟁 물자를 보급할 예정

이었다. 그런데 작년 한산도 앞바다에서 전라좌수사 이순신의 조선 수군에 크게 패해 남해안의 해상권을 빼앗기면서 그 전략에 큰 차질이 발생한 것이다."

"장군, 저놈들이 이 진주성을 무너뜨리면 다음 목표는 전라도가 되는 것입니까?"

"지금까지 이 조선을 지탱해 온 것은 조선 수군과 전라도의 힘이었다. 만약 이 진주성이 무너지고 조선 수군의 본영이나 다름없는 여수 전라좌수영이 육로를 통해 공격받아 적들의 손에 들어간다면 이 조선에 큰 위협이 될 것이다."

황진은 수심이 가득한 얼굴로 한참 동안을 말없이 술만 마셨다.

그리고 가끔 논개의 얼굴을 바라보았다.

"이것을 너에게 주고 싶구나."

황진은 호주머니에서 꽃이 그려진 작은 주머니를 꺼내 논개에게 주었다.

"이게 무엇이옵니까?"

"열어 보아라."

논개가 작은 주머니를 열었더니 옥으로 만든 가락지 10개가 들어 있었다.

"이걸 어찌 소첩에게 주시옵니까?"

"나는 이 진주성에서 죽게 될 것이다. 주인에게 전달하지

못할 것 같구나."

"장군, 무슨 사연이 있는 물건인지요?"

"동복현 출신 의병으로 결혼식을 얼마 남기지 않고 나를 따라나선 조카처럼 챙기던 아이의 물건이었다. 이치전투에서 죽으면서 자신의 정혼자에게 전해 달라고 했는데……."

황진은 목이 메는지 큰기침을 두어 번 했다.

"그렇다면 어찌 소첩에게……."

"그냥 주고 싶구나. 어차피 그 여인에게 전달되지 못할 물건 아니더냐. 끼워 보아라."

논개는 약간 수줍은 표정을 지으면 가락지를 끼워 보았다. 가락지는 논개의 손에 잘 어울렸다.

"곱구나."

한참이 지나고 나서 다시 황진이 말했다.

"이 밤이 짧구나."

황진은 이 말을 마지막으로 자리에서 일어나 자신의 처소로 돌아갔다. 논개는 쓸쓸한 황진의 뒷모습이 사라진 뒤에도 오랫동안 그 자리에 서 있었다.


다음 날 황진은 새벽부터 지난번 장마로 무너져서 고쳤던 동문 쪽 성벽을 다시 보강하고 있었다. 진주 목사는 서예원이지만 그동안의 전투 경험을 고려하여 황진이 순성장으로 전체

방어전을 지휘했고 김천일이 돕고 있었다. 황진은 장마에 무너졌던 동문 쪽 성벽이 왠지 불안했다. 현재의 병력으로는 일본군을 막을 수 없을 것이다. 명나라에 군 지휘권이 넘어가 추가 지원 병력을 기대하기도 어려웠다. 황진은 임진년 진주성 전투에서 승리하고 장렬하게 전사한 김시민 장군에게 도와달라고 잠시 기도를 올렸다. 황진의 기도하는 모습을 논개는 멀리서 바라보며 눈물을 글썽이며 중얼거렸다.

'장군과 같은 조선의 백성이라는 것이 자랑스럽습니다.'

계사년 1593년 6월 22일, 드디어 2차 진주성 전투가 시작되었고 전투는 8일 동안 밤낮으로 계속되었다. 예상대로 일본군은 지난번 장마로 무너진 동문 쪽에 병력을 집중했다. 1593년 6월 29일, 동문 쪽 성벽이 무너졌고 죽고 죽이는 백병전을 한동안 지속했다. 이날 진주성은 함락되었고 남아있는 수많은 백성은 모두 도륙되었다. 이 진주성 전투에서 충청병사 황진, 진주목사 서예원, 김해부사 이종인, 창의사 김천일과 그의 아들 김상건, 경상우병사 최경회, 고경명의 아들 의병복수장 고종후, 양산숙, 장윤, 김준민, 성수경 등이 전사했다. 김천일과 최경회 그리고 고종후는 적에게 몸을 더럽힐 수 없다며 남강에 몸을 던져 그 장엄한 최후를 맞았다.

며칠 뒤 일본군의 진주성 함락 자축연에서 논개는 일본 제

2군 대장 가토 가요마사가 가장 아끼는 부장 게야무라 로쿠스케를 끌어안고 남강에 투신하여 영웅들의 뒤를 따랐다. 조선의 충忠과 절節을 지킨 논개, 그녀의 작고 고운 손가락 마디마다 임진왜란 최고의 무장 충청병사 황진이 준 어여쁜 가락지가 끼워져 있었다.

# 6

# 能과 信

능과 신

"왜 수군은 한 명도 보이지 않느냐?"

조선의 세자 광해군이 도원수 권율에게 물었다.

"세자 저하, 파발을 보내 알아보는 중이옵니다."

권율은 광해군을 보면서 안절부절했다.

무술년 1593년 12월 27일, 전라감영이 있는 전주성에서 임진년 전쟁 이후 처음으로 진중 과거가 실행되었다. 과거를 관장하는 이는 세자 광해군이었다. 그러나 과거장에 육군의 지원자들만 있을 뿐 수군은 한 명도 참여하지 않았다.

"도원수, 이순신이 참가하지 못한다는 서찰을 보내왔습니다."

"무어라. 이순신이 수군을 보낼 수 없다고? 세자 저하가 주

관하는 과거에 정말로 참가할 수 없다고 했단 말이냐?"

도원수 권율은 크게 노하면서 이순신이 보내온 서찰을 보았다.

'……세자 저하께서 진중 과거를 실시한다는 소식을 듣고 진중의 군사들이 모두 기뻐했습니다. 그러나 물길이 요원하여 기한 내에 도착할 수 없을 뿐 아니라 적과 서로 대치하고 있는 상황에서 일시에 군사들을 보낼 수는 없는 일이옵니다. 부디 수군의 어려움을 이해하시어 선처 바라나이다.'

권율이 전해준 이순신의 서찰을 보고 광해군의 표정이 싸늘하게 변했다.

"이 자가 정말 조선의 삼도수군통제사란 말이냐?"

"저하, 이순신의 말대로 수군은 지금 적과 대치하고 있습니다. 수군의 어려움을 이해하십시오."

권율이 수군의 사정을 이야기했지만 광해군은 이순신의 거만함이 마음에 들지 않았다.

"통제사 이순신에 대해 조정에서 말이 많은데 그 소문이 거짓은 아닌가 보구나."

광해군은 조정 대신들을 이해하겠다는 표정이었다.

"이순신 이 자가 남해에서 작은 승리를 했다고 내게 이다지

도 무례할 수 있단 말이냐?"

광해군은 선조와는 달리 그동안 이순신에 대하여 좋은 감정을 가지고 있었으나 진중 과거로 인해 그 생각을 달리하게 되었다.


한산도 조선 수군 진영의 운주당에서 경상우수사 원균은 삼도수군통제사 이순신을 못마땅한 표정으로 바라보았다.

"통제사, 세자 저하가 주관하는 진중 과거에 참여하지 않았다고 들었습니다."

"우수사, 전장에서 장수는 무릇 조정의 명령도 거절할 줄 알아야 하는 법이오."

"지금은 전쟁 중이 아니라 명나라와 왜국이 강화협상을 진행 중이오. 그리고 이번 진중 과거는 세자 저하께서 친히 전라감영 전주로 내려와 주관한 것이 아니오? 이러고도 통제사가 자리를 보존할 수 있을 것 같소?"

"우수사, 나는 이 자리를 보존할 생각이 없소. 오직 우리 조선 수군이 위험에 빠지지 않게 하는 것이 나의 임무요."

"내 마지막으로 통제사께 한마디만 하겠소. 강하면 부러지는 법이오."

원균은 항상 원칙만 고집하는 이순신이 마음에 들지 않는다는 말을 남기고 운주당을 나갔다. 이순신도 원균이 말한 의

미를 알았다. 하지만 이순신의 조선 수군은 진중 과거에 참여할 만큼 여유가 없었다. 진중의 군량미는 떨어지고 전염병이 크게 번지고 있었다. 조정이 약재와 군량미를 보내지는 못할 망정 진중 과거를 실시한다고 하니 이순신은 가소로운 감정이 들었다. 이순신은 전주의 진중 과거에 참여하지 못해 의기소침해 있는 군사들의 사기를 위해 한산도에서 수군 단독으로 과거를 실시하게 해달라는 장계를 조정에 올렸다. 조정은 이순신의 장계로 발칵 뒤집혔다.

"전하, 세자 저하께서 한산도로 여러 번 사람을 보내 불러도 이순신은 움직이지 않았다고 합니다. 이 같은 참담한 일을 겪은 세자 저하를 위해서라도 이순신을 이대로 두어서는 아니되옵니다."

윤근수는 당장 이순신을 벌주어야 한다고 선조에게 강하게 건의했다.

"참으로 그의 거만함이 놀랍구나."

선조는 대신들에게 불쾌한 표정을 지었다.

"도원수 권율은 뭐라 하더냐?"

선조는 윤근수에게 조선의 군사를 책임지고 있는 도원수의 의견을 물었다.

"권율도 이번 일에 분개하고 있사옵니다. 하지만 지금은 비

상시국이고 수군 진영에 전염병이 크게 돌고 있다고 합니다. 한산도에서 단독 진중 과거를 허락해 주시고 죄는 따로 물어야 할 것이라고 했습니다."

"진중 과거를 허락하고 죄를 따로 물으라……. 세자는 어떻게 생각하느냐?"

선조는 광해군의 어전 회의 참여를 철저히 배제시켰으나 이번 일은 대신들의 건의에 따라 회의에 참여하게 했다.

"전하, 소자 전주의 진중 과거에 참여하지 못한다는 이순신의 서찰을 직접 받아 보았습니다. 말은 청산유수처럼 흐르나 그 속내를 알지 못하겠사옵니다."

"그 속내를 알지 못하겠다……. 세자는 이순신의 속내가 무엇이라고 생각하느냐?"

광해군은 이순신에 대해 직접적인 언급을 피하려 했으나 선조는 이에 대해 바로 물어왔다.

"……."

"세자, 이순신의 속내가 무엇이라고 생각하느냐?"

"소자의 짧은 생각으로는 이순신은 비록 유능한 장수일지는 몰라도 신뢰할 만한 장수는 아닌 것 같사옵니다."

광해군은 선조의 다그침에 어쩔 수 없이 대답했지만, 전주의 진중 과거에 대한 불쾌함이 마음속에 남아 있었다.

**"유능能하지만 신뢰信할 수 없다."**

"그대들의 생각을 잘 들었다. 무릇 장수는 기고만장해지면 위험해지나 나라의 위태로움에 장수를 바꿀 수는 없는 법. 이순신의 기고만장함이 도를 넘고 있지만, 이번 한 번만은 그의 의견을 존중하여 수군 단독으로 한산도에서 진중 과거 실시를 윤허하노라."

선조는 이순신이 주장한 대로 한산도에서 수군 단독으로 진중 과거를 실시할 수 있게 허락했다. 그러나 이 단독 진중 과거의 실시로 선조와 광해군의 심기는 몹시 불편했다.

조정에서 이순신의 단독 과거 실시를 논하고 있을 때 조선 수군에 최대의 위기가 찾아왔다. 진중에 전염병이 크게 창궐하여 사망자는 1천 5백여 명에 이르렀고 앓고 있는 군사가 5천여 명에 이르렀다. 부족한 군량미로 먹는 것이 부실하니 병을 앓는 군사들은 대부분 다시 일어나지 못했다. 군사의 수는 급격히 줄고 사기는 땅에 떨어져 전쟁을 수행할 수 없을 지경이었다. 이순신은 각 고을에 비상 동원령을 내렸으나 수령들은 움직이려 하지 않았다. 이순신은 부장들을 직접 이끌고 각 지방을 돌면서 위급한 형세를 알리고 군사를 징발해 보낼 것을 재촉했으나 아무런 성과가 없었다.

"네 이놈들, 조선의 삼도수군통제사를 무시하는 것이냐?"

이순신의 추상같은 노여움이 남원 관원에 울려 퍼졌다.

"통제사, 중앙과 지방 할 것 없이 늙은이와 아이들은 굶어 죽고 장정들은 도둑이 되었습니다. 거기에다 전염병으로 거의 다 죽어 없어지고, 심지어 아버지와 아들, 남편과 아내가 서로 잡아먹는 지경에 이르렀고, 죽은 사람의 뼈가 잡초처럼 드러나 있는 시국에 어찌 수군의 위태로움만 언급하시는지요."

남원부사 조의가 이순신에게 억울하다는 표정을 지었다.

"나도 그대들의 어려움을 모르는 것은 아니다. 그러나 대다수의 수군이 전염병으로 쓰러져 궁수와 격군이 없어 전쟁을 수행하기 어려울 지경이다. 이때 왜군이 공격한다면 조선 수군은 견디지 못하고 무너질 것이다."

"통제사, 지금은 강화 협상 중이 아니옵니까? 통제사의 행위가 과하십니다."

남원 관원의 병부 일을 맡고 있는 아전이 이순신의 행위에 대해 지적했다.

이순신은 그들의 말이 틀리지 않다고 생각했으나 만약 남원부에서 아무런 성과 없이 물러난다면 다른 고을도 협조하지 않을 것이 자명했다.

"네놈은 군사를 동원하는 병방이거늘 왜놈들의 진심을 파악하려 하지 않고 강화 협상을 언급하며 군중을 어지럽히는구나."

"이 남원은 전주성으로 가는 중요한 길목에 있습니다. 한산도로 군사들을 징병하여 보낼 수 없습니다."

남원부사 조의의 명령을 받은 것인지 하찮은 아전의 말치고는 그 논리가 정연했다.

"정녕 네놈은 그리 생각한단 말이냐? 조선의 바다를 지키지 못하면 도성 한양이 위태로워지는 것을 너희는 정녕 모른단 말이냐?"

이순신은 남원부사 조의의 목을 당장 치고 싶었으나 그를 군율로 다스릴 수는 없었다.

"다시 한 번 묻겠다. 남원부사 조의와 아전은 군사를 징발하여 보내겠느냐?"

"아무리 조선 수군의 통제사라도 남원부를 함부로 할 수는 없는 법입니다."

이번에도 아전이 이순신을 막아 나섰다.

"네놈이 전쟁을 위태롭게 하는구나. 저 아전 놈을 참수하라."

이순신의 아전을 참수하라는 말에 주위에 몰려와 있던 백성들도 술렁거렸다. 이순신은 여기서 물러난다면 군율도 서지 않을 뿐 아니라 더는 군사들을 징병할 수 없다는 것을 잘 알고 있었다.

"뭘 하고 있느냐? 사도첨사 김완은 저놈의 목을 쳐라."

사도첨사 김완이 나서지 못하자 이순신은 직접 칼을 뽑아들

고 나섰다. 그때서야 김완이 이순신을 말리면서 칼을 뽑았다.

"저놈을 포박하라."

사도첨사 김완이 군사들에게 명령을 내렸다.

남원부사 조의는 당황하여 얼굴이 하얗게 변했다.

"통제사, 왜 이러십니까? 소신이 잘못을 빌겠으니 아전을 용서해 주십시오."

"김완은 무엇 하느냐? 즉시 아전의 목을 참하라."

"네, 통제사."

김완의 칼이 허공을 흐르자 아전의 목이 떨어졌다. 주위의 백성들은 통제사 이순신의 냉정함에 치를 떨면서 아전을 죽인 것을 원망했다. 하지만 이순신으로서도 어쩔 수 없는 일이었다. 남원에서 아무런 성과 없이 물러난다면 조선 수군은 존폐의 위기에 처하기 때문이었다. 이순신은 전염병과 싸우면서 병력 충원을 해결하기 위해 강한 군율을 적용하여 정면 돌파를 시도했다.

# 7

# 殺과 火

살과 화


  강화 협상을 깨고 진주성을 공격한 일본군에 대해 명나라 측은 아무런 문제도 삼지 않았고 고니시 유키나가와 명나라 유격장 심유경은 강화 협상을 계속했다. 그러나 일본군이 한양에서 철수할 때 고니시 유키나가가 심유경에게 요구한 강화사는 명나라 조정에서 정식으로 파견한 사신이 아니었다. 무슨 수를 쓰더라도 안전한 퇴로를 보장받고 한양에서 철수하려는 고니시 유키나가와 어떻게든 강화 협상에 성공하고 싶었던 심유경이 거짓으로 조작한 강화사였다. 명나라 조정은 일본으로부터 강화사 파견에 대한 요구가 없었기 때문에 한양에서 일본군이 자진하여 철수한 것으로 알고 있었다. 반면, 도요토미 히데요시의 입장에서는 명나라가 사신을 먼저 파견하여 강

화 협상을 요청한 모양새였다. 고니시 유키나가는 조작된 강화사를 일본으로 파견하지 않을 수 없었다.

"고니시 장군, 이거 난처하게 되었습니다."

심유경은 걱정스러운 표정을 지으면서 고니시 유키나가에게 말했다.

"심 유격, 우리가 조작한 강화사를 일본으로 보내 관백께 평화 협정을 요청한 다음 관백의 요구 조건을 가지고 명나라로 일본의 정식 강화사를 보낼 것이오."

"고니시 장군, 관백의 요구 조건이 명나라에서 받아줄 수 없는 것이면 어떻게 됩니까?"

"내 생각으로는 명나라가 일본에 교역을 허용하고 조선이 공물을 바친다면 관백은 강화를 받아 줄 것이오."

고니시 유키나가가 알고 있는 도요토미 히데요시는 누구보다도 상황 판단이 빠른 인물이었다. 고니시 유키나가는 도요토미 히데요시가 조선과의 전쟁에서 승리할 수 없다는 것을 잘 알고 있기 때문에 강화에 대한 명분과 실리를 챙긴다면 전쟁을 끝낼 것으로 생각했다.

"관백의 요구 조건이 까다롭지 않아야 할 텐데……."

심유경은 관백 도요토미 히데요시의 요구조건이 까다롭지 않기만을 바랄 뿐이었다. 고니시 유키나가와 심유경이 조작한 강화사가 나고야에 도착하자 도요토미 히데요시는 명나라가

자신에게 머리를 숙인 것으로 생각해 최고의 예우로 대접했다. 그러나 고니시 유키나가의 예상과는 달리 도요토미 히데요시의 7가지 요구조건은 명나라에서 보면 너무나 무모했다. 부산으로 강화사가 가져온 도요토미 히데요시의 칙서를 보고 고니시 유키나가와 심유경은 기겁하지 않을 수 없었다.

'첫째, 명나라 황제의 황녀를 일본으로 보내어 후비로 삼게 한다. 둘째, 명나라와 일본의 관선과 상선을 왕래하게 한다. 셋째, 조선의 반발에 구애받지 않고 조선의 8도를 나누어 4도를 일본에 할애한다. 넷째, 조선의 왕자와 대신 두 명을 인질로 보낸다. 다섯째……'

"고니시 장군, 관백의 요구사항이 너무 심한 것 아니오."

"……"

고니시 유키나가는 신음만 낼 뿐 아무 말도 하지 못했다.

"……"

심유경도 한숨이 나오기는 마찬가지였다.

하지만 고니시 유키나가와 심유경만 괴로울 뿐 명나라와 일본은 강화를 기정사실로 받아 들였다. 강화사 파견의 성의로 일본은 임해군과 순화군을 석방했고 명나라군도 1만여 명만 남겨두고 압록강을 건너갔다. 시간이 지날수록 고니시 유키나

가와 심유경은 조작이 탄로 날까 봐 조마조마했다. 고니시 유키나가와 심유경은 지금까지 명나라 조정과 도요토미 히데요시를 속인 것만으로도 능지처참을 당하고도 남을 일이었다. 그들은 살기 위해 더욱더 대담한 결정을 내리게 된다.

"심 유격, 이왕 이렇게 된 것 관백의 칙서를 조작합시다."

"칙서를 조작하자고요."

"심 유격과 나는 이미 죽은 몸이오. 관백의 요구조건을 그대로 명나라 조정에 보냈다가는 모든 것이 탄로 날 것이오."

"장군……."

심유경은 아무 말도 할 수 없었다.

"심 유격, 명나라에게 일본의 조공 무역을 받아주고 관백을 일본의 왕으로 책봉해 달라고 요구하면 어떻겠소."

"명나라 조정은 일본군이 패전하여 스스로 물러갔다고 알고 있는데 고니시 장군의 요구조건도 받아줄지 명확하지 않소."

"심 유격, 무슨 말씀을 그렇게 하시오. 안 되면 되게 해야 할 것 아니오."

고니시 유키나가는 계속하여 걱정만 하는 심유경이 마음에 들지 않았다.

"아, 좋은 방안이 생각났소."

심유경은 갑자기 화색이 돌면서 소리쳤다.

"조선의 왕을 이용하는 것이오. 조선의 왕이 사직을 보존할 수 있게 일본의 요구조건을 받아달라고 명나라 조정에 간청하도록 강요하는 것이오."

심유경의 제안에 고니시 유키나가는 무릎을 탁 쳤다.

"그거 좋은 생각이오. 역시 심 유격은 수완이 대단하시오."

선조는 심유경의 압박에 못 이겨 명나라 조정에 일본의 요구조건을 받아달라고 간청했다. 심유경은 고니시 유키나가가 조작한 도요토미 히데요시의 칙서를 들고 강화사를 이끌고 북경으로 향했다. 화친을 반대하는 세력도 많았지만, 심유경을 지지하는 병부상서 석성의 설득으로 명나라 조정은 가짜 칙서의 요구조건을 받아들였다. 하지만 명나라는 일본의 요구조건 중 봉작 무역만 허용할 뿐 조공 무역은 허락하지 않았다. 고니시 유키나가의 요구조건 중 절반만 받아들여진 것이었다.

'첫째, 봉작만 요구하고 조공은 요구하지 말 것. 둘째, 한 명의 일본군도 조선에 머물지 않을 것. 셋째, 다시는 조선을 침략하지 말 것. 이 세 가지 약속을 지킨다면 관백 도요토미 히데요시를 일본의 왕으로 즉시 임명하겠다.'

한편, 도요토미 히데요시는 자신의 요구조건을 명나라가 순

수하게 받아 준 것으로 착각하여 조선에 2만 명만 남겨두고 철군 명령을 내렸다. 명나라 강화사 정사 이종성과 부사 양방형이 부산에 도착하여 일본군 진영에 머무르고 있는 사이 고니시 유키나가와 심유경은 사전 작업을 위해 일본으로 건너갔다. 부산에 머물던 정사 이종성은 보고와는 달리 일본군 상당수가 철군하지 않았고, 고니시 유키나가와 심유경이 일본에 너무 오래 있는 등 분위기가 이상한 것을 느끼고 일본군 진영서 도주하여 잠적했다. 일본에서 돌아온 고니시 유키나가와 심유경은 정사 이종성이 도주한 것을 알고는 당황하지 않을 수 없었다.

"정사가 도주했으니 이걸 어떻게 한단 말입니까?"

고니시 유키나가는 난처한 표정을 지었다.

"고니시 장군, 어차피 모든 것이 거짓이 아닙니까. 정사가 있고 없고가 이 판에 무엇이 중요하겠습니까."

심유경은 사기극이 계속될수록 더욱더 대담해졌다.

"칙서랑 인장은 두고 갔으니 다행이 아닙니까. 부사 양방형이 정사를 제가 부사 행세를 하겠습니다."

심유경은 자신이 부사 행세를 하겠다고 고니시 유키나가를 설득했다.

그리고 조선 조정을 압박하여 심유경의 시중을 드는 접반사 황신을 조선통신사로 둔갑시켜 일본으로 향했다.

명나라 강화사가 일본에 도착하자 도요토미 히데요시는 크게 기뻐했다. 그러나 요구조건인 대신과 왕자를 인질로 데려오지 않았다는 이유로 조선통신사는 만나기를 거부했다. 갑자기 조선통신사가 된 황신은 어리둥절할 수밖에 없었다. 아무것도 모르고 있는 도요토미 히데요시는 명나라 강화사를 극진히 대접했다. 도요토미 히데요시는 그 순간까지도 명나라가 자신의 요구조건을 모두 수락한 것으로 착각했다. 고니시 유키나가와 심유경은 하루하루 피가 말랐다. 병신년 1596년 9월 초, 명나라 강화사가 도요토미 히데요시를 일본의 왕으로 책봉하는 의례를 거행했다. 양방형은 일본의 왕으로 책봉한다는 황제의 칙서와 금 도장을 도요토미 히데요시가 당연히 무릎을 꿇고 받을 줄 알았다. 그러나 도요토미 히데요시는 황제의 칙서를 내리는 정사 양방형 앞에서 꼿꼿한 자세로 거만하게 앉아 있었다. 정사 양방형은 그 순간 무언가 잘못되었고 이종성이 도주한 이유도 알 수 있을 것 같았다. 옆에 있던 승려가 도요토미 히데요시는 무릎에 종기가 생겨 무릎을 꿇을 수 없다고 둘러댔다. 그러나 양방형의 등에 식은땀이 흘렀다. 식은땀이 나는 것은 고니시 유키나가와 심유경도 마찬가지였다. 다행히 도요토미 히데요시의 일본 왕 책봉식은 무사히 넘어갔다. 다음 날 명나라 강화사를 위해 도요토미 히데요시가 직접 연회를 열었다. 연회가 한참 물이 올랐을 때 도요토미 히데

요시는 측근인 승려 세이쇼 조타이에서 명나라 황제의 칙서를 직접 읽게 했다. 고니시 유키나가와 심유경의 얼굴은 사색이 되었다. 고니시 유키나가는 세이쇼 조타이를 미리 뇌물을 써서 매수했으나 그는 손을 떨면서 명나라 황제의 칙서를 있는 그대로 읽어 내려갔다.

"……그대 도요토미 히데요시는 바다에 있는 나라에서 일어나 천자국을 존중할 줄 알아 서쪽으로 사신을 보내 흠모하여 동화하고자 하고, 북쪽으로 만리장성의 관문을 두드려 내부를 간절히 구하였도다. 그 정은이 공손함보다 지극하고 복종하여 따름보다 아낄만 하다. 이에 그대를 일본의 왕으로 삼고 이 고명을 하사하노라."

세이쇼 조타이가 명나라 황제의 칙서를 읽어 내려가자 연회장은 순식간에 냉랭한 기운이 감돌고 숨소리도 들리지 않았다.

"일본국 태합 태정대신인 천하의 이 히데요시를……."

도요토미 히데요시는 화를 참지 못하고 명나라 황제의 칙서를 고니시 유키나가를 향해 집어던졌다.

도요토미 히데요시의 분노에 고니시 유키나가와 심유경은 어찌할 줄 몰랐다.

"고니시 유키나가, 이게 어떻게 된 일이냐?"

"……"

"그럼 지금까지 일어난 모든 것이 거짓이었단 말이냐. 말해

보라. 고니시 유키나가."

"태합, 죽을죄를 지었습니다."

고니시 유키나가는 도요토미 히데요시 앞에서 무릎을 꿇고 바짝 엎드렸다.

"이봐라, 저 심유경과 일당들을 모두 잡아다 목을 쳐라."

"태합, 죽을죄를 지었습니다."

바짝 엎드린 고니시 유키나가는 다시 한 번 도요토미 히데요시에게 잘못을 고했다.

"태합, 고정하십시오. 심유경이 비록 태합을 속였다 하더라도 저들은 엄연한 명나라의 정식 사신들이옵니다. 저들을 죽여서는 아니 되옵니다."

도쿠가와 이에야스와 이시다 미쓰나리가 이구동성으로 도요토미 히데요시를 말리고 나섰다.

"……이 일에 관련되는 놈들을 모두 잡아들여 당장 하옥하라."

"고니시 유키나가."

"네, 태합."

"너는 이 자리에서 당장 할복하라."

"태합, 소장 오직 태합을 위해 벌인 일이옵니다."

"네놈이 아직도 나를 능멸하려 드는구나. 저놈의 목을 당장 쳐라."

"태합, 믿어주십시오. 한양에서 남해안으로 안전한 퇴로를

83

확보하기 위해서는 어쩔 수 없는 선택이었습니다. 총사령관 우키타 히데이에 장군도 동의했습니다."

"뭐라. 네놈 혼자 도모한 일이 아니다? 네놈이 죽을 때가 되니까 못 하는 말이 없구나."

도요토미 히데요시는 칼을 빼들고 고니시 유키나가의 목을 당장 칠 태세였다.

그때 고니시 유키나가는 우키타 히데이에와 기타 장수들이 도모했다는 문서를 제시했다. 고니시 유키나가가 그동안 오늘과 같은 사태가 발생할 것을 대비하여 준비해 두었던 자구책이었다.

"이놈들이……."

도요토미 히데요시는 고니시 유키나가가 보여준 문서를 보고 당황했다.

도요토미 히데요시는 자리를 박차고 일어나며 큰소리로 외쳤다.

"다시 전쟁이다."

"고니시 유키나가."

"네, 태합."

"당장 이 자리에서 목을 치고 싶지만 한 번 더 기회를 주겠다. 조선에서 공을 세워라."

"소장 목숨을 아끼지 않고 태합의 뜻을 받들겠나이다."

"조선 수군을 섬멸하고 하삼도를 점령하여 살아있는 모든 것을 죽이殺고 보이는 모든 것을 불火태워라."

"고니시 유키나가, 조선으로 가라. 그리고 조선을 도륙하라."

정유년 1597년 새해, 고니시 유키나가와 심유경이 조작한 강화 협상으로 철군했던 일본군은 다시 조선을 침략했다.

# 8

# 王과 戰

왕과 전

　선조는 하늘이 원망스러웠다. 그는 왕이 될 운명이 아니었지만, 왕이 되었다. 그는 조선 최초로 후궁의 서손으로 왕이 되었다. 조선의 왕 중에서 정비가 아닌 후궁의 자손이 왕위에 오른 적은 없었다. 분명 하늘이 내리지 않고서는 왕이 될 수 없는 운명이었다. 선조는 중종의 세 번째 후궁 비인 창빈 안씨의 둘째 아들 덕흥군의 셋째 아들 하성군이다. 중종은 3명의 왕후와 3명의 후궁을 두었다. 중종의 정비 소생인 아들 중 왕에 오른 인종과 명종은 후사 없이 죽었다. 그리고 후궁 소생인 2명 아들은 사화에 의해 사사되었다. 분명 하성군은 하늘이 내린 군주임이 틀림없었다. 그러나 **하늘은 그에게 왕王의 운명과 함께 그보다 더 가혹한 전쟁戰이라는 운명을 같이**

**주었다.** 태조가 조선을 건국한 후 200여 년 동안 내부의 반란과 작은 전쟁은 있었지만 대부분 태평성대가 지속되었다. 하지만 지금은 어떠한가? 전 국토가 유린당하고 한 나라의 왕은 초라한 몰골로 북으로 몽진을 떠났다. 그리고 자신의 백성들을 남겨두고 압록강을 건너려고 했다. 평양까지 도달한 일본군이 왕이 있던 의주로 진격했더라면 그는 분명 압록강을 건넜을 것이다. 한 나라의 왕에게 명나라는 요동의 비어있는 작은 관헌을 내어주면서 호위 인원을 100여 명만 거느리고 압록강을 건너라는 굴욕을 주었지만 그는 분명 압록강을 건넜을 것이다. 정통성이 부족한 후궁의 서손이었기에 때문에 더욱더 위엄 있는 왕이 되려고 노력했던 선조였다. 그러나 이번 전쟁으로 스스로 얼굴을 들 수 없을 정도로 그 체면과 자존심은 땅에 떨어졌다. 한때 요동을 정복하고자 했고 대마도를 공격했던 조선이 어떻게 한 달도 안 돼 평양성까지 밀리는 지경이 되었단 말인가? 이게 왜 왕의 잘못이란 말인가? 선조는 자신의 잘못이 아니라고 스스로 자위했다. 신하들과 장수들은 무엇을 했단 말인가? 조선을 사대부의 나라라 칭하고 이 나라의 주인처럼 행사하면서 왕에게 지켜야 할 행동과 규범을 앵무새처럼 떠든 그들의 행동은 어떠한가? 공자와 맹자를 거들먹거리면서 왕을 압박하는 그들의 마음속에 공맹이 조금이라도 있는지 항상 의심스러웠다. 그들에게 백성은 안중에도 없어 보였다. 오직

권력을 향한 탐욕만 가득하여 스스로 쪼개져서 상대방의 허물을 말하지 않으면 입안에 가시가 돋는 존재들 같았다. 삼봉 정도전은 신하가 왕의 전횡을 견제하는 나라를 만들고자 했지 신하가 왕을 겁박하는 나라를 만들고자 하지는 않았을 것이다. 왕은 저들이 무서웠다. 왕은 혼자였지만 저들은 다수였다. 폭군은 혼자 없어지면 그만이지만 저들은 죽여도 죽여도 아카시아 같은 강한 생명력으로 그들만의 세력을 확장해 가는 존재들이었다. 왕의 독재가 무섭다고 만든 삼봉 정도전의 조선 체제에는 폭군보다 더 무서운 계급독재가 자리 잡고 있었다.

임진왜란 이후 왕의 자리를 내려놓겠다는 선조의 계속된 선위 파동으로 조정은 하루도 조용한 날이 없었다.

1592년 10월 19일, 11월 7일, 11월 23일, 3번의 선위 발표

1593년 1월 4일, 1월 13일, 1월 25일, 4월 4일, 5월 27일, 6월 3일, 7월 9일, 8월 28일, 9월 18일, 9번의 선위 발표

1595년 1월 18일, 3월 27일, 2번의 선위 발표

선조가 명나라로 가기 위해 세자 광해군에게 선위하겠다는 것은 진심이었다. 신하들은 명나라로 망명하는 것을 반대

했다. 하지만, 그들은 대책 없이 한양과 평양을 버릴 때도 반대한 이들이었다. 선조는 일본군에게 포로로 잡히거나 죽임을 당하는 것보다는 그동안 사대의 예를 다한 명나라로 망명하는 현실과 실리를 택했다. 그 이후 선조의 선위 파동은 땅에 떨어진 권위를 회복하고 신하들의 충성을 확인하기 위한 형식적인 행위에 불과했다. 신하들 또한 선조가 선위하겠다고 하면 진위는 따지지 않고 형식적인 선위 반대에 목청을 높이는 웃지 못할 광경이 지속되었다. 선조는 선위의 마음이 진심이었던 적도 있었다. 고니시 유키나가와 심유경의 강화 협상이 진행될 때 명나라 협상 당사자는 조선의 왕에게 압박을 넣어 조선의 사직을 보존하기 위해 일본의 요구조건을 받아 주기를 명나라에 간청하도록 강요했다. 이로 인해 선조는 선위를 발표하는데 그 처참함은 이루 말할 수 없었다. 또한, 조선의 왕을 무시하고 세자 광해군에게 하삼도 지방의 군무를 총괄케 하라는 명나라 황제의 칙서가 도착했을 때 선조는 죽기보다 싫은 비루함을 느꼈다. 어느 순간부터 선조의 마음속에는 비루함과 열등감은 사라지고 비열함과 두려움이 싹트고 있었다. 비열함과 두려움은 백성들에게 추앙받는 전쟁 영웅들에 대한 질투로 변모했다. 그 질투는 아무런 조건 없이 나라를 위해 목숨을 걸고 일어난 의병들에게까지 칼날을 겨누었다. 그리고 그 칼은 조선을 구한 삼도수군통제사 이순신에게까지 미치게 되었다.

선조의 의중을 알고 난 대신들은 부화뇌동하며 이순신 탄핵에 앞장섰다.

사헌부에서 이순신에게 벌을 주라는 탄핵 상소가 올라왔다.

*'통제사 이순신은 나라의 막대한 은혜를 받아 차례를 뛰어 높은 벼슬에 올랐습니다. 관직이 이미 최고에 이르렀는데 힘을 다해 공을 세워 보답할 생각을 하지 않고 바다 가운데에서 군사를 거느리고 있는 지가 이미 5년이 지났습니다. 적선이 바다를 덮어 와도 한 지역을 지키거나 적의 선봉대 한 명을 쳤다는 말을 듣지 못했습니다. 뒤늦게 전선을 동원하여 나왔으나 적의 활동에 압도되어 도모할 계획을 내지 못했습니다. 적을 토벌하지 않고 놓아두었으며 은혜를 저버리고 나라를 배신한 죄가 큽니다. 잡아오라고 명하여 국문에 따라 죄를 정하소서.'

다음날 이순신 탄핵을 상의하기 위해 선조와 대신들이 모였다.

"지난번 비변사에서 이순신의 죄상을 이미 헌의했으므로 전하께서도 이미 통촉하고 계시지만, 이번 부산방화에 대한 허

---

* 이순신에 대한 탄핵상소문은 선조실록을 바탕으로 하였으며, '그러나 이순신이 있었다'(김태훈 저)에서 인용하였다.

위 보고로 인해 온 나라의 인심이 분노하고 있습니다. 위급할 때 장수를 바꾸는 것이 비록 어려운 일이지만 이순신의 직책을 바꿔야 할 듯합니다."

윤두수는 이순신이 자신의 부하가 부산 일본군 창고에 방화했다고 조정에 성과를 올렸으나 그 방화의 당사자는 제찰사 이원익의 부하였다는 것이 밝혀진 사건을 들먹이며 온 나라 인심을 언급했다.

"참으로 죄가 있습니다만, 위급할 때 장수를 바꿀 수는 없습니다."

정탁이 말했다.

"짐은 이순신의 사람됨을 자세히 모르지만, 성품이 지혜가 적은 듯하다. 임진년 이후 한 번도 거사하지 않았고 이번 가토 기요마사를 부산 앞바다에서 치는 것도 하늘이 준 기회를 취하지 않았다. 법을 범한 사람을 어찌 매번 용서할 것인가. 원균으로 대신해야겠다."

선조는 삼도수군통제사 이순신을 대신해 원균을 임명하겠다고 했다.

"신의 집이 이순신과 같은 동네에 있었기 때문에 사람됨을 알고 있습니다."

"한양 사람인가?"

유성룡이 이순신을 안다고 하자 선조가 물었다.

"그렇습니다. 성종 때 사람인 이거의 자손인데 나랏일을 감당할 만하다고 여겨 신이 조산보만호로 천거했습니다."

"글을 잘하는 사람인가?"

유성룡의 말을 듣고 선조가 다시 물었다.

"그렇습니다. 성품이 굽히기를 좋아하지 않아 제법 취할 만하므로 신이 전라좌수사로 천거했습니다. 신이 차령에 있을 때에 임진년 전투의 공으로 이순신이 정2품 정헌대부正憲大夫가 되었다는 말을 듣고 늘 벼슬이나 상이 지나쳤다고 여겼습니다. 무장은 의지와 기개가 교만해지면 쓸 수 없게 됩니다."

유성룡은 이순신이 벼슬이 높아진 다음 교만해졌다고 말했다.

"거제에 들어가 지켰다면 영등포와 김해의 적이 반드시 두려워했을 것입니다. 오랫동안 한산에 머물면서 별로 하는 일이 없었고 이번 바닷길도 역시 공격하지 않았으니 어찌 죄가 없다고 하겠습니까? 신이 비변사의 일원으로서 어찌 이순신 하나를 두둔하겠습니까?"

유성룡은 이순신에게 벌을 주라고 선조에게 청했다.

"짐은 무신이 조정을 가볍게 여기는 습성을 다스리지 않을 수 없다. 이제 이순신이 가토 가요마사의 목을 베어오더라도 용서할 수 없다."

"이순신을 중죄에 처해야 합니다."

이정형 이외의 모든 대신은 이구동성으로 이순신을 벌을 주라고 선조에게 청했다. 선조는 이순신을 삼도수군통제사에서 파직하여 한양으로 압송하라는 명령을 내렸고 그 자리에 원균을 임명했다.

# 9

# 戰과 和

전과 화


정유년 1597년 1월 23일, 일본 제1군 대장 고니시 유키나가
가 있는 부산진성에 대마도에서 건너온 제2군 대장 가토 기요
마사가 도착했다. 가토 기요마사는 고니시 유키나가가 가소로
웠다. 능지처참을 당해도 시원찮은 놈이 아직 자기 앞에 있는
것이 몹시 거슬렸다. 고니시 유키나가도 이번에 도요토미 히
데요시를 속이고 죽지 않은 것이 천행이라 생각했다. 국제적
인 사기극, 고니시 유키나가의 명나라 협상 담당자인 심유경
은 벌써 목이 떨어져 능지처참 당했다. 안전한 퇴로를 확보하
기 위해 시작한 강화 협상의 작은 거짓말은 또 다른 거짓말을
불렀다. 결국, 명나라 황제와 일본국 관백에게 각각 다른 협상
안을 제시했고 명나라 황제의 칙서까지 조작한 고니시 유키나

가였다. 서로의 생각이 다른데도 고니시 유키나가와 심유경은 1년간 양국에 사기극을 벌였고 성공하기 일보 직전에 들통 나 그 파국을 맞았다. 심유경은 능지처참을 당했고 고니시 유키나가는 다시 한 번 조선에서 성과로 그 목숨을 담보 받고 있었다.

"목숨이 질기십니다. 관백을 상대로 그런 사기를 치고도 이렇게 멀쩡하신 걸 보니."

가토 기요마사는 고니시 유키나가를 째려보았다.

"어허, 왜 나만 보면 그리 못 잡아먹어서 안달이시오. 가토 장군."

"우린 장수요. 싸우라면 싸우고 싸움에서 지면 그 자리에서 죽으면 그만이오. 아버지가 장사꾼이라 아직도 그 기질을 못 버린 것 같소. 돈으로 관백의 호감을 사서 그 자리에 계신 걸 잊지 마시오."

"가토 장군은 항상 너무 강하십니다. 세상은 강한 걸로만 살아갈 수 없는 법입니다. 이번에 내가 관백을 욕보인 것은 우리는 이 전쟁에서 이길 수 없기 때문이오. 관백도 그것을 아셨는지 이번 정유년 전쟁은 조선의 완전한 정복이 아니라 조선과 명나라에게 공포를 심어주어서 유리한 협상안을 끌어내려는 것이오. 그래서 관백은 한양까지 진격하지 말고 조선의 남쪽 하삼도를 점령해 피비린내 나는 살육을 자행하라고 명령한

것이오."

고니시 유키나가는 가토 기요마사의 무식함을 깨우치려는지 도요토미 히데요시의 의중을 설명했다.

"가토 장군, 내가 왜 관백까지 속이면서 전쟁을 끝내려고 했는지 그 이유를 아시오?"

"고니시 장군은 생각도 많으시오."

가토 기요마사는 고니시 유키나가를 비꼬는 듯 말했다.

"가토 장군도 관백의 건강이 안 좋다는 것을 어느 정도 알고 있을 것이오. 만약 관백의 건강에 이상이 생길 경우 국내 정세는 소용돌이칠 가능성이 있소."

"가토 장군은 도쿠가와 이에야스를 어떻게 생각하시오?"

고니시 유키나가는 신중한 표정을 지으면서 가토 기요마사에게 물었다.

"도쿠가와 이에야스를 어떻게 생각하냐고 묻는 이유가 무엇이오? 고니시 장군은 도쿠가와 이에야스의 충성을 의심하는 것이오? 도쿠가와 이에야스는 관백에게 여동생을 보낸 사람이오. 동생까지 보낸 사람을 의심하는 것은 너무 과한 생각이 아닙니까?"

가토 기요마사는 고니시 유키나가가 쓸데없는 고민을 한다는 표정이었다.

"도쿠가와 이에야스는 우리가 생각하는 것보다 야망이 크고

인내심이 강한 사람이오. 우리가 이 조선에서 패하거나 관백의 신변에 문제가 생길 경우 분명 차기 권력을 차지하기 위해 내전이 발발할 가능성이 높소. 그렇게 될 경우 권력의 한 축은 분명 도쿠가와 이에야스가 될 것이오."

"나는 관백에게 모든 것을 바친 사람이오. 이 가망성 없는 전쟁을 지속할 경우 관백에게도 좋을 게 없소. 그래서 목숨을 걸고 사기극을 벌여서라도 전쟁을 끝내고자 한 것이오."

가토 기요마사는 고니시 유키나가의 말에 일리가 있다고 생각했다. 임진년 가토 기요마사의 일본 제2군은 변변한 전투 없이 바람이 비를 몰고 가는 것처럼 하루에 수백 리를 진격해 두만강 근처의 회령까지 점령했고 임해군과 순화군을 포로로 잡는 성과까지 세웠다. 그러나 겨울이 다가오고 후방으로부터 군량미 보급이 끊기자 추위와 굶주림이라는 적과 싸워야만 했다. 평양성이 함락된 이후 내려진 일본군 총사령관 우키타 히데이에의 철군 명령은 가토 기요마사에게는 너무나 반가운 소식이었다. 추위와 배고픔과 싸우며 한양으로 퇴각한 가토 기요마사 군은 2만 2천여 명에서 1만 3천여 명으로 줄었는데 1만여 명이 함경도의 혹독한 추위와 굶주림으로 죽었다. 일본군은 중앙군이라기보다는 지방 영주들의 가병에 가까웠다. 가토 기요마사도 고니시 유키나가와 마찬가지로 자신의 가병들을 잃음으로 인해 자신의 세력이 약화되는 것이 두려웠다.

"하여튼 고니시 장군은 머리도 좋으십니다. 관백의 건강과 전쟁에 패배할 경우까지 대비하고 계시니 말입니다."

"그런데 이순신에 대한 계책은 어떻게 되었소. 생각한 대로 제거할 수 있겠소."

가토 기요마사는 이순신만 제거된다면 단숨에 한양까지 달려가 조선의 왕을 제압할 꿈을 꾸었다.

"요시라를 통해 경상우병사 김응서를 속이는 데는 성공했소. 김응서가 가토 장군의 부산 도착 정보를 조선 조정에 알렸소. 그 정보를 받은 조선 조정은 이순신에게 가토 장군이 부산에 상륙하기 전에 공격하라는 명령을 내렸소. 내가 본 이순신은 가토 장군의 상륙을 막기 위해 부산 앞바다로 출동할 무모한 인물이 아니오. 나는 이순신이 출동하지 않을 것이라는 확신을 갖고 조선 조정에 알려준 것이오. 조선 국왕이 이번에는 이순신을 가만두지 않을 것이오. 조선 국왕이 이순신을 용서한다고 해도 조선의 사헌부와 사간원이 가만있지 않을게요. 그들 중 영향력이 있는 자들을 돈으로 매수했기 때문에 모든 것이 예상대로 될 것이오."

"하여튼 고니시 장군은 참 대단하시오. 만약 이번에 조선 조정이 이순신을 제거한다면 관백에게 큰 신임을 얻을 것이오."

"이게 다 가토 장군과 내가 사이가 안 좋다는 것을 이용한 것이오. 조선 조정에서는 이 **고니시 유키나가는 화친**和을 가

토 기요마사는 전쟁戰을 주장한다고 알고 있소."

고니시 유키나가는 조선 수군이 튼튼한 판옥선과 강력한 화포를 가지고 있지만, 전쟁에서 한 명의 뛰어난 장수의 역할이 얼마나 중요하지 잘 알고 있었다.


정유년 1597년 2월 초, 부산 앞바다로 출정해 대마도에서 건너오는 가토 기요마사를 공격하라는 조정의 명령을 거부한 이순신은 한산도에서 함거에 실려 한양으로 압송되었다. 이순신의 뒤를 이어 삼도수군통제사 자리에는 원균이 임명되었다. 삼도수군통제사가 된 원균에게 조선 조정은 부산 앞바다로 출정하여 일본군을 공격하라는 명령을 내렸다. 이순신의 소극적인 전투방식을 계속해서 비난하던 원균은 출동하지 않을 수 없었다. 이순신이 부산 출정을 거부할 때 "수백 명의 수군으로 가덕도에 주둔하며 위세를 떨치면 가토 기요마사가 겁을 먹고 돌아갈 것."이라는 서장을 선조에게 올린 원균이었다. 막상 삼도수군통제사가 되자 원균은 말을 바꿔 부산까지 함선을 몰고 갈 경우 격군들의 피로로 인해 전투에 패할 가능성이 높다며 계속 출정을 미루었다. 또한, 30만 대군을 동원한 비현실적인 수륙공동작전을 조정에 제안했다. 이 수륙공동작전은 이순신이 전부터 계속해서 주장한 전략이었다.

# 10

# 忠과 愛

충과 애


　그들이 원하는 것은 알량한 자존심이었다. 그들은 이순신이 조선을 지킨 것이 아니라 조선 수군이 강해서 이긴 것이라고 주장했다. 조선 조정은 이순신의 죄를 조정을 속이고 임금을 업신여긴 죄, 적을 쫓아 공격하지 않아 나라를 등진 죄, 남의 공을 가로채고 남을 모함한 죄, 임금이 불러도 오지 않고 한없이 방자한 죄라 했다. 이순신은 사지가 떨어져 나가는 고통 속에서 이 막막함을 이겨 낼 용기를 달라고 기도했다. 죽음은 두렵지 않았다. 하지만 이 조선에는 아직 적이 많고 가여운 백성들의 고통과 신음이 가득한 현실에 이순신은 죽을 수 없었다. 이순신은 전하의 눈을 보았다. 전하의 눈에서 분노보다는 그 비굴함에 연민을 느꼈다. 도성을 버리고 의주로 몽진하여 압

록강을 건너려고 했던 선조였다.

'전하가 나를 죽이려는 것은 어쩌면 당연하다.'

천하는 찢어지면 합쳐지고 합쳐지면 찢어지고, 나라도 태어나면 사라지고 사라지면 태어나는 것이 세상의 이치가 아니던가. 조선은 초기의 건강함을 잃고 그 힘이 약해지는 시점이었고 일본은 100여 년간의 전국시대가 도요토미 히데요시에 의해 통일돼 그 힘이 최고일 때 조선을 침략했다. 하지만, 조선은 나라라고 하기에는 너무 무기력했다. 한때 원나라와 대항했던 고려, 고려 말과 조선 초에 요동을 정벌하려 했던 그 나라가 힘없이 무너진 것을 보고 명나라에서조차 일본과 조선이 음모를 꾸민다고 생각할 만큼 조선은 안으로 곪아 있었다. 그래도 조선에는 아직 희망이 있었다. 백성은 스스로 의병을 일으켜 나라의 무너진 자존심을 세웠다.

*'이순신이 한 번 공로를 세운 뒤에 다시는 내세울 만한 공로가 별로 없다고 하여 대단하지 않게 여기는 이도 있으나 신은 그렇게 생각하지 않사옵니다. 명나라 장수들이 화친을 주장해 왜국을 신하국으로 봉하려는 일까지 생기어 조선의 모든 장수는 그 틈에서 어찌할 길이 없으므로 이순신이 다시 더 힘을 쓰지 못한 것도

---

* 정탁의 상소문: '선조실록', '그러나 이순신이 있었다'(김태훈 저)인용.

실상 그의 죄는 아니었사옵니다. 요즘 왜적들이 다시 쳐들어오매 이순신이 미처 손쓰지 못한 것도 그럴 만한 사정이 있을 것이옵니다. 대개 변방의 장수들이 한 번 움직이려고 하면 반드시 조정의 명령을 기다려야 하고 장군 스스로는 제 마음대로 못 하옵니다. 왜적이 바다를 건너오기 전에 조정에서 비밀리에 내린 분부가 그때 곧 전해졌는지 아닌지도 모를 일이오며 또 바다 날씨가 좋았는지 나빴는지 알지 못할 일이옵니다. 모든 책임을 이순신에게만 돌릴 수는 없사옵니다. 대개 장수된 자는 군사와 백성의 운명을 맡은 이요, 나라의 안위에 관계된 사람이라 그들을 소중하게 여겨 그 임무를 다하게 하시옵소서…….'

죽음을 두려워하지 않은 판중추부사 정탁의 이순신에 대한 선처를 바라는 상소였다. 정탁을 포함한 충신들의 상소로 이순신은 간신히 목숨을 유지할 수 있었다. 백의종군. 이순신은 적의가 충만한 전하의 눈과 비웃음을 볼 때 살아서 나가지 못할 것으로 생각했다. 이순신의 목숨을 구한 건 전하가 아니라 아직도 백성을 도륙 내고 있는 적의 힘이 강했기 때문일 것이다. 강한 적이 이순신을 살린 것이다. 전하는 이순신에게 역적이지만 살려준다고 했다. 그는 아직 역적의 몸이었다.

정유년 1597년 2월, 정유재란으로 대마도에서 건너오는 가

토 기요마사의 상륙을 부산앞바다에서 공격하라는 조정의 명령을 거부하고 출정하지 않은 이순신은 한산도에서 체포되어 한양으로 압송되었다. 한 달간의 고문을 당한 뒤 4월 1일에 석방되었다.

'아산으로 갈 것이다.'

이순신은 여수 전라좌수영의 고음천*에 모셨던 어머니가 제일 먼저 떠올랐다. 이순신은 출옥하여 남대문 밖 윤간의 종 집에 머무르면서 몇 명의 대신과 그들이 보낸 사람들과 만났다. 다음날은 영의정 유성룡의 집으로 초저녁에 들어갔다가 닭이 울어서야 나왔다.

고문으로 상한 몸이 아파왔다. 수원에서 더는 가지 못할 것 같아 경기제찰사 수하의 집에 잠시 몸을 의탁했다.

"이 장군 계시는가?"

문을 열고 밖을 보니 서애 유성룡 대감의 친한 벗인 김재현이었다. 김재현은 벼슬에 뜻이 없어 작은 서당을 열고 후학을 가르치고 있었다. 서애 유성룡은 정사로 바쁠 때 중요한 일을 김재현에게 부탁하곤 했다.

"김재현 대감이 아니신지요? 이런 누추한 곳에 어떻게……."

"서애 대감이 어제 경황이 없어서 장군께 전달하지 못했다

---

* 고음천: 전남 여수시 학동 송현마을.

면서 몸을 추스르라고 귀한 산삼을 보냈소."

"어찌 김 대감이 이 귀한 것을 손수 들고 오셨는지요."

김재현은 산삼과 함께 작은 술병을 내놓았다. 전쟁 중이라 음식이 부족해 오래된 신 김치를 안주 삼아 김재현과 술을 마셨다.

"장군, 이번에 고초가 많으셨소. 몸은 어떠하신지요?"

"죽으면 흙이 될 몸. 걸을 수 있는 걸로 만족합니다."

"장군의 몸이 장군만의 것이겠소. 이 나라 백성들을 위해서라도 몸을 온전히 하십시오. 서애 대감께서 장군을 지켜 주지 못한 것을 많이 미안하게 생각하고 있습니다."

"김 대감, 서애 대감도 어쩔 수 없었을 겁니다. 전 괜찮습니다. 전하도 이해합니다. 김 대감은 서애 대감과 오랜 벗이 아니오. 제가 이번 전쟁을 겪으면서 느낀 점이 하나 있습니다. 서애 대감은 어떻게 생각할지 가끔 궁금했습니다. 대신 김 대감께 물어봐도 되겠습니까?"

"제가 서애의 생각을 모두 알지는 못하지만, 장군의 물음에 대답할 정도는 서애를 알고 있을 것이오."

**"대감, 나라와 임금을 향한 충忠이 먼저요 아니면 백성을 향한 애愛가 먼저입니까?"**

순간 김재현은 몹시 당황했다. 김재현은 '조정에서 이순신의 충을 의심하고 있는데 역시 그것이 거짓이 아니었구나.'라

고 생각하는 것 같았다.

"장군, 그건 장군도 알고 있지 않소."

"대감, 소신이 부족해서……."

"장군, 이번에 상심이 크셨다는 것은 알지만, 전하를 향한 충을 하찮은 백성에 대한 애에 비한단 말이오."

"대감, 어찌 백성을 하찮다고 하시는지요. 백성 없이 나라가 존재하겠습니까?"

"장군도 무부가 아니라 사대부라고 알고 있었는데 어찌 그런 말을 하시는게요. 임금에 대한 충은 이 조선을 지탱하는 근간인데 어찌 애를 들먹이면서 이다지도 불충을 입에 담는 것이오."

"대감, 소신이 어찌 불충을 입에 담을 수 있겠습니까? 저는 단지 백성에 대한 애가 없는 나라에는 희망과 미래가 없다는 말을 하고 싶은 것입니다."

"장군, 나라 없이 백성이 존재할 수 있겠소. 나라와 사직이 굳건히 서야 백성도 편안하고 존재할 수 있는 것이오. 그래서 충이 중요한 거 아니겠소."

"대감, 미안합니다. 소신은 단지 서애 대감의 백성에 대한 마음을 알고 싶었을 뿐입니다. 대감의 마음을 어지럽혔다면 용서해 주십시오."

김재현의 얼굴은 빨갛게 상기되었다. 조선을 이끌어 가는

대신들과 사대부 또한 이번 전쟁으로 자존심에 깊은 상처를 받았을 것이다. 자신들이 변방의 섬 오랑캐라 취급했던 하찮은 왜倭에게 이토록 힘없이 당한 것이 참기 힘들 것이다. 그들은 조선을 왕의 나라가 아니라 자신들 즉 사대부의 나라라고 생각하고 있었다. 공맹과 주자의 학문을 더욱더 발전시켜 고유의 철학을 완성했다는 그릇된 자만심을 가진 그들은 백성의 삶과 실리가 아닌 자신들의 대의와 명분만 내세우는 하찮은 책상물림에 불과했다. 김재현은 마음이 불편했는지 얼마 되지 않아 자리를 떠났다.

다음날 이순신은 수원에서 아산으로 향했다. 여수 전라좌수영 고음천에 있던 어머니가 고령에도 불구하고 한양에서 풀려난 아들을 보기 위해 서해로 향하는 배에 올랐다는 소식이 이순신에게 전해졌다. 어머니가 무사하기만을 바라는 마음이 간절했으나 알 수 없는 불안감이 몰려왔다.

'다시 어머니를 한 번만 뵐 수 있다면……'

이순신은 아산으로 말고삐를 재촉했다.

# 11

# 忠과 孝

충과 효

　꿈을 꾸었다.

　꿈은 심란하기 이루 말할 수 없었다. 꿈에서 어머니와 막내
아들 면을 보았다. 어머니는 자꾸 외롭다면서 면의 손을 잡고
안개가 자욱한 아산 염치저수지의 물속으로 들어갔다. "어머
니 면을 데리고 어디로 가십니까?"라고 이순신은 절규하면서
달려갔지만, 어머니는 계속해서 뒤로 물러났다. 면은 할머니
의 손을 잡고 무뚝뚝한 표정을 짓고 있었다. 어머니와 면이 손
을 흔들며 사라지는 모습을 보고 이순신은 어머니를 부르면서
잠에서 깨어났다.

　병든 어머니에게 무슨 일이 발생한 것 같아 하루 종일 마음
이 불편했다. 여수 전라좌수영을 출발하여 아산으로 들어오려

면 아직 5일 정도의 시간이 필요했다. 이순신은 어지러운 마음에 종 태문을 보내 어머니의 소식을 듣고 오게 했다. 이순신은 한양을 나선 지 5일 만에 수원과 평택을 거쳐 아산 음봉에 있는 아버지 이정의 산소에 도착하여 절을 하고 곡을 했다. 차마 볼 수 없을 정도로 거친 수목과 잡풀로 뒤덮여 있는 아버지의 산소에 이순신은 어둠이 내릴 때까지 누워 있었다. 어둠이 내리자 아산의 본가에 들러 친척들과 친구들을 만나 회포를 풀었다. 다음날 동네 사람들이 각기 술을 가져와 위로하는데 차마 거절하지 못하고 마시다 보니 흠뻑 취하기까지 했다. 이순신은 관용과 용맹을 갖추고 있어 응당 큰 그릇이 될 것이다, 라고 유성룡에게 이순신을 추천했던 홍군우는 변고 없이 무사히 돌아온 이순신을 위하여 큰소리로 창을 하고 그 기쁨을 감추지 못했다. 그러나 홍군우의 창은 이순신에게 아무런 즐거움을 주지 못했다. 창의 즐거움을 느낄 감정이 이순신의 마음속에 남아있지 않았다. 꿈을 꾼 다음 날 종 태문이 태안 안흥으로부터 어머니가 몹시 위독하다는 소식을 전했다. 어머니는 병드신 몸을 이끌고 옥고를 치른 아들을 보기 위해 목숨을 걸고 여수 전라좌수영에서 서해로 향하는 배에 올랐다. 젊은 사람들도 힘든 여정이었다. 어머니는 한 번이라도 아들을 보고 죽고 싶다며 다들 말리는 것을 뿌리쳤다. 이순신은 아들 울을 먼저 바닷가로 보냈다.

다음날 태안으로부터 어머니가 위독하다는 소식이 전해졌다. 이순신은 참담한 심정으로 어머니가 도착 예정인 아산 해암으로 향했다. 해암으로 가는 도중 종 순화가 달려와 어머니의 부고를 전했다. 하늘이 무너지고 땅이 꺼지는 소리였다. 한걸음에 달려가 어머니의 시신을 감싸 안았지만, 가슴이 찢어지는 슬픔을 달랠 길이 없었다. 어머니는 자신이 아들을 다시 보지 못할 것으로 생각했던 것 같았다. 어머니는 전라좌수영 본영에 부탁해서 자신이 들어갈 관의 재목을 가지고 배에 올랐다. 아들을 보지 못하더라도 아들 가까이서 죽고자 하는 부모의 자식에 대한 크고 헤아릴 수 없는 사랑이었다. 어머니의 영구를 상여에 올려 집으로 오는데 굳은 비가 하루 종일 내렸다. 어머니의 고향이자 이순신이 성장한 아산의 마을을 보자 찢어지는 아픔을 말로 다 할 수 없었다. 그동안 못다 한 효도를 어머니의 빈소 앞에서 곡으로나마 다하고 싶었다. 그러나 남쪽으로 가야 할 길이 멀기에 더욱더 큰 소리로 울부짖으며 곡을 했다. 어머니의 죽음 앞에서 같이 죽기를 바라는 마음이 간절했다. 어머니의 슬픔을 하늘도 아는지 다음 날도 비바람이 세차게 몰아쳤다. 내일이면 남쪽으로 가야 했다. 몸은 지치고 무거워 한 발짝도 움직이지 못할 것 같았지만 가야 했다. 역적의 죄를 사면받기 위해서가 아닌, 적에게 능욕당하고 코가 베인 채 죽어간 백성을 위해서라도 백의종군해 공을 세우

라는 전하의 명을 따라야 했다. 금오랑 이사빈은 이순신에게 아직 죄인의 몸이라며 은근히 재촉했다. 다음날 무거운 몸으로 어머니의 영정 앞에 하직을 고하고 적들이 까마득하게 몰려와 있는 남쪽의 전장으로 움직이지 않는 발걸음을 향했다. **충忠과 효孝 어느 하나 제대로 실행한 것이 없으니 남쪽으로 향하는 이순신은 어서 죽기를 바랐다.** 도원수 권율이 있는 순천으로 내려가는 길에 남원에 이르러 전라좌수영 시절 부하였던 정철을 만났다. 정철은 이순신과 헤어지는 것이 아쉬웠는지 10리 길을 동행하고 송별했다. 구례를 거쳐 순천 송원 정원명의 집에 이르니 권율 도원수가 군관 권승경을 보내 조문을 하는데 '상중에 몸이 피곤할 것이니 기운이 회복되는 대로 나오라.'라고 하면서 통제영의 군관에게 간호토록 했다. 순천에서 여러 날을 보내는데 삼도수군통제사 원균에 대한 말이 많았다. 이순신은 원래 그를 잘 알고 있었기에 크게 개의치 않았다. 충청 우후 원유남이 한산도로부터 와서 원균의 흉포하고 패악함을 많이 전하는데 진중의 장졸들이 이탈하여 반역하니 그 형세가 장차 어찌 될지 모르겠다고 했다.

이순신은 순천에서 자주 꿈을 꾸었다. 돌아가신 두 형님이 자주 나타나 통곡하는데 마음이 어지럽고 불안했다. 정유년 1597년 5월 20일, 이순신은 제찰사 이원익을 만나기 위해 구

례에 도착했다. 제찰사가 먼저 군관을 보내 상을 당했다는 소식을 이제야 들었다면서 조문하고 저녁에 만날 수 있는가를 물어왔다. 이원익, 그는 임진왜란 당시 평안도관찰사로 명나라 제독 이여송과 함께 평양을 수복했으며 붕당이 판을 치는 조정에서 항상 중심을 지키고 이순신을 끝까지 믿어 준 인물이었다. 학문과 현실에 모두 밝았던 율곡 이이가 칭찬할 정도로 그는 병부와 행정에 대해 뛰어난 현실 감각을 소유하고 있었다.

"이 장군, 몸은 괜찮으시오. 어머니의 소식은 들었습니다. 참으로 안된 일이오."

이원익은 하얀 소복을 입고 이순신에게 어머니의 상을 위로했다.

"대감, 이 나라에 부모 잃은 백성이 한둘이겠습니까. 적의 손에 몸이 해되지 않은 것만으로도 복이지 않겠습니까."

"이 나라의 왕족과 대신이었던 사람으로서 이 현실이 믿을 수 없을 정도로 참담합니다. 요즘은 백성들의 울부짖는 소리에 하루도 잠을 편히 이룰 수 없구려."

"대감, 어찌 그리 자책하십니까. 조선은 개국한 지 200여 년이 넘었고 평화가 지속되어 그 힘이 떨어지는 시기에 침략을 당한 원인이 크다고 봅니다."

111

"장군도 율곡 이이 대감과 같은 이야기를 하는구려. 동인들은 율곡 대감이 젊은 시절 불교에 귀의하여 경전을 공부했다는 이유로 정통 유학자가 아니라면서 멸시했지만 참으로 놀라운 혜안과 뛰어난 능력을 가지고 있었소. 율곡 대감은 조선은 겉으로 보이는 것보다 훨씬 안으로 곪아 있어 적의 작은 침략에도 토붕와해土崩瓦解될 것이라고 했소. 10만 양병설을 주장했지만 받아들여지지 않은 것이 참으로 안타까운 일이오."

"대감을 볼 때마다 존경스럽습니다. 동서의 붕당으로 나누어진 조정에서 치우침이 없으니 말입니다. 대감은 조선의 붕당과 사화를 어떻게 보시는지요?"

이원익은 이순신의 갑작스러운 질문에 한참 동안을 고민했다.

"장군, 그것이 대신들만의 뜻이라 생각하십니까? 장군은 젊어서부터 무장의 길을 걸었으니 정치의 본질에 대해 잘 모르실 것입니다. 정치란 백성을 통치하는 수단일 뿐 아니라 권력의 장악이라는 두 가지 얼굴을 가지고 있습니다. 물은 위에서 아래로 흐르듯 정치가 권력으로 향하는 것이 인간의 본성인가 봅니다."

"그럼 그것이 대신들만의 뜻이 아니라면……."

"그렇소. 장군도 짐작했겠지만 붕당과 사화는 군왕이 권력을 공고히 하려는 과정일 수도 있소. 중종 대왕이 정암 조광조 대감을 이용해 훈구대신을 견제하고 정암과 사림의 세력이

커질 때 다시 훈구대신을 이용해 제거한 것과 같은 것이오. 동인의 세력이 커지자 전하가 동인들과 친했던 정여립의 역모를 계기로 동인과 서인의 힘의 균형을 이루려고 했던 것처럼……."

"대감, 오늘의 조선이 이렇듯 무기력해진 근본적인 원인은 백성에 대한 애가 부족해서라고 생각합니다. 군주와 나라의 정치권력이 백성에 대해 조그마한 애도 없다면 백성들에게 군주와 나라에 대한 충을 어찌 바라겠습니까? 권력의 정당성은 권력을 가진 자와 복종하는 자가 모두 이익이 되는 충과 애를 주고받을 때 있다고 생각합니다. 나라에 대한 충만 강조하고 백성에 대한 애가 없는 나라에 무슨 미래가 있겠습니까? 지금은 나라를 구하고자 의병들이 일어났지만, 이 전쟁이 끝나고 다른 전쟁이 일어날 경우 아무도 나라를 구하고자 하지 않을 것입니다."

"장군, 내 살아가면서 유념하리다. 하지만 조선은 왕과 사대부의 나라라는 근본을 잊어서는 안 되고 백성은 우매하여 선동에 약하다는 것을 마지막으로 당부하고 싶소."

이원익과 이순신은 앞으로의 전쟁에 대해 상의하다가 새벽닭이 울고서야 헤어졌다. 이원익과의 대화 속에서 이순신은 역모의 죄를 쓰고 어머니까지 잃은 상심의 고통을 조금이나마 덜 수 있었다.

# 敗와 忠

패와 충

원균은 한산도 통제영 운주당에서 어제도 인사불성이 되도록 술을 마셨다. 이순신이 한양으로 함거에 실려 압송된 후 그는 삼도수군통제사의 자리에 올랐다. 원균은 이순신의 원칙과 소신이 싫었다. 이순신은 함경도 북방을 같이 지키던 후배 장수였다. 그때부터 이순신은 항상 원칙을 지키고 준비가 철저한 장수였다. 어떤 불이익을 당하더라도 상관에게 아첨하는 법이 없었고 백성을 착취하여 뇌물을 제공하지도 않았다. 이순신은 대신과 상관들의 미움을 받아 10년 동안 백의종군을 포함하여 2번이나 계급이 강등되는 수모를 겪고도 한 치의 흐트러짐도 없이 말단 장수의 길을 걸었다. 그때 조선의 모든 장수는 지방 근무지의 백성들로부터 착취한 재물로 상관과 조

정 대신들에게 뇌물을 제공하여 진급을 보장받고 요직을 부여
받았다. 원균 또한 남들이 하는 만큼 현실에 타협한 군인의 삶
을 살았다. 그러나 이순신은 청렴결백하고 타협을 모르는 강
직한 군인이었다. 원균은 그런 이순신을 보면서 내면으로부
터 알 수 없는 가소로움을 느꼈다. 그런 세상물정 모르는 이순
신이 진도군수가 되고 한 달 사이에 다시 전라좌수사가 되었
다. 물론 이순신의 발탁 배경에는 정권을 장악하고 있는 동인
의 영수격인 좌의정 유성룡이 있었지만, 원균에게는 큰 충격
이었다. 원균은 전라좌수사가 된 이순신은 자신과는 분명 다
른 인물이라고 생각했다. 비변사는 일본이 침략할 경우 육군
중심의 전쟁을 준비하라고 각 수군 진영에 하달했다. 경상도
거제를 본영으로 하는 경상우수사 원균은 비변사의 조언을 따
라 육상에서 전투를 준비했다. 그러나 이순신은 조선 수군의
강점을 일찍 파악했다. 튼튼한 판옥선과 강력한 화포를 이용
한 해상 전쟁을 1년의 기간 동안 완벽하게 준비했다. 이순신
은 나대용에게 철갑선인 귀선을 개선 건조하도록 하여 전투에
활용하는 창의적인 면에서도 다른 장수를 압도하는 능력을 보
여 주었다.

임진년 초기 전투에서 거제도가 공격당하자 원균은 일본군
에게 경상우수영이 넘어가는 것을 막기 위해 본영을 불태우고
함선도 수장시켰다. 원균은 2척의 함선에 경상우수영의 수군

을 태우고 고성 방면으로 피신했다. 이순신에게 일본군의 동향을 알렸고 전라좌수영의 수군과 합동 공격을 제안했다. 원균은 노량에 나타난 전라좌수영의 수군을 보고 입을 다물지 못했다. 전라좌수영 함대의 위풍당당함에 놀랐고 하늘을 찌를 것 같은 사기와 절도 있는 군사들을 보고 다시 한 번 감탄사가 나왔다. 원균이 그토록 비루하게 생각한 세상 물정 모르는 이순신이었기에 더욱더 놀랐다. 원균은 항상 그를 바라보는 이순신의 눈에 질시와 멸시가 담겨있는 것을 느꼈다. 옥포해전이 끝나고 승전에 대한 장계를 같이 올리자고 제안했으나 이순신은 재고할 가치가 없다는 듯 단독으로 올렸다. 이순신이 연전연승할수록 원균이 그에게서 느꼈던 가소로움은 열등감으로 변해 갔다. 그 열등감은 원균이 전투에 몰두하는 것보다 적의 수급을 취하는 데 전념하게 했다. 둘의 갈등이 첨예하게 부딪치자 조정은 이순신에게 삼도수군통제사의 지위를 부여했다. 초기 전투의 실패로 인해 경상우수영의 함선과 수군은 미약했다. 이순신을 상관으로 모셔야 한다는 것은 원균에게는 참을 수 없는 모욕이었다. 원균은 이순신보다 5년 빨리 무과에 급제하여 항상 그가 쳐다볼 수 없는 출세가도를 달리던 무장이었다. 결국, 원균은 이순신과의 갈등으로 경상우수사의 자리에서도 물러나 전라병사를 거쳐 충청병사가 되는 치욕을 겪었다. 원균은 이순신에게 당한 치욕을 항상 마음속에

품고 있었다. 충청병사가 되어서도 조정의 김응함과 대신들에게 뇌물을 제공하여 환심을 사는 일을 게을리하지 않았다.

그때 마침 정유년에 재침하는 가토 기요마사를 부산 앞바다에서 공격하라는 조정의 명령이 떨어졌으나 이순신은 한 발짝도 움직이지 않았다. 원균은 선조 앞으로 가덕도에서 군사 시위를 한다면 가토 기요마사가 무서워 회군할 것이라는 서장을 올렸다. 조정은 명령을 거부한 이순신을 한양으로 압송하고 삼도수군통제사의 자리에 원균을 발탁했다. 하지만 원균 또한 조선 수군이 부산 앞바다까지 가서 일본군을 공격할 경우 패배할 가능성이 높다는 것을 알고 있었다. 안골포와 웅포의 일본군이 뒤에 도사리고 있고 큰 파도를 헤치고 부산까지 갈 경우 격군의 피로로 인해 거의 전투가 불가능했다. 그러나 어쩔 수 없이 부산으로 출동해야 했다. 일본에 사신으로 다녀온 황신이 일본군은 조선 수군을 섬멸하지 않으면 군량미를 운송할 길을 통할 수 없고 농사를 지어 곡식이 쌓여있는 전라도를 손에 넣기 위해서라도 최대의 병력을 이용해 조선 수군을 공격할 것이라고 전했다. 조선 수군이 부산을 공격하지 않더라도 일본군이 먼저 공격해 올 것이 확실한데 조선 조정은 수군의 전력을 과대평가해 먼저 나아가라고 하니 원균은 자포자기의 심정으로 스스로 무너져갔다.

"내일 부산포로 진격하여 적을 섬멸하리라."

원균은 모든 것을 내려놓은 듯 비장하게 장수들에게 명령을 내렸다.

"통제사, 무엇이 두려워 승산 없는 싸움을 하려는 것입니까? 이 통제사가 조정의 명령을 왜 거부했는지 잘 아시지 않습니까?"

충청수사 최호는 답답하다는 듯 한숨을 내쉬면서 말했다.

"필패必敗할 것을 알면서 부산을 왕래할 수는 없습니다. 장수가 밖에 있을 때는 왕의 명령도 거절할 수 있어야 합니다."

전라우수사 이억기도 단호하게 출정을 거부했다.

"지금 수사들은 왕명을 거부하겠다는 거요. 그럼 나는 어쩔 수 없이 그대들을 군율로 다스릴 수밖에 없소. 이 원균도 여기가 죽을 자리라는 정도는 알고 있지만 나아가서 죽으라는 전하의 명령을 따르기로 했소."

"통제사, 여기서 죽는 것이 문제가 아닙니다. 우리 수군이 큰 패배를 당할 경우 조선은 걷잡을 수 없는 혼란에 빠질 것입니다. 다시 회복한 한양도 다시 적들의 손에 들어갈 것입니다."

원균과 친분이 깊은 순천부사 우치적도 반대했다.

"그대들이 생각이 그렇다면 조정에 보고하여 전하의 명령을 거부한 죄를 물을 것이오."

원균은 출정을 거부하는 장수들을 조정에 보고하겠다면서

화를 참지 못하고 자리를 떠나려고 했다.

원균이 나가려고 하자 충청수사 최호가 말리면서 의미심장한 말을 던졌다.

"통제사, 이번 출정에 조선의 앞날이 달려 있소. **절대 패敗로 충忠을 대신할 수 없습니다.**"

원균은 최호를 뿌리치고 문을 크게 박차고 나갔다.

"어허, 이 통제사가 한양으로 압송되던 날 권준 우수사가 '이제 조선 수군에는 희망이 없소. 나는 사직하겠소.'라고 한 말이 생각나는구려."

조방장 김완은 답답한 듯 이순신이 파직되던 날 사직한 경상우수사 권준을 언급했다.

그동안 아무 말도 없던 경상우수사 배설이 참 답답하다는 듯 성의 없게 한마디 툭 던졌다.

"참으로 답답하시오. 출정하라면 출정하는 척하면 되는 것 아니요. 대충 적들과 싸우는 척하다 돌아오면 될 것 아니오."

"배 수사, 지금 그것을 말이라고 하시는 것입니까? 이번 정유년에 넘어온 적 수군은 임진년 수군하고도 다르다는 것을 왜 모르시는 게요. 저들은 지금 우리가 출정하기를 기다리고 있단 말이오."

전라우수사 이억기는 배설을 향해 흥분을 감추지 못하고 큰소리로 꾸짖었다.

삼도수군통제사 원균이 떠난 그 자리에 조선 수군의 장수들은 아무 말도 없이 오랫동안 앉아 있었다. 그들은 소리 없이 다가오는 파멸의 그림자가 온몸으로 감싸 오는 것을 느꼈다. 죽음을 각오하고 싸워 지켜온 이 바다를 단 한 번의 실수로 일본군에게 내주고 모든 것이 물거품이 될 수도 있었다.

## 13

# 猛과 殺

맹과 살

이순신은 구례에서 제철사 이원익에게 내일 초계*로 가겠다고 고했다. 초계에는 도원수 권율이 진을 치고 있었다. 초계는 경상도에서 소백산맥의 육십령을 넘어 전라도로 넘어가는 요충지였다. 초계로 가기 전에 전라우수사 이억기에게 편지를 써서 종 경을 통해 한산도 진영으로 보냈다.

'이 우수사 잘 지내시지요. 이 몸은 내일 구례를 떠나 권율 도원수가 있는 초계로 갈 예정이요. 원 통제사의 급한 성격이 마음에 걸려 이렇게 작은 생각을 적어

---

* 초계: 경남 합천 지역

보냅니다. 적 수군은 조선 수군의 튼튼한 판옥선과 강력한 화포 때문에 정면으로 부딪치면 꼭 승리를 거둔다고 장담할 수 없을 것이오. 그들은 필시 불시에 기습할 것이고 조선의 큰 배 한 척에 적 수군의 작은 배 대여섯 척이 한꺼번에 공격해 올 가능성이 높소. 부디 이 우수사가 원 통제사를 잘 보필해 주시오. 백의종군의 몸으로 어디에도 발붙일 곳이 없지만, 항상 마음만은 조선 수군과 함께하고 있소.'

정유년 1597년 5월 26일, 비가 내려 초계로 출발하는 것을 하루 연기했다. 그러나 시국이 돌아가는 그 긴박성을 감안해 큰비가 내리는데도 초계를 향해 발걸음을 옮겼다. 여정은 지리산이 품고 있는 섬진강을 따라 남쪽으로 내려가 하동에서 진주를 거쳐 초계로 다시 올라가야 했다. 악양을 지나는데 큰비가 그칠 줄 몰랐고 말들도 쉽게 달릴 수 없을 정도로 가기 어려웠다. 지리산이 뒤로 크게 감싸고 앞으로 섬진강을 품고 있는 악양 들판은 하늘이 내린 축복의 땅이라는 생각이 들었다. 악양의 이정란의 집에 도착해 잠시 쉬었다 가기를 청했는데 문을 닫고 거절했다. 이정란, 그는 임진왜란 때 스스로 순성장이 되어 백성들과 함께 전주성을 지킨 인물이었다. 이정란의 집은 충용장 김덕령의 아우 김덕린이 잠시 머물러 있었다. 반역의 죄를 쓰고 김덕령이 한양으로 압송된 이후 김덕

린은 이곳 지리산으로 숨어들어 속세와 인연을 멀리하고 살아가는 것 같았다. 둘째 아들 열이 간곡히 부탁하니 작은 행랑을 내어주었으나 김덕린은 도통 보이지 않았다. 이순신은 젖은 옷을 말리고 조촐한 저녁을 먹은 다음 의병장 김덕령을 생각했다. 동생 김덕린의 심정을 누구보다도 잘 이해할 수 있을 것 같았다. 자신도 김덕령과 같이 죽을 수도 있는 몸이 아니었던가? 구국의 일념으로 일어났고 백성들에게 존경을 받은 형의 허무하고 처참한 죽음 앞에 동생은 분노보다는 허무함을 느꼈을 것이다. 그 허무함을 어찌 말로 다할 수 있을까? 김덕린의 마음속에는 분노할 힘도 의지도 없을 것이다. 김덕령이 역모죄로 한양에서 별다른 변명도 없이 의연히 형장에서 죽고 나자 조선의 의병들은 더는 나라를 위해서 싸우려 하지 않았다. 이순신은 백의종군하기 전에 조선 최대 수륙합동 공격인 거제도 장문포 전투에서 김덕령을 처음 보았다. 권율 도원수의 지휘 아래 곽재우가 지휘관을, 김덕령이 선봉장을 맡았다. 일본군이 명나라와 화친을 이유로 싸우려 하지 않으니 전투는 큰 성과 없이 막을 내렸다. 그때 본 김덕령은 건장한 체격에 호걸스러운 풍모를 지니고 있었다. 그가 한 마리의 호랑이라면 곽재우는 빼어난 지혜가 묻어나는 비룡과 같은 느낌이었다.

김덕령은 형 김덕홍과 함께 임진왜란이 발발하자 전라도 광주에서 의병하여 나주의 고경명과 한양을 향하던 중 모친의

병이 위중하여 혼자만 고향으로 돌아갔다. 김덕홍은 고경명과 함께 금산성 전투에서 장렬한 최후를 맞았다. 그 이후 다시 의병한 김덕령에게 조정은 충용장이라는 칭호를 내려 격려하면서 의병들을 그의 휘하로 편입시켰다. 주로 경상도에 주둔하던 권율 도원수 밑에서 작전을 수행했으나 명나라와 일본의 화친이 진행되어 전쟁이 소강상태가 지속됨에 따라 변변한 전과를 거두지 못했다.

"장군, 계십니까?"

이순신이 문을 열어보니 김덕린이었다.

"들어오십시오. 비로 인해 제가 신세를 지게 생겼습니다."

이순신은 김덕린에게 미안한 표정을 지었다.

"아닙니다. 제가 생각이 짧았습니다. 조선을 구한 영웅을 이렇게 소홀히 대접했으니 말입니다."

"형님의 일은 참으로 안타깝기 그지없구려."

이순신도 김덕령의 죽음이 정말로 안타까웠다.

"저는 고향 무등산으로 들어가서 자연과 벗 삼아 살면서 현실과 인연을 끊고자 합니다. 우리가 배움이라고 부르는 것도 다 쓸모가 없다는 것을 알았습니다."

이순신은 아무 말도 할 수 없었다.

"장군, 저도 유학을 공부한 선비지만 저들을 이해할 수 없

습니다. 저들은 명나라의 군대는 천군이라고 간과 쓸개를 다 빼주고, 사대의 예를 다하면서 나라를 위해 목숨을 바친 의병들을 이토록 소홀히 대하는 법이 어디에 있습니까? 나라를 위해 목숨을 바친 백성들을 이토록 천대한다면 어느 누가 나라가 위기에 처했을 때 나서겠습니까?"

"언젠가 진실이 밝혀지면 충용장은 충신으로 추앙받을 것이네. 그러니 너무 자책하지 말게."

이순신은 김덕린을 위로했으나 그의 마음은 변하지 않을 것 같다는 생각이 들었다.

"저는 자진하여 거병한 의병을 하찮은 도적의 무리 정도로 생각하는 왕과 대신들을 생각하면 치가 떨립니다."

이순신은 김덕린의 말을 이해할 수 있었다.

"나라와 백성의 안위 따위는 안중에도 없고 오직 자신들의 영달을 위해 학문과 제도를 이용하는 저들이 있는 한 조선의 백성은 언제나 수탈당하고 사대라는 끄나풀에 묶여 자주권을 상실한 힘없는 나라로 남아 있을 것입니다. 저들은 언젠가 자신들의 이익을 위해 나라를 팔아먹고도 남을 자들입니다."

이순신은 아직도 김덕린의 마음에 분노가 있는 것이 다행이라고 생각했다. 분노가 있다는 것은 현실에 발을 붙이고 살아갈 힘이 남아 있다는 뜻이란 생각이 들었다.

이순신은 김덕린의 말을 듣고 생각했다.

'백성의 생활이 윤택해져야 나라가 부강해진다는 것을 알면서 왜 실천하지 못하는 것일까? 임금은 군림하고, 신하는 임금을 받들고, 백성은 조세를 바치는 존재가 아니라, 임금은 아버지처럼 백성을 살피고, 신하는 어머니처럼 백성에게 사랑을 주어야만 백성이 나라를 위해 열심히 일해 조세를 내고 그 조세로 나라가 운영됨으로써 국가가 부강해지는 것이 만고의 진리인 것을.'

이순신은 김덕령의 좌중을 압도하는 눈빛이 떠올랐다. 이순신은 한양에 압송되었을 때 전하의 눈에서 두려움을 보았다. 전하는 무엇이 그리 두려운 것일까? **김덕령은 용맹猛했기 때문에 전하에 의해 죽임殺을 당한 것이다.**

일본의 침략 속에 조선 백성이 다시 조선 조정을 침략한 이몽학의 난은 김덕령을 죽음으로 몰아갔다. 명나라와 일본의 강화 협상으로 전쟁이 지지부진해지자 의병 조직도 급격히 무너지기 시작했다. 굶주림에 지친 백성들은 세력을 형성하여 약탈하거나 의병 행세를 했다. 이몽학의 난은 충청도 홍산에서 세력을 확장했으나 내부 분열로 인해 얼마 되지 않아 진압되었다. 진주에 주둔하고 있던 김덕령은 권율의 명을 받고 충청도로 향하던 중 난이 진압되었다는 소식을 듣고 진주로 군사를 되돌렸다. 그러나 조선 조정은 김덕령이 이몽학과 내통하여 군사를 되돌렸다면서 한양으로 압송해 심한 고문을 했다. 김덕령은 끝내 별다른 변명 없이 의연히 죽음을 받아들였다.

## 14

# 外와 內

외와 내

일본 수군 장수들이 안골포 진영에 모두 모였다. 이들에게 다가오는 해전은 이순신에 대한 설욕전이었다. 와키자카 야스하루는 한산 해전에서, 도도 다카토라는 옥포 해전에서, 가토 요시아키는 안골포 해전에서 이순신에게 패한 경험이 있었다. 특히 용인전투에서 1천 6백여 명으로 5만여 명이 넘는 조선군을 무너뜨려 도요토미 히데요시에게 인정을 받았던 와키자카 야스하루는 한산 해전의 패전으로 그 체면이 말이 아니었다. 와키자카 야스하루는 일본 수군에서 가장 뛰어난 장수라는 자부심에 큰 상처를 입었고 설욕을 벼르고 있었다.

"이순신이 풀려났다고 합니다. 지금은 백의종군하여 권율

휘하로 순천에 머물고 있다고 간자들이 전해 왔습니다."

도도 다카토라가 아쉬운 표정을 지으면서 말했다.

"우리 입장에서야 이순신을 조선 수군의 통제사 자리에서 끌어내린 것만으로도 성공이 아니겠습니까. 이게 다 고니시 장군의 덕입니다."

와키자카 야스하루는 아직도 한산 해전의 후유증에서 벗어나지 못한 듯 이순신에 대해 두려움을 가지고 있었다.

"그런데 원균이 부산으로 출정할까요? 지금까지 조선 수군은 자기들에게 유리한 환경을 조성해서 전투를 하고 불리할 것 같으면 뒤로 빠지는 전략을 유지하지 않았습니까."

가토 요시아키는 조선 수군이 출정하지 않을 거라고 생각했다.

"아니요. 고니시 장군이 조선 조정에 심어놓은 간자에 의하면 왕을 비롯한 대신들은 조선 수군의 힘을 과대평가하고 있답니다. 원균이 불가하다고 계속 장계를 올리지만, 조선 조정에서는 관찰사 이원익과 도원수 권율을 압박하여 원균이 출정하지 않는다면 군율로 다스리겠다고 했답니다."

"와키자카 장군의 말이 맞을 겁니다. 원균은 이순신과는 달리 성격이 급하고 인내심이 약하다고 합니다. 분명 조정의 명령을 거부하지 못할 것이오."

도도 다카토라는 와키자카 야스하루에 동의하면서 이번 해전의 작전에 관해 물었다.

"작은 전투로 미끼를 던지고 조선 수군이 지치면 방심을 틈타 궤멸시킬 것입니다. 아무리 이순신이 없다고는 하지만 처음부터 전면전을 한다면 조선 수군의 튼튼한 판옥선과 강력한 화포 때문에 우리에게 승산이 없습니다. 그러나 저들이 부산까지 몇 차례 출정할 경우 격군들의 피로로 인해 스스로 무너질 것입니다. 그때 기습한다면 우리에게 승산이 높을 것입니다. 이번 전투는 저들과 우리의 인내심의 싸움입니다."

와키자카 야스하루의 전략에 도도 다카토라와 가토 요시아키는 모두 동의했다.


정유년 1957년 6월 18일, 삼도수군통제사 원균이 이끄는 최정예 조선 수군은 함선 100여 척을 이끌고 한산도에서 부산으로 출정의 깃발을 올렸다. 도제찰사 이원익은 남이공을 보내 직접 함선을 타고 원균과 함께 출동할 것을 지시했고 전투의 경과를 보고하라고 했다. 조선 수군은 부산 앞바다로 갈 경우 안골포와 웅포의 일본군이 후미를 공격할 것을 걱정하여 안골포의 일본군을 섬멸하는 것을 첫 출정의 목표로 삼았다. 수심이 낮아 조선 수군은 판옥선이 아닌 작은 경선을 타고 안골포의 일본군을 공격했다. 조선 수군이 안골포의 일본군을 공격하자 가덕도의 일본군이 측면에서 공격해 왔다. 전세가 불리하게 전개되자 안골포와 가덕도의 일본군은 요새화된 진지로

퇴각했다. 조선 수군은 가덕도로 상륙해 일본군을 추격했으나 기습을 염려해 깊이 들어가지 못했다. 원균은 작은 승리에 만족하고 한산도로 귀환 명령을 내렸다. 그러나 한산도로 귀환하는 조선 수군을 안골포의 일본군이 다시 공격했고 어둠이 내려서야 철수할 수 있었다. 일본군은 전세가 불리하면 퇴각했다가 조선 수군이 방심하면 다시 공격하는 것을 반복했다.

안골포 진영에서 총공격을 기다리고 있는 와키자카 야스하루는 작전대로 돌아가는 것을 보고는 희미한 미소를 짓고 있었다.

도제찰사 이원익과 도원수 권율은 부산 출정을 지시했는데 안골포와 가덕도에서 작은 전투만 치르고 돌아온 원균이 마음에 들지 않았다. 다시 부산으로 출정하라는 명령이 떨어졌고 원균은 조정의 압력에 굴복했다. 정유년 1597년 7월 5일, 삼도수군통제사 원균, 전라우수사 이억기, 경상우수사 배설, 충청수사 최호, 조방장 김완, 가리포첨사 이응표, 거제현령 안위, 순천부사 우치적, 녹도만호 송여종, 여도만호 김인영, 사도첨사 황세득, 영등포만호 조계종, 남해현감 박대남, 보성군수 안홍국, 조방장 배흥립 등은 부산을 향해 출정의 깃발을 올렸다. 조선 함대는 이번에는 칠전도와 옥포를 거쳐 가덕도 외해를

거쳐 부산으로 가는 항로를 선택했다. 옥포에서 가덕도 외해를 통해 부산으로 가는 항로는 거리상 가장 짧았다. 그러나 높은 파도로 인해 격군들의 피로도가 상상을 초월할 뿐 아니라 날씨가 좋지 않아 풍랑을 만날 경우 전 수군이 좌초할 수 있는 위험한 항로였다. 원균이 이 항로를 선택한 것은 안골포와 가덕도의 일본군을 의식했기 때문이었다.

부산포 앞바다에 도착한 조선 수군은 일본군과 대치했으나 일본군은 정면 대결을 피했다. 그때 파도가 높아 조선 함대 7척이 가토 기요마사가 주둔하고 있는 울산 방면의 서생포로 표류했다. 그곳에 상륙한 조선 수군은 기다리고 있던 일본군에 의해 도륙 당했다. 이날 높은 파도로 유실된 조선 수군의 함선은 20여 척에 이르렀다. 더는 부산에 머무를 수 없다고 판단한 원균은 퇴각 명령을 내렸다. 조선 수군은 험한 파도와 떨어진 식수로 인해 이중으로 고통을 겪었다. 간신히 가덕도에 도착한 조선 수군은 심한 갈증에 앞다투어 상륙했는데 미리 기다리고 있던 일본군에 의해 400여 명이 사살되었다. 간신히 수습하여 칠전도에 도착한 원균은 아무런 성과 없이 함선과 병사만 잃은 탓인지 한산도로 귀환하려 하지 않았다.

"통제사, 칠전도에 머무르고 있다가는 큰 변을 당할 수 있습니다. 한산도로 빨리 돌아가야 합니다."

충청수사 최호가 안절부절하며 원균을 설득했다.

"내가 도원수에게 곤장을 맞는 것을 보고도 그런 말을 하시오."

원균은 거의 자포자기하며 힘없이 말했다.

"통제사가 가지 않겠다면 저는 한산도로 수하들을 이끌고 돌아가겠습니다."

경상우수사 배설이었다.

"배설 네 이놈, 네놈이 죽으려고 환장을 하는구나."

옆에 있던 전라우수사 이억기가 배설의 목에 칼을 들이댔다.

"장군들 마음대로 하시오. 나는 여기 남겠소."

원균은 자중지란이 일어나는 것이 짜증스러운지 찡그리면서 말했다.

"어찌 조선 수군의 수장으로서 그런 말을 하십니까? 한산도로 돌아가지 않는다면 적의 기습에 대비해야 하지 않겠습니까?"

조방장 김완은 불안한 표정을 지으며 말했다.

그때 갑자기 밖에서 큰소리가 들렸다.

"적이다. 적이다."

장수들이 밖으로 나갔을 때는 벌써 조선 함선 4척이 불에 타고 있었다.

"불을 꺼라. 불을 꺼라."

전라우수사 이억기가 큰소리를 질렀다.

"모두 함선에 올라 전투 준비를 하라. 모두 함선에 올라라."

불탄 함선은 전소되어 침몰했고 기습한 일본 수군은 벌써 퇴각해 보이지 않았다.

그날 밤 경상우수사 배설은 함선 12척을 이끌고 조용히 칠전도를 떠났다.

전날 기습으로 잠을 설친 조선 수군이 깊이 잠들어 있는 새벽에 우레와 같은 소리가 들려왔다.

"적이다. 적의 기습이다."

원균과 장수들이 칠천량 앞바다를 보니 수백여 척의 까마득한 일본 함선이 서너 겹으로 포위하고 있었다.

"모두 함선에 올라 전투 준비를 하라. 적선을 돌파하여 견내량을 통과하라."

원균의 명령은 전투 명령이 아니라 퇴각 명령이었다.

일사불란했던 조선 수군은 어디 가고 없고 살기 위해 허둥대는 장수와 군사들만 있었다. 해전이 시작된 지 얼마 되지 않아 정박하고 있던 대부분의 조선 함선과 수군들은 칠천량 앞바다에 수장되었다. 간신히 탈출한 조선 함선은 견내량 방향으로 퇴각했으나 견내량을 지키고 있는 것은 일본 함선이었다. 다시 고성 춘원포 앞바다로 몰린 조선 수군은 함선을 버리고 육지로 도주했으나 추격한 일본군에 의해 대부분이 사살되었다. 삼도수군통제사 원균 그는 마지막 자존심마저 지키지 못했다. 대장선을 버리고 육지에 상륙하여 도주하던 원균은 소

나무 밑에서 휴식을 취하다 일본군에 의해 마지막 칼을 받았다.

"아, 나에게 하찮은 외면外의 용기만 있었을 뿐 이순신과 같은 진정한 내면內의 용기가 없었구나."

원균은 피를 흘리며 쓰러지면서 조선의 파란 하늘을 바라보았다.


전라우수사 이억기는 칠천량을 빠져나왔으나 생사를 같이하기로 한 가리포첨사 이응표를 기다리다 최후를 맞았다. 춘원포 앞바다에서 함선이 파괴된 조방장 김완은 육지까지 헤엄쳐 간신히 탈출에 성공했으나 진주에서 일본군에게 체포되었다. 정유년 1597년 7월 16일 새벽, 칠천량과 춘원포는 조선 수군의 죽은 시체로 가득한 죽음의 바다였다. 이순신과 조선의 바다를 지켰던 전라우수사 이억기, 충청수사 최호 등 조선 수군의 뛰어난 장수 대부분이 전사했고 살아남은 장수는 거제현령 안위와 순천부사 우치적 등 몇 명에 불과했다. 경상우수사 배설은 칠전도에 기습 공격이 있었다는 것을 듣고 한산도에서 12척의 함선을 이끌고 노량 방면으로 피신했다.

# 鼻와 殺

비와 살

조선의 백성은 코가 있다는 이유만으로 죽어야 했다. 정유재란으로 조선을 재침한 일본군은 살아있는 모든 것을 도륙하고 그 코를 잘라 도요토미 히데요시가 있는 오사카 성으로 보냈다. 오사카 성으로 보내진 대부분의 코는 조선 군사들의 코가 아니라 전쟁과 상관없는 조선 백성의 것이었다. 조선 백성의 코는 소금에 절여져 머나먼 이국땅으로 보내졌다. 칠천량의 승리로 해상의 패권을 장악한 일본군의 다음 목표는 전라도 함락이었다. 일본군은 좌군과 우군으로 편성하여 전라감영이 있는 전주성으로 향했다. 우키타 히데이에의 지휘 아래 고니시, 시마즈, 하치스카 군으로 편성된 5만여 명의 일본 좌군은 구례를 통해 남원성을 함락한 후 전주성으로, 모리 히데모

135

토의 지휘 아래 가토, 구로다, 아사노의 군으로 편성된 6만여 명의 일본 우군은 밀양과 합천을 거쳐 소백산맥 육십령을 넘어 진안을 거쳐 전주성을 공격하기로 했다. 조선 수군을 제거한 일본군은 거칠 게 없었다. 전주성의 함락과 전라도 도륙은 시간 문제였다. 일본군이 전라도를 공격하는 목적은 두 가지였다. 첫째는 한양으로 진격할 경우 배후를 공격당할 가능성을 제거하는 것이고, 둘째는 추수기가 다가오기 전에 점령하여 군량미를 확보하기 위해서였다. 일본 좌군은 수군을 이용해 사천에 상륙한 후 하동과 구례를 거쳐 지리산을 넘어 남원성으로 향했다. 또한 섬진강을 통해 전쟁 물자를 구례까지 공급할 예정이었다. 남원성을 향하는 일본 좌군은 들도 산도 집도 죄다 불태우고 백성을 쳐 죽여 코를 베었다. 남원성은 전주성으로 가는 길목에 자리 잡고 있었다. 남원성은 전주성이 일본군의 공격에 대비할 시간을 벌 수 있는 마지막 보루였다. 구름처럼 몰려오는 일본 좌군을 방어할 남원성에는 명나라 장수 양원이 지휘하는 3천여 명의 명나라군과 전라병사 이복남이 지휘하는 조선군 1천여 명이 주둔하고 있었다. 전라병사 이복남과 조방장 김경로 그리고 산성별장 신호가 모여 남원성을 지킬 방안을 고민하고 있었다. 임진년에 낙안군수였던 신호는 이순신이 각별하게 신임했던 장수였다.

"고니시 유키나가를 선봉으로 한 일본 좌군이 구례로 향했다고 합니다. 이대로라면 늦어도 10일 이내에 이곳 남원성에 도달할 것입니다."

김경로는 대책이 없는 듯 한숨을 내쉬었다.

"5만여 명의 일본 좌군이 한꺼번에 공격한다면 남원성은 하루도 버티지 못할 것이오. 방책을 세우지 못한다면 제대로 싸워보지도 못하고 이 남원성은 함락될 것이오."

산성별장 신호는 전주성이 일본군에 대비할 시간을 벌기 위해서라도 결사 항전을 강조했다.

"늦었지만 성 주변을 둘러 깊은 참호를 파는 것이 어떻겠소. 대군이 바로 성을 기어오르지 못하게 한다면 어느 정도 견딜 수 있을 것이오."

전라병사 이복남은 이기는 방안이 아닌 조금이라도 더 버티는 방안을 내놓았다.

"좋은 방안이오. 이 병사의 말대로 일본 좌군이 남원성에 쉽게 접근하는 것을 막는다면 며칠은 더 버틸 수 있을 것이오. 양원 부총병에게 말해 명나라군과 함께 최대한 서둘러야 할 것이오."

조방장 김경로도 같은 생각이었다.

다음날 조명연합군은 전 병력을 동원해 남원성 주변에 깊은 참호를 만들었다. 특히 성문 주변에는 접근할 수 없을 정도로

넓고 깊은 참호를 파서 목책을 깊고 **빼곡하게** 설치했다. 정유년 1597년 8월 13일, 일본 좌군이 남원성 앞에 도달했는데 끝이 보이지 않는 대군이었다. 고니시 유키나가는 하루면 남원성을 함락할 수 있을 것으로 생각해서 도착하자마자 공격 명령을 내렸다.

"공격하라. 공격하라. 성을 넘어라."

고니시 유키나가 군이 선봉으로 남원성을 공격했다.

조선군과 일본군의 화포가 서로 불을 뿜었다.

"아직 화살을 쏘지 마라. 화살을 아껴라. 왜놈들이 참호에 들어올 때까지 조금만 더 기다려라."

전라병사 이복남이 소리쳤다.

"지금이다. 공격하라. 왜놈들이 절대로 성에 도달하지 못하게 하라."

"비격진천뢰를 쏘라."

조선군은 화살과 비격진천뢰를 이용해 참호에 들어간 일본군을 집중적으로 공격했다. 남원성에 도달하기 전에 일본군은 조선군의 화살에 쓰러졌다. 이어서 터진 비격진천뢰에 의해 여기저기서 일본군의 비명이 울렸다.

만만히 생각했던 전투가 예상대로 되지 않자 고니시 유키나가는 잠시 군대를 뒤로 물렸다. 고니시 유키나가는 다시 남원

성 공격을 지시했지만 역시 만만치 않은 조명연합군의 반격에 당황했다.

총사령관 우키타 히데이에가 도착하자 고니시, 시마즈, 하치스카 등 일본군 장수들이 모두 모였다.

"고니시 장군 뭘 망설이는 것이오. 당장 전 병력으로 총공격을 감행하여 성을 함락하시오."

우키타 히데이에는 신중한 고니시 유키나가가 마음에 들지 않았다.

"성을 함락하는 것은 어려운 일이 아닙니다. 가능한 사상자가 적게 발생할 방안을 찾고 있습니다. 지금처럼 참호를 건너서 공격하다 보면 많은 사상자가 발생할 것입니다."

고니시 유키나가는 평소에 자신의 군사들에 대한 애정이 각별한 장수였다.

"참호를 통째로 메워 버리는 게 어떻겠습니까?"

"시마즈 장군, 흙으로 참호를 메우려면 많은 시간이 필요하오. 그러다 우군이 전주성을 먼저 점령하면 관백께서 뭐라고 하겠습니까? 코딱지만한 성 때문에 그럴 수는 없습니다. 그냥 공격하세요."

우키타 히데이에는 우군보다 전주성을 먼저 점령하는 것에 더 관심이 많았다.

"방법이 있습니다."

고니시 유키나가가 눈을 반짝였다.

"흙을 이용하지 말고 나무 다발을 이용하는 것입니다. 참호만 메꿀 게 아니라 성 높이까지 쌓아서 그것을 밟고 성 안으로 진입하는 것입니다."

고니시 유키나가는 분명 성공할 것이라는 확신이 들었다.

"하여튼 고니시 장군은 대단하십니다. 관백께서 고니시 장군을 살려둔 이유를 알 것 같습니다."

하치스카는 고니시 유키나가의 재치가 감탄스러웠다.

"아직 여름이라 나무가 마르지 않았으니 불에 타지 않을 것입니다. 그래도 저들이 화공을 할 염려가 있으니 물을 흠뻑 적시라고 군사들에게 지시를 내리세요."

다음날 일본 좌군은 나무 다발을 만들기 위해 낮에는 남원성을 공격하지 않았다.

남원성의 조명연합군은 일본군의 공격을 2번씩이나 방어했기 때문에 나름대로 사기가 높았다. 어둠이 내리자 일본군의 대포에서 불길이 치솟고 조총의 탄환이 비 오듯 쏘아졌다. 일본 좌군은 미리 준비한 나무 다발로 참호를 메우기 시작했다. 조명연합군은 결사적으로 공격했지만 일본 좌군은 전 병력을 동원해 나무 다발로 참호를 메웠고 남원성 주위에 나무 다발을 높게 쌓았다.

"불화살을 날려라. 나무 다발에 불화살을 날려라."

전라병사 이복남이 소리쳤지만, 물에 푹 젖은 나무 다발은 불에 타지 않았다.

순식간에 성 높이까지 나무 다발이 쌓이자 일본군은 그것을 밟고 성 안으로 진입했다. 조명연합군은 죽기를 각오하고 싸웠지만 중과부적이었다. 남원성의 성문이 열리고 대군이 성문을 통해 들어오자 전투는 순식간에 끝이 났다. 성안에 있는 모든 살아있는 것들은 도륙되었다. 명나라 장수 양원은 서문을 통해 겨우 탈출해 죽음을 면했으나 전라병사 이복남, 조방장 김경로, 산성별장 신호는 남원성에서 장렬히 전사했다. 정유년 1597년 8월, 남원성이 무너진 날 일본 우군에 의해 소백산맥을 타고 들어가는 길목에 있는 황석산성도 무너졌다. 가토 기요마사의 선봉대는 곽재우가 있는 창녕의 화왕산성을 피해 진군했는데 이는 전주성 점령을 좌군에게 뺏길 수 없다는 생각 때문이었다.

10만여 명의 일본 좌우군이 도착하기도 전에 관군들과 백성들이 떠나버려 전주성은 텅 비어 있었다. 정유년 1597년 8월 25일, 일본군은 전주성에 무혈입성했다. 임진년에 일본군이 함락하지 못한 전라감영이 있는 전주성이었다. 전라도를 지키기 위해 전략상 너무도 중요한 전주성이 전투도 없이 허망하게 일본군에 넘어간 것이었다. 남원성의 전라병사 이복남을

비롯한 조명연합군의 장렬한 죽음도 아무런 의미를 가지지 못했다.

전주성을 점령한 일본 좌군은 전라도의 완전한 점령을 위해 파죽지세로 남하하기 시작했고 일본 우군은 충청도 천안을 거쳐 직산까지 올라갔다. 일본군은 지나가는 곳마다 가옥을 불사르고 백성들을 도륙해 코를 베었다. **조선의 백성은 코鼻가 있다는 이유만으로 죽어殺야 했다. 단지 코가 있다는 이유만으로……**.

# 16

# 勇과 智

용과 지

정유년 1597년 6월 3일, 이순신은 도원수 권율이 진을 치고 있는 합천 초계에 이르렀다. 도원수 권율이 진을 친 곳으로 가기 위해 개벼루를 지나는데 기암절벽이 천 길이나 되고 강물이 굽어 흐르고 깊었으며 길에는 건너지른 다리가 높았다. 만약 이 험요한 곳을 눌러 지킨다면 1만여 명의 군사도 지나가기 어려울 것 같았다. 사람들은 이곳을 모여곡毛汝谷이라 했다. 도원수 권율의 호의로 모여곡의 작은 집에 아픈 몸을 기댈 수 있었다. 권율, 그는 조선 최고의 용장이며 남들을 압도하는 위엄이 묻어나는 장수였다. 그는 이치고개에서 이겼고, 수원 독성산성에서 이겼고, 행주산성에서 이겼다. 수원 독성산성에 주둔한 권율은 평양을 회복하고 남하하는 이여송의 명나라군

과 합동으로 한양을 탈환하기 위해 3천여 명을 이끌고 행주산성으로 들어갔다. 그러나 명나라군은 파주 벽제관에서 대패하여 개성으로 후퇴했다. 벽제관 승리로 자신감을 되찾고 시간을 번 일본군은 3만여 명으로 행주산성을 공격했다. 권율은 2중으로 목책을 설치하고 화포와 다연발 신기전으로 만발의 준비를 했다. 이치전투부터 함께한 전라도 정예병과 백성들의 투혼 앞에 일본군은 7차례 공격 후 2만 5천여 명의 사상자를 내고 후퇴했다. 그는 행주산성에서 3만여 명의 일본군을 물리쳐 불가능을 극복한 인물이었다. 이치전투의 승리로 광주목사에서 전라도순찰사로, 행주산성 전투의 승리로 조선군 총지휘관인 도원수가 되어 전쟁을 이끌고 있었다. 이순신이 도원수의 막사로 들어갔을 때 권율은 칼을 정성스럽게 닦고 있었다. 그 모습에서 도원수의 근엄함은 보이지 않았고 알 수 없는 쓸쓸함이 전해졌다.

"무슨 사연이 있는 칼입니까?"
이순신은 정중히 목례를 하면서 물었다.
"이 장군, 고생이 많았소. 몸은 어디 불편한 데 없으신지요."
권율은 일어서서 이순신의 손을 잡았다.
백의종군 전에 도원수 권율의 부산 출정 명령을 단번에 거절한 이순신이었다.

"소신이 부족하여 이렇게 된 것이니 심려치 마십시오."

이순신과 인사가 끝나자 권율은 다시 칼을 정성스럽게 닦았다.

"이 장군, 이 칼에 사연이 있느냐고 물었소?"

"네, 칼을 대하는 도원수 표정이 몹시 외로워 보였습니다."

"허허, 외로워 보였다. 우리 조선의 장수들에게 외로움이란 감정이 남아 있기나 한 것이오."

"이 장군, 이 칼은 지난번 진주성 전투에서 전사한 충청병사 황진의 칼이오. 황진은 이치전투의 선봉장이었소. 전투 중에 내 칼이 부러지자 자신의 칼을 주었소. 그가 조선통신사를 따라 왜국에 갔을 때 전쟁이 일어날 것을 예상하고 최고 장인으로부터 2개의 칼을 만들었는데 그중 하나를 내게 준 것이오."

권율은 칼을 볼 때마다 죽은 황진이 생각난다고 했다.

"도원수, 그런데 원 통제사를 너무 다그치지 마십시오. 원균은 자존심이 강하고 성격이 급한 사람입니다."

"이 장군, 내가 할 수 있는 것은 아무것도 없소. 비변사에서 내려온 명령이오. 물론 전하의 강한 뜻이기도 하고. 이 통제사가 명령을 거부하여 파직 당했듯이 원균도 출정하지 않고서는 버티기 어려울 것이오. 모든 것을 내려놓고 원칙과 소신을 지킨 그대가 부럽소. 이 장군, 임진년부터 이어온 전쟁을 조선의 힘으로 이기고 싶은 전하의 마음을 조금이나마 헤아린다면 조선 수군의 부산 출정을 이해하시오."

"재침한 저들의 첫 번째 목표는 분명 조선 수군일 것입니다. 임진년과 달리 지금은 양 수군이 서로의 장단점을 잘 알고 있기 때문에 서두르는 쪽이 패할 가능성이 높습니다."

"이 장군, 나는 이제 늙었고 지쳤습니다. 전하와 대신들을 설득할 자신이 없습니다."

이순신은 도원수 권율에게서 더 이상 부산 출정에 대해 재고할 여지가 없다는 것을 느꼈다.

이순신은 권율에게 한마디를 남기고 막사를 나왔다.

**"지금은 조급한 용기勇보다는 신중한 지혜智가 필요한 시기입니다."**

다음날 권율은 조선 수군의 부산 출정을 독촉하기 위해 한산도로 내려갔다. 원균과 수군 장수들을 크게 꾸짖고 군율로 출정을 강요했다. 조정과 도원수의 강압으로 조선 수군은 부산으로 출정하지 않을 수 없었다. 이순신은 조선 수군이 부산으로 출정한 다음부터 계속해서 불안한 마음을 금할 수 없었다. 칠월 칠석에는 괴상한 꿈까지 꾸었다. 원균과 함께 모였는데 내가 윗자리에 앉아 음식상을 받았는데 원균이 즐거운 기색을 보이는 것 같았다.

정유년 1597년 7월 18일 새벽, 황급한 움직임이 있어 깨었더니 청천벽력 같은 소식이 전해졌다. 이덕필이 와서 전하기를 16일 새벽 칠천량에서 일본 수군의 기습을 받아 삼도수군

통제사 원균, 전라 우수사 이억기, 충청 수사 최호 등 여러 장수가 전사하고 조선 수군이 크게 패했다는 것이었다. 그 소식을 듣고 이순신은 깊은 신음과 함께 다리에 힘이 풀려 주저앉고 말았다. 원균이 죽었다. 이순신이 그토록 싫어한 원균이었지만 죽기 직전 꿈에 나타나 윗자리를 양보하고 즐거운 기색을 보인 것이 마지막 모습이었다. 소식에 의하면 원균은 조선 수군의 대장선에서 내려 늙은 몸을 이끌고 수하 한 명 없이 육지에 올라 도주하다 소나무 밑에서 휴식을 취하던 중 일본군에게 최후를 맞았다고 했다. 원균은 참을성이 부족해 성격이 급하고 실수가 잦았으나 전장에서만은 물러서지 않는 용기를 가지고 있었다. 이순신은 원균이 대장선을 버리고 도주한 것만으로도 그날 일본군의 계획이 얼마나 치밀했나를 알 수 있었다. 경상우수사 배설은 12척을 이끌고 전장을 탈출한 것을 도원수 권율에게 알렸다.

돌아온 도원수 권율은 흡사 시체와 같은 고단한 늙은 장수의 모습이었다. 이순신과 마주앉은 권율은 작은 소리로 같은 말을 두 번을 읊조렸다.

"조급한 용기勇보다는 신중한 지혜智가 필요한 ……."

"조급한 용기勇보다는 신중한 지혜智가……."

"도원수, 몸이 많이 상하셨습니다. 이러다 큰일 나겠습니다."

"일이 이미 이 지경에 이르렀으니……."

권율은 자포자기한 듯 말을 이어가지 못했다.

"소신이 직접 해안 지방으로 가서 조선 수군의 상태를 확인하고 방책을 보고하겠습니다."

권율은 허망한 표정을 지으며 그리하라 했다.

"이 늙은이가 너무 오래 산 것 같소."

"너무 자책하지 마십시오. 장군은 누가 뭐라 해도 조선 최고의 무장이요 조선 최고의 지휘관인 도원수이십니다."

"도원수, 부디 마음을 굳건히 하십시오."

권율에게 하직 인사를 한 이순신은 남해안을 향해 긴박하게 발걸음을 움직였으나 아무런 방책이 생각나지 않았다. 그러나 지금 해야 할 일은 자명했다. 하루라도 빨리 살아남은 조선 수군을 수습하고 일본군의 움직임을 정탐해야 했다. 일본군을 정탐해야 할 뿐 아니라 일본군의 정탐을 피해야 했다. 분명 이순신의 소재를 파악해 죽이려고 일본군의 척후들이 사방에 깔렸을 가능성이 높았다. 이순신은 송대립에게 몸이 빠른 군사들을 뽑아서 경상도 남해안 일대에 있는 일본군의 움직임을 정탐하도록 지시했다.

"빨리 움직여라. 그대들의 정보가 나라를 구할 수 있음을 명심해라."

남해안을 가는데 계속해서 비가 내렸다. 단성의 동산산성에

올라가 그 형세를 보니 매우 험하여 일본군이 접근할 수 없을 것 같아 그곳에서 하룻밤을 보냈다. 하동을 거쳐 노량에 이르니 거제현령 안위와 영등포만호 조계종 등 살아남은 군사 몇 명이 와서 통곡하고 백성들도 울부짖으며 곡하지 않는 이가 없었다. 그들의 통곡에 이순신도 눈물이 멈추지 않았다. 그러나 울고 있을 여유가 없었다.

"배설, 경상우수사 배설은 왜 보이지 않느냐?"

"조선 판옥선 12척은 어디에 있느냐?"

이순신은 간절한 목소리로 배설과 조선 수군의 판옥선을 찾았다.

"내일 아침에 배설 우수사가 찾아오겠다고 했습니다."

거제현령 안위가 말했다.

이순신과 그 일행들은 거제현령 안위의 작은 배를 타고 일본군에게 노출되지 않을 으슥한 노량의 바다에서 하룻밤을 보냈다. 다음날 경상우수사 배설이 이순신을 찾아와 원균이 끝내 자신의 말을 듣지 않아 이런 참담한 일이 발생했다고 말했다. 전투 중에 탈출했다는 배설의 말이 이순신은 거짓이라고 생각했다. 이순신은 배설에게 노량과 여수 전라좌수영까지 위험하니 장흥 땅 군영구미로 판옥선을 이끌고 당장 떠나라고 했다. 배설에게 명령을 내렸지만, 이순신은 아직까지 아무런 권한도 직책도 없는 백의종군의 몸이었다.

# 17
# 孤와 悲
고와 비

정유년 1597년 8월 3일, 선전관 양호가 선조의 교서를 가지고 왔다. 백의종군 중인 이순신을 전라좌도수군절도사 겸 삼도수군통제사로 삼는다는 것이었다.

'왕이 이르노라. 지난번 그대의 직책을 빼앗고 그대로 하여 죄를 지고서 백의종군하게 한 것은 나의 모책이 좋지 못해서 그리된 것이다. 이제 패전의 욕됨을 만났으니 더는 무슨 말을 하겠는가? 더는 무슨 말을 하겠는가?……이제 다시 그대를 조선의 전라좌도수군절도사 겸 삼도수군통제사로 임명하노라.'

'더는 무슨 말을 하겠는가?' 이 문구에서 이순신은 선조의 외로움을 느낄 수 있었다. 한산도를 고수해 호랑이가 버티고 있는 듯한 형세를 만들었어야 했는데 출병을 독촉해 이런 일을 초래했으니 이는 사람이 한 일이 아니라 하늘이 조선을 버린 거라고 선조는 한탄했다고 했다. **교서는 조선의 고독한 왕이 그동안 조선을 지켜왔던 모든 수군을 잃은 고독한 장수에게 보낸 고독한孤 비명悲이었다.** 얼마 되지 않아 선조는 다시 이순신에게 선전관 원집을 통해 유지를 내렸다. 수군을 파하고 권율의 육군에 합류하라는 것이 유지의 내용이었다. 조정은 수군에 대한 미련을 버린 것 같았다. 이순신은 교서와 유지의 답변을 올리지 않았다. 지금은 흩어진 군사와 군비들을 모으면서 자신을 추적해 오는 일본군을 따돌려야 했다. 고니시 유키나가와 와키자카 야스하루는 간교한 장수들이다. 그들은 분명 칠천량에서 승리한 후 바로 이순신을 사살하라는 명령을 내렸을 것이다. 일촉즉발, 어디에서든지 일본군을 만날 수 있는 상황이었다. 하지만 흩어진 군사들을 버리고 살고자 피신할 수 없었다. 두려웠지만 이순신은 당당하게 하동에서 구례로, 곡성으로, 옥과로, 그리고 순천으로 전라도 동부 지방을 돌면서 군사와 군량미를 확보했다. 가는 지방마다 칠천량 패배의 후유증을 앓고 있었다. 전라도로 일본군이 온다는 소문이 퍼져 피난민이 넘쳐났고 관리들마저 관사에 불을 지르고

도망갔다. 전라병사 이복남이 남원성으로 향하면서 일본군이 사용하지 못하도록 불을 지르라는 명령을 내렸다고 했다. 이 순신은 귀한 군량미와 무기들까지 태우는 어처구니없는 광경을 참담한 심정으로 바라보았다.

이순신이 순천에 도착했을 때 일본군의 움직임을 정탐하기 위해 초계를 떠났던 송대립과 임준영이 돌아왔다.

"통제사, 순천이 위험합니다. 빨리 움직이셔야 합니다."

송대립이 위급한 표정을 지으면서 말했다.

"일본 좌군이 남원성을 공략하기 위해 사천에 상륙하여 하동으로 진군을 시작했고 일본 수군은 노량을 거쳐 섬진강을 따라 구례로 향하고 있습니다."

"나도 그 정도는 예상하고 있다. 그런데 이 조선에 내가 숨을 곳이 어디 있겠느냐? 한양인들 안전할 것 같으냐."

송대립은 이순신의 말을 이해할 수 있었다.

"통제사, 사천에 상륙한 왜군에 의하면 적 함선 30여 척이 여수 전라좌수영과 그 산하 진지들을 접수하기 위해 출발했다고 합니다."

임준영은 그동안 조선 수군의 본영 역할을 하던 여수 전라좌수영이 일본군의 수중에 떨어지는 것을 몹시 안타까워했다

"그렇다면 여수 전라좌수영 산하 진지인 방답, 발포, 사도 등이 벌써 적들의 손에 넘어갔는지도 모를 일입니다. 그다음은 보성과 장흥이 저들의 목표가 될 것입니다."

송대립이 임준영의 말을 듣고 무거운 표정을 지으며 말했다.

"모두 조급해하지 마라. 시간상으로 여수 전라좌수영이 적들의 수중에 떨어졌을 수도 있지만 장흥까지 오려면 약간의 시간이 걸릴 것이다. 우리가 서두른다면 군사와 군비를 모아서 적들보다 빨리 해남 땅 전라우수영에 도달할 수 있을 것이다."

이순신은 군사들에게 조급해하지 말 것을 당부했다.

"통제사, 바로 해남 전라우수영으로 출발해야 합니다. 각 고을을 돌면서 군사와 군비를 모으다가는 큰 변고를 당할 수 있습니다. 적들이 백성들로 변장하고 기습할 가능성이 높습니다."

순천부사 우치적이었다. 순천부사 우치적은 칠천량 해전에서 살아남은 이후 이순신을 처음 만났다.

"우 부사, 살아있어서 정말 다행이오. 몸은 괜찮으시오?"

이순신이 매우 반가워하면서 기뻐했다.

"통제사, 이런 참담한 일을 겪게 해 드려 죄송합니다."

우치적은 눈물을 글썽이며 이순신의 손을 잡았다.

"통제사, 부하들의 말대로 해남 전라우수영으로 빨리 이동하는 것이 좋을 것 같습니다."

"우 부사, 내가 죽음이 두려워 겁을 먹고 피한다면 누가 나

서서 싸우려 하겠는가? 지금 우리가 할 수 있는 일은 안타깝게도 의연한 기개와 용기를 적에게 보여주는 것밖에 없네."

이순신은 더는 물러날 곳이 없다는 비장한 각오로 군사들을 타일렀다.

"통제사, 이 순천에 벌써 적들이 잠입해 있을 가능성이 높습니다. 그것에 대비해야 합니다."

송대립은 그동안 정탐에 의하면 일본군이 조선 백성으로 위장하고 순천에 침투해 있을 거라고 확신했다.

"내게 다 복안이 있으니 걱정하지 마라."

이순신은 송대립의 걱정을 이해할 수 있었다. 고니시 유키나가와 와키자카 야스하루는 분명 이순신의 암살을 지시했을 것이다. 구례와 곡성을 순시하는 동안 일본군은 이순신이 순천으로 향했다는 정보를 입수했을 것이다. 이순신은 순천과 낙안 두 곳에서 분명 기습이 있을 거라고 내심 경계했다.

'분명 적들은 우리 백성들로 위장하고 있을 것이다. 적들은 와키자카 야스하루의 함선을 타고 섬진강을 타고 올라가다 광양현 두치*에서 내려 이곳 순천으로 잠입했을 가능성이 높다.'

이순신은 순천과 낙안 중 백성들이 많이 모이는 날에 기습 가능성이 높을 거라고 생각했다. 순천부 관사에 이르니 백성

---

* 두치: 전남 광양시 다압

들은 전라도의 서쪽이나 깊은 산 속으로 흩어져 인기척이 없었다. 다행히 관사의 곡식과 병기들이 그대로 보전되어 있었다. 그것을 수레에 싣고 아침 일찍 낙안으로 출발했다. 낙안에 이르니 백성들이 많이 나와 이순신을 맞이했다. 이순신은 백성들이 반가웠으나 일본군이 백성들 사이에 숨어 있을 가능성을 배제하지 않았다.

이순신은 조방장 배흥립에게 기습을 대비해 궁수들을 모으도록 지시했다. 이순신은 배흥립에게 다른 조선 장수와 군사조차 알지 못하도록 보안을 당부하면서 낙안 관사 주위에 궁수들이 잠복하도록 지시했다. 그날 밤 일본군의 기습을 경계하다 보니 잠을 이루지 못했다. 새벽녘에 몰려오는 잠을 참기위해 그동안 보내지 못했던 선조의 교서와 유지에 대한 답변을 작성했다. 선조의 유지는 이순신을 다시 삼도수군통제사로 임명했지만 무너진 수군으로 할 수 있는 일이 없다고 여겨 수군을 파하고 육군에 합류하라는 권고였다.


'저 임진년부터 오륙 년 동안 적이 감히 충청·전라도를 바로 찌르지 못한 것은 우리 수군이 길목을 누르고 있었기 때문입니다. 지금 신에게는 아직도 전선 열두 척이 있습니다. (今臣戰船 尙有十二, 금신전유 상유십이) 나아가 죽기로 싸운다면……'

교서에 대한 답변을 작성하던 중 첫 닭이 우는 소리가 들렸다. 그때 갑자기 밖에서 작은 움직임이 포착되었다. 이순신은 순간적으로 위험을 직감하고 미리 준비해둔 줄을 당겼다. 줄은 조방장 배흥립에게 위험을 알리는 신호였다. 그리고 이순신은 조용히 불을 끄고 칼을 잡았다. 밖에 있던 배흥립이 횃불을 올렸다.

"공격하라, 활을 쏴라. 통제사를 보호하라."

배흥립의 급한 외침과 활을 쏘는 소리가 들리면서 큰 소란이 일었다.

"이순신을 죽여라. 이순신을 암살하라."

일본군의 외침도 들렸다.

조선 백성의 복장을 하고 복면을 쓴 일본군 3명이 이순신이 있는 방으로 뛰어들었다. 이순신은 기다리고 있었다는 듯 일본군을 향해 칼을 휘둘렀다. 1명이 쓰러지자 나머지 2명이 이순신을 향해 공격해 올 때 배흥립과 군사들이 뛰어 들어와 칼을 날렸다. 방안에는 죽은 일본군의 피가 여기저기 뿌려져 있었고 이순신이 선조에게 보내려고 했던 교서의 답장도 피에 흥건히 젖어있었다. 문을 열고나오니 조선 백성으로 변장한 일본군 20여 명이 활과 칼에 맞아 죽어있었다. 일본군의 시체를 치우고 나니 벌써 날이 새고 있었다.

"보성 조양청으로 갈 것이다. 준비하라."

이순신은 군사들에게 비장한 목소리로 조용하게 말했다.

# 18

# 父와 子

부와 자

정유년 1597년 9월 1일, 칠천량 해전으로 조선 수군이 궤멸되자 일본군은 파죽지세로 진군했다. 전라감영이 있는 전주성을 무너뜨린 일본 좌군은 살아 움직이는 모든 것을 도륙하며 전라도를 완전히 장악하기 위해 남하했고, 일본 우군은 충청도 천안으로 진격했다. 선조는 오늘 또 세자에게 선위하겠다고 발표했다. 이번에는 명나라 장수 양호에게까지 선위에 대해 도움을 청하면서 조정을 시끄럽게 했다. 시도 때도 없는 선조의 선위 파동이 있을 때마다 세자 광해군은 자신의 목이 조여 오는 것을 느꼈다. 선조의 선위에 대한 진위도 파악하기 어려웠다. 광해군은 오늘도 온종일 선조의 처소 앞에서 끼니까지 걸러 가며 무릎을 꿇고 선위를 거두어 달라고 간청했다. 광

해군은 세자가 될 운명이 아니었으나 전쟁으로 인해 세자가 되었다. 일본이 침략하지 않았다면 선조는 총애하는 인빈 김 씨의 아들 신성군을 세자로 삼았을 것이다. 광해군은 3살 때 어머니 공빈 김 씨를 여의고 살기殺氣가 충만한 궁궐에서 살아남기 위해 하찮은 행동조차 조심하며 살아왔다. 갑작스러운 전쟁으로 세자가 되고 선조와 함께 평양으로 몽진을 떠났다. 임진강 방어선이 힘없이 무너지자 선조는 요동으로 가기 위해 의주로 떠났고 광해군은 조정의 분조를 이끌고 함경도로 향했다. 그러나 함경도가 가토 기요마사 군에게 점령되었다는 소식을 듣고 남쪽으로 방향을 돌려 영변, 회천, 덕천, 맹산, 곡산, 이천, 신계, 성천, 용강, 강서, 안주로 돌면서 풍찬노숙을 하며 힘든 역경을 헤쳐 나갔다. 의병의 궐기를 촉구하는 격문을 내리고 연암성 전투를 독려하는 등 왕이 떠난 조선 조정의 실질적인 구심점 역할을 훌륭하게 수행했다. 명나라군이 참전해 평양이 수복될 때까지 적지나 다름없는 지역에서 위험을 무릅쓴 그의 행동은 조선의 자존심을 세우기에 충분했다.

세자 광해군의 활동에 명나라 장수들은 칭찬을 아끼지 않았고 제독 송경략의 요청으로 하삼도 군무를 총괄하라는 명나라 황제의 칙서까지 도달했다. 그때부터 아버지 선조의 아들 광해군을 바라보는 눈에는 아픈 상처가 만들어낸 저주인 반감이 가득했다. 그 감정은 반감이라기보다는 과거가 불행한 자

의 숙명인 두려움이었다. 선조는 통제사 이순신과 광해군에게 같은 감정인 반감과 두려움을 가지고 있었다. **나눌 수 없는 권력의 비정함으로 인해 아버지父 선조와 아들子 광해군의 관계는 태풍 속의 난파선처럼 위태로웠다.** 선조의 시기와 반감 속에서 광해군은 살아남기 위해 숨 쉬는 것조차 조심스러웠다. 그렇게 광해군을 칭찬하던 명나라는 조선 조정의 세자 책봉건의에 대해 시간을 두고 하라는 답변만 보낼 뿐이었다. 광해군은 조선의 왕도 명나라도 인정하지 않은 세자였다. 그는 언제든지 세자의 자리에서 물러나야 할 정도로 그 지지 기반이 미약했다. 명나라 황제 만력제는 첫째 후궁의 장자를 세자로 삼기보다는 총애하는 후궁으로부터 낳은 셋째를 세자로 삼고자 했다. 이로 인해 명나라 조정의 신하들 간에 다툼이 발생했다. 조선의 몇 번의 요구에도 불구하고 광해군의 세자 책봉은 계속해서 미루어졌다. 명나라로부터 세자 책봉에 대한 허락이 미루어지고 선조의 견제가 심해질수록 광해군은 전쟁이 끝나는 것이 두려웠다. 일본의 침략 전쟁으로 세자의 자리에 올랐지만 전쟁이 끝나면 다시 세자의 자리에서 끌려 내려와 비참하게 죽을 수 있는 운명이었다. 세자의 형이자 선조의 장자인 임해군이 사고치는 문제아로 성장한 이유는 군왕의 자질을 스스로 버려야만 살 수 있는 궁궐의 생리에 순응하고 있는지 모를 일이었다. 하지만 광해군은 무관심과 멸시 속에서도 왕의

자리를 포기하지 않았다. 온갖 힘든 역경을 헤치고 세자의 역할을 훌륭히 수행해 왔지만 최근 선조의 태도에서 모든 것이 물거품이 될 수 있다는 두려움을 느꼈다.

"저하, 몸은 괜찮으신지요?"

내시부 상좌 김충용이 물었다.

"파리 목숨인 나에게 몸이 불편한 것이 문제겠느냐?"

온종일 선조에게 선위를 거두어 달라고 간청한 광해군은 서 있기조차 힘들었다.

"어찌, 그런 말을 하십니까? 세자 저하는 조선의 백성들과 대신들의 존경을 한 몸에 받고 있지 않습니까."

김충용은 광해군의 말을 듣고 난감한 표정을 지었다.

"상좌, 전하의 의중은 이미 나를 떠난 것 같소. 명나라까지 나의 세자 책봉을 미루고 있으니……."

"그럴 리가 있겠습니까? 지금 대신들 특히 젊은 대신들을 중심으로 세자 저하께 선위하라는 상소가 올라오고 있습니다."

"상좌, 그게 더 심각한 문제요. 임진년에 왕의 자리를 포기하고 요동으로 가려고 했던 아바마마는 그 권위가 땅에 떨어졌소."

한참을 고민하던 광해군이 말을 이었다.

"불안한 권력이 더 위험한 법이요. 지금은 괜찮겠지만, 전

쟁이 끝나면 나는 세자의 자리를 유지하기 어려울 것이오.”

“저하, 어찌 그런 말을 하시는지요.”

“상좌, 내가 어찌했으면 좋겠소?”

광해군은 김충용을 바라보면서 한숨을 쉬면서 물었다.

“어찌 미천한 소신에게 그런 질문을…….”

김충용은 무슨 말을 해야 할지 몰랐다.

“내게 도움이 될 수 있는 말이라면 아무 말이라도 해보시오.”

“저하…….”

김충용은 매우 난감해하는 표정이었다.

“어허, 상좌도 나를 조선의 세자로 인정하지 않는구려.”

“그런 것이 아니옵니다. 세자 저하.”

한참을 머뭇거리다 김충용은 결심이라도 한 듯 입술을 깨물었다.

“저하가 조선의 왕이 되는 방법은 세 가지가 있습니다. 첫째는 조선이 상국으로 모시는 명나라가 세자 저하를 지원하는 것이고, 둘째는 힘 있는 대신들을 저하의 편에 서게 하는 것이고, 셋째는…….”

“셋째는…….”

김충용은 세 번째 방안을 말하다 말을 잇지 못했다.

“상좌, 왜 말을 하지 못하는 것이오. 내 목숨이 걸린 일이

오. 부담 느끼지 말고 편히 말해 보세요."

"셋째는 무력을 장악하는 방법입니다."

김충용은 그 말을 끝내고 잠시 말을 끊었다.

"계속해보시오. 상좌."

광해군은 김충용의 말을 어느 정도 예상했는지 당황하지 않고 침착하게 말했다.

"저하, 지금 왜군이 다시 천안까지 진격했지만 언젠가는 전쟁이 끝날 것입니다. 그때 무력을 장악하고 있는 장수를 미리 포섭하는 것입니다. 백성에게 신망이 높은 육군의 권율과 수군의 이순신이 세자 전하를 지원한다면 큰 어려움이 없이 권좌에 오를 수 있을 것입니다."

"하지만 상좌, 권율은 너무 늙었고 이순신의 수군은 전멸했소. 그들이 내게 힘이 될 수 있겠소."

"그들은 조선의 백성과 부하들에게 존경을 한 몸에 받고 있는 장수들입니다. 그들에게 군사가 있고 없고는 중요하지 않습니다. 그들의 신임을 얻는 것 자체로도 조선 군사들의 힘을 얻을 수 있습니다. 토사구팽兎死狗烹, 초패왕 항우를 물리친 한신은 황제에 오르라는 부하들의 청을 뿌리치고 유방에게 통일된 천하를 바쳤으나 끝내 역적으로 몰려 죽음을 당했습니다. 전쟁이 끝나면 분명 전하는 백성들의 신망이 두터운 장수를 살려두지 않을 것입니다. 특히 전하의 성정상 이순신은 더

욱더."

"상좌, 내가 하삼도에서 군무를 담당하고 있을 때, 진중 과거에 한산도의 수군들을 전라감영으로 보내라는 명령을 내렸는데도 이순신은 따르지 않았소. 그 이유가 적을 앞에 두고 갈 수 없다는 것이었소. 내가 본 이순신은 자신의 소신을 굽히지 않는 완벽한 원칙주의자였소. 내가 도움을 요청하더라도 그는 거절할 것이오. 그는 분명 전하를 따르고 죽음을 선택할 것이오."

광해군은 이순신이 변하지 않을 거라는 확신을 가지고 있었다.

"저하, 이순신은 명예를 중요시하는 인물입니다. 천하의 이순신이라도 역적으로 죽는 것을 원하지 않을 것입니다. 저하가 이순신에게 확신을 준다면 조그마한 가능성이 있을 수도 있습니다."

"이순신……."

광해군은 이순신이라는 이름을 깊고 낮게 불렀다.

"상좌, 오늘은 밤이 깊었으니 여기까지만 이야기합시다."

"네 저하, 편히 주무십시오."

김충용이 나간 뒤 광해군은 새벽까지 잠을 이루지 못했다. 광해군은 명나라가 지켜줄 것이라는 기대를 버린 지 오래되었다. 아들에 대한 반감과 두려움이 가득한 아버지로부터 세자의 자리와 목숨을 지키기 위해서는 상좌 김충용의 말대로

힘 있는 대신들을 자신의 편에 서게 하고, 무력을 장악하고 있는 장수를 미리 포섭해야만 했다. 아버지父로부터 자신을 지켜야 하는 아들子은 눈물을 흘리며 작은 소리로 흐느꼈다.

다음날 광해군은 다시 아픈 몸으로 어전 앞에 무릎을 꿇고 선조에게 큰소리로 선위를 취소해 달라고 청했다.

"전하, 선위를 거두어 주시옵소서."

한참이 지나고 광해군은 다시 소리쳤다.

"전하, 선위를 거두어 주시옵소서."

다시 침략한 일본군이 직산까지 도달했는데 선위 때문에 조정이 시끄러워야 하는 현실이 광해군은 몹시 안타깝고 개탄스러웠다. 광해군은 시간이 지날수록 모든 것을 내려놓고 싶은 생각이 간절했다.

"세자는 일어나거라."

선조는 어전에서 나와 광해군에게 말했다.

"일어나서 들어오너라."

"전하, 선위를 거두어 주시옵소서. 모든 것이 소자의 불찰이옵니다."

"어허, 그만하고 들어오래도."

선조는 광해군의 선위를 거두어 달라고 청하는 진심을 의심하는 것 같았다. 광해군은 비틀거리면서 일어나 어전으로 들

어갔다.

선조는 한참 동안 아무 말도 하지 않았다.

"세자는 알고 있느냐? 이번에 명나라가 10만여 명의 대군을 파병하면서 황제가 짐에게 다시 교지를 내렸다. 큰소리로 읽어 보아라."

광해군은 황제의 교지를 들고 차마 읽지 못했다.

"큰 소리로 읽어 보래도."

"……지난 몇 년 동안 조선의 왕은 힘을 기르지 않고 무얼 했길래 또 파병을 청하는 것이냐? 참으로 한심한고……."

"이런 수모를 겪고도 선위를 하지 않는 것은 조선의 수치이니라. 세자는 더는 거부하지 말고 선위를 받아라."

"전하, 지금의 사태가 어찌 전하의 잘못이겠습니까? 가장 큰 잘못은 자신들의 권력을 위해 붕당을 만들어 전하의 눈을 흐리게 한 대신들에게 있고, 군사들을 제대로 정비하지 못한 장수들에게 있사옵니다. 명나라가 대군을 파병하여 사직을 보존할 수 있게 된 것은 모두 전하의 은혜이옵니다."

광해군은 선조를 아바마마라 하지 않고 언제부터 전하라고 불렀다.

"대신들과 장수들의 잘못이라……. 세자는 들으라. 내 세자의 간곡한 청도 있고 적이 도성 앞까지 도달했으니 선위 문제는 다음으로 미루겠노라."

"성은이 망극하옵니다. 전하."

"적이 계속해서 진격한다면 짐은 다시 평양으로 몽진을 떠나야 할 수도 있다. 세자는 이 한양을 다시 적들의 손에 넘겨주는 일이 없어야 할 것이다. 목숨을 걸고 지킬 수 있겠느냐?"

"전하, 태조께서 세운 조선의 도성이 왜놈들의 손에 다시는 넘어가는 일은 없을 것이옵니다."

"나가보아라. 피곤하구나."

"심신을 편히 하십시오. 아바마마."

광해군은 선조에게 아바마마라 부르면서 어전을 나왔다.

어전을 나오자 긴장이 풀린 탓인지 광해군은 비틀거렸다. 광해군은 상좌 김충용의 부축을 받고 처소로 돌아가면서 긴 한숨을 쉬고 칼처럼 시린 가을 하늘을 쳐다보았다.

# 19

# 遁와 死

둔과 사

'저 임진년부터 적이 감히 충청도와 전라도를 바로 공략하지 못한 것은 우리 수군이 길목을 버티고 있었기 때문입니다.

지금 신에게는 전선 12척이 있사옵니다.

(今臣戰船 尙有十二, 금신전유 상유십이)

나아가 죽기로 싸운다면 오히려 할 수 있사옵니다.

(出死力拒戰 卽猶可爲也, 출사력거전 즉유가위야)

만약 수군을 폐한다면 적들은 만 번 다행으로 여겨 충청도를 거쳐 한강까지 갈 것인데 그것이 신은 걱정되옵니다.

전선의 수는 비록 적지만 신이 죽지 않은 한 적들은 감히 우리를 업신여기지 못할 것이옵니다.'

정유년 1597년 8월 10일, 보성 조양청에 이르러 곽란藿亂
으로 몸이 아파 더 이상 움직일 수가 없었다. 피난 가고 없는
김안도의 집에서 선조의 교서와 유지에 대한 답변을 작성해
서 한양으로 보냈다. 부하 장수들은 일본군의 공격이 걱정되
니 가마에 올라 장흥 군영구미로 출발할 것을 재촉했다. 이순
신은 조선 수군의 통제사가 아프다는 것을 백성과 일본군에게
알린다면 어찌 전쟁에서 이길 수 있겠냐며 부하들을 꾸짖었
다. 곽란*이란 병으로 이순신은 먹지도 못하고 계속해서 토하
면서 식은땀을 흘렸다. 혼자서 몸을 움직이지 못하면서도 이
순신은 우후 이몽구를 거제현령 안위에게 잡아오게 했다.

다음날 이순신은 서릿발 같은 위엄으로 이몽구를 꾸짖었다.
"이몽구 네 이놈, 조선의 동료 수군들이 칠천량에서 울부짖
으며 죽어갈 때 네놈은 무엇을 했느냐?"
"통제사, 왜 이러시옵니까? 소신이 무슨 잘못을 했다고 이
러시옵니까?"
"어허, 이놈이 아직도 네 잘못을 모르는구나."
"칠천량 패전 소식을 듣고도 조선 수군의 본영인 여수 전라
좌수영에 있던 군비와 군량미를 하나도 옮기지 않았더란 말

---

* 곽란: 콜레라

이냐. 그러고도 이몽구 네놈이 조선 수군의 우후란 말이더냐.”

“통제사, 제가 어떻게 본영의 군비와 군량미를 명령도 없이 함부로 빼돌릴 수 있겠습니까?”

이몽구는 본영의 군비와 군량미를 움직이는 것은 자신의 권한 밖이라면서 항변했다.

“어허, 네놈이 잘못을 인정하지 않는 것을 보니 칠천량에서 죽은 동료들의 피땀 어린 군비와 군량미를 적에게 넘겨주고도 미안한 감정이 없는가 보구나. 여봐라, 우후 이몽구에게 곤장 80대를 쳐라.”

이순신의 군령이 주위에 찌렁찌렁하게 울렸다.

아무도 먼저 나서서 곤장을 치려고 하지 않자 이순신은 불편한 몸을 이끌고 직접 이몽구에게 곤장을 쳤다. 그때서야 어쩔 수 없이 군졸이 나서서 곤장을 쳤다. 이순신도 우후 이몽구가 약간 억울할 수 있다고 생각했다. 그러나 지금은 무너진 군율을 세우는 것이 우선이었다. 조선 수군의 본영을 담당하고 있는 우후라면 그곳의 군비와 군량미를 어떻게든 안전한 곳으로 옮겼어야 할 지위라고 생각했다.


‘7월 16일, 칠천량 해전에서 조선 수군의 궤멸.’

‘7월 18일, 새벽에 칠천량 패전의 소식을 들음.’

‘7월 18일, 도원수 권율에게 해안지방으로 가서 사태를 파

악한 후 방책을 강구하겠다고 초계를 출발.'

'7월 20일, 노량에 이르러 경상우수사 배설에게 장흥 군영
구미로 남아있는 판옥선 12척을 가지고 이동할 것을 당부.'

'8월 03일, 삼도수군통제사로 재임명.'

'8월 17일, 장흥 군영구미에 도착.'


초계를 출발하여 해안을 순시하던 중 삼도수군통제사로 임
명된 이순신은 진주 정개산성, 광양 두치, 쌍계, 석주관, 구
례, 압록강원, 곡성, 옥과, 석곡강정, 부유창, 순천, 낙안, 조
양창, 보성을 거치며 군사와 군비 등을 모아 8월 17일에 장흥
의 군영구미에 도착했다. 아픈 몸을 이끌고 일본군의 기습을
대비하면서 움직였던 위험천만한 여정이었다. 이순신은 노량
에서 장흥 군영구미로 이동한 조선 수군의 판옥선 12척을 하
루라도 빨리 보고 싶었다. 그러나 군영구미에 도착했을 때 배
설은 보이지 않았고 통제사 이순신이 탈 함선도 보내지 않았
다. 다음날 장흥 회령포로 갔더니 배설은 뱃멀미로 인해 몸이
아프다고 다시 나타나지 않았다. 배설은 다음날 여러 장수가
왕의 교서에 숙배하는 데 모습을 드러냈다. 이순신과 여러 장
수는 지위를 내리는 왕의 교서를 받들고 조선의 바다를 지키
겠다고 맹세했다. 이순신은 백의종군의 고초를 겪은 후 장흥
땅 회령포에서 조선 수군의 삼도수군통제사로 정식으로 취임

했다. 배설은 무슨 생각을 하는지 왕의 교서에 공손히 절하지 않았다.

배설의 태도에 여러 장수가 화가 났는지 이순신에게 군령으로 다스리라고 요청했다.

"통제사, 배 우수사의 태도가 참으로 기가 막힙니다. 그대로 두었다가는 군령이 설 수 없습니다."

조방장 배흥립이 흥분하며 말했다.

"배설은 경상우도수군절도사이다. 아무리 내가 삼도수군통제사이지만 함부로 할 수는 없는 일이오. 그가 왜 그러는지 이유가 분명 있을 것이다. 그리고 배 우수사는 그대들의 상관이오. 상관에 대한 예우 또한 우리 군영에서 꼭 필요한 것이라는 걸 명심해야 한다."

이순신은 배설에 대한 부하 장수들의 불만을 잘 알고 있었지만, 지금은 경상우수영의 함선 12척이 조선 수군의 전부였다. 배설과 배설의 부하들을 함부로 할 수 없는 일이었다. 회령포는 언제든지 일본군의 위협에 노출될 수 있었다. 더 깊숙한 장소로 이동하기 위해 이순신은 군사들과 군량미 등을 배설의 경상우수영 판옥선 12척에 옮겨 싣고 이진을 거쳐 어란으로 진을 옮겼다. 어란에 도착한 지 얼마 되지 않아 일본군이 이진에 이르렀다는 소문이 파다하게 퍼졌다. 이순신은 즉시 소문낸 자들을 잡아들이라는 명령을 내렸다.

"네 이놈들, 왜 왜적들이 왔다고 헛소문을 냈더냐?"

그들은 백성들이 혼란한 틈을 타서 군영이 방목하던 소를 이끌고 도망가려고 했다가 군사들에게 잡힌 것이었다.

"통제사, 아니옵니다. 분명 왜적이 이진에 이르는 것을 제 두 눈으로 분명 보았습니다."

"이놈들, 용서해 주려고 했더니 계속 거짓말을 하는구나. 당장 이놈들의 목을 베어 효시하여 본보기로 삼거라."

"통제사, 거짓이 아니옵니다. 거짓이 아니옵니다."

그들은 마지막까지 진실이라고 큰소리로 항변했으나 장졸의 칼에 목이 떨어지고 말았다.

이순신은 두 명의 백성을 죽여서인지 새벽까지 곽란을 심하게 앓아 인사불성이 되어 깨어나지 못하고 가끔 쓰러지기까지 했다. 다음날 탐망 군관 임준영이 말을 타고 달려와서 급하게 보고했다.

"통제사, 왜적에 이진에 이르렀습니다."

그 순간 이순신은 백성 두 명의 억울한 죽음이 떠올랐다. 그래서인지 몸이 더욱더 아파왔다. 하지만 지체할 수 없는 순간이었다.

"해남 전라우수영으로 갈 것이다. 서둘러라. 적이 이진에 이르렀다. 서둘러 함선에 올라라."

이순신은 장수와 군사들에게 급하게 명령을 내렸다.

어란 바다 한가운데 이르자 일본 함선 8척이 나타났다. 조선 수군은 일본 함선을 보자마자 겁을 먹고 도망가려고 했다. 이순신이 호각을 불고 깃발을 올려 조선 함선에게 전투 대형을 갖추게 하자 일본 함선은 재빠르게 후퇴했다. 일본군의 탐색선이 분명했다. 조선 수군은 그날 밤을 장도에서 보내고 다음 날 진도 벽파진으로 건너갔다.

"통제사, 왜 전라우수영으로 가지 않고 진도 벽파진에 진을 치시는 것입니까?"

경상우수사 배설이 이해가 가지 않는다는 듯 물었다.

"배 수사, 적이 이진과 어란까지 이르렀다면 전라우수영도 안전하다고 할 수 없소. 전라우수영은 육지에 있으니 언제든지 적이 후미를 기습할 가능성이 있소."

"진도는 섬이니 바다길만 잘 지킨다면 기습에 대비할 수 있을 것이오."

"통제사, 어디까지 후퇴할 생각이십니까? 이 조선에 우리가 숨을 곳이 있다고 생각하십니까?"

배설의 물음에는 두려움이 숨어 있었다.

"배 수사, 당신은 조선의 수군절도사요. 말을 가려 하시오. 내가 숨을 곳을 찾고 있다고 생각하시오."

"통제사, 조정의 권고대로 수군을 폐하고 육군 권율 도원수에게 합류하는 것이 어떠신지요. 판옥선 12척으로는 아무것도

할 수 없다는 것을 통제사가 더 잘 알고 계시잖습니까?"

이순신은 한참 동안을 아무 말도 하지 않았다. 배설에게 화를 낸다면 참을 수 없을 것 같았다.

"배 수사, 이 몸은 곽란을 앓고 있어서 그런지 그대의 말에 토할 것 같소. 배 수사의 의견이 정 그렇다면 혼자서 도원수에게 합류하는 것은 말리지 않겠소. 하지만 그대 혼자 떠나시오."

"통제사, 이 몸을 어떻게 생각하고 그런 말을……."

"배 수사, 마지막으로 한마디만 하겠소. **난 숨을遁 곳이 아니라 죽을死 곳을 찾고 있소.**"

"숨을 곳이 아니라 죽을 곳을 찾는다. 죽을 곳을……."

배설은 낮은 목소리로 중얼거리면서 이순신에게 인사를 하고 막사로 돌아갔다. 다음 날 배설은 종을 시켜 병세가 몹시 위중하여 육지로 올라가서 몸조리하겠다고 전해왔다. 이순신은 배설이 진영을 떠나 있는 것이 더 나을 것 같아 허락했다. 다음날 조선 수군의 2인자 경상우수사 배설은 위치를 밝히지 않고 군영을 떠났다.

# 20

# 死와 死

사와사

　벽파진으로 진영을 옮긴 지 10일이 넘었다. 그동안 일본군은 7일 날 낮과 밤에 두 번의 공격을 감행했다. 조선 수군을 불안하게 하고 정탐을 위한 공격임을 이순신은 알고 있었다. 본 공격이 얼마 남지 않았다는 신호이기도 했다. 그날 밤은 비가 오려는지 온통 먹구름이 가득했다. 이순신은 홀로 함선 위에 앉으니 돌아가신 어머니가 생각나 그리운 마음에 눈물을 흘렸다. 또한, 가토 기요마사가 전주성을 함락하고 충청도 천안으로 진격한다고 하니 아산의 식구들도 걱정되었다. 큰아들 회는 이순신의 심정을 알았는지 같이 눈물을 흘렸다. 눈을 뜨고 있어도 눈을 감고 있어도 적들의 노 젓는 소리가 시도 때도 없이 이명처럼 사각사각 들려왔다. 그 소리는 이명이 아니라

실제로 어란으로 새까맣게 몰려오고 있는 적들의 노 젓는 소리였다.

"통제사, 적선 200여 척 가운데 55척이 먼저 어란 앞바다에 들어왔습니다. 왜군의 포로가 되었다 탈출한 김중걸의 말에 의하면 적들은 조선 수군을 섬멸하고 곧장 서해를 거쳐 한강으로 올라간다고 했답니다."

임준영의 보고였다.

이제 일본군의 공격은 내일 아니면 모래, 시간의 문제였다. 곧바로 전령선을 보내어 벽파진 조선 수군 진영으로 피난 온 백성들을 타일러 급히 육지로 올라가도록 했다. 육지로 옮겨진 백성들은 명량 근처를 떠나지 못하고 근처 청룡산과 망금산 등지에 머물러 있었다. 다음 날 마지막이 될 수도 있는 조선 수군의 진영을 전라우수영으로 옮겼다. 전라우수영으로 진을 옮긴 이유는 수가 얼마 되지 않은 수군으로 명량鳴梁을 등지고 진을 칠 수 없기 때문이었다. 벽파진은 명량을 등지고 넓은 바다를 바라보는 형국이지만 전라우수영은 왼쪽으로 명량을 바라보고 있었다.

전라우수영으로 진을 옮긴 이순신은 전 수군을 모아놓고 죽음을 각오한 비장한 출사표를 던졌다.

"병법에 반드시 죽고자 하면 살고 살고자 하면 죽는다."

("必 死 卽 生  必 生 卽 死, 필 사 즉 생  필 생 즉 사")

"한 사람이 길목을 지키면 천 사람이라도 두렵게 한다."

("一 夫 當 逕  足 懼 千 夫, 일 부 당 경  족 구 천 부")

"이것은 지금 우리를 두고 한 말이다. 너희 여러 장수는 살려고 생각하지 마라. 조금이라도 명령을 어기면 군법으로 다스릴 것이다."

이순신의 출사표는 비장함을 넘어 고독한 절규에 가까웠다.

그날 밤 이순신은 조선의 수군 장수들에게 술을 한 잔씩 따라 주었다.

"자네들과 같이 한 지난날들이 생각나는 밤이구려."

분위기만큼 조촐한 술상이었다. 장수들도 이순신이 따라 준 술 한잔의 의미를 알고 있었다. 이번 해전은 병법도 전략도 없었다. **오직 죽음死을 각오하고 싸우고 죽으死면 그만이었다.** 장수들이 떠나자 이순신은 참을 수 없는 외로움을 느꼈다. 어제 일본 수군 55척이 어란포 앞바다로 들어왔다는 보고를 받았다. 그렇다면 명량을 통과할 일본 함선은 그 이상이 될 것이다. 이순신은 내일 좁은 명량에서 일본 수군을 맞을 것이다. 명량이 일으키는 거센 물살과 소용돌이에 조선 수군의 운명을

걸어야 했다. 명량 울돌목은 실제로 500미터지만 수심과 바위를 고려하면 배가 항해할 수 있는 폭은 120미터에 불과했다. 120미터만 지키면 된다. 그리고 순류와 역류가 남해와 서해로 번갈아 가며 모든 것을 집어삼킬 듯 빠르게 흐른다. 빠른 조류는 암초에 부딪히면서 함선이 한번 휘말리면 빠져나올 수 없는 소용돌이를 만들어 낸다. 변수가 많은 명량에서의 해전은 이순신에게 행운을 바랄 수 있는 최적의 장소였다. 이순신은 오늘 밤이 이승에서 마지막 밤이 될 것이라는 생각에 붓을 들어 마음을 적었다.

'山河猶帶慘, 산 하 유 대 참'
'강산의 참혹한 모습이 그대로이니.'

'魚鳥亦吟悲, 어 조 역 음 비'
'물고기와 새들도 슬피 우네.'

'國有蒼黃勢, 국 유 창 황 세'
'나라는 여전히 어지러운데.'

'人無任轉危, 인 무 임 전 위'
'바로잡아 세울 이 아무도 없구나.'


정유년 1597년 9월 16일 이른 아침, 일본 수군의 동태를 감시하던 정찰병이 헤아릴 수 없는 일본 함선이 명량으로 출발

했다는 소식을 전라우수영에 알렸다. 이순신은 판옥선 13척과 조선 백성들이 탄 30여 척의 고기잡이 배를 이끌고 명량으로 출정의 깃발을 올렸다.

"출정하라. 출정하라."

"노를 저어라. 적들보다 명량에 일찍 도착해야 한다."

"격군들은 힘을 내라. 힘을 내라."

격군들을 독려하고 재촉하는 함성이 여러 함선에서 들렸다.

전라우수영을 빠져나가 명량에 접어들자 역류의 흐름에 의해 조선 함선은 좀처럼 앞으로 나가지 못했다. 이러다 일본 수군이 먼저 명량에 도착하면 낭패였다. 이순신의 대장선은 북을 치고 소리를 지르면서 격군이 아닌 군사들까지 노를 저었다. 대장선이 앞으로 나아가자 다른 함선들도 뒤를 따랐다. 오전 10시경 명량에 도착한 조선 함선은 거센 역류로 인해 앞으로 나아가지 못하고 제자리를 위태롭게 지키고 있었다. 명량의 바다에 대장선을 중심으로 조선 함선 13척은 일자진을 간신히 유지하고 있었다. 그때 엄청난 규모의 일본 함선이 시야에 들어오자 대장선을 제외한 조선 함선들은 거센 역류를 이기지 못한다는 듯 뒤로 물러나기 시작했다. 전라우수사 김억추의 함선은 아득히 먼 곳까지 물러나 있었다. 대장선만 가장 앞에서 외로이 명량의 바다 위를 위태롭게 지키는 형세였다. 이순신은 대장선마저 무너지면 이 전투는 끝이라는 것을 잘

알고 있었다.


"노를 저어 앞으로 나가라. 일자진을 유지하라."

"일자진을 유지하라, 일자진을 펴라."

최소한의 승리 조건인 일자진을 유지하기 위한 이순신의 외침은 애끊는 절규였다. 뒤처져 있는 함선들을 향해 소리쳤지만 아무도 움직이지 않았다. 이순신은 그들을 움직일 방법이 없었다. 이순신은 제 자리를 지킬 것이 아니라 일본 함선을 향해 돌진하기로 마음먹었다.

"적진으로 돌진하라. 노를 힘껏 저어라."

대장선은 순류를 타고 빠른 속도로 다가오는 일본 함선을 향해 앞으로 나아가기 시작했다. 대장선이 돌진하자 일본 함선이 포의 사정거리 안으로 들어왔다.

"닻을 내려라. 닻을 내려라."

이순신은 닻을 내림으로써 한 치의 후퇴도 없음을 군사들에게 알렸다. 일본 함선이 조선 수군 화포의 사정거리 안에 들어오자 이순신은 발포 명령을 내렸다.

"지자포와 현자포를 쏴라. 당황하지 마라."

대장선의 화포가 우레처럼 맹렬하게 일본 함선을 공격했다. 조선 수군들은 빽빽이 들어서서 화살을 빗발치듯 어지럽게 쏘아댔다. 대장선의 화포가 불을 뿜을 때마다 명량을 가득 메운

일본 함선이 타격되자 일본 수군은 다시 한 번 조선 화포의 위력을 실감했다. 명량을 단숨에 치고 나가려던 일본 수군은 의외의 반격에 잠시 당황했으나 점차 중과부적의 형세로 해전은 진행되었다. 일본 수군과의 거리가 좁혀질수록 조선 수군들의 얼굴빛은 흑색으로 변해갔다.

수많은 백성이 명량이 보이는 청룡산과 망금산에서 조선 수군의 백척간두 해전을 지켜보고 있었다. 해전을 지켜보고 있는 백성들은 대부분 노약자와 여자로 더는 피난할 곳이 없는 신세였다. 이들은 이순신의 조선 수군이 패배하면 일본군에게 도륙될 운명이었다. 백성들과 조선 수군은 바다와 육지에서 몸과 마음으로 같이 싸우고 있었다. 이순신의 대장선은 바다 한복판에 닻을 내리고 일본군을 향해 화포와 화살을 쏘아대니 그 소리가 천지를 진동했다. 그러나 점차 일본군에게 포위를 당하자 백성들은 서로를 보고 통곡했다.

"우리가 여기 온 것은 통제사 대감만 믿고 온 것인데, 이제 이렇게 되니 우린 이제 어디로 가야 하오."

겹겹이 포위하며 일본 함선이 다가오자 이순신은 부하들을 부드럽게 타일렀다.

"적선이 비록 많다 해도 조선 함선을 바로 침범하지 못할 것

이니 조금도 흔들리지 말고 심력을 다해서 적을 쏘아라."

이순신이 여러 장수의 함선을 보니 뒤로 물러가 있어 함선을 돌려 군령을 내릴 수도 없고 물러나지도 못할 형편이었다. 이순신은 긴박하게 호각을 불게 하고 중군에게 명령하는 초요기를 세웠다. 중군장 미조항첨사 김응함의 함선이 차츰 대장선 가까이 왔는데 거제현령 안위의 함선도 함께 도착했다.

"안위야, 군법에 죽고 싶으냐? 네가 군법에 죽고 싶으냐? 도망간다고 어디 가서 살 것이냐?"

이순신의 추상같은 질책을 들은 안위는 황급히 일본 함선 속으로 돌진했다.

"김응함 네 이놈, 너는 중군장이 되어 대장을 구하지 않으니 그 죄를 어찌 면할 것이냐? 당장 칼로 목을 치고 싶지만, 형세가 급하므로 우선 공을 세우게 해주마."

이순신의 명령에 김응함과 안위의 함선은 죽음을 불사하고 공격했다. 그때 일본군 적장이 그 휘하의 함선 2척에게 안위의 함선을 포위하도록 명령하니 일본군이 개미처럼 달라붙어서 기어올랐다. 안위의 함선에서 백병전이 일어났다. 안위와 수하 군사들은 죽을힘을 다해 일본군과 대적했고 격군들까지 올라와 몽둥이와 수마석으로 공격했다. 안위의 군사들이 열세에 몰리자 이순신의 대장선은 뱃머리를 돌려 곧장 쳐들어가서 일본 수군을 향해 빗발치듯 화살을 쏘아댔다. 일본 함선 3

척이 조선 수군의 공격으로 침몰하자 녹도만호 송여종과 평산 포만호 정응두의 함선이 잇달아 와서 협력하여 일본군을 쏘아 죽이니 조선 수군의 사기가 크게 올랐다. 조선 수군의 화포에 파괴된 일본 함선에 함선이 다시 부딪치고 그 함선들은 다시 튼튼한 판옥선에 부딪혀 바다로 침몰했다. 함선이 서로 뒤섞 인 명량의 바다는 아수라장이었다. 일본 함선들은 명량의 소 용돌이에 휘말려 침몰되고 빠른 조류에 의해 수심이 낮은 쪽 으로 밀려 바닷속 바위 턱에 부딪히면서 스스로 무너져 갔다. 이순신은 해전에 임하기 전에 1시간만 견디면 조류가 역류에 서 순류로 바뀐다는 것을 미리 계산하고 있었다. 조류가 역류 에서 순류로 바뀌고 있을 때 안골포의 일본군 진영에서 투항 해온 왜인 준사가 바다를 보며 흥분하여 소리쳤다.

"무늬 놓은 붉은 비단옷을 입은 자가 바로 안골진에 있던 적 장 마시다입니다."

"돌손은 마시다를 건져라."

이순신이 김돌손에게 명령하자 그는 긴 갈고리로 마시다의 시체를 뱃머리에 올렸다.

"이자가 마시다가 맞습니다."

바로 시체를 토막 내어 그 머리를 대장선에 올리니 일본군 의 기세가 크게 꺾였다. 마시다, 즉 구루시마 미치후사는 이번 해전의 선봉장이었고 그의 형은 당포해전에서 이순신에게 죽

은 구루시마 미치유키였다. 일본에서 가장 악명 높은 해적 집안 출신의 구루시마 형제는 이순신에 의해 조선의 바다에서 그 명을 다했다. 1시간의 죽음의 사투를 벌인 조선 수군은 조류가 역류에서 순류로 바뀌자 튼튼한 조선 판옥선으로 일본 함선을 밀어붙이기 시작했다. 이미 흐트러진 대오를 정비하지 못한 일본 함선은 빠른 역류에 휘말리면서 서로 뒤엉켜 부딪쳐 깨어지고 다시 뿜어대는 조선 화포에 파괴되면서 속수무책으로 무너져 갔다. 한 가닥 행운을 바라고 불가능한 해전에 죽음을 각오하고 임한 조선 수군의 사기는 하늘을 찔렀고 승리가 눈앞에 보이자 눈물을 흘리지 않은 이가 없었다.

칠천량 해전의 기쁨을 다시 만끽하고 싶었던 와키자카 야스하루는 멀리서 이 믿을 수 없는 광경을 지켜보고 있었다. 지난번 낙안에서 이순신을 제거하지 못한 것을 후회하면서 조선 수군의 삼도수군통제사 이순신은 하늘이 내린 인물임이 틀림없다고 생각했다. 도요토미 히데요시가 보낸 일본 최고의 해적 구루시마 미치후사도 이순신에겐 하찮은 바다의 좀도둑에 불과했다.

"퇴각하라. 즉시 퇴각하라."

"전군 어란으로 퇴각하라."

와키자카 야스하루와 도도 타카하시는 일본 수군의 사기가

땅에 떨어져 더는 전투가 불가능하다고 판단했는지 퇴각 명령을 내렸다.

"끝까지 추격하여 한 놈도 살려 보내지 마라."

이순신은 하늘이 준 기회에 일본군을 확실히 제압하기 위해 마지막까지 추격했다. 일본 수군들의 대부분은 빠른 명량의 조류에 휘말려 머나먼 이국의 바다에 수장되었다.

오직 죽음死을 각오하고 싸우고 죽으면死 그만이었던 절체절명의 해전에서 이순신의 조선 수군은 불가능을 가능으로 만들고 믿을 수 없는 대승을 거두었다. 임진년의 한산대첩이 병법과 전략으로 이긴 장엄한 선승구전先勝求戰 승리라면 정유년의 명량대첩은 병법과 전략도 없이 이긴 간절한 필사즉생必死卽生의 승리였다.

# 21

# 貪과 能

탐과 능



'신이 전라우도수군절도사 김억추 등과 함선 13척, 초탐선 32척을 수습하여 해남현 해로의 중요한 입구를 차단하고 있었는데 적의 함선 130여 척이 이진포 앞바다로부터 들어왔습니다. 진도 벽파정 앞바다에서 적을 맞아 죽음을 무릅쓰고 힘써 싸운 바 적이 크게 꺾였고 나머지 적들도 멀리 물러갔습니다.'

조정에 명량해전 승전에 대한 이순신의 장계가 도착했다. 내시부 상좌 김충용이 기쁜 마음으로 한걸음에 달려와 세자 광해군에게 알렸다. 그러나 그 소식을 들은 광해군은 기뻐하지 않고 신중한 표정이었다.

"저하, 기쁘지 않으십니까?"

김충용은 광해군의 반응에 당황하며 물었다.

"음······."

광해군은 깊은 생각에 빠져 있었다.

"저하······."

"상좌, 이순신은 참으로 무서운 인물이오. 우리가 알고 있는 것보다 훨씬 크고 그 능력을 가늠할 수 없는 인물임이 틀림없소."

"저하, 그게 무슨 뜻입니까? 이순신이 무서운 인물이라뇨."

"가망성 없는 명량해전의 승리를 보면서 아바마마가 왜 그토록 이순신을 미워했는지 알 것 같소."

"저하, 전하는 이순신을 미워해서가 아니라 나아가 싸우지 않는다고 죄를 물으신 것 아닙니까?"

"아니오. 아바마마는 오래전부터 이순신의 능력이 두려웠던 것이오. 그는 지덕용맹智德勇猛을 갖춘 장수오. 백성들 또한 그를 칭송하고 있소."

"저하, 조선이 그런 장수를 둔 것은 전하와 저하의 복이 아닌지요."

"상좌, 이번 해전을 보고 느낀 바가 많소. 지난번 상좌가 이야기했던 내가 왕이 될 수 있는 세 가지 방안에 대해 그동안 많은 생각을 해 보았소."

"첫째 방안인 명나라의 지원을 받는 것은 내려놓아야겠소. 그들은 겉으로는 나를 칭송하면서 전하를 압박하지만 세자 책봉을 여러 번 미루는 것으로 보아 믿을 수 없는 존재들이오."

"셋째 방안인 백성들에게 신망 받는 장수를 통해 무력을 장악하는 방안도 어려울 것 같소. 지금 이 조선에 그런 장수는 이순신 하나밖에 없소. 권율은 이순신과 비교할 수 없는 미약한 존재요. 이번 명량해전을 보면서 이순신은 흠모해야 할 장수가 아니라 앞으로 사직을 위협할 장수라는 것을 확실하게 느꼈고 아바마마의 심정도 충분히 이해할 것 같소. 아바마마와 내가 권력을 나눌 수 없듯 조선 백성의 영웅으로 추앙받는 이순신과도 권력을 나누어 가질 수는 없는 일이오."

"저하, 그동안 이순신의 행동을 보면 심지는 굳으나 개인적인 야망이 없는 장수로 보입니다. 그런 불충한 생각을 할 리가 있겠습니까?"

"상좌, 권력이란 말이오. 평상시에는 백성들을 속이고 달래면서 공고히 유지할 수 있지만, 지금처럼 모든 백성이 권력의 검은 밑바닥을 알았을 때는 그 권력은 모래성에 불과할 뿐이오. 나라고 왜 이순신을 믿고 싶지 않겠소. 상좌, 그런데 권력이란 그런 게 아니오. 권력을 탐냈하는 자가 역적이 되는 것이 아니라 권력을 가질 능력能이 있는 자가 역적이 되는 것이오. 백성의 칭송을 받고 있으니 이순신은 자신이 원하든 원하지

않든 이미 권력의 깊은 곳에 들어온 것이오."

김충용은 이제 서야 광해군의 뜻을 이해할 수 있었다. 광해군은 이순신을 등에 업고 왕의 자리에 오른다는 것은 교각살우橋角殺牛, 쇠뿔을 바로 잡으려다 소를 죽일 수 있는 경우가 됨을 걱정했다.

"저하의 뜻을 잘 알겠습니다. 그럼 이순신은 어떻게 되는 것입니까?"

광해군은 한동안 아무 말도 하지 않았다.

"이순신의 이야기는 여기서 그만두세."

김충용은 광해군이 잠시나마 이순신을 통해 자신을 지키려고 했던 미련을 확실하게 버렸다고 생각했다.

선조와 광해군의 입장에서는 백성의 절대적인 칭송을 받고 있는 이순신은 나라를 구한 영웅이 아니라 미래에 권력을 위협할 가능성이 있는 위험한 인물에 불과했다.

"상좌, 그럼 내가 선택할 길은 두 번째 방안인 힘 있는 대신들에게 무릎을 꿇고 왕의 자리를 구걸하는 방법뿐이 없는 것인가?"

"저하, 그런 참담한 말씀을……구걸하다뇨."

"저들은 정변을 통해 자신의 마음대로 왕을 갈아치운 적도 있지 않소. 저들에게 왕은 모셔야 하는 대상이 아니라 길들여야 하는 대상에 불과할 뿐이오. 하지만 그게 현실이라면 냉정하게 직시할 생각이오."

"저하, 연산은 왕이 아니라 폭군이었습니다. 연산을 폐한 것은 올바른 사직을 세우는……."

김충용은 광해군의 대신들에 대한 불신이 매우 불편했다.

"상좌, 나는 앞으로 누구의 손을 잡아야 세자의 자리를 보존할 수 있겠소?"

광해군은 사림이라는 이름으로 정치 세력화에 성공한 다음 동인과 서인으로, 동인이 다시 남인과 북인으로 분열한 붕당 중 자신을 지켜줄 수 있는 미래의 권력에 대해 김충용에게 묻고 있었다.


붕당, 조선이 일본의 침략에 그토록 무기력하게 당했던 것은 사림 세력의 분열로 인한 상호 배척이 큰 원인 중 하나였다. 그들은 잘못한 과실이 없고 또 법에 어긋나는 일이 없더라도 자기와 한마디만 맞지 않으면 배척하고 용납하지 않는 속성을 지니고 있었다. 전쟁의 가능성을 파악하기 위해 일본에 조선통신사로 다녀온 동인 김성일은 서인 황윤길이 주장한 전쟁 가능성에 대해 사리에 어긋나고 인심을 동요시킬 우려가 있다며 반대를 위한 반대를 함으로써 전쟁을 대비할 최소한의 방비까지 무력화시켰다. 중종 시절 정암 조광조의 개혁이 실패한 이후 향리에 은거한 서경덕, 조식, 이항 등의 처사들과 퇴계 이황에게서 배운 새로운 세력이 명종 말년 이래 과거를 통

해 조정에 대거 진출했다. 자란 곳도 가르침을 받은 스승도 달랐지만, 정몽주로부터 이어지는 사림의 정신 아래 하나로 뭉쳤다. 그 정신적 중심은 단연 퇴계 이황이었다. 그들의 분열은 정5품 이조좌랑 자리를 두고 벌어진 김효원과 심의겸의 단순한 다툼이 원인이었다. 이리하여 조정에는 적대적인 두 세력이 자리 잡게 되는데 김효원을 지지하는 쪽은 동인, 심의겸을 지지하는 쪽은 서인이라 했다. 동과 서는 동쪽 건천방에 김효원의 집이 서쪽 정릉동에 심의겸의 집이 있다는 단순한 이유였다. 동인은 서경덕의 제자 허엽과 이산해, 이황 문하의 유성룡과 김성일, 조식 문하의 정인홍, 호남의 문인 이발 등을 필두로 하여 명망 있는 청년 사림의 대다수를 망라했고 반면, 서인측은 윤두수와 윤근수 형제, 김계휘, 정철 등 상대적으로 선배격인 사림으로 수적으로 절대 열세였다. 율곡 이이는 동서의 화해를 위해 동분서주했으나 절대다수인 동인들은 중립을 지킨 율곡 이이마저 서인으로 간주하여 배척했다. 처음에는 심의겸의 친구와 그 무리인 윤두수와 김계휘 등을 칭하더니, 다음엔 서인을 구원하는 자 정철 등을 일러 서인이라 했고, 그 뒤엔 중립하여 치우치지 않는 자 율곡 이이와 성혼을, 마침내는 이이와 성혼을 높이는 자 조헌 등과 이이의 제자들을 서인이라 불렀다. 동서 화합을 위해 고군분투했던 율곡 이이가 어느덧 서인의 종주로 자리 잡게 된 것이다. 서인들은 정여립의

191

모반으로 다시 중앙정치에 진출했으나 신성군을 세자로 마음에 두었던 선조의 마음을 읽지 못하고 광해군을 세자로 옹립하려다가 다시 실각하게 되었다. 처음부터 조정의 대부분을 장악하고 있는 것은 동인이었다. 정여립의 모반으로 타격을 입기도 했지만 여전히 강력한 세력을 구축하고 있었다. 기축옥사, 정여립의 모반에 대해 피눈물도 없이 동인을 숙청한 송강 정철에 대한 처벌을 둘러싸고 동인은 다시 강력한 처벌을 원하는 북인과 온건한 처벌을 주장하는 남인으로 분열했다. 북인은 정인홍을 비롯한 남명 조식의 제자들이, 남인은 유성룡과 김성일을 필두로 한 퇴계 이황의 제자들이 주를 이루었다. 그들은 스승인 강경하고 비타협적인 남명과 온순한 퇴계의 성향을 그대로 이어받았다.

"저하, 소신의 생각으로는 전쟁이 끝나면 전하는 유성룡과 김성일을 필두로 남인을 가만두지 않을 것이옵니다. 저들은 임진년에 전쟁이 없을 것이라는 김성일의 의견에 동조하여 오늘날의 참담함을 가져온 원흉들이옵니다."

상좌 김충용은 유성룡과 김성일을 중심으로 한 남인은 전쟁이 끝나면 권력을 잃을 수밖에 없음을 강조했다.

"그렇다면 현재 권력에서 밀려난 서인과 전쟁의 원흉인 남인이 아니라면 미래의 권력을 장악할 붕당은 북인이라는……."

광해군은 결국 북인의 지원이 있어야만 자신을 아버지 선조로부터 지킬 수 있다는 결론을 내렸다.

"상좌, 북인을 이끄는 수장이 누구요. 이산해인가?"

"아니옵니다. 저하, 북인의 존경을 받고 있는 자는 이산해가 아니라 정인홍이옵니다. 정인홍은 임진년과 정유년에 의병하여 그 공이 크니 전쟁 끝난 이후에도 전하께 신뢰를 받을 가능성이 높습니다."

"정인홍, 정인홍이라……."

광해군은 정인홍의 이름을 되뇌었다.

"상좌는 내가 조용히 정인홍을 만날 방안을 찾도록 하라. 전하가 이 사실을 안다면 나는 감당할 자신이 없네. 특히 보안에 신경 쓰도록 하게."

"네 저하, 소신 전력을 다하겠사옵니다."


상좌 김충용이 나가자 광해군은 다시 이순신을 생각했다. 광해군은 이순신은 조선의 참다운 충신임이 틀림없다고 생각했다. 나라를 위해 왕의 명령도 거부한 장수, 죽을 줄 알면서도 뛰어든 불구덩이에서 살아온 장수, 백성의 절대적인 칭송을 받는 장수, 그래서 그는 더욱더 두렵고 위험한 존재였다.

**권력을 탐貪하는 자가 역적이 되는 것이 아니라 권력을 가질 능력能이 있는 자가 역적이 되는 것이다.**

## 22

# 幸과 備

행과 비

'이는 실로 천행이다.'

'물살이 무척 험하고 형세도 외롭고 위태로워 당사도*로 진을 옮겼다.'

명량해전의 승리는 실로 천행이었다. 천행天幸, 이를 두 번 다시 기대할 수 없었다. 이순신은 명량해전이 끝나자 천행으로 살아난 조선 수군을 이끌고 목포 앞바다에 있는 당사도에 진을 쳤다. 필사즉생必死卽生의 명량해전이 불가피했던 것은 칠천량의 대패로 조선 수군의 땅에 떨어진 사기와 두려움

---

* 당사도: 전남 신안 암태도에 딸린 섬.

을 극복하지 못하고는 미래를 재건해 나갈 수 없었기 때문이었다. 또한, 1천여 척의 함대로 조선의 바다를 마음껏 짓밟고 있는 일본 수군에게 다시 조선 수군의 두려움을 심어주기 위해서는 어쩔 수 없는 선택이었다. 불가능했던 명량해전의 승리는 조선 수군을 재건할 수 있는 기틀을 제공하여 주었다. 정유년 1597년 9월 20일, 명량 해전 직후 조선 수군은 큰 함성을 지르면서 서해를 따라 빠르게 북상했다. 백의종군하던 이순신이 삼도수군통제사의 교서를 다시 받들고 위험을 무릅쓰면서 전라도 동부 지역을 순시하며 군사와 군비를 모아 명량해전의 기틀을 마련하였듯, 이번에는 서해로 북상하면서 다시 군량미와 군비를 모아 다음 전투에 대한 기틀을 마련하고자 했다. 또한, 최대한 일본군과의 교전을 피하려는 이순신의 전략이기도 했다. 명량의 승리로 일본군의 기고만장한 콧대를 꺾어 다시 조선 수군에 대한 두려움을 가지게 했으나 일본군과의 교전을 최대한 피하려고 했던 것은 그만큼 조선 수군의 형편이 위태롭고 다급했기 때문이었다. 당사도를 출발한 조선 수군은 어외도, 칠산 앞바다, 법성포, 홍농을 거쳐 4일 만에 위도에 도착했다. 가는 섬마다 피난선으로 가득했고 백성들은 이순신을 칭송하며 배를 타고 조선 수군의 뒤를 따랐다. 백성들은 자신들을 지켜 줄 사람은 오직 이순신 한 사람밖에 없다는 것을 아무도 의심하지 않았다. 전주성을 함락하고 전라도 해안가로

195

내려온 일본군은 인가와 창고마다 불을 지르고 백성들을 도륙하여 코를 베어 갔다. 조선 수군의 최종 기착지는 고군산도의 선유도였다. 이순신은 신선이 놀고 간다는 뛰어난 경관의 선유도에 정박하여 승전에 대한 장계를 올렸고 지친 수군들을 달래면서 앞으로 나아가야 할 방향을 고민했다. 그렇게 정유년 9월이 지나갔다.

**'다음 전투는 천행幸이 아닌 철저한 준비備에 의한 전투여야 한다.'**

이순신은 고군산도에서 다시 천행을 바라는 전투가 없기를 바랄 뿐이었다.

조선 수군이 고군산도에 머물고 있을 때, 이순신이 간절하게 기다리던 사람이 돌아왔다. 충청도수군절도사 권준이었다. 권준은 임진년 순천부사 시절부터 이순신을 수족처럼 보위하던 지략과 냉정함을 갖춘 장수였다. 원균이 이순신에게 다섯 아들이 있는데 그중 큰아들이 권준이라고 시기할 만큼 이순신에게 없어서는 안 될 절대적인 참모였다. 이순신이 함거에 실려 한양으로 압송될 때 경상우수사였던 권준은 직위를 과감하게 버렸다. 그 후 그는 나주에 은거하고 있었다. 조정은 이순신을 삼도수군통제사로 임명하면서 권준도 충청도수군절도사로 임명했다. 그러나 권준은 가토 기요마사의 일본 우군이 직산까지 진격하자 한양 방위를 위해 명량해전에는 참여하지 못

하고 지금에야 고군산도로 내려왔다.


"통제사, 누가 왔는지 아십니까? 빨리 밖으로 나와 보십시오."

조방장 배흥립이 흥분하여 이순신의 막사로 뛰어 들어왔다.

이순신은 자신이 기다리던 사람이 왔다는 예감이 들어 배흥립을 급하게 따라나섰다.

"통제사, 전공을 축하합니다."

충청수사 권준이 부드러운 웃음을 보이면서 공손히 인사했다.

"이 사람아, 이게 얼마 만인가. 내가 자네를 얼마나 기다렸는지 아는가?"

이순신은 천군만마를 얻은 표정으로 상기되어 말했다.

"이번 죽음의 전투에 장군 혼자 보낸 것이 마음에 걸렸습니다. 이렇게 살아서 다시 보게 되니 이 기쁨을 어찌 말로 표현할 수 있겠습니까?"

"권 수사, 난 자네가 없는 것이 다행이라 생각했네. 내가 명량에서 죽더라도 자네가 조선 수군을 재건해 줄 것이라 믿었네."

"통제사, 어찌 하찮은 제가 조선 수군을 재건할 수 있겠습니까? 이제부터 통제사를 모시고 조선 수군의 재건에 미약한 힘이나마 도움이 되었으면 합니다."

"권 수사, 난 자네를 누구보다도 믿네. 자네라면 무너진 조선 수군을 짧은 시간 내에 재건할 수 있을 거야."

그동안 한 번도 웃지 않았던 이순신의 얼굴에서 웃음을 볼 수 있었다.

"모두 서서 이러지 말고 안으로 들어가세."

"참으로 오랜만에 모두 모여 앉았네 그려."

권준, 배흥립, 안위, 김억추, 김응함 등 대부분의 조선 수군 장수가 조선수군통제사의 막사에 모였다.

"권 수사도 왔으니 이렇게 모인 김에 앞으로 우리 수군이 나아갈 방향에 대해 의견을 들어봅시다."

"우리가 서해로 올라오면서 진공상태가 된 해남의 전라우수영은 물론 영광, 무안 등 전라도 서남해를 적들이 마음껏 짓밟고 있소."

이순신은 어제 임준영이 보고한 전라우수영 주변 상황에 대해 장수들에게 알려주었다.

"통제사, 그런데 이상한 점은 적들이 비록 충청도 직산에서 명나라군에 패배하기는 했지만, 그 손실이 미약함에도 불구하고 남해안으로 후퇴하고 있습니다. 청주에 주둔하고 있는 가토 기요마사와 전주의 고니시 유키나가 군을 포함한 왜군 전체가 경상도 남해안으로 철수하고 있습니다."

그동안 일본군의 움직임을 주시하고 있었는지 권준이 먼저 말문을 열었다.

"음……. 남해안으로 철수라……."

권준의 말은 들은 이순신은 잠시 깊은 생각에 잠겼다.

"통제사, 저들이 본국으로 철수하는 것이 아닐런지요. 지난번 잡은 포로의 말에 의하면 관백 도요토미 히데요시의 건강이 좋지 않다는 소문이 있습니다."

김억추가 도요토미 히데요시의 건강에 대한 소문을 언급했다.

"아무 성과 없이 물러갈 저들이 아니다. 관백 도요토미 히데요시는 명나라 대군의 참전으로 전쟁을 그만두고 싶을 수도 있으나 그 부하들에게 확실한 전리품을 챙겨주지 못한다면 앞으로 권력을 유지하는 데 치명적인 약점이 될 것이다. 적들의 전략은 임진년에는 정명가도征明假道, 명을 치겠으니 길을 내어달라는 거짓 명분으로 조선의 완전한 정복이었다. 그러나 올해 정유년 전쟁은 경상·전라·충청 하삼도를 일본의 영향권 아래 두는 것으로 목표가 수정되었다. 그런데 돌연히 남해안으로 철수했다면 적들의 목표가 다시 수정되었다는 것인데……."

이순신은 권력을 유지하기 위해 아무 성과 없이 전쟁을 그만둘 수 없는 도요토미 히데요시의 입장을 설명하면서 정유년 일본군의 목표를 언급했다.

"만약, 저들의 목표가 수정된 것이 아니라면 김 우수사 말대로 도요토미 히데요시의 건강에 문제가 있는 것이 아닐까요?"

권준이 다시 도요토미 히데요시의 건강을 언급했다.

"아니요. 도요토미 히데요시가 죽었다면 모를까. 그는 이 전쟁을 그만두지 못할 것이오. 적들의 목표가 바뀐 것이오. 장기전이오. 저들은 남해안으로 철수하여 진지를 견고히 하고 다시 명나라와 협상을 통해 철군의 대가를 요구할 것이오. 적들은 협상에 유리한 고지를 점령하기 위해 더욱더 무자비한 살육을 자행할 것이오."

이순신은 일본군의 목표가 수정된 것과 전략에 대해 확고한 신념을 가지고 말했다.

"그렇다면 해남 전라우수영 주변까지 깊게 들어왔던 적들도 물러갈 가능성이 있다는 것인데……."

김응함이 오랜만에 입을 열었다.

"중군장의 말이 맞다. 적들은 경상도 남해안으로 주력군을 철수할 것이다. 만약, 적 수군이 다시 공격했다면 우리 조선 수군은 분명 전멸을 당했을 것이다. 하늘이 조선 수군을 돕는구나."

"근시일 내에 전라우수영으로 내려갈 것이다. 장군들은 준비하라."

이순신은 하늘이 조선 수군을 돕는다고 생각하면서 부하들에게 전라우수영으로 남하할 준비를 명령했다.

'다음의 전투는 천행幸이 아닌 철저한 준비備에 의한 전투이어야 한다.'

# 身과 心

신과 심

　　정유년 1597년 10월 1일, 이순신은 가족의 안위를 확인하기 위해 큰아들 회를 아산으로 보냈다. 마음이 몹시 불안하여 편지조차 쓸 수 없었다. 아산 고향집이 이미 일본군에게 노략질당해 잿더미가 되었다고 병조의 군관이 내려와 전했다. 아산으로 가는 배를 탄 아들 회도 걱정되었다. 새벽에 꿈을 꾸었다. 어머니가 돌아가시기 전에 꾸었던 꿈과 같은 꿈인데 심란하기 이루 말할 수 없었다. 어머니는 면의 손을 잡고 안개가 자욱한 아산 염치저수지의 물속으로 들어가는 것이었다. '어머니 면을 데리고 어디로 가십니까?' 이순신은 절규하면서 어머니에게 달려갔지만, 어머니는 계속해서 뒤로 물러났다. 면은 할머니의 손을 잡고 무뚝뚝한 표정을 짓고 있었는데 흡사

망자의 모습을 하고 있었다.

이순신의 조선 수군은 고군산도의 선유도를 출발하여 위도, 법성포, 어외도를 거쳐 9일 해남 전라우수영에 이르렀다. 이순신은 전라우수영으로 내려오는 내내 아산의 식구들 걱정에 잠을 이룰 수 없었다. 전라우수영 성 안팎의 인가는 모두 불에 탔고 사람들의 자취도 보이지 않았다. 저녁에 해남의 일본군들이 진을 치고 있다는 첩보가 들어왔다. 다음 날 비가 내리고 북풍이 불어 함선이 다닐 수 없어 그대로 전라우수영에 머물렀다. 중군장 김응함이 와서 해남에 있는 일본군이 철수하고 있다고 전했다. 일본군은 철수하면서 살아있는 모든 것을 죽이고 보이는 모든 것에 불을 질렀다. 해남 땅 여기저기서 연기가 하늘을 뒤덮었다. 이순신은 발음도*의 제일 높은 산봉우리로 올라가서 배를 감추어 둘 만한 곳을 살펴보았다. 동쪽에는 앞에 섬이 있어서 멀리 바라볼 수 없으나 북쪽으로는 나주와 영암의 월출산까지 보였으며, 서쪽은 비금도까지 시야가 훤하게 들어왔다. 발음도에서 배를 감추고 정탐선을 기다리는데 나흘이 지나도 오지 않으니 걱정이 태산 같았다. 그날 밤 달빛은 비단결 같고 바람 한 점 일지 않는데 홀로 뱃전에 앉으니 마음이 편치 않았다. 이순신은 뒤척거리며 앉았다 누웠다

---

* 발음도: 전남 신안 장산도.

를 반복하면서 밤새도록 잠을 이루지 못하다가 잠시 잠이 들었다. 말을 타고 언덕 위를 가다가 말이 발을 헛디뎌 냇물 가운데로 떨어지긴 했으나 거꾸러지지 않았는데, 막내아들 면을 끌어안은 형상이 보이는 듯하다가 잠에서 깨어났다. 이순신은 꿈에서 극심한 공포와 슬픔을 느꼈다. 그날 저녁, 천안에서 온 어떤 사람이 둘째 아들 열의 편지를 전하는데 봉함을 뜯기도 전에 먼저 뼈와 살이 떨리고 마음이 조급했다. 순간 이순신은 어지러워 쓰러질 뻔했다. 대충 겉봉을 펴서 보니 겉면에 '통곡慟哭'이라는 두 글자가 씌어 있었다. 막내아들 면의 죽음을 알게 된 이순신은 자신도 모르게 간담이 떨어져 목 놓아 통곡했다.

＊"아, 하늘이 어찌 이다지도 모질고 인자하지 못하단 말인가! 면아, 내 아들 면아."

"내가 죽고 네가 사는 것이 하늘의 이치에 마땅하거늘, 네가 죽고 내가 살았으니 이런 어긋난 이치가 어디 있겠느냐. 천지가 캄캄하고 해조차 빛이 변했구나. 내 아들아 면아, 나를 버리고 어디로 갔느냐."

"영특한 기질이 남달라서 하늘이 이 세상에 머물러 두지 않는 것이냐. 내가 지은 죄 때문에 화가 네 몸에 미친 것이냐. 이제 내가 세상에 살아 있는들 누구에게 의지할 것인가. 너를 따

---

＊ 이 통곡은 난중일기(1597년 10월 14일)에 기록되어있다. 아들이 죽음에 대한 애끓는 부정과 처절한 비통함을 알 수 있다. 난중일기(노승석역) 참조

라 죽어 지하에서 함께 지내고 싶구나. 내 아들 면아!"

간담이 타고 찢어지는 이순신의 통곡은 천하무적 조선 수군의 발음도 진영에 슬프게 울려 퍼졌다.


"면아, 네 아버지가 명량에서 대승을 거두었다는구나. 지금은 고군산도의 선유도에 있다고 서신이 왔다."

"어머니, 소자 이번에는 아버지와 두 형을 다시 볼 수 없을 거라고 생각했습니다."

"그래, 나도 왜놈들이 명량으로 향했다는 소식을 듣고 잠을 이루지 못했다."

"어머니, 전주성이 함락되고 왜적들이 천안에 도달했다고 합니다. 이 아산도 안전하지 못할 것 같습니다."

"네 아버지의 서신에도 이번에는 왜군이 아산으로 꼭 갈 테니 조심하라고 적혀있구나."

"어머니, 아버지가 백의종군의 몸으로 순천을 향할 때 저에게 오늘 같은 날을 대비하라고 당부하셨습니다. 그동안 소자가 장소를 물색하여 피신할 곳을 알아두었습니다."

"장하다 면아. 네 아버지가 대견해하겠구나."

**"어머니, 소자의 몸身은 이곳 아산에 있지만, 마음心만은 항상 아버지가 계시는 남해에 있습니다."**

"면아……."

면의 어머니는 막내아들이 대견스러웠는지 머리를 쓰다듬으면서 눈물을 글썽였다.

일본군이 명나라군과의 직산 전투에서 패배했다는 소식과 함께 아산으로 향하고 있다는 급보가 이순신의 고향 마을에 전해졌다.

"어머니, 왜군이 이곳 아산으로 향했다고 합니다. 빨리 피하셔야 할 것 같습니다."

"동네 사람들에게도 모두 알렸느냐?"

"네 모두 국사봉으로 향하고 있습니다."

면은 식구들을 데리고 국사봉으로 발길을 재촉했다. 면은 국사봉에 보름 정도 견딜 수 있는 식량과 식수를 보관했고 일본군을 방어할 진지를 구축했다. 남녀 할 것 없이 돌아가면서 망을 보고 경계를 게을리하지 않았다. 보름이 지나자 식량과 식수가 떨어져 가고 계속해서 산에 숨어 있을 수만은 없는 일이었다.

"어머니, 마을에 다녀와야겠습니다."

"어제 꿈자리가 몹시 사납더구나. 조금 더 있다가 내려가면 안 되겠느냐."

"걱정하지 마십시오. 조용히 내려가서 염탐하고 오겠습니다. 어차피 식량과 식수가 떨어져서 내려갔다 와야 합니다."

"말을 타고 갈 생각이더냐?"

"네, 식량을 구해오려면 말이 필요합니다."

"면아, 이 어미의 마음이 놓이지 않는구나. 네 말대로 이렇게 계속 숨어 있을 수도 없고……. 조심히 다녀 오거라."

면은 동네 장정 4명과 함께 말을 타고 마을로 향했다. 마을에 도착하니 새카맣게 타버려서 아무것도 남은 것이 없었다. 일본군은 벌써 떠났는지 보이지 않았다.

'식량을 구해야 하는데. 이 난리에 어디서 식량을 구한단 말인가?'

"모두 염치방향으로 내려가 보세."

면이 말을 몰고 떠나려고 하는 순간 일본군 20여 명이 조총을 겨냥하면서 나타났다. 면과 일행은 꼼짝없이 포위되고 말았다.

"말에서 내려라."

"너희가 협조한다면 해치지 않겠다. 이순신의 가족들이 어디에 숨었는지 알고 있느냐?"

면은 눈앞의 일본군이 자신의 가족을 죽이라는 명령을 받고 아산으로 온 군사들이라는 것을 알 수 있었다.

"도주하라. 도주하라."

면은 일행에게 눈길을 주면서 소리쳤다.

"탕탕탕."

면의 일행이 흩어지며 도주하자 일본군의 조총이 불을 뿜

었다. 조총의 탄환에 일행 2명이 말에서 떨어졌다. 면은 있는 힘을 다해 앞만 보고 말을 몰았다. 어느 정도 달리다 뒤를 보았더니 뒤따르던 일행 1명은 보이지 않았고 일본군 다섯 명이 말을 몰고 쫓아오고 있었다. 면은 순간적으로 국사봉 방향으로 말을 몰았다가는 어머니와 동네 사람들이 위험에 빠질 수 있다는 생각이 들었다. 면은 저들을 따돌리는 것이 무리라는 생각이 들자 개울을 건너자마자 말에서 내려 활을 쏘면서 대항했다. 일본군 1명이 화살에 맞고 말에서 떨어지자 나머지 일본군들은 말에서 내려 몸을 숨겼다. 면은 계속해서 활을 쏘고 저항했는데 조금 있으니 20여 명의 일본군이 달려오는 것이 보였다.

"다시 한 번 기회를 주겠다. 이순신의 가족들이 피신한 곳을 알려준다면 살려주겠다."

더는 물러날 곳이 없었다. 일본군에 의해 완전히 포위된 면은 아버지 이순신이 준 칼을 빼 들었다. 면은 한 치의 두려움도 없이 칼을 들고 다시 말에 올랐다.

"쏘지 마라. 이순신의 가족에 대한 정보를 알기 위해서는 저놈을 사로잡아야 한다."

일본군은 말을 탄 이면을 조총으로 바로 공격하지 않고 사로잡으려고 했다.

"네 이놈들, 내 아버지가 누군지 아느냐? 나 이면의 자랑스

러운 아버지는 너희가 그토록 무서워하는 조선의 영웅 삼도수
군통제사 이순신이니라."

"저놈이 이순신의 막내아들이다. 꼭 사로잡아라. 가토 대장
에게 바치면 큰 상을 내릴 것이다."

일본군 중 대장인 듯한 놈이 이면을 사로잡으라는 명령을
내렸다.

"이놈들, 내가 아버지의 명성에 먹칠할 것 같으냐. 이 한 몸
은 죽겠지만 내 아버지는 너희 마지막 한 놈까지 살려두지 않
을 것이다. 너희가 전쟁을 그만두고 본토로 돌아가는 그 바다
에서조차 아버지는 용서하지 않을 것이다. 조선 영웅의 아들
을 욕보이지 말고 빨리 칼을 빼 들고 덤벼라. 이놈들아."

이면은 말을 몰아 일본군을 향해 돌진했다. 중과부적, 몇 번
의 칼을 주고받았지만, 일본군의 칼이 면의 오른쪽 팔을 베자
칼을 놓치고 말에서 떨어지고 말았다.

"사로잡아라."

면은 그 말을 듣고 피를 흘리면서 왼손으로 다시 칼을 들었다.
그리고 자신의 심장을 힘껏 찔렀다. 면의 자결에 일본군은 잠
시 당황했다.

"그 아버지에 그 아들이구나."

"더는 시신을 훼손하고 싶지 않지만, 상부의 명령이니 가만
둘 수가 없구나. 저놈의 사지를 절단하라. 그리고 저놈의 말과

칼을 챙겨라. 가토 대장에게 선물로 드려야겠다."

사지가 절단되는 고통 속에서도 이면은 의연히 죽음을 받았고 먼 남쪽 바다에 있는 아버지를 조용히 불렀다.

'아버지……'

면의 죽음을 들은 지 나흘이 흘렀지만, 눈물이 멈추지 않았다. 조선 수군의 통제사란 지위 때문에 마음 놓고 통곡조차 하지 못했다. 이순신은 부하들에게 슬픈 모습을 보이는 것이 싫어서 소금 굽는 강막지의 집으로 갔다. 아무도 없는 강막지의 집에서 이순신은 그동안 참아왔던 눈물을 터트리고 큰소리로 통곡했다.

"면아! 내 아들 면아! 면아, 네 형, 네 누이, 네 어미가 있어너를 바로 따라가지 못하고 이 하찮은 목숨을 연명하고 있는것이 참을 수가 없구나."

이순신은 면이 태어날 때 동구비보에 근무한 관계로 출산조차 보지 못했다. 동구비보는 백두산 아래 북쪽 변방이며 한번 가면 다시 오기 어렵다는 벽지로 알려진 삼수갑산에 위치한 여진족 방어용의 변방초소였다. 잠시 한양의 훈련원 봉사시절 면을 보았지만 계속되는 변방 근무로 어린 면에게 아버지로서 아무것도 해 준 게 없었다. 아버지의 아들에 대한 애끓는 부정은 한동안 이순신을 소금 굽는 강막지의 초라한 집에

209

머물게 했다. 이순신은 곡기도 끊고 밤마다 코피를 한 되 남짓 자주 흘렸다. 밤에 홀로 앉아 막내아들을 생각하면서 눈물을 흘렸다. 비통한 마음에 가슴이 찢어지는 것을 억누를 수가 없었다. 이순신이 강막지의 집에 은거하자 많은 조선 수군의 부하들이 찾아왔다. 누구 하나 그 슬픔을 알기에 말 한마디 조심스러웠다. 아들을 잃은 슬픔 속에서도 이순신은 조선 수군 재건계획을 게을리하지 않았다. 임홍, 임준영, 박신 등에게 일본군의 정세를 살피게 했고 여러 명의 장수에게 조선 수군을 재건할 장소를 찾도록 했다. 또한, 김종려를 남서해안의 염전을 관리하는 감독관으로 임명하여 수군 재정에 충당할 소금을 확보하도록 했다. 이순신은 강막지의 집에 온 지 10일 만에 조선 수군의 재건 장소를 보기 위해 함선에 올랐다. 충청수사 권준과 장수들은 목포의 보화도가 서북풍을 막을 만하고 배를 감추기에 적합할 뿐 아니라 지형이 매우 좋다고 수군 진영으로 추천했다. 이순신이 직접 보고 육지에 올라 섬 안을 돌아보니 부하 장수들이 장소를 잘 선택한 것 같아 보화도에 조선 수군의 임시 본영을 설치하도록 명령을 내렸다.

"이 보화도*에서 겨울을 날 것이다."

정유년 1597년 10월, 이순신은 사랑하는 막내아들 면의 죽음을 가슴에 품고 보화도에서 조선 수군을 재건하기 시작했다.

---

* 보화도: 전남 목포 고하도(유달산 아래에 있는 섬).

## 24

# 海와 血

해와 혈

　　조선 수군 진영을 보화도로 옮겼지만, 막내아들을 잃은 이순신의 상심은 줄어들지 않았다. 이순신은 조선 수군의 재건을 게을리하지 않았지만 자주 함선에 올라 차가운 겨울바람을 맞으며 아무런 생각 없이 바다를 바라보는 날이 많았다. 지난날 한양에서의 고문과 막내아들의 죽음은 이순신을 더욱더 야위게 만들었다. 이순신은 무슨 연유인지 고기를 멀리했고 소량의 곡기만 입에 댔다. 한양에서 선조가 명량 해전의 승리에 대한 포상으로 쇠고기를 보내왔지만, 이순신은 부하들에게 먹이도록 했다. 이순신은 밤마다 잠을 편히 이룰 수 없었다. 막내아들 면이 자주 꿈에 나타나 이순신을 괴롭혔다.

　　'또, 면의 꿈을 꾸었구나.'

이순신은 식은땀을 흘리며 악몽에서 깨어났다. 꿈에서 면은 아버지를 애타게 부르면서 일본군을 한 놈도 용서하지 말라고 간절하게 외치고 있었다.

'면아, 내 너의 소원을 들어주마. 내 저 왜놈들이 본국으로 돌아가는 그 바다에서조차 용서하지 않을 것이다. 면아.'

막내아들에게 제대로 된 관심 한번 주지 못한 것이 이순신은 마음이 더욱더 아팠다. 이순신은 막내아들 면을 생각하면서 젊은 날 함경도에서 보낸 시절을 회상했다.

1576년, 32세의 나이로 식년무과에 합격한 이순신은 그해 12월 압록강 변 동구비보로 발령받았다. 동구비보의 압록강 건너에는 누르하치의 건주 여진이 자리 잡고 있었다. 3년을 동구비보에서 보내고 한양의 훈련원 봉사가 되었다. 그러나 이순신의 훈련원 봉사 시절은 순탄하지 않았다. 이순신은 병조의 인사권을 행사하는 자리인 병조좌랑 서익의 인사에 대한 부당한 지시를 거부했을 뿐 아니라 병조판서 김귀영의 부탁도 거절했다. 이 때문에 이순신은 직위는 낮았지만, 불의와 타협하지 않는 장수로 알려졌다. 또한, 어려서부터 한양 건천동에서 같이 지냈던 유성룡이 전하길 이조판서 율곡 이이가 같은 문중인 덕수이씨 이순신을 만나고 싶다고 했으나 마음에 두지 않았다. 이순신은 공무를 처리하는 데 있어서 원리원칙을 벗

어나지 않았고 타협하지도 않았다. 이순신은 훈련원 봉사 자리에서 처음으로 수군 직책을 발령받았다. 전라좌수영 관할의 흥양 발포만호였다. 만호는 종4품으로 높은 직책이었는데 유성룡의 도움이 있어 가능한 일이었다. 발포만호 시절 이순신은 왕의 특명을 받고 군대를 감사하는 군기경차관으로 내려온 서익의 보고 때문에 파직되었다. 훈련원 봉사시절 병조좌랑으로 있었던 서익과의 다툼이 원인이었다. 이때 이순신의 나이 38세였다. 종4품의 발포만호에서 이순신은 종8품 훈련원 봉사 자리로 옮기게 되었다. 고집스러울 정도로 타협하지 않는 성격으로 인해 5년 만에 원래의 직책으로 돌아왔다. 이순신은 다시 두만강 변의 건원보권관의 직위를 맡게 되는데 그곳은 야인 여진과의 다툼이 많은 지역이었다. 두만강 변은 원래는 여진족이 거주했는데 세종 때 김종서가 육진을 개척하고 여진족을 몰아낸 지역이었다. 최근 들어 가뭄으로 흉년이 들어서인지 여진족은 자주 조선 국경을 넘어 노략질했다. 조정에서는 도순찰사 정언신을 보내 여진족을 토벌하도록 지시했다.

"조용하던 저들이 근자 들어 자주 국경을 넘어서까지 침략하는 이유가 무엇이오?"

도순찰사 정언신이 육진의 장수들에게 물었다.

"근자에 북방은 가뭄이 계속되었습니다. 그러다 보니 저들

의 식량 사정이 매우 궁핍한 것으로 알고 있습니다."

온성부사 신립이 가뭄으로 인한 식량 부족이 여진족의 침략 원인이라고 말했다.

"그럼 저들을 어떻게 했으면 좋겠소?"

정언신은 계속되는 여진족의 침략에 대한 대응 방안을 물었다.

"육진에 있는 전 병력을 동원하여 토벌해야 합니다. 국지적인 토벌만 하니 저들이 더욱더 기고만장하는 것입니다."

조산보만호 원균이었다.

"저들의 입장도 고려해야 합니다. 보복은 보복을 부를 뿐입니다. 저들과 함께 공생할 방안을 찾아야 국경이 안정될 것이오."

경흥부사 이억기는 여진족을 회유해야 국경이 안정된다고 주장했다.

"지금까지 조선은 여진족에 대해 강경책과 회유책을 병행했습니다. 그러나 근자들어 저들의 움직임이 심상치 않습니다. 특히 백두산 주변 건주 여진의 누르하치는 부족을 통합해 나가고 있습니다. 만약 저들의 세력이 커진다면 우리 조선에게는 감당할 수 없는 위험이 될 것입니다."

도순찰사 정언신의 참모인 김시민은 여진족이 강성해지는 것을 경계했다. 그는 병조판서 김귀영에게 미움을 받아 관직

을 그만두었다가 정언신의 군관으로 다시 복직하여 여진 토벌에 참여했다.

"그래봤자, 변방의 오랑캐들이 아닙니까? 그러니 이번 기회에 강력하게 토벌을 해야 합니다."

원균은 계속하여 강력한 대응을 주장했다.

"그대들의 의견을 잘 들었소. 내 조정에 그대들의 의견을 보고하겠소. 하지만 지난번 국경을 침략한 야인 여진의 울지내를 조정은 강력하게 응징하라는 명령을 내렸소."

"소장이 앞장서겠습니다."

온성부사 신립이었다. 신립은 조선에서 가장 촉망받는 무장으로 강한 기병을 보유하고 있었다.

"건원보권관 이순신 한마디 해도 되겠습니까?"

"말해보시오?"

모두 직책이 낮은 이순신의 말에 신경 쓰지 않았으나 정언신은 흔쾌히 의견을 들어주었다.

"저들은 기동력이 뛰어난 자들입니다. 우리 조선군이 정면으로 공격해서는 별 성과를 이루지 못할 것입니다. 여진의 기병을 유인하여 매복을 통해 섬멸해야 합니다."

"오합지졸인 저들에게 무슨 유인책이 필요하겠소. 본거지로 바로 쳐들어갑시다."

신립은 이순신의 신중함이 마음에 들지 않았다.

215

"아니요. 우리 조선은 그동안 여진을 공격했지만 작은 승리만 거두었소. 저들은 불리할 경우 기동력을 이용하여 빠르게 퇴각하기 때문에 확실한 타격을 주지 못했소. 이번에는 건원보권관 이순신의 의견대로 유인하여 섬멸하도록 합시다."

정언신은 육진의 장수들에게 이순신의 의견을 따르자고 했다.

이순신의 계책에 따라 조선군은 큰 승리를 거두었고 야인 부족장 울지내를 생포하는 전과를 올렸다. 특히 원균은 죽음을 두려워하지 않고 전투에 임해 울지내 생포에 가장 큰 공을 세웠다. 이 전투의 승리로 원균은 부령부사로, 이순신은 조산보만호로 승진했다. 조산보만호와 함께 이순신은 두만강 하류 녹둔도*의 둔전관도 겸하게 되었다. 하지만 얼마 되지 않아 여진족이 다시 침략하여 녹둔도가 포위되는데 조선군 10여 명이 전사하고 백성 100여 명이 인질로 잡히는 사건이 발생했다. 조정은 그 책임을 경흥부사 이경록과 조산보만호 이순신에게 물어 함경북병사 이일에게 장형을 집행하게 한 후 백의종군하라는 명령을 내렸다. 녹둔도를 침략한 여진족을 다시 토벌하기 위해 대규모 군대가 동원되었고 이순신과 원균도 참여했다. 함경북

---

* 녹둔도: 두만강 하구 삼각주에 있는 섬. 현재는 러시아 영토임.

병사 이일이 이끄는 조선군은 새벽에 여진족을 급습하여 가옥 200여 채를 불사르고 400여 명을 죽이는 대승을 거두었다. 이 전투의 승리로 이순신은 백의종군의 신분에서 벗어날 수 있었다. 진급과 좌천이 계속된 북방에서의 10년을 보낸 이순신은 45세에 지방 수령인 정읍현감으로 임명되었다. 정읍현감으로 부임한 이순신이 선정을 베풀자 백성들의 칭송이 자자했다. 유성룡은 정읍현감이 된 이순신을 고사리진병마첨절제사와 만포진병마첨절제사로 추천했으나 대신들의 반대로 무산되었다. 1591년, 조선 조정은 조선통신사로 다녀온 동인 김성일의 의견을 따라 전쟁이 발발하지 않을 것이라고 했으나 전쟁의 가능성도 대비하여 남해안의 성을 보수하고 군비를 정비했다. 그리고 전라우수사 이억기, 경상우수사 원균, 동래부사 송상현, 진주목사 김시민 등 북방의 명장들을 남해안에 배치했다. 정읍현감인 이순신은 진도군수에서 가리포수군첨절제사로 임명되었으나 부임하기도 전에 전라좌도수군절도사로 임명되었다. 비록 유성룡의 추천으로 전라좌수사로 임명되었지만, 15년간 원리원칙만 지키면서 현실과 타협하지 않고 자신의 길을 묵묵히 걸어온 강직함이 있었기에 가능한 일이었다. 전라좌수사가 된 이순신은 확실하게 일본의 침략을 예상하여 함선을 건조하고 군사들의 훈련을 강화했다. 또한, 화포를 개량하고 나대용에게 귀선을 개량하여 건조하도록 했다. 이순신은 여수

전라좌수영의 오동도에서 자주 남해를 바라보며 조선의 앞날을 걱정했다.

'임진년이 다가오는구나. 조선의 바다海가 피血를 부르는구나.'

## 25

# 多와 華

다와 화


　명나라군으로 위장한 한 척의 배가 압록강을 타고 서해를
통해 남하하고 있었다. 그 배에는 누르하치와 만주군에서 가
장 뛰어난 무장들이 타고 있었다. 누르하치는 건주 여진을 통
합하고 그 이름을 만주라 했다. 하지만 아직도 흑룡강 주변에
강력한 세력을 형성하고 있는 해서 여진과 기타 부족들을 통
합하지 못하고 있었다. 겨울로 넘어가는 늦가을에 누르하치
는 주변의 만류를 뿌리치고 직접 배를 지휘하면서 조선의 전
라도 서남해안으로 향했다. 누르하치는 조선과 일본의 전쟁이
매우 중요하다고 판단하여 많은 간자를 조선에 파견해 정보를
수집하고 있었다. 그리고 미래를 대비하여 조선의 지도를 만
들고 조선인들을 포섭하도록 지시했다. 부하 장수들은 늦가을

의 서해는 바람이 세차고 파도가 높으니 따뜻한 봄을 기다리자고 했다. 그러나 그의 간절한 마음은 모든 위험을 무릅쓰고 조선으로 배를 띄웠다. 누르하치는 명량해전의 승리를 부하에게 듣고 이순신은 참으로 능력을 가늠할 수 없는 인물이라고 생각했다. 조선과 일본의 전쟁이 끝나면 누르하치의 만주는 명나라와 전쟁을 치를 수밖에 없을 것이다. 그가 싸우려 하지 않더라도 명나라는 세력이 커진 누르하치를 가만두지 않을 것이다. 그러나 지금 명나라는 조선에 대군을 파병하여 만주를 신경 쓸 여유가 없었다. 조선과 일본의 전쟁은 누르하치에게 기타 여진 지역을 통합하고 요동으로 그 힘을 확대할 시간을 제공했다. 누르하치는 조선의 왕 선조와 이순신의 갈등에 주목할 만큼 조선의 정세에 매우 밝았다. 천하를 얻기 위해서는 하늘의 도움을 얻어야 하고 하늘이 내린 인물을 얻어야 했다. 이순신은 하늘이 내린 인물이라고 누르하치는 생각했다. 삼고초려, 전쟁이 끝나기 전에 이순신을 직접 만나 그의 간절한 마음을 전하고 싶었다. 황하와 장강이 있는 중원에서 전쟁을 승리하기 위해서는 이순신과 같은 뛰어난 수군 장수가 꼭 필요했다. 만주군은 대부분이 유목민인 관계로 기병은 강했지만, 수군은 변변한 장수조차 없었다.

"칸, 바람이 차갑습니다. 왜 밖에 계십니까?"

220

마신이 다가오면서 누르하치에게 물었다.

"가토 장군에게서 그 물건은 구했느냐?"

"네, 지금 그 물건을 구한 자가 당진에서 기다리고 있습니다."

"다행이구나. 그나마 이순신에게 의미 있는 물건을 구했으니."

"칸, 그런데 도독 진린이 이끄는 명나라 수군이 지난달 10월에 조선의 강화도에 도착했다고 합니다. 그리고 왜 주력군이 남해안으로 전부 철수했다고 합니다. 왜군이 본국으로 철수하는 것이 아닐까요?"

"아니다. 아직 판단하기 이르다. 도요토미 히데요시는 그리 쉽게 포기할 인물이 아니다. 마신, 이순신이 나의 삼고초려를 받아주겠느냐?"

"이순신은 왕의 명령도 거부할 만큼 소신이 강한 인물입니다. 하지만 칸이 위험천만한 서해를 건너와서 설득하는데 흔들리지 않겠습니까?"

마신은 확신이 없는지 누르하치에게 자신 없게 대답했다.

"나는 큰 기대를 하지 않는다. 이순신이 우리 만주와 함께하지 않더라도 꼭 한번 만나보고 싶었다."

조선의 서해는 찬바람이 세차게 불고 여기저기서 얼음이 얼기 시작했다. 누르하치가 백두산으로 돌아갈 때는 바다가 얼어 육지를 통해 이동해야 할지도 몰랐다. 배는 당진에 정박하여 말 한 마리와 칼을 옮겨 실었다. 그것은 누르하치가 일본군

221

에 심어둔 간자를 통해 이순신의 막내아들 이면의 유품을 가토 기요마사가 가지고 있다는 정보를 우연히 듣고 뇌물을 통해 확보한 말과 칼이었다. 만주군이 탄 배는 거친 파도를 헤치고 한 달여 만에 조선 수군의 진영이 있는 목포 보화도 근처에 도착했다.

"조선 수군에 연통을 넣었느냐? 비밀이 조금이라도 새어나간다면 우리 모두가 몰살당할 것이다. 조심 또 조심해야 한다."

누르하치는 마신에게 다시 한 번 조심하기를 당부했다.

"칸, 걱정하지 마십시오. 명나라 도독 진린의 부하 유격장 왕원주를 매수하여 명나라 도독이 보낸 사람이라고 말을 맞추었습니다. 혹 저희가 조선 수군에 들키는 상황까지 고려하여 명나라 수군으로 오인하도록 조치했습니다."

"마신, 계획이 철저하구나. 우리가 들킬 것까지 대비하다니. 아무런 의심 없이 이순신이 나와 주어야 할 텐데."

누르하치는 이순신의 완벽함이 마음에 걸렸다.


"통제사, 강화도 명나라 수군 진영에서 보낸 사람이 내려왔습니다. 그런데 이 보화도 조선 군영으로 오지 않고 당사도에서 만나자고 합니다. 이 소식을 명나라 유격장 왕원주가 알려왔습니다."

충청수사 권준이 이순신에게 이상하다는 듯 고개를 흔들면

서 보고했다.

"권 수사, 진린이 아닌 왕원주가 연통을 넣었다고 했는가?"

"네, 하지만 진린이 보낸 사람이라는 것을 확인할 수 없습니다. 혹 왜놈들의 함정이 아닐까요?"

"……"

이순신은 한참 동안을 고민했다.

"권 수사, 왜놈들의 함정이라면 이토록 허술하지는 않을 게야. 내가 다녀오겠네."

"통제사, 안 됩니다. 너무 위험합니다. 강화도에 있는 명나라 진영에 사람을 보내 알아보겠습니다."

"시간상으로 강화도까지 다녀온다는 것은 불가능하네. 우선 정탐선을 보내 당사도 주위를 살피도록 하게."

"그럼 제가 직접 정탐하고 오겠습니다."

그날 권준은 당사도에 정박해 있는 명나라 함선을 유심하게 관찰했다. 명나라 함선은 몇 명의 초병만 보일 뿐 별다른 움직임이 없었다.

"통제사, 명나라 함선에서 이상한 점을 발견하지 못했습니다."

"만나자고 한 시간이 지났네. 더 지체하다가는 저들에게 큰 곤욕을 당할 수도 있네. 지금 명나라 함선으로 출발하겠네. 권 수사는 함선을 이끌고 당사도 주위에 매복해 있도록 하게. 위험할 경우 신호를 보내겠네."

이순신은 함선을 타고 보화도에서 당사도로 향했다. 겨울이라 파도가 높고 바람이 차가웠다. 권준의 말에 일리가 있었다. 이 차가운 겨울에 배를 타고 오는 것 하며 조선 수군의 진영으로 바로 오지 않고 당사도에서 만나자고 하는 것이 몹시 거슬렸다. 하지만 명나라 수군에게 조금이라도 실수했다가는 조정에서 불호령이 떨어질 것이 명확했다. 이순신은 당사도에 도착하여 명나라를 상징하는 노란 깃발이 펄럭이는 함선에 올랐다.

"통제사, 오시느라 고생 많으셨습니다. 이쪽으로 오십시오."

마신이 이순신을 안내했다.

이순신이 마신을 따라 들어가자 여진의 모자를 쓰고 있는 한 남자가 뒷모습을 보이고 서 있었다.

"칸, 조선의 삼도수군통제사 이순신이 왔습니다."

"통제사, 명성은 많이 들었습니다. 저는 만주의 칸 누르하치입니다."

이순신은 자기 눈앞의 광경을 믿을 수 없었다. 이순신은 누르하치가 건주 여진 좌위 지역을 담당하고 있는 자라는 것과 그 용맹함을 익히 들어 알고 있었다.

'그가 험난한 겨울 바다를 헤치고 왜 나를 만나러 온 것일까?'

이순신은 머리가 몹시 복잡했다. 누르하치를 만나는 것은 조선과 명나라의 입장에서는 역모에 해당하는 행위였다.

"통제사, 많이 놀라셨죠. 저 또한 목숨을 걸고 서해를 건너

온 것이니 무례를 이해해 주십시오."

"난 조선 수군의 통제사요. 우리 조선 조정은 여진에 좋지 않은 감정을 가지고 있소. 그대를 만나는 내 행동이 역모에 해당하는 행위라는 것을 알고 있는 것이오?"

이순신은 누르하치에게 칸이라고 하지 않고 그대라고 했다.

"잘 알고 있습니다. 통제사를 꼭 한 번 만나보고 싶었습니다."

"난 그대와 할 말이 없소. 나를 만나려는 이유를 알 수 없지만 추운 겨울날 서해를 건너 왔다니 더는 문제를 삼지 않고 조용히 보내주겠소."

"통제사, 내가 조선 수군의 재건에 조그마한 힘을 보태겠다고 해도 안 되겠소."

"그대가 나를 어떻게 보고 그런 말을 하는 것이오. 더 이상 나를 욕보인다면 용서하지 않겠소."

누르하치는 한참동안 말이 없더니 조용히 마신을 불렀다.

"마신, 가서 말과 칼을 가져 오거라."

"알겠습니다. 칸."

"참으로 명성 그대로이십니다. 통제사."

조금 있으니 마신이 말 한 필과 칼을 가지고 들어왔다.

"통제사, 이 말과 칼을 알아보겠소?"

이순신은 머리 중앙에 갈색 깃털이 있는 말과 칼을 보고는

막내아들 면의 것임을 바로 알아보았다.

"그대가 어떻게 내 아들의 말과 칼을 가지고 있는 것이오."

이순신은 흥분하며 누르하치를 향해 소리쳤다.

"통제사, 흥분하지 마십시오. 가토 기요마사가 가지고 있던 것을 내가 뇌물을 써서 구한 것이오. 통제사가 막내아들의 죽음에 대해 몹시 슬퍼했다는 소식을 전해 들었습니다. 어찌 자식의 죽음에 가슴이 찢어지지 않는 부모가 있겠습니까? 아무 대가 없는 나의 작은 정성이니 받아 주시오."

이순신은 누르하치의 말이 들리지 않았다. 면의 칼을 감싸 안고 끓어오르는 감정을 간신히 누르고 있었다.

이순신은 오랫동안 아무 말도 없이 자리에 앉아 있었다.

"……그래, 나를 만나고 싶은 이유가 무엇이오?"

이순신에게 누르하치는 북방의 오랑캐가 아닌 막내아들의 유품을 찾아 준 은인이었다.

"제가 소박한 주안상을 차려도 괜찮겠습니까?"

"그렇게 하시오."

소박한 주안상이 차려지자 누르하치가 이순신에게 먼저 잔을 올리려 했다.

"이러지 마시오. 내 막내아들의 유품을 찾아주고 먼 길을 오셨으니 제가 먼저 한 잔 올리겠소."

이순신이 먼저 누르하치에게 술을 따랐다. 아무 말도 없이

226

몇 잔의 술이 오고 갔다.

"통제사, 혹 내 말이 거슬리더라도 용서해 주시오."

"내 오늘 단 하루만은 그대를 친구로 받아 주기로 마음먹었소. 하지만 내일 당장 여기를 떠나시오. 그렇지 않으면 내 칼에 죽을 것이오. 내게 무엇이 궁금해 그 험한 서해를 건너왔는지 들어나 봅시다."

"통제사, 이 조선에 희망이 있다고 생각하시는지요?"

"무슨 말을 하고 싶은 게요. 조선은 이번 왜군의 침략에 속수무책으로 무너졌지만, 그대들에게까지 무시당할 그런 존재는 아니오."

"나는 조선의 힘을 부인하는 것이 아닙니다. 조선이 힘을 쓰지 못할 수밖에 없는 원인에 대해 이야기하고 있는 것입니다."

"조선이 힘을 쓰지 못할 수밖에 없다……."

이순신은 누르하치의 말을 듣고 조용히 되뇌었다.

"그럼 그대는 그 이유가 무엇이라고 생각하시오?"

이순신은 끝까지 누르하치에게 칸이라고 하지 않고 그대라고 했다.

"조선은 성리학에 함몰되어 있소. 여러 가지 나무가 어울려서 위대한 산림의 아름다움을 이루고 백 가지 꽃이 섞여 피어서 봄들의 풍성한 경치를 이루는 것과 같은 진리요. 조선 성리학의 배타성은 다른 사상과 문화를 꽃피우지 못하게 하여 결

국 쇠락의 길을 걸을 수밖에 없을 것이오."

"그대들이 조선의 문화를 비판하다니 참으로 어이가 없소."

"통제사, 저는 단순히 조선의 문화를 비판하는 것이 아니오. 한 나라가 융성하고 발전하기 위해서는 편협하고 배타적인 하나의 학문이 깊게 발전한 것보다 다양한 학문과 사상의 자유가 있어야 한다는 것이오. 우리 만주가 유목민의 수준을 벗어나지 못하고 있다는 걸 잘 알고 있소. 그러나 이게 우리 만주의 장점일 수도 있는 것이오. 다른 문화와 사상을 받아들일 준비가 되어있느냐가 결국 그 나라의 성쇠를 결정하는 것이오."

**"다양성多이 빛나는 번영華을 가져오는 것은 만고의 진리입니다.** 지금의 조선이 지속된다면 아무런 희망이 없을 것입니다."

말이 길었다고 생각했는지 누르하치는 다양성이 번영을 가져온다고 하면서 배타적인 하나의 학문과 사상만 발달하면 그 나라는 쇠퇴할 수밖에 없다고 요약해서 말했다.

"참으로 요망한 말이오. 나는 지금 무관이지만 한때 유학을 공부한 선비였소……."

이순신은 누르하치의 말에 반론을 제기하려다 그만두었다.

"그대의 말이 무슨 뜻인지 알겠으니 내게 정말로 하고 싶은 말을 하시오."

누르하치는 잠시 말을 하지 못했다.

228

"소장은 조선과 왜의 전쟁이 끝나면 명나라와의 일전을 피할 수 없습니다. 명나라는 지금 안으로 썩을 대로 썩었지만 분명 우리 만주에게 벅찬 상대요. 이 누르하치는 금나라의 후손으로 명나라를 제압하고 천하를 통일할 것이오."

"그대도 도요토미 히데요시와 같은 말을 하는구려. 그대가 명나라와 전쟁을 하는 것은 그대의 뜻이오. 그런데 그게 나랑 무슨 관계가 있는 것이오."

"통제사랑 같이 천하를 도모하고 싶습니다. 제 정보에 의하면 이 전쟁은 2년 안에 끝날 것입니다. 저 중원대륙에 고구려보다 크고 금나라보다 더 큰 만주족의 나라를 세울 것입니다. 조선의 왕은 전쟁이 끝나면 통제사를 가만두지 않을 것이오. 전쟁이 끝나는 그날 이 누르하치에게 올 수 없겠습니까?"

"나는 조선의 백성으로 만족한 사람이오. 그대가 나를 그렇게 높게 평가해주니 그 마음만은 받겠소. 하지만 설사 전하가 나를 죽인다 해도 조선의 백성으로 살다가 죽고 싶소. 그리고 내겐 그런 정열이 없소. 이 조선의 피 냄새만으로도 더 이상 숨이 막혀 살 수가 없소."

"통제사가 거절할 줄 알았습니다. 들었던 명성 그대로 하나도 틀린 것이 없군요. 소장이 천하를 통일하면 저 머나먼 서쪽의 검은 대륙까지 진출한 명나라의 정화장군처럼 세계의 바다를 통제사에게 맡기고 싶었습니다."

누르하치는 혹시나 하고 이 조선 땅까지 왔지만 단호한 이순신의 태도에 더 이상의 노력이 의미 없음을 알았다.

"마지막으로 통제사께 앞으로 명나라와 전쟁에 도움이 될 만한 고견을 하나만 듣고자 합니다."

"칸, 그대는 명나라를 이길 수 없을 것이오."

이순신은 이제 자리를 떠날 때가 되었다는 것을 알고 누르하치에게 칸이라는 존칭을 처음으로 사용했다.

"제겐 10만여 명이 넘는 잘 훈련된 기병이 있습니다."

"지금의 전쟁은 과거와 많이 달라졌소. 대포와 조총 등 신무기들이 전쟁에 도입되고 있소. 아무리 잘 훈련된 기병이 많다 하더라도 명나라가 공성전에 전념하면서 대포로 무력화시키면 기병은 아무런 쓸모가 없소. 기병이 강한 그대의 군대가 명나라를 이기는 방법은 하나밖에 없소."

이순신의 말에 누르하치는 온 신경을 곤두세우고 있었다.

"그게 무엇입니까?"

이순신은 한동안 말을 하지 않았다.

"그대들은 기동력이 뛰어난 군대요. 비처럼 바람처럼 달려 명나라의 북경을 점령한 다음 황제를 폐하고 지방 호족들을 우호적으로 만든다면 10만여 명의 군사로도 저 넓은 중원대륙을 장악할 수 있을 것이오. 만약 전쟁이 장기전으로 돌입하여 명나라가 공성전을 펼친다면 승산이 없을 것이오. 장기전에 돌

입할 경우 후미가 공격당할 가능성이 높을 뿐 아니라 지방 호족들이 명나라의 중앙군에 합류할 것이오. 한걸음에 북경을 점령하지 못한다면 그대의 군대는 무너질 수밖에 없소. 어차피 각개 전투로 성을 공격하다가는 명나라를 이길 수 없을 것이오."

"통제사의 말을 명심하겠습니다."

"이제 나는 돌아가겠소. 먼 길 조심해서 돌아가시오. 마지막으로 내 부탁이 하나 있소. 다시는 조선 백성에게 전쟁의 고통을 주고 싶지 않소. 부디 조선을 침략하지 말아 주시오. 부탁이오."

"내 살아생전에 조선을 공격하는 일은 없을 것이오. 약속하겠소."

이순신은 누르하치가 챙겨 준 막내아들 면의 말과 칼을 챙겨 조선 수군의 함선으로 돌아왔다. 누르하치는 그날 밤을 당사도에서 보내고 다음날 법성포에 상륙했다.

"한양으로 갈 것이다. 가서 조선의 세자를 만날 것이다."

누르하치는 조선을 방문하기 전에 이순신을 만난 뒤 미래 조선의 왕이 될 세자 광해군을 만날 계획을 세웠다.


"칸, 조선의 세자가 왔습니다."

마신을 따라서 조선의 세자 광해군이 들어왔다.

"세자 저하, 누추한 곳으로 모셔서 죄송합니다."

"이쪽은 저의 막내아들 홍타이지입니다."

홍타이지는 광해군에게 정중히 묵례했다.

광해군은 누르하치보다 그의 아들 홍타이지에게 먼저 눈이 갔다. 광해군은 홍타이지의 눈에서 적대감을 느낄 수 있었다.

"건주 여진의 칸이 이 조선에는 웬일이오?"

광해군은 건주 여진의 누르하치로부터 만나고 싶다는 전갈을 받고 많은 고민을 했다. 아버지 선조의 눈을 의식하지 않을 수 없었기 때문이었다. 하지만 광해군은 북방에서 누르하치의 세력이 만만치 않다는 것을 알고 있었다. 광해군은 자신이 조선의 왕에 오를 경우 누르하치는 조선에 매우 중요한 인물이라고 생각해 위험을 감수하고 만나기로 한 것이었다. 광해군이 누르하치를 만나고자 한 또 다른 이유는 나라를 지킬 힘도 없으면서 여진을 북방의 오랑캐라고 무시하는 조선의 대신들에 대한 반발이기도 했다.

"조선의 왕이 되실 세자 저하를 만나고 싶었습니다."

"명나라와 부왕께 인정받지 못하는 세자입니다."

"북방에서 세자 저하의 활약상은 전해 들었습니다. 참으로 장하십니다."

"저도 칸이 우리 조선을 위해 기병 2만 명을 파병하겠다는 소식을 들었습니다."

"저는 진심으로 조선을 돕고 싶었습니다."

광해군은 누르하치의 마음을 누구보다도 잘 알고 있었다. 누르하치는 명나라와의 전쟁을 대비하여 파병을 통해 조선과 우호적인 관계를 형성하고자 함이었다. 광해군은 전쟁을 치르면서 어느 정도 동북아 정세에 감각을 가지게 되었다. 북방의 누르하치는 적으로 돌리면 조선에 큰 위협이 될 세력이라는 것을 깨닫고 있었다.

"조선이 칸의 파병 제안을 거절한 것에 대해 미안한 마음을 전하고 싶습니다."

"국가 간의 문제가 간단하겠습니까? 조선이 우리의 파병 제안을 거절한 것에 대해 어찌 감정을 가지겠습니까."

"조선의 세자 저하께 제안을 하나 드릴까 해서 이렇게 만나 뵙자고 했습니다."

광해군은 누르하치가 무슨 말을 할 것인지를 어느 정도 예상하고 있었다.

"조선과 왜의 전쟁이 끝나면 북방에는 큰 전쟁이 있을 것입니다. 세자 저하께서 조선의 왕이 되신다면 중립을 지켜주셨으면 합니다."

"국가 간의 중립이라는 것이 가능한 것일까만은 명나라는 이번 조선의 전쟁에 파병한 고마운 나라가 아닙니까. 그리고 우리 조선은 예를 중요시 하는 나라입니다."

"저는 조선을 침략하고 싶지 않습니다. 하지만 조선이 명나라와 손을 잡고 우리를 공격한다면 어쩔 수 없이 조선으로 군대를 보낼 수밖에 없습니다. 그렇게 되면 조선과 우리 만주 모두에게 유리할 것이 없는 전쟁이 될 것입니다."

"……"

광해군은 한동안 아무 말도 하지 않았다.

"칸의 말에 동의합니다. 이번 왜와의 전쟁으로 저는 누구보다도 전쟁의 참혹함을 피부로 느꼈습니다. 이 조선 땅에 다시는 전쟁이 없었으면 하는 것이 저의 생각입니다."

"제가 조선의 왕이 된다면 칸의 말을 따라 중립을 지키겠다는 약조를 하겠습니다."

"세자 저하, 조선을 방문하길 잘한 것 같습니다."

"먼 길 몸조심하여 올라가십시오. 칸."

"세자 저하, 부디 조선의 국왕이 되시길……."

홍타이지가 옆에서 광해군에게 말했다.

광해군은 홍타이지에게서 누르하치와는 다른 눈빛을 발견할 수 있었다.

광해군과 헤어진 누르하치와 홍타이지는 차가운 진눈깨비를 맞으며 백두산으로 말을 몰았다. 누르하치의 조선 방문은 이순신의 마음을 얻지는 못했지만 그 명성이 헛된 것이 아니라는 것을 확인한 험난한 여정이었다.

# 26

# 國와 民

국과 민

　정유년 1597년 9월 중순, 전라감영이 있는 전주성을 무너
뜨리고 충청도 직산까지 진격했던 일본 우군은 갑자기 경상도
남해안으로 철수하기 시작했다. 구로다 나가마사는 양산으로,
청주에 주둔했던 가토 기요마사는 울산으로 내려갔다. 전라
도 지역을 완전히 장악하고 잔인한 살육을 감행하던 일본 좌
군 중 고니시 유키나가의 군만 순천에 주둔했고, 나머지는 경
상도 방면으로 퇴각하여 그 진을 해안선을 따라 견고히 구축
하기 시작했다. 칠천량 해전의 승리 후 파죽지세의 기세로 조
선을 장악해 나갔던 일본군의 퇴각으로 전선은 정유재란 이전
으로 복귀한 결과가 되었다. 조명연합군은 철수하는 일본군
을 적극적으로 공격하지 않고 그들을 따라 유유히 남하했다.

일본군은 부산을 중심으로 경상도 남해안 일대에 그동안 쌓은 성에 들어가 장기전을 준비했다. 진린 도독이 이끄는 수군을 포함하여 10만 명 이상을 조선에 파병한 명나라는 전쟁의 확실한 성과가 필요했다. 임진년과 정유년에 명나라군은 평양 수복과 직산에서 작은 승리를 했지만, 벽제관 등 기타 전투에서는 패배를 당함으로써 그 자존심에 큰 상처를 입었다. 명나라군은 퇴각하는 일본군을 상대로 크게 승리해서 이 전쟁을 스스로의 힘으로 마무리하고자 했다. 그 첫 번째 대상은 가토 기요마사의 울산성이었다.

"순천에 주둔하고 있는 고니시 유키나가 군을 먼저 쳐서 전라도를 완전히 회복해야 합니다."

조선의 도원수 권율이 명나라 부총병 양호와 제독 마귀에게 말했다.

"부산의 중요한 전략적 장애인물인 가토 기요마사의 울산성이 함락된다면 부산진성 주위의 서생포와 양산이 스스로 무너질 것이오. 울산성을 바로 공략합시다."

명나라 제독 마귀는 자신만만한 표정으로 울산성의 전략적 위치를 주목했다.

"울산성은 견고한 성입니다. 조총으로 무장한 저들은 아직 만만한 상대가 아닙니다. 순천의 고니시 유키나가는 아직 성

을 구축하지 못하고 순천과 여수 삼일포에 군대를 분산하여 진을 치고 있습니다. 고니시 유키나가 군을 먼저 쳐야 합니다."

권율은 아직 성을 구축하지 못한 고니시 유키나가를 먼저 공격하는 것이 승산이 있다면서 명나라 부총병 양호를 설득했다.

"도원수, 조선의 군대는 기껏 1만 5천여 명에 불과할 뿐이오. 그에 비해 우리 명나라 천군은 10만여 명의 대군이오. 조선군의 임무는 우리 천군을 잘 보조하는 것임을 잊지 마세요."

양호가 조선군의 임무가 천군을 보조하는 것이라고 격하했다.

"부총병, 저들의 군세는 아직 강합니다. 1만 5천여 명이 주둔하고 있는 가토 기요마사의 울산성이 공격당한다면 왜군은 분명 우리의 후미를 지원군으로 공격할 것입니다. 그리고 울산성은 태화강을 끼고 있어 수군을 이용한 병력지원이 원활한 성입니다."

"도원수, 조선이 나라요? **나라國란 스스로 힘으로 백성民을 지킬 수 있을 때 존재의 가치가 있는 것이오.** 결정은 우리 명나라가 한다는 것을 명심하시오."

제독 마귀는 강하게 주장하는 권율이 마음에 들지 않았는지 조선의 나약함을 꾸짖었다.

"마귀 제독, 말이 심하시오. 도원수, 그대의 의견에 일리가 있지만, 우리 명나라는 전쟁을 빨리 끝내고 싶소. 마귀 제독의

말대로 울산성이 무너지면 나머지 적들의 기반도 붕괴될 것이오. 울산성을 공략합시다."

부총병 양호는 마귀의 말대로 울산성을 공격했다.

정유년 1597년 12월 22일, 부총병 양호와 도원수 권율이 지휘하는 4만여 명의 명나라군과 1만 5천여 명의 조선군이 동원된 울산성 전투를 알리는 화포가 불을 뿜었다. 서생포에 주둔하고 있던 가토 기요마사는 조명연합군의 공격 소식을 듣고 즉시 태화강을 통해 울산성으로 복귀했다. 조선의 겨울철 특성상 거센 바람이 북에서 남으로 불어 초반의 전투는 조명연합군에 유리하게 전개되었다. 조명연합군은 화포를 이용하여 줄기차게 울산성을 공략했고 불화살을 맹렬히 쏘아댔다. 바람을 타고 날아든 포탄과 불화살로 인해 울산성에 불길이 크게 번졌다. 그러나 일본군은 100여 년간의 전국시대를 거치면서 공성전에 관한 한 누구보다는 강한 군대였다. 그리고 가토 기요마사는 일본 장수 중에서 축성술이 가장 뛰어났는데 그의 축성의 특성은 석벽의 휨을 중시했다. 울산성은 가토 기요마사의 뛰어난 축성술이 반영된 공격하기 매우 까다로운 성이었다. 일부는 불길을 잡고 나머지는 성을 기어오르는 조명연합군에게 조총을 비 오듯 쏘아대면서 사생결단으로 저항했다. 권율은 성을 통째로 태워 버릴 계획을 수립하고 성 주위에 마른 풀을 쌓으려고 했으나 조선군은 성 주위에 도착하기도 전

에 일본군의 조총 공격에 쓰러졌다. 그 이후에도 수차례 공격했으나 조명연합군의 사상자만 늘 뿐 울산성은 난공불락이었다. 조명연합군의 울산성 1차 공격이 실패로 끝난 뒤 얼마 되지 않아 서생포와 양산에 주둔하고 있는 일본군의 움직임이 포착되었다.

"서생포와 양산의 적의 지원군을 막지 못한다면 큰 낭패가 될 것이오."

권율은 군대를 더 투입하여 서생포와 양산에서 오는 일본군을 막아야 승산이 있음을 강조했다.

"도원수의 말이 맞다. 울산성의 견고함은 생각 이상이었다. 전략을 수정하여 울산성을 고립시켜 개미 새끼 한 마리 진입하지 못하도록 하라."

부총병 양호는 오랜만에 권율의 의견을 따라 울산성 직접 공격을 자제하고 일본 지원군을 차단하라고 명령했다. 다음 날 마귀는 명나라군을 이끌고 일본 주력군이 있는 양산을 압박하고 서생포에 주둔하고 있는 가토 기요마사 군의 움직임도 주시했다. 서생포에 주둔한 일본군은 식량과 식수를 공급하기 위해 함선을 타고 울산성 진입을 시도했으나 주변을 포위하고 있는 조명연합군에 의해 번번이 실패했다. 순천에 주둔하고 있던 고니시 유키나가는 울산성 전투의 중요성을 누구보다도 잘 알고 있었다. 그는 울산성이 함락될 경우 일본군은 걷잡

을 수 없이 무너질 거라고 생각했다. 고니시 유키나가는 가토 기요마사를 지원하기 위해 순천의 전군을 동원했다. 부산진성에 도착한 고니시 유키나가는 남해안에 주둔하고 있는 대장들에게 연통을 넣어 작전 회의를 주선했다. 그 자리에는 가토 기요마사가 보낸 그의 좌측근인 나베시마 나오시게도 도착해 있었다.

"울산성이 무너지면 우리 군 전체가 무너질 것이오. 즉시 전 병력을 양산으로 집결해야 합니다. 시간이 없습니다."

고니시 유키나가는 일본군 대장들에게 울산성의 중요성을 강조했다.

"지금 울산성이 완전히 포위되어 가토 장군은 말을 죽여 식량으로 삼고 눈을 녹여 식수로 사용하고 있습니다."

나베시마 나오시게가 울산성의 긴박함을 알렸다.

"사생결단이오. 전 장군들은 즉시 양산으로 집결하시오."

일본군 총사령관 격인 우키타 히데이에가 전군의 양산 집결을 명령했다. 양산에 집결한 8만여 명의 일본군 총사령관에 나베시마 나오시게가 임명되었다.


"부총병, 왜군이 양산에 집결하고 있다는 소식을 마귀 제독이 알려 왔습니다."

명나라 장수 천만리가 급하게 양호에게 알렸다.

"음⋯⋯."

양호는 전쟁이 마음대로 안 된다는 표정이었다.

"부총병, 전 병력을 동원하여 울산성을 공격하시죠. 저들은 지금쯤 식량과 식수가 떨어져 싸울 힘이 없을 것입니다."

권율은 일본군이 집결하기까지 아직 약간의 시간이 있으니 그 사이에 전군을 동원하여 울산성을 함락시키자고 양호를 설득했다. 그러나 양호는 아무런 답변을 하지 않았다.

"군대를 양산으로 더 보내서 적들을 막도록 하라."

부총병 양호는 양산의 일본군을 대비하기 위해 울산성을 공격하던 명나라군 일부를 양산으로 이동시켰다. 그러나 양산에 집결한 8만여 명의 일본군에게 명나라군의 양산 방어선은 쉽게 무너졌고 울산성 진영으로 후퇴했다. 양산 방어선이 무너졌다는 소식을 들은 양호는 권율의 말을 듣지 않은 것을 후회하면서 뒤늦게 전 병력을 동원하여 울산성을 총공격했다. 울산성의 일본군은 마지막까지 격렬하게 저항했다. 울산성 전투는 조명연합군과 일본군 모두 다 그 피해가 상상을 초월할 정도로 컸다.

"장군, 왜 이러십니까? 나베시마 나오시게가 이끄는 아군이 양산에서 명나라 방어선을 무너뜨렸으니 며칠 안으로 울산성에 도착할 것입니다."

가토 기요마사의 부장들이 할복하려는 그를 말리면서 말했다.

"말리지 마라. 임진년에 나는 함경도에서 퇴각하며 추위와 배고픔으로 1만 5천만여 명의 부하를 잃었다. 또 이 울산성에서 1만여 명의 부하들을 배고픔으로 굶겨 죽였으니 내가 무슨 할 말이 있겠느냐."

가토 기요마사의 부장들은 아무 말도 없이 눈물만 흘릴 뿐이었다.

"밤마다 얼어 죽고 굶어 죽은 부하들이 꿈에 나타나 잠을 이룰 수가 없구나."

가토 기요마사는 할복을 결심한 듯 눈을 감았다.

"장군, 장군이 할복하시면 살아남은 저희들에게 지금까지 이 조선에서의 전쟁은 아무런 의미가 없게 됩니다. 제발 저희들을 생각해서라도 끝까지 살아남아 미래를 도모해 주십시오."

부장 중 한 명이 강하게 가토 기요마사에게 청하자 모든 부장들도 울면서 간청했다.

말이 없던 가토 기요마사는 조용히 혼자서 읊조렸다.

"고니시 유키나가의 말이 맞구나. 아, 허망한 전쟁이여."

임진년부터 조선의 산천을 피도 눈물도 없이 유린하여 지옥의 악귀라는 별명을 얻은 가토 기요마사의 입에서 나온 한탄이었다.

울산성 전투는 정유년을 넘어 무술년의 새해가 오면서 전세가 완전히 역전되었다. 울산성을 포위한 조명연합군을 일본군이 다시 포위하는 형태로 전개되었다. 봉우리마다 일본군의 깃발이 오르면서 조명연합군의 사기도 크게 꺾였다. 그리고 고니시 유키나가 군은 태화강을 통해 울산성에 물자를 보급하는 데 성공했다. 무술년 1598년 1월 4일, 조명연합군은 마지막으로 울산성을 탈환하기 위해 총공격을 감행했으나 그때는 이미 울산성에 추가병력과 식량이 공급된 뒤였다. 울산성 전투가 끝나자 명나라군은 좀처럼 싸우려 하지 않았다. 이 울산성 전투로 조명연합군은 1만 5천여 명, 울산성의 가토 기요마사 군은 1만 3천여 명의 사상자를 냈다. 울산성의 가토 기요마사 군의 대부분은 추위에 얼어 죽고 배고픔으로 굶어 죽었다. 울산성 전투가 끝나고 얼마 되지 않아 전쟁에 큰 영향을 미칠 소식이 전해졌다. 정명가도征明假道, 명나라를 치겠으니 길을 내어달라는 거짓 명분으로 조선을 침략한 일본국 관백 도요토미 히데요시의 건강 악화 소식이었다.

# 27
# 愛와 貴

애와 귀

머나먼 이국땅으로 끌려가는 포로 신세가 된 그날부터 조방
장 김완의 눈에서 눈물이 마를 날이 없었다. 조선 수군이 칠천
량에서 궤멸한 그날, 그는 동료들과 같이 죽지 못하고 일본군
에게 포로가 되는 신세가 되었다. 일본으로 가는 배 안에서 밤
마다 고향 영천이 생각났고 통제사 이순신과 조선의 바다를
굳건히 지킨 천하무적 조선 수군의 조방장이었던 시절이 사무
치게 그리웠다. 조방장 김완은 하루도 거르지 않고 다시 조선
의 바다로 돌아갈 꿈을 버리지 않았다. 한나라 때 흉노에 인질
로 잡힌 소무의 충절을 가슴에 품고 하루하루를 버티었다.

소무는 한무제의 사신으로 흉노로 갔다가 일이 잘못돼 인
질이 되었다. 흉노의 선우는 소무의 인물됨을 알고 흉노로 귀

244

화를 위해 정성을 다했다. 그러나 소무는 한나라에 대한 충절을 버리지 않았다. 흉노의 선우는 소무가 한나라에 대한 충절을 버리지 않자 숫양이 새끼를 낳으면 한나라로 보내주겠다고 그에게 북해* 주변에서 양을 치도록 했다. 소무는 머나먼 북해 주변에서 양을 치면서도 고국으로 돌아갈 꿈을 버리지 않았다. 한무제가 죽고 난 이후에야 고국 한나라로 돌아올 수 있었다.

조선 수군의 조방장 김완이 아직 살아있는 것은 송골매 창비蒼飛덕분이었다. 푸른 하늘을 마음껏 날아다니라고 그가 직접 기른 송골매의 이름을 창비라고 지어주었다. 포로 신세가 되어 일본으로 가는 배 안에서 칠천량 패배의 악몽을 자주 꾸었다.

통제사 원균은 부산을 공격한 후 한산도로 돌아가지 않고 칠전도에 진을 쳤다. 한산도로 돌아가자는 전라우수사 이억기를 비롯한 부하들의 간곡한 청을 듣지 않았다. 새벽에 일본군의 기습 공격이 시작되었고 대부분의 조선 수군은 힘 한번 써보지 못하고 칠천량 앞바다에 수장되었다. 그러나 김완은 전날 일본군의 공격이 마음에 걸려 도무지 잠을 이루지 못했다.

---

* 북해: 바이칼 호수

그는 부하들에게 일본군의 기습을 대비하라고 지시했다. 새벽녘 일본군의 공격에 속수무책으로 무너진 조선 수군을 뒤로하고 김완은 자신의 함선을 이끌고 칠전도를 탈출하는 데 성공했다.

"한산도로 복귀하라. 적들이 따라붙기 전에 견내량을 통과해야 한다. 격군들은 힘을 내라."

조방장 김완은 있는 힘을 다해 견내량 방향으로 빠져나갔다. 그러나 그들을 기다리고 있는 것은 견내량을 막고 있는 일본 함선이었다.

"고성 춘원포 방면으로 배를 돌려라."

"힘을 내라. 격군들은 속도를 높여라."

김완은 필사적인 탈출을 시도했지만, 칠전량과 견내량의 일본 수군에 의해 고성 앞바다에서 그의 분신 같은 함선 대부분은 침몰했다. 김완은 있는 힘을 다해 육지를 향해 헤엄쳤다. 그가 더는 헤엄칠 수 없어 포기하려고 할 때 송골매 창비가 하늘에서 주변을 맴돌고 있었다. 창비를 본 그는 다시 헤엄치기 시작했고 간신히 고성 방면 육지에 도달할 수 있었다. 육지에 도달한 후 탈진하여 한참을 누워 있었는데 갑자기 창비가 얼굴을 쪼아서 깨어났다. 저 멀리 일본 함선이 눈에 들어왔다. 김완은 재빠르게 일어나 산속으로 도피했다. 창비가 아니었으면 꼼짝없이 일본군에게 죽을 운명이었다. 산속의 버려진 민

246

가를 찾아 군복을 벗고 백성의 옷으로 갈아입었다.

'지리산을 넘어서 전라도로 가야 한다.'

김완은 낮에 숨어 있다가 밤에 이동했다. 고성에서 진주로 이동했다가 산음으로 올라가 지리산을 넘을 생각이었다. 그러나 칠천량에서 탈출한 조선 수군을 잡으려는 일본군이 길목마다 지키고 있었다. 결국, 진주에서 산음*으로 가는 길에 일본군과 마주쳤다.

"거기 서라. 거기 서라."

일본군은 김완을 보자 잡으려고 달려왔다.

김완은 있는 힘을 다해 앞만 보고 달렸지만 결국 일본군에게 포위되고 말았다. 모든 것이 끝나는 순간에도 그의 어깨 위에는 창비가 앉아 있었다.

"뭐하는 놈이냐?"

일본군은 바로 죽이지 않고 송골매를 어깨에 올려놓고 있는 것이 신기했는지 김완에게 물었다.

"매를 이용하여 사냥하는 천한 사냥꾼이옵니다."

"네놈이 거짓말을 하는구나. 저놈의 손을 검사해라."

일본군 한 명이 김완에게 다가와 손을 검사했다.

"부장, 검을 다룬 손이옵니다."

---

* 산음: 경남 산청.

"네놈은 칠전량에서 탈출한 조선 수군이 틀림없다. 네놈의 직책을 말해라. 그렇지 않으면 여기서 바로 베겠다."

일본군 부장이 김완의 목에 칼을 대면서 직책을 물었다.

"나는 조선 수군의 조방장 김완이다. 빨리 베거라."

김완은 조용히 눈을 감아라.

"저놈을 부산으로 이송하라."

"이놈들아, 나를 욕보일 생각이더냐. 여기서 죽이거라."

김완은 보이는 대로 조선 백성과 군사들을 죽여 코를 베어 가는 일본군이 자신을 죽이는 않는 이유가 조선군의 정보를 알기 위해서라고 생각했다.

"이놈들, 나를 죽여라. 나는 조선 수군의 조방장이다."

"더는 시끄럽게 한다면 이 자리에서 바로 베겠다. 네놈을 죽이지 않은 것은 어깨 위에 있는 송골매 때문이다. 그러니 네 어깨 위에 있는 놈한테 고맙게 생각해라."

김완은 이제야 일본군이 자기를 죽이지 않은 이유를 알 수 있었다. 일본군은 조선을 침략해 무자비한 살육을 자행했으나 특별한 재주가 있는 자들은 귀하게 여겨 일본 본국으로 이송했다. 특히, 조선의 도자기 장인들에게는 광적인 애착을 보였다. 김완이 송골매를 이용하는 특별한 재주가 있는 것을 알고 살려 둔 것이었다.

김완은 진주에서 사천의 포로수용소로 옮겨졌고 거기서 부

산으로 이송되었다. 부산에서 송골매를 부리는 시범을 보였고 그것을 인정받아 목숨을 부지할 수 있었다. 부산에서 열흘을 머물렀던 김완과 포로들은 배에 짐짝처럼 실려 일본으로 향했다. 김완을 포로로 잡았던 부장은 일본 수군의 대장급인 도도 다카토라의 부하였다. 일본군은 조선의 재주 있는 포로들을 각 지방 영주들의 취향에 따라 분류하여 보냈다. 김완은 일본 내륙으로 너무 깊숙이 보내질 경우 탈출이 불가능할 것으로 보았다. 나고야에 도착하기 전에 대마도나 이키시마에서 기회가 된다면 죽음을 불사하더라도 탈출하기로 결심했다. 출렁이던 배가 잔잔한 것을 보니 대마도에 도착한 것 같았다. 김완은 은근히 대마도에 내리길 고대했다. 그러나 일본군은 대마도에 내릴 포로들만 내리고 바로 나고야로 출발했다. 대마도를 출발할 때 비가 오기 시작하더니 어느 정도 지나자 천둥번개가 치면서 배가 요동을 쳤다. 배 안의 포로들은 뱃멀미를 참지 못하고 여기저기에 토해 역겨운 냄새가 진동했다.

"포로들을 격군들에게 붙여라. 폭풍을 이기지 못한다면 침몰할 것이다. 힘을 내라."

책임자로 보이는 일본 무사가 큰 소리로 독려했으나 배는 폭풍에 휩싸여 계속해서 항로를 이탈하는 것처럼 보였다. 김완은 어떻게 보면 잘된 일이라고 생각했다. 정상적인 상황에서는 탈출할 수 없을 것인데 갑자기 폭풍이 불어서 변수가 발

생한 것이었다. 격군들은 있는 힘을 다해 노를 저었으나 아무런 소용이 없었다. 조선 포로를 실은 배는 폭풍에 떠밀려 먼 바다로 떠내려가는 것 같았다. 일본군과 포로들은 모든 것을 내려놓고 폭풍에 배를 맡겼다. 배가 금방 좌초할 것처럼 폭풍우가 심했으나 어두운 밤이 내리자 잔잔해지기 시작했다. 그러나 사방이 깜깜하여 방향을 잡을 수가 없었다. 배는 어둠 속에서 조류를 타고 정처 없이 표류하기 시작했다. 대마도에서 이키시마까지 거리가 얼마 되지 않은 관계로 배에 마실 물과 식량은 소량만 싣고 있었다.

"배가 표류하고 있다. 혹 방향을 알 수 있는 놈이 있느냐?"

일본군 한 명이 내려와서 조선인 포로들에게 물었다.

"제가 한번 알아보겠습니다."

김완은 기회가 온 것을 알고 손을 들고 나섰다.

일본군을 따라 김완은 포로들이 잡혀있던 창고로부터 밖으로 나올 수 있었다. 며칠 동안 햇빛을 못 보아서 그런지 온 세상이 하얗게 보였다. 배는 망망대해를 표류하고 있었다.

"네놈이 무슨 재주로 방향을 알 수 있다는 것이냐?"

"우선 이 배의 대장을 만나게 해 주십시오."

"내가 이 배를 책임지고 있다."

재주를 물었던 일본 무사가 본인이 책임자라고 했다.

"제 소원을 들어준다면 여기 계시는 분들을 안전하게 본국

으로 보내드리겠습니다."

"네놈이 무슨 재주를 믿고 큰소리치는지 모르겠지만, 나를 포함한 20명의 부하들의 목숨을 구해 준다는 데 네 소원 하나 못 들어 주겠느냐. 나는 무사니라. 무사는 신의를 목숨보다 귀하게 여긴다는 것을 너도 들었을 것이다. 그래 네놈의 소원이 무엇이냐?"

"고향에 계시는 늙으신 어머니를 한 번만 보고 죽었으면 소원이 없겠소. 내가 당신들을 본국으로 보내 줄 테니 나를 다시 조선으로 보내주시오."

"내 약속하마. 어차피 마실 물도 없어 오래 살 수 없는 목숨이니 내 목숨을 걸고 너와의 약속을 지키마."

그때 갑자기 김완의 어깨 위에 있던 송골매가 하늘 높이 날아올랐다.

"저 송골매를 이용하여 육지에 표류하고 있는 배의 위치를 알릴 것이오. 구조를 요청하는 연통을 써주시오."

김완은 창비의 발에 배가 표류하고 있다는 소식을 묶어 날려 보냈다. 창비는 힘차게 하늘 높이 날아올라 빠르게 사라졌다. 이틀이 지나자 마실 물이 떨어져 모두가 탈진하여 죽음을 기다리고 있을 때 저 멀리서 배 한 척이 나타났다. 그 배를 이끌고 날아오는 창비를 보고 모두 함성을 질렀다.

"내 자네와의 약속을 꼭 지키겠네. 자네가 아니었으면 하나

251

밖에 없는 아들놈 얼굴도 못 보고 꼼짝없이 죽을 뻔했네."

피도 눈물도 없게 생긴 일본군 무사는 눈물을 글썽이며 김완의 손을 잡았다.

조선을 침략해 무자비한 살육을 단행한 일본군도 보고 싶은 아들이 있는 아버지이면서 또한 그들을 사무치게 그리워하는 어떤 부모의 아들이었다.

**'내가 그동안 죽인 수많은 적군은 누군가의 사랑스러운愛 아들이면서 누군가의 소중한貴 아버지였구나. 아, 참혹한 전쟁이여.'**

무술년 1598년 1월, 고국 조선으로 돌아온 조방장 김완은 선조로부터 해동소무海東蘇武라는 어필을 하사받고 함안 군수에 임명되었다. 그는 칠천량의 악몽 때문인지 더는 바다에서 싸우려 하지 않았다.

## 28

# 由와 的

유와적

정유년에서 무술년으로 넘어가는 겨울을 이순신은 보화도에서 보내면서 본격적으로 수군을 재건해 나가기 시작했다. 그중에서 가장 중요한 것은 수군을 재건할 자금을 모으는 일이었다. 수군을 재건하겠다고 백성의 재산을 도둑질할 수는 없는 일이었다. 일본군에게 약탈당한 백성들을 나라를 위한다고 다시 약탈할 수는 없는 일이었다. 우선 서남해안의 염전을 확보하여 판매했다. 염전은 예로부터 국가 재정의 상당 부분을 차지할 정도로 그 중요성이 높았다. 만약 조선 수군이 염전을 조정의 허락을 받지 않고 사용한다면 아무리 전쟁 중이라도 역적이 되는 위험천만한 일이었다. 이순신도 충분히 그런 위험이 있다는 것을 알고 있었지만, 조선 수군을 재건하기 위

해서는 어쩔 수 없는 일이었다.


"통제사, 염전으로 군사들의 식량과 함선을 건조하기에는 턱없이 부족합니다."

충청수사 권준은 묘수가 잘 생각나지 않는다는 표정이었다.

"지금 피난민들이 이 보화도 주위로 몰려들고 있습니다. 그 중에서 건장한 피난민들은 수군이 되겠다고 줄을 서고 있는데 식량이 부족하여 수군으로 받아들일 수 없습니다."

조방장 배흥립이 식량 부족을 문제로 삼았다.

"방법이 있을 것이오. 주위에 몰려드는 피난민들이 잘 정착할 수 있도록 조선 수군이 최선을 다해 도와야 할 것이오. 적들이 순천까지 물러갔으나 백성들은 아직도 믿지 못하고 있소. 민심을 안정시키는 것도 전쟁의 일부요. 권 수사를 중심으로 힘을 써주시오."

이순신은 조선 수군을 빨리 재건하려면 백성들의 삶이 온전해야 거기서 힘이 나온다는 것을 잘 알고 있었다.

"미천한 제가 한 말씀 올려도 되겠습니까?"

통제사 이순신을 보좌하고 있는 이의온이었다. 이의온은 약관의 나이로 얼굴은 어린티를 벗지 못했으나 눈매는 남을 압도할 만큼 날카로웠다.

"지금 서남해에는 배를 타고 섬을 옮겨 다니는 수많은 피난

민이 있습니다. 저들은 왜군이 경상도 해안으로 물러갔다고 해도 믿으려 하지 않습니다. 백성들은 전쟁이 끝나지 않는 한 고향으로 절대 돌아가지 않을 것입니다. 그러다 보니 백성들 사이로 왜군 간자들이 숨어들 가능성이 매우 높습니다. 이는 우리 수군에게도 큰 위협입니다. 우리 수군이 발행하는 통행첩을 소지해야 하도록 남해안 항해를 철저히 통제해야 합니다. 통행첩을 발행하면서 쌀이나 수산물로 그 대가를 받는다면 이는 조선 수군의 재건에 큰 힘이 될 것입니다. 그리고 서남해안을 항해하는 백성들의 신원을 파악함으로써 적의 간자에 대한 경계도 가능하게 됩니다. 통행첩을 발행하는 것이 어떠신지요?"

이의온은 확신을 가지고 조선 수군의 장수들에게 말했다.

"참으로 대단한 발상이 아닙니까?"

충청수사 권준이 감탄하면서 이의온을 기특하게 바라보았다.

그러나 이순신은 이의온의 말을 듣고도 아무 말도 하지 않았다. 분명 무슨 문제가 있는 듯한 표정이었다. 나머지 장수들은 권준의 말에 동의했다가 이순신이 아무 말도 없자 어리둥절한 표정이었다.

"내 생각으로는 배의 크기와 종류별로 통행첩 대가를 다르게 받는 것이 좋은 것 같소. 큰 배와 작은 배를 구분하지 않는

다면 작은 배로 고기를 잡는 백성들에게는 큰 짐이 될 것이오. **백성은 우리가 이 전쟁하는 하는 이유由이면서 목적的이라는 것을 잊지 마시오.** 이 점까지 염두에 두고 권 수사가 의온과 함께 추진하도록 하시오."

이순신은 이의온의 통행첩 발행이 가난한 백성들에게 피해가 되지 않을 방안까지 고민한 것이었다. 장수들은 이순신의 빈틈없는 일 처리에 다시 한 번 고개를 숙일 수밖에 없었다.

통행첩 발행은 대성공이었다. 조선 백성들도 기꺼이 통행첩 발행에 협조했고 쌀과 수산물 등을 수군에 제공했다. 짧은 시간 내에 군량미 1만 석을 확보할 수 있었다. 군사들이 먹을 수 있는 군량미를 확보했으니 이제는 군사들과 함선을 확보할 차례였다. 그러나 그러기에는 보화도가 너무 좁았다. 이순신은 다시 한 번 수군 진영을 옮기기 위해 스스로 함선을 타고 탐색했다. 새로운 수군 진영은 가능한 서해가 아닌 남해의 서쪽이 대상이었다. 서해에서 일본군이 있는 흥양과 순천까지 너무 멀기 때문에 일본군을 바로 공격하기 어려웠다. 이순신이 조선 수군 진영을 새로 찾고 있던 무술년 새해 아침에 까치가 울었다.

"통제사, 그동안 얼마나 고생이 많으셨습니까?"

일본에서 탈출한 조방장 김완이 이순신의 막사로 들어왔다. 그의 어깨에는 송골매 창비가 앉아 있었다.

"이게 누군가 김 조방장 아닌가? 죽지 않고 살아 있었단 말인가? 김완 이 사람."

이순신은 조방장 김완도 칠천량에서 죽은 것으로 보고받았다.

조금 있으니 권준, 배흥립, 안위 등 장수들이 달려와 살아 돌아온 김완을 보고는 조선 수군 진영이 온통 눈물바다로 변했다.

"이 사람아, 이게 어떻게 된 건가? 살아있었다면 왜 이제 나타난 건가?

권준이 눈물을 머금고 김완의 손을 잡았다.

"사연이 깊습니다. 칠천량에서 죽지 못하고 왜놈들에게 포로가 되었습니다. 포로가 되어 왜국으로 가던 중 하늘이 도왔는지 폭풍이 불어 배가 좌초하는 바람에 탈출할 수 있었습니다."

"여하튼 몸 건강히 잘 왔네. 내 자네가 돌아왔으니 천군만마를 얻은 기분이네."

이순신은 김완의 용맹함을 누구보다도 잘 알고 있었다.

"통제사, 죄송합니다만 더는 수군에서 싸우지 못할 것 같습니다."

김완은 이순신에게 미안한 표정을 지었다.

"아니 이 사람아. 자네는 우리 수군 최고의 조방장일세. 무슨 사연이 있는가?"

"소장, 밤마다 칠천량에서 죽은 부하들이 꿈에 나타나 잠을

이룰 수 없습니다. 그날 저도 같이 죽었어야 했는데 혼자만 이렇게 살아 있으니…….”

김완은 울먹이면서 눈물을 훔쳤다.

이순신의 막사에 정적이 흘렀고 여기저기서 울먹이는 소리가 들렸다. 이순신의 눈에도 눈물이 고였다.

“내 자네를 충분히 이해하네. 자네가 그만큼 부하들을 사랑했던 게야. 아쉽지만 육지에서 이 전쟁이 끝날 수 있도록 힘써주게.”

“통제사, 흑흑…….”

통곡하는 김완을 이순신은 힘껏 안았다.


무술년 1598년 2월 17일, 이순신은 조선 수군 진영을 목포 보화도에서 완도의 고금도로 옮겼다. 이순신은 한양에 있는 선조에게 고금도로 진지를 옮긴 이유에 대해 장계를 올렸다.


“……우리 수군은 멀리 목포 앞 보화도에 있어 낙안과 흥양의 왜적이 마음 놓고 마구 돌아다니고 있습니다. 그리고 봄이 다가와 바람이 잔잔하니 이는 바로 왜적이 다시 바다로 나올 때이므로 2월 16일에 여러 장수와 함께 보화도에서 완도의 고금도로 진을 옮겼습니다. 고금도는 호남 좌우도의 내외 바다를 통제할 수 있는 요충지로 산봉우리가 중첩되고 후망이 연결되어 있어

형세가 한산도에 견줄 만합니다. 남쪽에는 지도가 있고 동쪽에는 조약도가 있습니다. 넓은 농지도 있지만 아무도 농사를 짓지 않으니 피난 온 백성들에게 농사를 짓게 했습니다……."

이순신의 조선 수군이 고금도로 진영을 옮기자 순천에 진을 치고 있던 고니시 유키나가 군은 긴장하지 않을 수 없었다. 고금도에서 하루 뱃길이면 순천을 공략할 수 있기 때문이었다. 위협을 느낀 고니시 유키나가는 2월 중순부터 순천 신성포에 예교성을 쌓기 시작했다. 고금도에 이르러 조선 수군은 칠천량 해전 이전의 전력으로 거의 복귀했다. 군사는 8천여 명에 이르렀고 함선도 40여 척을 건조해 55척에 이르렀다. 고금도의 농지에 둔전을 만들어 백성들에게 경작하게 함으로써 군량미와 백성들의 식량을 조달했다. 조선 수군을 완벽하게 재건한 이순신은 다시 일본군에 대해 공세적인 자세로 전환했다. 무술년 새해부터 일본에서 관백 도요토미 히데요시의 병사 소식이 들려왔는데 그 진위가 확실하지 않았다.

## 29

# 學과 行

학과 행

"저하, 이리 누추한 곳까지 어떻게……."

세자 광해군이 정인홍이 은거하고 있는 합천 상왕산 아래 남사촌으로 내려오자 그는 버선발로 나서며 어찌할 줄을 몰랐다.

"덕원 대감, 내게 조그만 시간을 내 줄 수 있겠소."

"세자 저하, 무슨 그런 말을 하십니까? 시간을 내 달라니요."

정인홍은 광해군의 겸손에 어찌할 바를 몰랐다.

무술년 봄이 다가오자 광해군은 명나라군을 격려하라는 선조의 명령을 받고 남쪽으로 가던 중 정인홍에게 잠시 들렀다. 명나라군의 전쟁에 임하는 소극적인 자세가 마음에 들지 않았던 선조는 광해군에게 명나라 부총병 양호를 만나 전쟁을 독려하라고 명령했다. 정인홍을 만나려고 했던 광해군에게 절호

의 기회였다. 정인홍은 앞으로 조선 조정에서 가장 큰 영향력을 가질 가능성이 있는 북인의 정신적 영수 격이었다.

"명나라 부총병 양호를 만나러 가는 길에 대감께 들렀습니다. 이번 만남은 아바마마에게도 알리지 않았습니다. 아바마마는 제가 대감을 만났다고 하면 좋아하지 않을 것입니다."

"전하가 왜 세자 저하가 저를 만나는 것을 싫어하겠습니까?"

"아니요. 궁궐에서도 아바마마는 저의 모든 것을 감시하고 있습니다. 특히 제가 명나라 사신들과 만나는 것을 극히 싫어하십니다. 지난번 명나라에서 제게 삼도의 군무를 담당케 하라는 칙서가 내려온 이후 아바마마의 견제가 이루 말할 수 없습니다."

"세자 저하가 전하를 이해하십시오. 이번 전쟁으로 전하께서는 누구보다도 큰 상처를 받으셨습니다. 특히 명나라에게 굴욕을 당하면서까지 압록강을 건너려 했던 전하가 아닙니까."

"대감, 제가 이 합천으로 대감을 만나러 온 이유를 아시겠습니까?"

"저하, 미천한 소신이 어찌 알겠습니까?"

"대감, 제가 조선의 왕이 될 수 있겠소?"

조선의 왕이 될 수 있겠냐고 묻는 광해군의 말에 정인홍은 순간적으로 당황했다.

"저하, 무슨 그런 말을 하십니까. 저하는 조선의 세자가 아

니십니까. 전하의 뒤를 이어 만인지상에 오르실 분이 아니십니까."

"대감은 제가 세자의 자리를 유지할 수 있을 거라고 생각하십니까? 저는 전쟁으로 세자가 되었습니다. 전쟁이 끝나면 세자의 자리를 잃을 수도 있습니다. 명나라는 조선의 세자 승인 요청을 여러 번 거절했습니다. 명나라도 인정하지 않는 세자를 전하께서 인정하겠습니까?"

"저하는 누가 뭐래도 조선의 세자이십니다. 왜적의 침략에 의연한 용기를 보여준 저하가 아니십니까. 백성들도 칭송하고 있는 저하를 누가 세자 자리에서 끌어 내릴 수 있단 말입니까?"

"대감이 그렇게 이야기해 주시니 단도직입적으로 말씀드리겠습니다. 대감, 조선의 왕이 될 수 있도록 저를 세자의 자리에서 지켜주시오."

"저하, 미천한 제가 무슨 힘이 있다고…… 그리고 누가 세자 저하를 거부할 수 있겠습니까? 걱정이 과하십니다."

"대감, 전쟁은 얼마 남지 않았소. 아바마마가 저를 적대시할 때마다 이 전쟁이 끝나는 것이 두렵소."

광해군은 정인홍에게 전쟁이 끝나는 것이 두렵다면서 자신을 도와 달라고 간청했다.

"미천한 저보다는 전하의 신임이 깊은 유성룡과 이항복 등에게 부탁하는 것이 좋지 않겠습니까?"

"대감도 알고 있으면서 그런 말을 하시오. 이 조선이 이토록 무기력하게 왜적에 당한 것은 유성룡과 김성일을 포함한 남인의 전쟁 불가론이었소. 전쟁이 끝나면 유성룡을 비롯한 남인들을 전하는 용서하지 않을 것이오."

"그리고 이항복과 이덕형은 중립을 지키는 자들입니다. 그들은 세력도 없고 세력을 만들기 싫어하는 자들입니다."

"앞으로 조정을 이끌어 갈 세력은 북인밖에 없소. 대감은 북인들에게 존경을 받고 있다고 들었소. 저와 함께 조선의 백성들이 다시는 전쟁으로 고통 받지 않는 나라를 만들지 않겠소?"

"제가 어찌 세자 저하의 청을 거부할 수 있겠습니까."

"제가 조선의 왕이 되는 그날 대감의 은혜를 잊지 않을 것이오. 대감이 도와준다면 남명 조식의 사상을 물려받은 북인을 중용하겠다고 약속하겠소."

"저하, 불충인 줄 알면서도 청이 하나 있습니다."

"말해보시오. 대감의 청을 어떻게 거절하겠소."

"저하가 조선의 만인지상에 등극하시면 퇴계의 학문과 사상에 대해 다시 평가해 주십시오. 이번 전쟁에서 보셨듯이 퇴계의 제자들은 말만 앞설 뿐 행동하지 않는 비루한 자들이옵니다. 이런 퇴계가 남명 스승님보다 더 존경받는 것을 저는 참을 수 없습니다. 조선의 전쟁에 의병으로 분연히 일어난 선비

들은 대부분 저희 스승님의 제자들이었습니다. **스승님은 항상 학문의 배움學이 중요한 것이 아니라 실천行이 중요하다고 가르쳤습니다.**"

정인홍은 스승인 남명 조식이 퇴계 이황보다 존경받지 못한 것을 항상 못마땅했다. 그리고 퇴계의 제자들은 행동하지 않는 책상물림이라며 누구보다도 싫어했다. 퇴계와 남명은 조선 중기에 가장 많은 제자를 배출한 사림 세력의 거두였다. 퇴계는 온순했으며 남명은 강건했다. 대치되는 두 사람의 사상과 학문은 조선 철학의 기반이 되었다. 퇴계는 주희의 이론을 해석해 이를 더욱 발전시켰다. 퇴계가 학문 그 자체를 중시했다면 남명은 학문 자체보다는 실천을 중시했다. 퇴계는 중앙정치에 몸담았으나 현실 문제에 대해 피하려고 했다면, 남명은 현실정치를 거부했으나 현실에 대해 분개하고 비판했다. 퇴계의 제자들은 유성룡, 김성일, 기대승 등 동인 중 남인의 중추를 이루었고 남명의 제자들은 정인홍, 곽재우, 최영경 등 동인 중 북인으로 임진왜란 때 의병장으로 적극적으로 활약했다.

"참으로 훌륭한 스승님을 두셨습니다. 자고로 아는 것보다 실천하기가 어려운 법입니다. 자기 목숨 아깝지 않은 사람이 누가 있겠습니까? 나라를 위해 분연히 일어난 제자들을 보면 스승님도 흡족해하실 것입니다."

광해군은 제자들이 목숨을 아끼지 않고 분연히 일어나 의병

활동을 한 것에 대해 남명 조식을 칭찬했다.

"저는 대감만 믿고 돌아가겠습니다."

"저하, 신 인홍 저하를 위해 이 한 목숨 바치겠습니다. 누가 목숨을 걸고 나라를 지킨 세자 저하를 함부로 할 수 있겠습니까?"

광해군은 정인홍을 뒤로 하고 명나라 부총병 양호를 격려하기 위해 남쪽으로 발걸음을 재촉했다. 남쪽으로 향하는 광해군의 마음은 정인홍의 마음을 얻었다고 생각했는지 한결 가벼웠다. 하지만 한편으로는 신하에게 구걸해야 하는 조선 세자의 처지가 매우 처량했다. 그러나 권력은 부자간에도 피도 눈물도 없다는 것을 광해군은 누구보다도 잘 알고 있었다.

# 30

# 鄕과 淚

향과 누

무술년 1958년 7월 16일, 강화도에 주둔하고 있던 도독 진린이 이끄는 명나라 수군 함대가 고금도 조선 수군 진영에 도착했다. 이순신은 먼 바다로 직접 함선을 이끌고 나아가 명나라 수군 도독 진린을 맞이했다. 그동안 조선 국왕과도 타협하지 않았던 이순신의 행동에 부하들은 어리둥절할 수밖에 없었다. 명나라 수군이 고금도로 향할 때 유성룡은 대쪽 같은 이순신과 불같이 사나운 진린의 사이가 걱정되었는지 이순신에게 서신을 전해왔다.

'통제사, 명나라 수군 도독 진린은 그 성질이 사나워
서 남과 거슬리는 일이 많으므로 사람들은 그를 두려워

266

하고 있소. 그의 군사들이 고을의 수령을 때리고 욕하기를 주저하지 않고, 새끼줄로 종6품 찰방 이상규의 목을 매어 끌고 다녀서 얼굴이 피투성이가 된 경우도 있었소. 임금께서 그의 성질의 사나움을 걱정하여 고금도로 내려 보낼 때 직접 배웅까지 했소. 통제사가 진린과 부딪쳐 일을 그르칠까 참으로 걱정이 되는구려. 그는 반드시 통제사의 권한을 제한하고 군사들을 마음대로 부릴 것인데 이를 통제사가 참아낼 수 있을지, 그로 인해 조선 수군이 다시 칠천량의 악몽을 재현하지 않을까 심히 마음이 놓이지 않는구려. 통제사, 진린을 잘 도닥여서 조선 수군에 누가 되지 않도록 힘써 주길 바라겠소.'

유성룡의 서신을 받은 이순신은 명나라 수군을 맞이하기 위해 먼 바다에서 기다렸다가 예를 다해 맞이했다. 진린도 영웅의 뜻밖의 대접에 만족감을 감추지 못했다. 그러나 그것도 잠시 명나라 수군들은 약탈을 일삼기 시작했다. 이순신은 계속해서 당하고 있을 수 없었다.

"도독, 천군의 장수가 온다는 말을 듣고 군사들과 백성들이 소리 높여 칭송했거늘 귀국 군사들의 행패로 백성들이 이 고금도를 떠나고 있소."

이순신은 더는 참지 못하고 진린에게 명나라군의 행패에 대

267

해 지적했다.

"통제사, 내 그대의 명성은 익히 들어서 알고 있소. 하지만 먼 이국땅까지 목숨을 걸고 그대의 나라 조선을 구하기 위해 온 우리 부하들도 이해해 주시오. 작은 행패와 약탈이 있다고 해서 조선이 무엇이 달라지겠소. 명나라 수군들을 이해해 주시구려."

이순신이 들은 대로 진린은 만만한 장수가 아니었다.

"그렇다면 이 고금도 진영을 명나라 수군에게 넘기고 부하들을 데리고 떠나겠습니다. 이 고금도는 식량도 풍족하고 부족한 것이 없으니 생활하기 불편함이 없을 것입니다. 소장 최선을 다해 도독을 보필하고자 했으나 부하들과 백성들의 고통을 가만히 보고만 있다면 어찌 조선 수군의 통제사라 할 수 있겠습니까."

진린은 이순신의 말이 마음에 들지 않았으나 고금도 진영을 떠나겠다는 말에 한 발짝 양보하지 않을 수 없었다.

"통제사, 그럼 그대의 의견을 말해 보시오. 내 가능한 받아들이도록 노력하리다."

"귀국의 군사들이 조선 수군의 통제사를 속국의 신하라 하여 조금도 예의를 갖추지 않고 있소. 내게 그것을 금할 수 있는 권한을 허락해 주신다면 조명연합 수군이 하나가 되어 그 전력은 배가 될 것입니다. 조선의 군사와 백성들에게 명나라

수군의 불편함이 없도록 최선을 다해 지원하고 받들도록 지시하겠습니다. 그리고 부족한 것을 언제든지 말씀만 하시면 한양에서라도 조달하여 바치겠습니다."

이순신은 진심으로 진린의 마음을 움직이기 위해 노력했다.

"내 그대가 왕의 명령도 거부한 대쪽같은 성격을 가지고 있다고 들었소. 그런데 내게 이다지도 정성을 다하니 어찌 그대의 청을 모른척 할 수 있겠소. 내 그대의 의견을 받아들이리다. 그동안 내 부하들의 잘못을 용서해 주시오."

진린은 이순신의 진심을 알았는지 제안을 기쁘게 받아들였다.

진린의 명나라 수군이 고금도에 도착한 지 얼마 되지 않아 흥양*의 녹도와 절이도**에 일본 함선 100여 척이 출몰한다는 정탐이 전해졌다. 다음날 절이도를 향해 100여 척의 명나라 함선과 60여 척의 조선 함선이 출정했다. 그 위풍당당함은 이루 말할 수 없었다. 일본 함선의 출몰 소식을 접하고 녹도에 도착했을 때는 모두 돌아간 뒤였다. 다음날 동이 트자 일본 함선 100여 척이 조명연합 수군을 향해 돌진해 들어왔다. 이순신의 조선 수군은 항상 경계를 늦추지 않은 관계로 즉시 공격할 태세를 갖추었다. 조선의 바다에서 처음으로 일본 함대를

---

* 흥양: 전라남도 고흥.

** 절이도: 전남 고흥 거금도

만난 명나라 수군은 조선 수군의 뒤에서 구경하는 형세가 되었다. 이제까지의 수많은 해전처럼 일본 함선은 조선의 강한 화포와 튼튼한 판옥선의 적수가 되지 못했다. 60여 척에서 뿜어대는 화포에 일본의 함선은 힘 한번 써보지 못하고 50여 척이 불타고 파괴되었으며 100여 명이 사살되었다. 멀리서 조선 수군의 승리를 지켜보던 진린은 부하들에게 수급을 챙기라는 명령을 내렸다. 그러나 이미 조선 수군이 일본군의 수급을 차지한 뒤였다. 절이도 해전이 싱겁게 끝나고 고금도로 돌아온 진린은 수급을 챙기지 못해서인지 몹시 화가 나 있었다.

"통제사, 그러는 것이 아니요. 우리 부하들에게 수급을 취할 기회를 주어야 하는 것 아니오. 우리 부하들이 수급을 취하려고 갔더니 조선 수군이 먼저 취하는 바람에 하나도 갖지 못했소."

"도독, 수급이 뭐가 그리 중요하겠습니까. 소장은 원래 전투 중에 수급을 취하는 일을 하지 않습니다. 그러나 이번 해전에서는 명나라 수군의 노고를 덜어 드리고자 가능한 적의 수급을 많이 취했습니다. 조선 수군의 승리는 명나라 수군의 승리이면서 도독의 승리가 아니겠습니까. 우리 조선 수군이 베어온 71개의 수급을 모두 도독에게 드리겠습니다. 그러니 노여움을 푸십시오."

이순신이 순수하게 수급을 진린에게 넘겨주자 그는 이순신의 손을 잡고는 크게 기뻐했다.

"내가 본국에서부터 통제사의 명성을 많이 들었는데 과연 그대로요. 참으로 대인이십니다. 통제사를 생각해서 내 수급을 다 받지는 않고 26급은 양보하겠으니 조정에 그대로 보고해 주면 고맙겠소."

진린은 수급을 다 받는 것이 부담스러웠는지 이순신에 26개의 수급을 양보했다.

그러나 이순신은 조정에 진린의 협조를 받기 위해 40여 개의 수급을 넘겨준 것을 사실대로 보고했다. 조정에서도 문제가 되지 않도록 조용히 명나라 수군의 성과로 인정했다.

무술년 1598년 10월, 명나라와 조선은 7년 전쟁의 마지막 공격을 준비하고 있었다. 작전명은 사로병진책이었다. 조명연합군을 동로군, 중로군, 서로군, 수로군으로 편성해 울산과 사천 그리고 순천에 주둔하고 있는 일본군을 동시에 공격하기로 했다. 육군이 수군과 공동으로 작전을 수행하는 것은 1차 울산성 전투에서 태화강을 통한 일본군의 보급을 차단하지 못한 경험이 있었기 때문이었다. 울산성에는 가토 기요마사와 구로다 나가마사의 군이, 사천성에는 시마즈 요시히로의 군이, 순천 예교성에는 고니시 유키나가 군이 주둔하고 있었다. 울산성을 공격하는 동로군은 1차 울산성 전투의 경험이 있는 제독 마귀가, 중로군은 제독 동일원이, 서로군은 제독 유정이 담

당했다. 진린과 이순신의 조명연합 수군은 서로군과 함께 순천 예교성을 공격할 예정이었다. 동로군은 명나라군 2만 4천여 명과 조선군 5천 5백여 명, 중로군은 명나라군 2만 7천여 명과 조선군 2천여 명, 서로군은 명나라군 2만 2천여 명과 조선군 6천여 명, 수로군은 명나라 수군 2만여 명과 조선 수군 8천여 명으로 모두 10만여 명의 대군이었다. 조선 수군은 8천여 명으로 조선 육군의 전체 수에 육박했다. 짧은 시간에 조선의 육군과 동일한 수의 수군을 재건했다는 것은 참으로 놀랄 일이었다. 1차 울산성 전투의 패배를 설욕하려는 동로군의 제독 마귀는 경상우병사 김응서가 지휘하는 조선군과 울산성을 공격했지만, 수성전에 전념한 가토 가요마사 군을 넘지 못하고 다시 7천여 명의 사상자만 내고 후퇴했다. 부산의 일본군 지원병이 다시 태화강을 통해 올라올 것이라는 소식을 전해지자 전투를 중지하고 철군했다. 제독 동일원이 지휘한 중로군은 진주와 곤양까지 진격하여 사천성을 공격했으나 견고한 사천성을 넘기에는 역부족이었다. 또한 중로군은 후미를 생각하지 않고 너무 깊이 들어갔다가 일본군의 협공에 말려 죽은 자가 7천여 명에 달할 정도로 참패를 당했다. 순천 예고성의 고니시 유키나가는 이번에도 서로군 제독 유정에게 사신을 보내 강화를 구했고 유정도 동로군과 중로군의 패배로 인해 더는 적극적으로 전투에 나서려 하지 않았다. 단지 서로군에는

조선의 도원수 권율이 6천여 명의 조선군을 이끌고 있어 유정도 만만하게 행동할 수가 없었다. 순천 예교성을 서로군과 합동으로 공격하기 위해 이순신과 진린의 함대는 고금도를 출발하여 광양만의 묘도로 향했다. 묘도로 향하던 이순신은 여수 전라좌수영에 도착했다. 이순신이 전라좌수사로 임명되어 조선 수군의 초석을 다졌던 여수 전라좌수영이었다. 전라좌수영은 칠천량 해전으로 조선 수군이 궤멸한 다음 일본군에 의해 가장 처참하게 파괴되어 참담함 그 자체였다. 조선 수군을 재건하여 오랜만에 여수 전라좌수영의 파괴된 진해루* 망루에 오르니 앞바다의 작은 장군도가 눈에 들어왔다. 전라좌수영을 감싸고 있는 돌산도와 멀리 경도 등 작은 섬들이 정겨웠다. 이순신은 임진년부터 싸워온 날들이 생각나 저절로 눈물을 흘렸다. 그날은 전라좌수영에 정박하고 다음날까지 군사들에게 휴식을 주었다. 이순신은 전라좌수사 시절 자주 활을 쏘았던 오동도 근처의 장대언덕에 올라 활을 쏘았다. 오후에는 오동도로 배를 타고 들어가 화살을 만들었던 시누대가 빽빽한 길을 지나 기암절벽 앞에 섰다. 이순신은 쌀쌀한 바람을 맞으며 새파란 남해를 바라보았다.

'아, 여수 전라좌수영, 나의 고향鄕이여. 나의 눈물淚이여.'

---

* 진해루: 현재 여수시 진남관

# 31

# 露와 夢

노와 몽

'이슬처럼 왔다가 이슬처럼 가노라

꿈처럼 살다가 꿈처럼 가노라.'

무술년 1598년 8월 18일, 일본 전국시대를 끝내고 66주를 통일한 태합 태정대신 도요토미 히데요시는 이슬처럼 와서 꿈처럼 살다가 그 생을 마감했다.

"부디 내 아들 히데요리를 잘 부탁하오. 5대로 여러분, 정말 잘 부탁하오⋯⋯. 히데요리가 훌륭히 해낼 수 있도록 다섯 원로 형제들께서 도와주시오. 히데요리 일밖에는 아무 것도 걱정되는 일이 없소. 도쿠가와 이에야스, 도요토미 히데요리를 잘 부탁하오."

누구보다도 냉철했고 권력의 생리를 잘 알았던 그도 6살 난 아들 도요토미 히데요리를 두고 죽는 것이 마음에 걸렸는지 도쿠가와 이에야스를 포함한 5명의 원로에게 아들을 부탁한다는 유언을 남겼다.

일본 통일을 눈앞에 둔 오다 노부나가는 교토의 혼노지本能寺에서 자신의 수족 같은 가신 아케치 미쓰히데의 예상치 못한 기습으로 암살당했다. 오다 노부나가의 말단 무관으로 출발한 도요토미 히데요시는 하리마의 히메지 성을 손에 넣으면서 점차 오다 노부나가에게 인정을 받기 시작했다. 특히 1581년 보급로를 차단하는 작전으로 돗토리 성을 함락시켰는데 이 전쟁은 그의 치밀함과 냉혹함을 여실히 보여준 일전이었다. 돗토리 성 공략에 나선 도요토미 히데요시는 성 주위의 500~800미터 간격으로 진지를 구축하여 보급로를 완전히 차단하고 주변의 쌀을 완전히 매점함으로써 식량이 성으로 보급될 가능성을 완전히 제거했다. 돗토리 성에는 1천 4백여 명이 주둔하고 있었는데 보급이 완전히 차단돼 빈사 상태에 빠진 군사와 백성들이 성을 탈출하자 도요토미 히데요시는 조총으로 무자비하게 쏘아 죽였고 성에 남아 있던 자들이 대부분 굶어 죽은 후에 성을 함락시켰다. 이 전투를 통해 도요토미 히데요시는 오다 노부나가의 확실한 신임을 받았다. 또한, 1582년

5월 빗츄의 다카마쓰 성을 도요토미 히데요시는 기발한 발상으로 공격했다. 다카마쓰 성은 4미터 높이의 언덕 위에 구축된 성이었는데 주변에 강이 흐르는 것에 착안해 도요토미 히데요시는 수공전법을 사용했다. 10일 간의 공사 끝에 폭 20미터, 높이 6미터의 제방을 3킬로미터에 걸쳐 쌓아 성 가까이 흐르는 이시모리 강을 막았다가 일시에 그 제방을 터트렸다. 다카마쓰 성을 마치 외로운 섬처럼 고립시켰다. 시간이 흐를수록 점점 물이 차오르자 성 안 군사들은 전의를 상실했다. 도요토미 히데요시는 다시 큰 배를 띄워 성루를 만들고 그 위에서 조총 세례를 마구 퍼부었다. 다카마쓰 성을 공략하던 중 모리와 고바야카와의 연합군에 의해 협공을 받자 급하게 오다 노부나가에게 원군을 요청한 도요토미 히데요시에게 오다 노부나가의 예상하지 못한 죽음이 전해졌다.

"오다 주군과 장남 노부타다님이 아케치 미쓰히데의 기습으로 돌아가셨다고 합니다."

도요토미 히데요시의 책사인 구로다 겐지가 막사로 들어오면서 급하게 소식을 전했다.

"겐지, 주군이 암살된 정확한 날이 언제냐?"

도요토미 히데요시가 신중한 표정을 지으며 구로다 겐지에게 물었다.

"제가 교토에 중요한 일이 발생하면 이곳에 알리라고 미리 간자를 심었습니다. 교토로부터 수 백리 떨어진 이곳까지 그 자가 말을 타고 쉬지 않고 달려와 알렸으니까 정확하지는 않지만, 이틀 정도 되었을 것입니다."

"이틀이라……. 그럼 아직 주군의 죽음을 세상이 모르고 있을 시간인데……."

도요토미 히데요시는 묘책이 떠오르지 않는다는 듯 머리를 흔들었다.

"지금 모리 연합군은 오다 주군의 죽음을 모르고 있습니다. 오다 주군이 대군을 이끌고 온다는 소식을 퍼뜨려 강화를 유도한 후 밤낮을 걸어 교토에 향해야 합니다."

구로다 겐지는 도요토미 히데요시에게 시간이 없다고 재촉했다.

"겐지, 그렇게 하라. 첫째도 보안, 둘째도 보안, 주군의 죽음이 알려지면 우리는 교토의 아케치 미쓰히데를 치기도 전에 사기가 오른 모리 연합군에 의해 전멸될 것이다."

도요토미 히데요시에게는 절체절명의 시간이었다. 미천한 말단 무관 신분으로 온갖 수모와 역경을 이겨내고 오른 자리가 물거품이 될 수도 있었다. 그리고 변을 일으킨 아케치 미쓰히데는 도요토미 히데요시와 같은 미천한 출신으로 다이묘에 오른 인물이었다. 둘 사이에는 미묘한 경쟁의식이 있었고 서

로를 좋아하지 않았다.

'하늘이여, 이 히데요시를 버리지 마소서.'

오다 노부나가가 대군을 이끌고 다카마쓰 성으로 오고 있다는 소문이 모리 연합군 내에 파다하게 퍼지고 난 후 도요토미 히데요시는 강화를 요청했다. 모리 연합군도 오다 노부나가의 지원군이 온다면 더는 승산이 없음을 알고 있었다. 모리 연합군은 다카마쓰 성의 성주가 할복하고 성을 넘긴다면 성 안의 백성들을 해치지 않겠다는 도요토미 히데요시의 조건을 받아들였다. 강화가 끝나자 도요토미 히데요시는 즉시 대군을 이끌고 비바람을 뚫고 밤낮으로 걸어 4일 만에 교토에 도착했다. 수백 리 떨어진 곳에 있을 줄 알았던 도요토미 히데요시의 2만 5천여 명의 대군이 갑자기 교토 주변의 텐노산을 점령하자 아케치 미쓰히데 군은 당황하지 않을 수 없었다. 도요토미 히데요시는 준비되지 않은 아케치 미쓰히데 군을 포위하여 섬멸함으로써 오다 노부나가의 뒤를 이어 일본 통일의 기반을 마련했다. 하지만 도요토미 히데요시에게는 오다 노부나가의 살아있는 두 아들을 넘어야 하는 험난한 여정이 기다리고 있었다.

"주군, 오다 노부카쓰, 오다 노부타카, 시바타 가쓰이에가 연합하여 주군을 공격할 것입니다. 저희가 먼저 선제공격을

해야 합니다."

도요토미 히데요시의 충직한 가신 가토 기요마사가 불 같은 성질을 이기지 못하고 선제공격을 주장했다.

"기요마사, 너는 항상 불 같은 성격이 문제다. 저들의 세력도 만만치 않다. 정면으로 부딪치면 우리가 이긴다는 보장이 없다."

도요토미 히데요시가 성질이 급한 가토 기요마사를 타일렀다.

"지금은 노부나가 님의 장남 노부타다의 아들 산보시 님을 우리가 데리고 있습니다. 전쟁은 무력으로 하는 것이지만 그 바탕에는 대의가 받쳐 주지 않으면 사상누각이 될 수 있음을 명심해야 합니다. 지금 오다 가문과 정면으로 부딪치면 대의명분상 우리가 약할 수밖에 없습니다. 또한, 다른 다이묘들이 저들 편에 선다면 우리에게 유리할 것이 없습니다. 지금은 산보시 님을 등에 업고 우리의 힘을 길러야 할 때라 생각합니다."

구로다 겐지는 대의명분을 갖지 못한다면 오다 가문과의 전쟁에서 승산이 없음을 강조했다.

오다 노부나가는 세 명의 아들을 두고 있었다. 장남은 오다 노부타다로 아버지 노부나가와 함께 혼노지의 변으로 죽었으나 그는 아들 오다 산보시를 두고 있었다. 차남과 삼남은 도요토미 히데요시와 권력을 다투고 있는 오다 노부카쓰와 오다 노부타카였다.

"겐지 군사의 말이 맞습니다. 지금은 산보시 님을 후계자로 추대하여 주변의 힘을 규합해야 합니다."

와키자카 야스하루가 군사 구로다 겐지의 말에 동의하고 나섰다.

"지금은 이 히데요시를 공동의 적으로 간주하고 있기 때문에 연합하고 있지만 노부카쓰와 노부타카는 서로 천하를 가지려는 야망이 있다. 저들을 연합하지 못하게 한다면 충분히 승산이 있을 것이다. 우선 저들을 지원하고 있는 시바타 가쓰이에부터 제거해야 할 것이다."

도요토미 히데요시가 충성스러운 가신들에게 전쟁의 전략에 대해 자세히 설명했다.

"주군, 시바타 가쓰이에의 영지 에치젠은 겨울철에 눈이 많이 내리는 지역입니다. 분명 겨울이 되면 방심할 것입니다. 그때 기습하여 가쓰이에를 제거한다면 승산이 높을 것입니다."

도요토미 히데요시의 가장 신망받는 호위병 후쿠시마 마사노리가 겨울에 시바타 가쓰이에를 기습하자고 제안했다.

"마사노리, 좋은 전략이다. 눈이 가장 많이 내리는 12월에 가쓰이에를 공격할 것이다. 가쓰이에는 그의 양자인 나가하마 성의 성주 가쓰토요를 보내 거짓으로 화해를 요청했다. 눈이 내리면 가쓰이에를 치기 전에 그의 오른팔인 가쓰토요의 나가하마 성을 먼저 점령하여 교두보를 확보해야 한다. 그리고 바

로 삼남 노부타카의 기후 성을 공격하라. 가토 기요마사에게 선봉을 맡기겠다. 군사 겐지는 기요마사를 지원하라."

"알겠습니다, 꼭 나가하마 성을 함락하겠습니다."

가토 기요마사는 힘주어 주군 도요토미 히데요시에게 말했다.

"우리가 지금부터 할 일은 산보시 님을 내세워 저들보다 많은 세력을 규합하는 일이다. 그리고 노부카쓰와 노부타카의 사이를 이간질해 저들이 연합하지 못하도록 해야 한다."

도요토미 히데요시는 오다 노부나가의 장손 오다 산보시를 등에 업고 그 세력을 확장해 나가면서 오다 가문의 형제들을 견제했다.

시바타 가쓰이에는 도요토미 히데요시의 약속을 믿고 겨울이 다가오자 방심하고 있었다. 그 빈틈을 타고 도요토미 히데요시는 가토 기요마사를 시켜 나가하마 성을 선제공격해 굴복시켰다. 연이어 오다 노부타카의 기후 성을 포위했으나 함락하지 못했다. 불후에 일격을 당한 시바타 가쓰이에는 그동안 준비한 연합군을 이끌고 시즈가타케에서 도요토미 히데요시의 대군과 대치했다. 이 전쟁에서 이긴 자가 일본 전역을 손에 넣게 되는 중요한 일전이었다. 그런데 지난번 함락하지 못했던 기후 성의 오다 노부타카가 도요토미 히데요시에게 중요한 오가키 성을 기습했다. 위기에 빠진 도요토미 히데요시는 시

바타 가쓰이에와의 시즈가타케 전투에 사활을 걸고 공격했다. 점차 도요토미 히데요시 군에게 전투가 유리하게 전개되자 시바타 가쓰이에는 군사를 에치젠의 가타노쇼 성으로 후퇴했다. 도요토미 히데요시는 끝까지 추격하여 성을 함락시켰고 시바타 가쓰이에는 그의 가족들을 죽이고 할복했다. 기후 성의 오다 가문의 셋째 아들 오다 노부타카도 전쟁에서 패해 그 자리에서 자결했다. 도요토미 히데요시가 전국을 통일하는 데 결정적인 역할을 한 이 전쟁의 주역인 후쿠시마 마사노리, 가토 기요마사, 와키자카 야스하루 등 7명을 시즈가타케의 칠본창이라 불렀다. 시즈가타케의 전쟁에서 승리한 도요토미 히데요시의 힘은 더욱 강해졌다. 오다 노부나가의 둘째 아들 오다 노부카쓰와 가신들도 하나둘 굴복하기 시작했다. 도요토미 히데요시는 오다 노부나가의 실제적인 후계자로 부상했다. 도요토미 히데요시는 황실이 있는 교토와 가깝고 바다에 인접해 있어 해상 교통의 요지인 오사카의 전략적 중요성을 간파하고 전국을 호령할 수 있는 웅장한 오사카 성을 건설했다. 도요토미 히데요시가 요도 강의 물을 끌어와 이중으로 해자를 설치한 오사카 성은 난공불락 그 자체였다. 그러나 아직도 도요토미 히데요시가 점령해야 할 일본의 많은 지역이 남아 있었다. 그중에서 가장 강한 세력은 도쿠가와 이에야스와 큐슈의 시마즈 요시히로였다. 도쿠가와 이에야스는 도요토미 히데요시와

시바타 가쓰이에와의 전투에서 중립을 유지하지 하면서 오다 노부카쓰에 접근하여 도요토미 히데요시를 견제했다.


"주군, 노부카쓰와 이에야스가 연합했다고 합니다."

도요토미 히데요시의 가신 노부테루가 매우 급한 소식을 전했다.

도요토미 히데요시는 신중한 표정을 짓고 아무 말도 하지 않았다.

"이번 기회에 이에야스 군을 섬멸해야 합니다."

가토 기요마사는 전쟁에 관한 한 언제나 자신감을 가지고 있었다.

"주군, 이에야스는 신중하면서 꾀가 많은 자입니다. 전국의 다이묘 중 가장 두렵고 강한 세력을 가진 자가 이에야스입니다."

구로다 겐지가 도쿠가와 이에야스에 대한 강한 경계를 드러냈다.

"이에야스는 너무 신중한 게 단점이다. 강하게 밀어붙이면 머리를 숙일 것이다."

도요토미 히데요시는 도쿠가와 이에야스의 단점을 잘 알고 있다는 듯 구로다 겐지의 의견을 신경 쓰지 않으며 말했다.

"아닙니다. 주군, 이에야스는 겉으로 보기보다는 야망이 크

고 속을 숨길 줄 아는 인물입니다. 이번 공격으로 꼭 죽여야 할 인물입니다. 죽이지 않는다면 주군에게 큰 해가 될 것이옵니다."

구로다 겐지는 도쿠가와 이에야스를 이번 기회에 죽여야 한다고 강하게 주장했다.

"군사는 그를 너무 경계하는구려. 노부테루는 이에야스 공격의 선봉에 서라."

"네, 알겠습니다. 주군."

도요토미 히데요시와 도쿠가와 이에야스는 팽팽하게 일퇴일진을 거듭하며 대치했다. 오다 노부카쓰가 다시 도요토미 히데요시에게 넘어옴에 따라 도쿠가와 이에야스는 형세가 불리한 것을 알고 강화를 요청했다. 도요토미 히데요시는 도쿠가와 이에야스의 힘을 약화시키기 위해 그의 영지를 부하들에게 나누어 주고 에도로 옮기게 했다. 강력한 적수를 제압한 도요토미 히데요시는 큐슈와 기타지역을 병합하여 오다 노부나가가 혼노지에서 피살된 지 8년 만에 일본 전국을 통일했다.

그러나 거칠 것이 없는 도요토미 히데요시에게도 고민이 있었는데, 지금은 굴복하고 있지만 언제든지 배신할 수 있는 지방의 다이묘들이 전쟁으로 길러진 수많은 강력한 가병을 거느리고 있었다. 일본을 통일한 자신감도 있거니와 정국 안정을 도모하기 위해 도요토미 히데요시는 지방 다이묘들의 최정예

군대를 동원해 조선을 침략했다. 승승장구하던 조선 침략이 조선 수군의 통제사 이순신에 의해 좌절되었고 도요토미 히데요시는 조선에서 철군하라는 명령을 내리고 무술년 1598년 8월 18일 그 파란만장한 생을 마감했다.

'이슬露처럼 왔다가 이슬露처럼 가노라
꿈夢처럼 살다가 꿈夢처럼 가노라
아, 오사카의 영화여.'

# 32

# 武과 民

무와 민

　조선의 왕 선조와 세자 광해군이 마주 보고 앉아 있다.

　"아바마마, 전쟁의 원흉 관백 도요토미 히데요시가 죽고 남해안의 적들이 물러갈 준비를 하고 있다고 합니다."

　"짐은 적을 이대로 보내주는 것을 참을 수가 없구나."

　"아바마마, 명나라군은 울산성과 사천성에서 패한 뒤 더는 왜군을 공격하지 않는다고 합니다. 그런데 명나라군이 군 작전권을 가지고 있어 우리 조선군도 적을 공격하지 못하고 있습니다."

　"이순신은 무엇을 하고 있느냐?"

　"통제사 이순신은 광양만 묘도에 진을 치고 순천 예교성의 고니시 유키나가와 대치하고 있습니다. 이순신은 고니시 유키

나가를 그냥 보내 줄 인물이 아니옵니다."

"이순신이라고 별수 있겠느냐. 도독 진린이 교활한 고니시 유키나가에게 넘어간다면 길을 열어줄 수밖에 없을 것이다."

"아니옵니다. 비록 진린이 고니시 유키나가에게 넘어간다 해도 이순신은 절대 진린에게 굴복하지 않을 것이옵니다."

"세자, 네가 이순신을 칭찬하는 것이냐."

"아니옵니다. 아바마마, 남에게 굽히지 못하는 그의 성격을 이야기하는 것이옵니다."

"적들이 물러가면 남해의 적이 두렵구나."

"아바마마, 그 말이 무슨 뜻이옵니까? 적들이 물러가면 남해의 적이 두렵다니요."

"세자, 너는 이순신을 어떻게 생각하느냐?"

광해군은 선조가 말한 남해의 적이 이순신이라는 것을 잘 알고 있었지만, 일부러 모른 척했다.

"이순신을 어떻게 생각……."

"세자, 너는 또 짐을 속이려 드는구나. 너는 누구보다도 이순신을 잘 알고 있다. 다시 한 번 짐을 속이려 든다면 용서하지 않겠다. 다시 한 번 묻겠다. 너는 이순신을 어떻게 생각하느냐?"

광해군은 매우 난처했지만 선조가 원하는 대답을 하지 않을 수 없었다. 하지만 그것은 선조의 생각이자 광해군의 생각

이기도 했다.

"이순신은 위험한 인물이옵니다. 특히 전쟁이 끝나면 사직에 위협을 가할 수 있는 인물임이 틀림없사옵니다."

"세자도 그렇게 생각하는가? 명량해전의 승리는 물론 그 짧은 시간에 8천여 명의 수군을 모집하고 50여 척이 넘는 판옥선을 건조하여 수군을 완벽하게 재건하는 것을 보면 비범을 뛰어넘는 인물이다."

"아바마마, 지금 남해안에서는 이순신의 수군이 되겠다고 장졸들이 줄을 서고 있다고 합니다. 그리고 그는 풍족한 군량미까지 보유하고 있을 뿐 아니라 서남해안의 염전으로 자금을 모았는데 그 규모가 엄청나다고 들었사옵니다."

선조와 광해군 모두 강한 수군을 보유하고 있는 이순신이 두려웠다.

"이순신에 대한 조선 백성들의 칭송이 대단하고 심지어 남해안에서는 그를 왕으로 모신다는 소문도 들려오고 있다."

광해군은 선조의 말을 듣고 남해안의 백성들이 이순신을 왕으로 모신다는 소문은 거짓일 거라고 생각했다. 하지만 이순신은 마음만 먹는다면 왕이 될 수 있는 모든 것을 갖추고 있었다.

"아바마마, 이순신은 비록 위험한 인물이지만 반역을 할 만큼 야망이 큰 인물이 아니옵니다."

"세자, 이순신이 야망이 크지 않다는 것을 어떻게 아느냐?

네가 그의 마음속에 들어가 보았단 말이냐. 태조대왕도 삼봉 정도전을 만나면서 고려를 무너뜨리고 조선을 건국할 꿈을 가지게 되었다. 최영이 조금만 더 태조대왕을 경계했다면 우리 조선은 건국되지 못했을 것이다. 우리 이씨 조선은 이번 전쟁으로 백성들의 가슴속에서 완전히 지워졌을 것이다. 이때 백성의 칭송을 받는 자가 나선다면 우리 이씨 조선은 견디지 못하고 무너질 것이다. 만약 그 자가 이순신이라면……. **세자, 무력武을 바탕으로 하는 권력보다 민심民을 수반하는 권력이 더욱 무섭다는 것을 명심하거라."**

광해군은 아버지 선조가 경계하는 것이 조바심이 아니라 권력의 속성이라는 것을 누구보다도 잘 이해하고 있었다.

"세자, 네가 나라면 어떻게 하겠느냐?"

"……"

광해군은 아무 말도 할 수가 없었다.

"세자 너도 정유년에 내가 이순신을 죽이려 한 것을 백성들처럼 비난하느냐?"

"아바마마, 제가 어떻게 아바마마를 비난하겠습니까?"

"그렇다면 말해 보아라. 지금 네가 이 용상에 앉아 있다면 이순신을 어떻게 하겠느냐?"

"아바마마의 뜻을 잘 알겠사옵니다."

"내 뜻이 무엇이라고 잘 알겠다고 하는 것이냐?"

선조의 광해군에 대한 추궁은 집요했다.

"…… 아바마마의 입장에서는 사직을 위협하는 작은 가능성이 있는 인물도 용서할 수 없을 것이옵니다. 그가 비록 조선을 구한 영웅 이순신이라도……."

광해군은 말을 똑바로 이어가지 못했다.

"용서할 수 없다. 이순신을. 세자는 정말 그렇게 생각하느냐?"

"네. 아바마마, 이순신은 사직을 위해서는 살려두어서는 안 되는 위험한 인물임이 틀림없사옵니다."

"네가 그렇게 생각하다니 군왕의 자질을 가지고 있구나."

선조가 군왕의 자질을 언급하자 광해군은 다시 두려워지기 시작했다.

"그렇다고 짐이 조선의 영웅을 정유년처럼 역모의 죄로 무작정 다스릴 수는 없는 것 아니냐? 만약 이번에도 정확한 물증도 없이 정유년처럼 이순신을 다스렸다가는 민심이 크게 동요할 것이다."

광해군은 이제야 선조의 의중을 파악할 수 있었다. 전쟁이 끝나면 이순신은 조선의 왕조차도 함부로 할 수 없는 인물이 될 것이다. 다시 정유년처럼 물증도 없이 무군지죄無君之罪의 죄를 물어 역적으로 다스릴 수 없음을 선조는 이야기하고 있었다.

"아바마마의 뜻을 이해할 것 같습니다."

290

"내가 왜 이 말을 신하들에게 하지 않고 세자 너에게 하는지 아느냐? 신하들은 믿을 수 없는 존재들이다. 이순신을 다시 역적으로 다스린다고 했을 때 신하들이 동조하지 않을 가능성이 있다. 만약, 그렇게 된다면 짐의 위신은 땅에 떨어지고 이순신을 더는 견제하지 못할 것이다."

"아바마마, 제게 좋은 방안이 있사옵니다."

광해군은 선조의 의도를 알면서 계속해서 대답을 미룰 수는 없었다. 광해군은 선조가 계속해서 자기에게 압박을 가하고 있다는 것을 알고 있었다. 정적을 제거하는 데 자신의 손에 피를 묻히지 않고 아들인 세자를 통하고자 함이 분명했다.

"그래 네 생각을 말해 보아라."

선조는 기다리고 있었다는 듯 광해군에 물었다.

"이순신을 적의 손에 죽게 하는 것이옵니다."

"적의 손에 죽게 한다. 적의 손에……. 그런데 그게 쉽겠느냐?"

"지금 광양만의 묘도에 진을 치고 있는 이순신은 분명 순천 예교성의 고니시 유키나가를 그냥 보내주지 않을 것이옵니다. 그렇게 되면 고니시 유키나가는 퇴로를 확보하기 위해 진린을 매수할 수밖에 없는데 진린이 매수되더라도 이순신은 진린의 명령을 듣지 않을 것이옵니다. 고니시 유키나가가 본국으로 돌아가는 방법은 두 가지밖에 없습니다. 이순신을 제거하

291

고 안전하게 돌아가든지 아니면 광양만에서 이순신과의 전면 전을 통해 탈출해야 합니다."

"세자의 말은 고니시 유키나가를 이용하자 그 말이구나."

"그러하옵니다. 조선 수군 내에 간자를 심어 고니시 유키나가에게 정보를 제공한다면 이순신을 제거할 수 있을 것이옵니다. 고니시 유키나가는 어떤 희생을 치르더라도 이순신을 제거하고 안전하게 왜국으로 돌아가려고 하지 조선 수군과의 전면전을 통해 탈출하려고 하지는 않을 것이옵니다."

"세자, 네가 할 수 있겠느냐?"

"소자에게 맡겨 주십시오. 아바마마."

"세자, 절대 비밀을 유지해야 한다. 만약 조선의 국왕이 적국의 장수와 공모하여 조선의 영웅을 죽이려 한 것이 드러날 경우 그 후폭풍은 감당할 수 없을 것이다."

"네 알겠습니다. 아바마마. 소자 최선을, 아니 꼭 성공하겠습니다."

"그리고 명심할 것이 있다. 혹 네가 이순신을 암살하려다 실패해 그 사실이 드러난다면 나는 너를 살려줄 수 없다는 것도 명심하여라. 이 임무는 나랑은 아무 관계가 없고 너 혼자 단독으로 도모한 것이다. 알겠느냐."

광해군은 이제야 자신이 올가미에 걸려들었다는 것을 깨달

았다. 더는 길이 보이지 않았다. 광해군은 이순신을 죽여야만 자신이 살 수 있는 운명이라는 것을 알았다.

"네 아바마마……."

"왜 대답에 힘이 없느냐? 하고 싶지 않다면 하지 마라."

"아니옵니다. 아바마마. 꼭 성공하겠사옵니다. 소자 이만 돌아가겠습니다."

광해군은 갑자기 어지러움이 밀려와 서둘러 그 자리를 피했다. 세자궁으로 가면서 광해군은 자신의 손으로 조선의 영웅을 죽여야 하는 운명이 개탄스러웠다. 하지만 이순신은 분명 조선 사직을 위협할 인물임이 틀림없었다. 어쩌면 조선의 왕인 아버지보다 자신의 손에 피를 묻히는 것이 더 나을 수 있다고 생각했다. 세자궁에 도착한 광해군은 내시부 상좌 김충용을 불렀다.

"상좌……."

광해군은 김충용을 불러놓고 아무 말도 하지 않았다.

"세자 저하, 또 전하께 꾸중을 들으셨는지요?"

김충용은 광해군이 또다시 선조에게 꾸중을 듣고 의기소침해 있는 것으로 생각했다.

"상좌……."

"네. 저하, 말씀하십시오. 왜 그러시는지요?"

"상좌, 내 호위 무관인 임영석은 믿을 수 있는 인물이오?"

"갑자기 왜 그러십니까? 임 무관의 강직함은 세자 저하가 더 잘 알지 않습니까?"

"워낙 중요한 일이라 다시 한 번 상좌에게 확인하는 것이오."

"임 무관은 세자 저하를 위해 죽을 수 있는 인물이옵니다. 임 무관을 포함한 나머지 두 명의 호위 무관도 세자 저하를 오랫동안 보필해 오지 않았습니까."

"그래……."

광해군은 짧게 말하고 한참 말이 없었다.

"저희 내시들과 호위 무관들은 세자 저하가 역적이 되면 저희도 역적이 되는 운명이옵니다. 잘못이 있든 없든 그게 저희의 운명이옵니다. 임영석을 믿으옵소서. 저하."

"그래 임영석과 장유완 그리고 오준석 모두를 믿지. 그들을 못 믿는다면 내가 누구를 믿겠어. 내 상좌에게 부탁이 있네. 임 무관을 포함한 호위 무관들의 모든 것을 조사해주게."

"저하, 이유가 무엇인지 물어도 되겠습니까?"

"상좌, 내 때가 되면 말해 주리다. 이번만은 내가 시킨 대로 따라주시오."

상좌 김충용이 떠나고 광해군은 그날 밤 잠을 이룰 수 없었다.

# 33

# 進과 進

진과 진

무술년 1958년 9월 20일, 순천 예교성에 주둔하고 있는 고니시 유키나가 군을 조명연합 서로군과 함께 공격하기 위해 조명연합 수군은 광양만의 묘도에 주둔하고 있었다. 명나라 수군은 광양이 보이는 지역에, 조선 수군은 여수 삼일포가 보이는 지역에 주둔했다. 이순신은 권준과 함께 묘도에서 가장 높은 봉화산에 올랐다. 묘도의 봉화산은 멀리 순천 예교성이 보일 만큼 좋은 시야를 확보하고 있었다. 눈앞에 광양 땅이 들어왔다. 좌측부터 여수반도의 초입에 있는 순천 예교성이, 옆으로 광양의 구봉산과 가야산이, 그 뒤로 백운산이 큰 능선을 형성하며 자리 잡고 있다. 백운산 뒤로는 조선의 영산 지리산이 백운산을 감싸는 듯 높은 기상을 뿜어내고 그 크기를 알

수 없는 웅장한 형세로 시야에 가득하게 들어왔다. 그리고 우측으로는 경상도와 전라도의 경계가 되는 진안 팔공산에서 발원한 섬진강이 광양만으로 흘러들고 그 앞쪽의 남해도 사이의 바다가 노량이다. 명나라 수군 진지 앞에 금호도와 태인도가 사이좋게 바라보고 있고 순천 예교성 앞에는 유도*와 장도가 자리 잡고 있다. 묘도가 있는 광양만은 정면으로는 광양이, 오른쪽으로는 남해도가, 왼쪽으로는 예교성이 있는 순천으로부터 시작되는 여수반도가 깊숙이 감싸고 있다. 임진년 한산도로 가기 위해 이순신은 여수 전라좌수영을 출발해 이 광양만을 거쳐 노량의 바다를 통과했다. 노량은 사천 등 경상일대의 일본 수군이 순천의 예교성으로 가기 위해서는 통과할 수밖에 없는 전략적 요충지였다. 경상일대에는 사천성에 시마즈 요시히로가, 남해도에는 소 요시토모의 군이 주둔하고 있었다. 순천과 남해도를 점령하고 있는 일본군에 둘러싸인 묘도는 언제든지 위험에 노출될 수 있는 장소였다. 그러나 이순신은 신경쓰지 않았고 유도를 전지기지로 하여 순천 예교성의 고니시 유키나가 군을 압박했다.

"통제사, 서로군 제독 유정이 움직여 줄까요? 아무리 권율

---

* 유도: 현 송도(전남 여수시 율촌면 여동리).

도원수가 6천여 명의 조선군을 이끌고 있으나 유정이 적극적으로 예교성을 공격하는 것을 기대하기가…….."

권준은 제독 유정의 공격을 기대하기 어려울 거라고 예측했다.

"아마, 유정은 쉽게 움직이지 않을 게야. 울산의 마귀와 사천의 동일원이 큰 사상자를 내고 패했으니."

이순신도 권준과 같은 의견이었다.

"하지만 권율 도원수도 가만히 있지는 않을 걸세. 난 도원수를 믿네. 그리고 전하께서 유정의 예교성 공격을 압박하기 위해 명나라 총독군문 형개를 극진히 대접했다고 들었네. 전하께서 직접 남쪽으로 내려오시겠다고 할 만큼 이 예교성 공격에 의지를 보이고 계시네. 육군과 수군이 합동으로 공격한다면 예교성을 함락시킬 수 있을 것이네."

이순신은 호랑이 같은 권율의 위엄과 명나라 총독군문 형개가 압박한다면 유정도 움직일 수밖에 없을 것으로 생각했다.

"그런데 통제사, 고니시 유키나가는 교활한 장수이옵니다. 분명 유정과 진린에게 뇌물을 먹여 우리 조선 수군의 손과 발을 묶으려고 할 것입니다."

"권 수사, 육군은 어쩔 수 없다 하더라도 우리 수군의 모든 것을 다 주고 다 버려서라도 진린 도독이 고니시 유키나가에게 넘어가는 건 막을 작정이네. 특히 권 수사는 고니시 유키나

가가 진린에게 연통을 넣는 것을 사전에 차단할 수 있도록 명나라 수군진영을 잘 감시해 주게. 만약 우리가 감시하는 것이 드러나면 진린의 불 같은 성질을 감당할 수 없을 뿐 아니라 고니시 유키나가에게 길을 열어 주어야 할지도 모르네. 그러니 특히 보안에 신경을 쓰게."

"통제사, 한 가지 염려되는 점이 있습니다."

"무슨 걱정이 그리 많은가? 이 사람아."

"지금 묘도는 순천의 고니시 유키나가 군과 남해도의 소 요시토모군에 포위된 형세입니다. 저들의 기습에 대비해야 합니다. 분명 저들은 강화가 원활하지 않을 경우 통제사를 노릴 가능성이 높습니다. 특히 고니시 유키나가 군의 일부가 여수 삼일포까지 와서 우리 조선 수군 진영을 지켜보고 있습니다."

"권 수사, 이 몸은 죽음에 대해 두려움을 버린 지 오래되었네. 이제 도요토미 히데요시도 죽었고 저들은 더는 조선 땅을 침략하지 않을 것이네. 내가 죽더라도 조선에 아무런 위협이 되지 않으니 무슨 걱정인가?"

"통제사, 왜 그런 말씀을 하십니까? 이 전쟁은 통제사에 의한 전쟁이었습니다. 끝까지 몸조심하셨으면 합니다."

"허허, 권 수사 이 사람."

이순신은 권준을 보면서 가볍게 웃었다.

다음날 이순신은 예교성 공격의 전진 기지인 유도와 장도를

거쳐 예교성 앞바다에 접근했다. 예교성은 여수반도 초입 광양만 방면에 있는데 바다 쪽으로 약간 돌출되어 있으면서 넓고 나지막한 구릉 위에 세워졌다. 고니시 유키나가는 구릉 주위에 흙을 높게 쌓아 삼중으로 요새를 만들었다. 예교성은 주위에 높은 산이 없어 육지와 바다 방향으로 좋은 시야를 확보하고 있었다. 또한, 예교성과 일본군 요새가 감싸고 있는 안쪽 바다에 일본 함선을 숨기기 안성맞춤이었다. 이순신은 예교성을 보자 고니시 유키나가가 왜 이곳에 성을 쌓았는지 이해할 수 있었다. 예교성을 포함한 일본군 요새가 안쪽 바다를 살짝 감싸고 있어 일본으로 돌아갈 50여 척의 함선을 조선 수군으로부터 지킬 수 있는 천혜의 지형이었다. 또한, 일본군 함선이 위치한 예교성 안쪽 바다는 수심이 낮아 조명연합 수군의 함선이 접근하기 어려웠다.

"밀물 때는 함선에서 화포로 성을 바로 공략할 수 있을 것 같은데 썰물 때는 접근조차 어렵겠군. 예교성을 함락하기 위해서는 육군의 도움이 절대적으로 필요하겠구나."

예교성을 본 이순신은 일본군의 축성술에 다시 한 번 감탄하지 않을 수 없었다. 일본 왜성은 지형을 잘 고려하여 성을 구축하기 때문에 좀처럼 공략하기 힘들었다. 울산성과 사천성의 패배도 왜성을 공략하지 못한 것이 큰 원인 중 하나였다.

"교전 중에 썰물이 된다면 함선이 빠져나오지 못해 큰 낭패

를 볼 가능성이 높다."

예교성을 직접 보고 난 이후 이순신은 부하 장수들에게 성을 공격할 때 유의할 점을 알려주고 권준을 통해 명나라 도독 진린에게도 전달되도록 했다.

무술년 1598년 9월 21일, 조명연합 수군은 유정과 권율의 서로군과 함께 순천 예교성에 대한 수륙공동 공격을 감행했다. 수륙 협공은 조일 7년 전쟁 중 거제도 장문포 전투 이후 처음이었다. 조명연합 수군은 예교성에 최대한 접근하여 화포를 집중했으나 조수가 매우 얕아서 성에 근접하지 못하여 효과적인 공격을 할 수가 없었다. 육상과 해상에서 공동으로 공격을 받은 예교성의 일본군은 처음에는 당황하며 크게 사기가 꺾였으나 성에 바짝 엎드려 조총을 쏘며 격렬하게 저항했다. 일본군이 적극적으로 대응하지 않고 예교성에서 철저하게 수성전으로 대응하다 보니 아무런 성과 없이 조명연합 수군만 적탄에 맞아 사망하거나 부상당한 군사가 속출했다.

"통제사, 수심이 얕아 접근할 수 없으니 화포 공격이 위협이 되지 못하고 있소."

진린이 이순신에게 화포 공격의 무익함을 토로했다.

"도독, 10월이 되면 만조가 되어 예교성 앞바다의 수심이 깊어지는 시기가 올 것입니다. 지금은 현재의 환경에서 최선

을 다해 주셨으면 합니다. 그리고 이 몸은 항상 도독을 고맙게 생각하고 있습니다. 다른 육군 제독들과는 달리 이렇게 협조해 주시니 황송할 따름입니다. 만약 제가 다른 나라에 파병되었다 하더라도 도독처럼 할 수 없을 것입니다."

이순신은 진심으로 전쟁에 임하는 진린이 고마웠다.

"어허, 통제사 왜 이러시오. 나도 처음엔 조선이라는 나라에 대해 무시하는 감정이 없었던 것은 아니오. 하지만 통제사를 만나고 나서 생각이 바뀌었소. 통제사의 진심이 나를 변화시킨 것이오. 내 이 전투에서 죽는 한이 있더라도 최선을 다할 것이오."

진린은 나라와 백성을 생각하는 이순신을 진심으로 흠모했다.

"소신 도독의 불편함이 없도록 최선을 다해 받들겠습니다."

"그런데 통제사, 도요토미 히데요시도 죽었고 일본군이 물러가면 이제 7년간의 전쟁은 곧 끝날 것이오. 내 제안 하나 해도 되겠소?"

"도독, 말씀해 보시지요."

"전쟁이 끝나면 나랑 같이 명나라로 가지 않겠소? 명나라 황제도 통제사의 명성을 들어서 잘 알고 있소. 그리고 조선의 왕이 통제사를 싫어한다는 소문도 있고."

"도독, 소신을 이토록 높게 봐주시니 송구할 따름입니다.

그러나 소신은 몸도 마음도 지쳤습니다. 이 조선의 피 냄새만 으로도 견딜 수가 없습니다. 그리고 코가 베어진 수많은 백성이 생각날 때마다 하염없는 무기력에 빠져 헤어나지 못하고 있습니다. 막내아들 놈도 밤마다 꿈에……."

이순신은 더는 말을 이어가지 못했다.

"통제사, 미안하오. 내가 괜한 말을 꺼낸 것 같소. 나도 많은 전장을 다녀 보았지만, 이 조선에서 전쟁만큼 참혹한 광경은 본 적이 없소."

"도독, 소신은 이 전쟁을 끝까지 포기하지 않을 것입니다. 적들이 본국으로 돌아갈 길을 열어달라고 많은 재물을 주면서 애원을 해도 소신은 응하지 않을 것입니다."

이순신의 목소리에 비장함이 묻어났다.

"도독, 제가 한 명의 왜적도 용서할 수 없는 이유가 무엇인지 아십니까? 그것은 아비와 어미와 자식들이 서로의 죽음을 슬퍼하고 그중에서 살아남는 자가 또 베어지고 굶어 죽은 조선의 백성이 제 가슴속에 있기 때문입니다. 처참하게 도륙된 조선 백성을 위해 소신이 마지막으로 해줄 수 있는 일은 이것밖에 없습니다."

"통제사, 내 다시 한 번 그대의 백성을 향한 마음에 감탄하지 않을 수 없소. 내 유정 제독을 설득하여 꼭 예교성을 함락할 수 있도록 힘써 보리다."

"고맙습니다. 진 도독."

"이달 말이면 유격 왕원주, 유격 복일승, 파총 이천상이 이 끄는 명나라 함선 100여 척이 이 묘도에 도착할 것이오. 함선 이 도착하는 대로 전쟁에 소극적인 유정 제독을 만나 총공격 을 강하게 밀어붙이겠소."

진린의 마음은 진심이었다. 그도 처음에는 다른 명나라 장수들과 별반 다르지 않았다. 조선과 일본의 전쟁에 명나라 군 사들이 희생되는 것을 원하지 않았다. 진린은 소극적인 전투 로 부하들의 생명을 보호하고 조선 수군을 압박하여 일본군의 수급을 최대한 확보하는 것이 목적이었다. 그러나 이순신을 만 나고 진린의 마음은 움직이기 시작했다. 특히 백성과 부하들을 위하는 이순신의 크고 순수한 마음을 진린은 알고 있었다.

9월의 마지막 날, 명나라 수군 지원병이 도착하자 진린은 순천에 주둔하고 있는 명나라 서로군 제독 유정을 만나 총공 격을 제안했다.

"진 도독, 머나먼 이국땅에서 명나라 군사들을 죽이지 못해 왜 안달이시오? 우리 군대를 조선에 파병한 이유를 그대는 모 르시오?"

유정은 짜증스러운 목소리로 진린을 향해 명나라가 조선에 파병한 이유에 대해 언급했다.

"유 제독, 나도 잘 알고 있소. 조선이 무너질 경우 명나라의

요동과 북경까지 안심할 수 없었기 때문에 우리가 조선에서 싸우고 있다는 것 정도는 알고 있소."

"그걸 잘 알고 있는 분이 이다지도 억지를 부리시는 게요. 전쟁은 끝났소. 저들은 지금 전쟁을 하고 싶은 것이 아니라 고 국으로 돌아가고 싶은 것이오. 왜 가만 있으면 돌아갈 저들과 우리가 싸워야 하는 것이오. 진 도독, 혹 이순신에게 약점이라 도 잡힌 게 있는 것 아니오?"

"유 제독, 말씀이 지나치십니다. 우리는 도요토미 히데요시 가 죽고 왜군이 돌아갈 것을 알면서 사로병진책으로 공격해 섬멸하기로 했소. 하지만 우리 명나라군은 울산성과 사천성에 서 처참한 패배를 당했소. 대국인 우리 명나라의 위신이 달린 문제요. 황제 폐하께서도 변변한 승리 없이 귀국하는 우리를 좋아하지 않을 것이오. 유 제독과 내가 예교성을 함락한다면 황제 폐하와 조선의 왕으로부터 최고의 칭송을 받을 것이오."

진린의 논리 정연한 설득에 유정은 더는 할 말을 잃고 말았다.

"진 도독의 말을 들으니 그런 것 같기도 하구려. 내일 육군 과 수군이 연합해 총공격을 합시다. 내가 졌소."

"고맙소. 내일 함락된 예교성에서 거하게 한잔합시다. 내 유 제독만 믿고 돌아가겠소."

유정을 만나고 돌아온 진린은 이순신과 함께 내일 총공격을 준비했다. 진린과 이순신은 어떠한 희생을 치르더라도 예교성

을 함락하기 위해 모든 병력을 투입할 생각이었다.

"진 도독, 내일은 희생이 클 것입니다. 유 제독의 마음을 움직였다고 하니 큰 희생이 나더라도 몰아붙일 생각입니다. 명나라 수군이 뒤에서 잘 도와주셨으면 합니다."

"통제사, 우리 명나라 수군을 어떻게 보고 그런 말을 하십니까? 우리 수군 중 일부를 조선 수군과 함께 공격하도록 지시하겠소."

"유 제독이 잘해주어야 할 텐데."

진린은 자꾸 유정이 마음에 걸렸다.

진린과 헤어진 이순신은 조선 수군의 장수들을 불러 모았다.

"내일 총공격을 감행하여 예교성을 함락시킬 것이다."

"서로군이 움직이겠습니까? 만약 유정이 약속을 지키지 않는다면 우리 수군의 피해가 상당할 것입니다."

사도첨사 황세득이 유정을 못 믿겠다는 표정을 지으면 말했다.

"황 첨사, 난 진린 도독의 말을 믿소. 만약 유정이 움직이지 않는다 하더라도 어쩔 수 없는 일이오. 그동안 우리가 싸워온 전투 중에서 가장 무모한 전투가 될 것이오."

"통제사, 무모한 전투라고 하면?"

권준이 이순신에게 신중한 표정을 지으며 말했다.

"육군이 예교성을 공격하면 우리 수군도 상륙해 같이 성을

공격할 것이오. 우리 수군이 지금껏 한 번도 하지 않은 공성전을 펼친다는 의미요. 경선을 탄 수군이 육지에 상륙할 때 전함선은 화포로 엄호할 것이오."

"통제사, 저들의 성은 견고합니다. 특히 조총의 공격에 무방비로 노출되어 많은 사상자가 날 가능성이 높습니다. 너무 무모하지 않겠습니까?"

경상우수사 입부 이순신이 조총 공격에 무방비로 노출되는 것을 걱정했다.

"우수사, 명나라 육군이 공성전을 펼치는데 우리 수군이 멀리서 지켜볼 수만은 없는 일이오. 우리가 소극적으로 바다에서 화포만 쏘면서 나서지 않는다면 유정은 다시는 싸우려 하지 않을 것이오."

"통제사의 말이 맞습니다. 희생을 감수하고서라도 공성전을 펼쳐야 합니다."

처음엔 반대하던 권준이 동의했다.

"이번 공격은 위험한 일이오. 누가 상륙군을 지휘하겠소?"

"소장 사도첨사 황세득에게 맡겨 주십시오. 제가 현자포와 비격진천뢰를 경선에 싣고 상륙하여 공격하겠습니다."

사도첨사 황세득이 나서자 제포만호 주의수, 사량만호 김성옥, 해남현감 유형 등도 상륙군에 지원하겠다고 나섰다.

"그대들의 충정에 감복할 따름이오. 내일 예교성은 분명 우

리 수군에 의해 먼저 점령될 것이오."

"내일, 동이 트면 예교성을 공격할 것이다. 모두 돌아가서 준비하라."

**"내일은 전진進하고 또 전진進하여 적을 진압할 것이다."**

이순신은 장수들에게 비장하게 말했다.

다음날 새벽에 출정한 조명연합 수군은 여명과 함께 예교성을 공격하기 시작했다. 사도첨사 황세득이 이끄는 수군은 초탐선을 타고 육지로 상륙하여 예교성을 향해 진격했다. 그 뒤에서 전 함선의 화포가 불을 뿜었다. 예교성을 향해서 전진하는 부하들을 멀리서 이순신은 걱정스럽게 바라보았다.

"전진하라. 두려워하지 말고 전진하라."

"현자포와 비격진천뢰를 옮겨라."

사도첨사 황세득의 우렁찬 명령이 멀리까지 울려 퍼졌다.

반대편에서도 서로군이 공격을 개시했는지 함성이 들려왔다. 수륙 연합 공격을 예상하고 있었는지 예교성으로부터 조총의 탄환이 비 오듯 쏟아졌다. 그러나 갑자기 진격하던 서로군이 공격을 멈추고 전진하지 않았다. 부총병 오광은 유정의 명령을 기다렸으나 끝내 성을 공격하라는 명령은 떨어지지 않았다. 우물쭈물하는 사이 일본군이 성에서 내려와 기습 공격을 하자 서로군의 진이 순식간에 무너지고 퇴각하기 시작했다. 유정의 군대가 성을 공격하지 않자 불안해진 이순신은 퇴

각 명령을 내렸다. 그러나 그때는 조수가 썰물이라 함선이 멀리 밀려나 있었다. 성을 향해 공격하던 상륙군은 퇴각 명령에 당황하며 황급히 철수하기 시작했다. 퇴각하는 조선 수군을 향해 일본군은 조총을 집중했다.

"퇴각하라. 당황하지 말고 침착하게 퇴각하라."

사도첨사 황세득은 퇴각하는 부하 군사들을 지켜보면서 구축한 진지에서 현자포와 비격진천뢰로 예교성의 일본군을 향해 공격했다.

"장군, 지금 퇴각하셔야 합니다. 지금 퇴각하지 않으면 위험합니다."

진도군수 선의문과 강진현감 송상보가 황세득에게 퇴각하기를 청했다.

"나도 금방 따라가겠네. 선 군수와 송 현감은 빨리 퇴각하시오."

퇴각하는 조선 수군을 보자 일본군이 성에서 내려와 공격했다. 황세득은 현자포와 비격진천뢰를 담당하던 군사들까지 퇴각시키고 일본군을 향해 화살을 쏘면서 끝까지 부하들의 안전한 퇴각을 도왔다.

"이놈들아, 사도첨사 황세득이 여기 있느니라."

황세득이 소리치는 것을 보고 일본군들은 그를 향해 조총을 겨냥했다.

"탕탕탕⋯⋯."

이순신은 멀리서 황세득이 쓰러지는 것을 보고 있었다.

"황 첨사, 황 장군."

이순신은 황세득이 쓰러지는 것을 보면서 애처롭게 그를 불렀다. 그날 예교성 공격에서 유정의 서로군이 소극적으로 대응함에 따라 조명연합 수군은 큰 타격을 입었다. 사도첨사 황세득이 전사하고 제포만호 주의수, 사량만호 김성옥, 해남현감 유형, 진도군수 선의문, 강진현감 송상보가 적탄에 맞아 부상을 입었다. 또한, 조선 수군 29명과 명나라 수군 5명이 전사하고 수많은 군사가 부상을 당했다. 유정의 배신으로 조명연합 수군이 큰 타격을 입자 진린은 크게 분노했다. 진린은 잠을 한숨도 자지 않고 새벽에 유정을 만나러 순천 명나라 진영으로 향했다.

"진 도독, 꼭두새벽부터 무슨 일이시오?"

"유정 네 이놈, 네놈의 잘못을 진정 모른단 말이냐?"

"진 장군 아니 도독, 아침부터 너무 무뢰한 것 아니오."

"처음부터 공격할 의사가 없다고 말했다면 조선과 명나라 수군의 피해가 이다지도 심하지는 않았을 것이오. 이순신이 이 진린을 믿었다가 많은 부하를 잃었소. 내가 얼굴을 들고 그를 볼 수가 없소."

"진 제독, 참으로 딱하시오. 난 약속을 지켰소. 나는 예교성

을 공격한다고 했지, 성을 함락하겠다고 하지는 않았소."

진린은 유정에게 더는 기대할 수 없다는 것을 알고 한참 동안을 말없이 그를 바라보았다.

"유 제독, 명나라 육군이 움직이지 않겠다면 말리지 않겠소. 대신 권율의 조선 육군을 통제하지 말아주시오. 내 부탁이오."

유정은 한참을 골똘히 생각하더니 진린을 바라보면서 말했다.

"진 도독의 고집도 어지간하십니다. 내 조선 육군을 통제하지 않겠다는 약속은 꼭 지키겠소."

"유 제독이 약속했으니 나는 권율 도원수를 만나러 가겠소."

진린은 도원수 권율을 만나 오늘 야간에 예교성에 대한 조명연합 수군과 조선 육군의 공동 공격을 제안했다.

"진 도독이 이렇게 적극적으로 나서주니 소장 권율 몸 둘 바를 모르겠습니다. 목숨을 걸고 예교성을 공격하겠습니다."

그날 밤 권율이 이끄는 조선 육군과 조명연합 수군은 예교성을 공격했다. 진린은 유정의 배신으로 조선 수군들의 사상자가 많이 발생한 것이 미안했는지 명나라 수군에게 적극적인 공격을 지시했다. 다행히 물때가 아주 유리하여 함선이 예교성에 가깝게 근접할 수 있었다. 조명연합 수군의 압도적인 화력이 예교성에 집중되자 수많은 일본군 사상자가 발생했다. 한때 고니시 유키나가의 막사가 포에 명중되어 일본군이 혼란

310

을 빠진 틈을 타 김수가 지휘하는 조선 육군은 성문을 돌파하려고 했으나 역부족이었다. 결국, 명나라 육군의 도움이 절실했으나 유정은 끝내 외면했다. 전투가 얼마나 치열했는지 조명연합 수군은 조수가 빠지는 것을 깨닫지 못해 명나라 함선 23척과 조선 함선 7척이 빠져나오지 못했다. 일본군은 빠져나가지 못한 명나라 함선을 공격했는데 명나라 수군의 대부분이 죽고 포로가 되었다. 조명연합 수군은 계속하여 예교성에 화포를 집중했고 조선 육군이 공격했으나 고니시 유키나가의 견고한 예교성을 무너뜨리지 못했다. 결국, 명나라 유정 제독의 서로군까지 물러남으로써 사로병진책은 아무런 성과 없이 막을 내리고 말았다.

# 34

# 雄과 賊

웅과 적

무술년 1598년 9월, 네 사람이 희미한 불빛 속에서 비밀스러운 대화를 나누고 있었다.

"이 임무는 나라를 위한 것임을 명심해야 한다."

"네. 알겠습니다."

무장으로 보이는 3명 중 1명인 세자궁의 호위 무관 임영석이 비장한 표정을 지으면서 대답했다.

"절대 실수 없이 일을 처리해야 한다. **조선을 구한 영웅雄을 역적賊으로 죽일 수는 없다.** 전쟁이 끝나면 전하는 통제사를 살려두지 않을 것이다. 자네들도 정유년에 전하가 통제사를 역적으로 몰아 죽이려는 것을 보지 않았느냐?"

"명심하겠습니다."

3명이 동시에 고개를 숙이면서 대답했다.

"자네들 3명 모두 대장선에 배치되도록 비밀리에 조치를 해 놓았다. 나라와 백성을 구한 영웅을 위한 일이라는 것을 명심하고 한 치의 흐트러짐과 실수도 없어야 한다. 마지막으로 이 일에 내 목숨도 달려있다는 것도 명심하라."

"목숨을 걸고 임무를 완수하겠습니다."

임영석을 포함한 3명이 동시에 대답했다.


대화를 마친 세자궁 호위 무관 임영석과 그 부하 2명은 아직 어둠이 가시지 않은 새벽녘에 조선 수군의 진영인 전라도 여수 묘도로 말을 몰았다. 바람처럼 달리는 그들의 표정은 비장했으나 슬픈 기색이 가득했다.

## 35

# 臣과 忠

신과 충


순천 예교성을 공격하던 서로군이 물러나자 광양만에는 더
는 포성이 울리지 않았다. 일본군과 조명연합 수군은 서로 대
치하면서 지루한 소강상태를 지속했다. 도요토미 히데요시
의 죽음으로 철군 명령이 내려졌고 일본군은 명나라와 강화
를 통해 안전한 철수를 보장받았다. 그러나 광양만의 조명연
합 수군은 순수하게 순천 예교성의 일본군을 보내주려 하지
않았다. 진퇴양난에 빠진 고니시 유키나가의 생각은 명확했
다. 그동안은 명나라 육군 제독 유정에게 뇌물을 먹여 육상 공
격을 저지하고 안전한 퇴로를 보장받으려 했다면, 지금은 명
나라 수군 도독 진린에게 뇌물을 먹여 조선 수군의 손발을 묶
어 일본으로 가는 안전한 퇴로를 확보해야 했다. 육로를 선택

하여 사천과 부산으로 갈 수도 있었으나 명나라와 조선의 육군이 약속을 어기고 언제든지 공격할 수 있었기 때문에 육로도 쉽게 선택할 수 없었다. 그때부터 고니시 유키나가는 진린에게 지극 정성을 다하기 시작했다. 진린도 전쟁이 더는 무의미하다고 생각했는지 고니시 유키나가의 뇌물을 마다치 않았다. 지난번 전투에서 사로잡힌 명나라 포로를 석방하고 2천의 수급을 주면 철군을 허용하겠다고 제안했다. 또한, 철군을 위해 소 요시토모와 의논해야 한다는 구실로 일본군 8명을 태운 소선 한 척이 남해도로 가는 것을 허용했다. 그 이후에도 여러 차례 예교성으로 들어가서 함선에 전리품을 가득 싣고 명나라 수군 진영으로 돌아왔다. 진린은 이순신에게 일본군의 뱃길을 열어 주라고 요구했다.

이순신은 진린을 찾아와 아무 말도 하지 않고 노려보았다.

"통제사, 왜 이러시오. 이제 그만 고니시 유키나가를 놓아줍시다."

"도독, 명나라 수군에게 같이 싸워달라고 하지 않겠습니다. 대신 조선 수군에게 저들의 길을 열어주라는 명령을 거두어 주십시오."

이순신은 무릎을 꿇으며 진린에게 간곡하게 부탁했다.

"조선 수군이 가지고 있는 모든 것을 도독께 드리겠습니다. 부족하다면 소장 책임지고 한양에 부탁해서라도 섭섭하지 않

게 보상하겠습니다."

"통제사, 전쟁은 끝났소. 왜 이렇게 고집을 부리십니까."

"소장이 살아 있는 한 저들을 용서할 수 없습니다. 그게 한양에 계시는 전하의 뜻이며, 제 막내아들의 뜻이며, 조선 백성들의 뜻입니다."

"통제사도 어지간하십니다."

이순신의 간곡한 청에 진린은 난처할 수밖에 없었다.


예교성의 고니시 유키나가는 뇌물은 뇌물대로 받고 갑자기 변심한 진린에게 당했다고 생각하자 분노를 억제하지 못했다.

"진린 이놈. 진린 네놈이 받아먹을 것은 다 받아먹고 배신을 했겠다."

고니시 유키나가의 분노가 하늘을 찌르고 있을 때 소 요시토모가 뜻밖의 소식을 가지고 왔다.

"장군, 조선 수군 묘도 진영의 임영석이라는 자가 밀지를 보내왔습니다."

"임영석, 그놈이 누구더냐?"

"모르겠습니다. 조선 수군의 장수 중에서 임영석이란 자를 찾을 수 없었습니다."

"이리 주거라."

고니시 유키나가는 임영석의 밀지를 읽고 음흉한 미소를 지

었다.

"왜 그러십니까? 장군."

"어떤 놈인지 모르겠지만, 이순신을 암살하려는데 우리에게 도움을 요청하고 있다."

"장군, 알지도 못하는 놈을 어찌 믿겠습니까?"

소 요시토모가 고개를 흔들면서 말했다. 남해도에 있던 소 요시토모는 퇴각을 상의하기 위해 장인 고니시 유키나가를 만나러 왔다가 순천 예교성에 잠시 머물고 있었다.

"아니다. 냄새가 난다. 냄새가."

"네, 무슨 냄새가 난다는 말씀이십니까?"

"이놈이 보내온 밀지를 보면 이순신 암살 계획이 치밀하다는 것을 알 수 있다. 이것은 우연히 일어난 일이 아니다. 장수도 아닌 놈이 단독으로 이 엄청난 일을 꾸밀 수가 있겠느냐."

"그럼, 그놈 뒤에 누군가 있다는 말씀이시군요."

"그렇지, 뒤가 누굴까? 권율, 아니면 진린…… 아니야. 아니야."

고니시 유키나가는 도무지 생각이 정리되지 않는다는 듯 고개를 저었다.

"전쟁이 끝났을 때 이순신을 가장 부담스러워 할 자가 누구일까?"

고니시 유키나가는 스스로 자문해 보았다.

"전쟁이 끝났을 때 이순신을 가장 부담스러워 할 사람이 라……."

소 요시토모도 장인 고니시 유키나가를 따라서 중얼거렸다.

"이것은 분명 조선 왕의 소행일 가능성이 높다. 그는 정유 년에도 이순신을 죽이려 하지 않았느냐. 그때 이순신을 죽이 려 했던 이유는 겉으로는 왕의 명령을 거부한 죄라고 했지만, 그 이면은 이순신의 힘이 강해지는 것을 두려워했기 때문이 었다."

"그럼 조선의 왕이 지금 이순신을 암살하려고 한다는 것입 니까?"

"정확한 것은 아니지만 아마 그럴 가능성이 높다."

"임영석이란 놈의 밀지에 정확하게 뭐라고 쓰여 있습니까?"

"전라좌수사 시절부터 이순신은 여수 오동도 옆 장대언덕에 서 활 쏘는 것을 좋아했다고 한다. 내일 아침 일찍 장대언덕에 서 활을 쏠 예정인데 호위병도 얼마 되지 않다고 알려왔다."

"하늘이 내린 기회가 아닙니까."

소 요시토모는 기쁨을 감추지 못하며 소리쳤다.

"권력이란 참으로 비정하구나. 조선의 영웅을 이렇게 보내 려 하다니."

고니시 유키나가는 이순신의 암살이 남의 일 같지 않았다. 자신도 일본으로 돌아가면 도요토미 히데요시의 죽음으로 공

백이 발생한 권력을 차지하기 위한 내전이 불가피하기 때문이었다. 특히 7년간의 조일전쟁에 가병을 파병하지 않은 도쿠가와 이에야스가 가장 두려웠다. 고니시 유키나가는 도쿠가와 이에야스가 분명 조용히 힘을 키웠을 것으로 생각했다.

"소 요시토모, 네가 뛰어난 무사들을 데리고 내일 아침 이순신을 제거하라."

"네 알겠습니다. 내일이 이순신의 제삿날이 되겠군요."

소 요시토모는 자신 있게 대답했다.

소 요시토모가 막사를 나가자 고니시 유키나가는 깊은 고민에 빠졌다. 관백 도요토미 히데요시의 죽음으로 조선에서 살아 돌아가더라도 다시 전장으로 내몰릴 운명이었다. 그리고 그 결과에 따라서 모든 것을 잃을 수도 있었다. 평생을 전장에서 살아오면서 누구보다도 형세 판단에 밝았던 고니시 유키나가였지만 조선에서 전쟁으로 지칠 대로 지쳐있었다.

고니시 유키나가에게 이순신의 암살 계획을 보낸 임영석은 잠을 이룰 수가 없었다. 세자 광해군의 지시로 이 조선 수군묘도 진영의 일반 군졸로 대장선에 배치되어 임무를 완수하기 위해 하루하루 맘을 조이면서 시간을 보냈지만, 막상 그 임무가 현실로 다가오자 몹시 혼란스러웠다. 도성 한양에 있을 때는 몰랐지만, 이곳에 내려와 통제사 이순신을 보면서 임영석

의 마음은 조금씩 변하고 있었다. 임영석은 왜 그토록 백성들과 조선 수군들이 이순신을 따를 수밖에 없는지 가슴으로 느낄 수 있었다.

'내일이면 모든 일이 끝난다. 여기서 아무 일도 없었다. 단지, 통제사는 적들에 의해 암살되었을 뿐이다. 그리고 나는 임무를 수행했을 뿐이다.'

임영석이 자위하면 할수록 더욱더 큰 갈등이 몰려왔다.

새벽녘까지 임영석은 잠을 이루지 못했고 아침이 다가오는 것이 두려웠다.

이순신은 아침 일찍 호위병 몇 명을 데리고 여수 전라좌수영으로 향했다. 이순신이 떠나는 것을 보고 있는 임영석의 마음은 몹시 어지러웠다.

'통제사, 죄송합니다.'

임영석은 정탐선을 타고 여수 전라좌수영으로 향하는 이순신을 향해 고개를 숙이면서 눈을 감았다.

이순신은 우울할 때면 오동도에 올라 남해를 바라보았고 장대언덕에서 활을 쏘곤 했다. 그날 일찍 이순신은 조선 수군 진영이 있는 삼도수군통제영 묘도 선장개를 떠나 오동도에 도착했다. 오동도에 올라 잠시 산책을 하고 내려와 장대언덕으로 뱃머리를 돌렸다. 소 요시토모는 장대언덕 주위에 예교성의 일급 무사 30명을 배치했다. 저 멀리서 조선의 영웅 이순신

이 장대언덕으로 걸어오고 있었다. 장대언덕은 전라좌수영의 수군이 훈련하는 장소였다. 소 요시토모는 이순신을 처음 보았다. 이순신의 외모는 용맹한 장수라기보다는 단아한 선비의 인상이었는데 그 얼굴에서 범접할 수 없는 기운이 흘렀다. 이순신이 가까이 다가오자 소 요시토모는 팽팽한 긴장감을 느꼈다. 이순신을 호위하고 있는 군사들은 다섯 명이었다. 소 요시토모는 7년 조일전쟁 영웅의 마지막 모습을 바라보았다. 이순신은 조용히 활을 쏘았다. 이순신이 쏜 세 번째 화살이 날아갈 때 주위에 숨어있던 일본군은 함성을 지르면서 공격했다.

"통제사를 보호하라. 통제사를 보호하라."

호위병들이 이순신의 앞을 가로막았지만 30명의 일본군에게 포위되었다.

"그대가 조선 수군의 통제사 이순신인가?"

소 요시토모가 나타나면서 이순신에게 물었다.

"네 이놈들, 내가 바로 조선의 삼도수군통제사 이순신이다."

이순신은 위험이 닥쳤는데도 조그마한 흐트러짐이 없었다.

"통제사, 죽음이 두렵지 않으시오."

소 요시토모가 이순신을 바라보며 물었다.

이순신은 칼을 조용히 뽑았다. 그리고 그 칼에 새겨있는 문구를 바라보았다.

'一揮掃蕩 血染山河, 일 휘 소 탕 혈 염 산 하.'
'한번 휘둘러 쓸어버리니 피가 강산을 물들이도다.'


"이순신을 제거하라."

소 요시토모의 명령이 떨어지자 일본군 무사들이 이순신과 호위병들에게 달려들었다. 절체절명의 순간이었다. 그때 저 멀리서 조선 수군이 함성을 지르면서 달려왔다. 갑자기 나타난 조선 수군에 소 요시토모와 일본군 무사들은 당황하기 시작했다. 가장 먼저 나타난 이는 임영석이었다. 조선 수군과 일본군 무사들 사이에 격렬한 백병전이 일어났다. 임영석의 칼에 이순신을 공격하던 일본군 무사 두세 명이 쓰러졌다. 10여 명이 쓰러진 뒤에 이순신은 소 요시토모를 찾았으나 벌써 도주한 뒤였다.

"통제사, 괜찮으신지요."

청충수사 권준이 이순신을 향해 달려오면서 소리쳤다.

"권 수사, 이게 어찌 된 일이요?"

"저도 대장선의 군졸로부터 통제사가 위험하다는 급보를 듣고 달려오는 길입니다."

"대장선의 군졸, 그가 누군가?"

이순신이 대장선의 군졸이 누구냐고 묻자 임영석이 다가왔다.

"소인 임영석이라 하옵니다."

"너는 내가 위험하다는 것을 어떻게 알았느냐?"

임영석은 이순신의 갑작스러운 물음에 약간 당황하며 대답했다.

"소인 적들이 기습한다는 것을 우연히 들었습니다."

"우연히 들었다. 적들이 나를 기습한다는 것을……."

"그대는 조선 수군이 되기 전에 무슨 일을 했느냐?"

"소인은 원래 광양의 둔전에서 농사를 지었습니다. 정유년 왜군의 침략으로 떠돌아다니다 조선 수군에 지원했습니다."

이순신은 임영석의 말을 듣고 아무 말도 하지 않았다.

"고맙구나. 네가 내 목숨을 구했구나."

이순신은 임영석에게 고맙다고 말한 다음 장대언덕을 떠나 조선 수군 묘도 진영으로 돌아왔다. 묘도에 도착하고 한참이 지나서 이순신은 임영석을 조용히 불렀다.

"다시 묻겠다. 조선 수군이 되기 전에 무슨 일을 했느냐?"

이순신은 임영석에게 장대언덕에서 물었던 질문을 똑같이 물었다.

"소인 광양의 둔전에서 농사를 지었습니다."

"그대에게 다시 한 번 기회를 주겠다. 조선 수군이 되기 전에 무슨 일을 했느냐?"

"소인 광양의 둔전에서 농사를 지었습니다."

"나를 바보로 아느냐?"

이순신의 추궁에 임영석은 아무 말도 할 수가 없었다.

"무슨 말이신지……."

"나는 네놈이 나를 구할 때 왜군과 싸우는 검술을 유심히 보았다. 네놈은 광양의 둔전에서 농사를 지은 게 아니라 검을 다룬 놈이다. 내가 보기에는 네놈보다 검을 잘 다루는 자는 이 조선 수군 묘도 진영에는 없을 것이다. 이래도 내게 진실을 말하지 않겠느냐?"

"소인은 광양의 둔전에서 농사를 짓던 천한 놈이옵니다."

임영석은 계속하여 광양의 둔전에서 농사를 지었다고 주장했다.

"네놈이 죽고 싶은 게로구나."

"다시 한 번 묻겠다. 네놈의 정체가 무엇이냐?"

"소인은 광양의 둔전……."

임영석은 더는 말을 이어가지 못했다.

임영석이 더는 말을 하지 않으려 하자 이순신은 긴 장검을 빼 들었다. 그리고 임영석의 눈앞에 장검을 겨누었다.

"이 글귀를 읽어 보아라."

임영석은 장검의 글귀를 보고 아무 말도 하지 않았다.

"네 이놈, 어차피 죽을 놈이 조선 수군의 통제사를 능멸하려 드느냐."

임영석은 이순신의 낮고 근엄한 목소리에 압도당하여 자신도 모르게 장검의 글귀를 읽었다.

"三尺誓天 山河 動色, 삼 척 서 천 산 하 동 색."

"뜻이 무엇이더냐?"

이순신은 다신 한번 임영석에게 물었다.

"장검으로 하늘에 맹세하니 산과 강이 떠는구나."

임영석은 자포자기의 심정으로 이순신의 물음에 대답했다.

"전하가 보냈느냐?"

임영석은 조선의 왕이 자신을 죽이라고 보냈느냐는 이순신의 말에 기겁하지 않을 수 없었다.

"아니옵니다. 통제사……."

"괜찮다. 네가 무슨 잘못이 있겠느냐."

"아니옵니다. 장군 아니 통제사……."

"내 더는 너의 죄를 추궁하지 않겠다."

임영석은 더는 죄를 추궁하지 않겠다는 이순신의 말에 어리둥절할 수밖에 없었다. 이순신은 한참을 아무 말 없이 임영석을 바라보았다.

"네가 할 수 있겠느냐?"

"장군 아니 통제사, 제가 할 수 있겠느냐는 말이?"

"네놈의 임무가 나를 암살하려고 했던 것 아니었더냐?"

"통제사……."

"내가 낮에 일본군과 싸우는 네놈의 검술을 유심히 보았다. 네놈의 검술은 야전에서는 볼 수 없는 고귀함을 가지고 있다."

"통제사, 이놈을 용서하지 마십시오. 이 자리에서 저를 베어주십시오."

"내 하나만 묻겠다. 왜 갑자기 마음이 변했느냐?"

"통제사, 저를 그냥 베어주십시오."

이순신은 임영석이 더는 진실을 말하지 않으리라는 것을 본능적으로 알 수 있었다.

"내 너에게 더는 묻지 않겠다. 대신 너의 임무를 완수해라."

"통제사……."

임영석은 이순신의 임무를 완수하라는 말에 다시 한 번 당황할 수밖에 없었다.

"저 순천에 있는 고니시 유키나가가 본국으로 탈출할 때 이 광양만에 대규모 해전이 있을 것이다. 전투가 끝나가는 시점에 나를 죽여 달라."

"통제사……."

"임영석이라 했느냐?"

"네. 소인 임영석이라 하옵니다."

"신하는 죽이라면 죽이고 죽으라면 죽는 게 진정한 충이니라."

"통제사……."

"내 너에게 대장선의 조총수로 자리를 옮겨 주겠다. 왜군과

의 전쟁이 끝나는 시점에 나를 죽여 다오."

"통제사, 제가 어떻게 그럴 수 있겠습니까?"

"나를 역적으로 죽게 하고 싶은 게냐."

임영석은 이순신의 입에서 역적이라는 말이 나오자 세자 광해군의 말이 떠올랐다.

"통제사……. 흑흑."

임영석의 눈에서 눈물이 멈추지 않았다.

눈물을 흘리는 임영석을 바라보는 이순신의 눈에서도 눈물이 흘러내리고 있었다.

**"임영석, 신하臣는 죽이라면 죽이고 죽으라면 죽는 게 진정한 충忠이니라."**

# 36

# 露와 梁

노와 량


"통제사, 경상 일대의 적들이 노량으로 몰려오고 있습니다."


무술년 1598년 11월 18일, 이순신은 순천 예교성의 고니시 유키나가를 구원하기 위해 노량으로 몰려오는 경상 일대의 일본군과 마지막 일전을 위해 광양만의 차가운 밤바람을 맞으며 묘도를 출정했다.

"노량에서 적을 맞을 것이다."

"전군 출정하라. 전군 출정하라."

"노량으로 출정하라."

노량으로 향하는 이순신의 조선 수군의 함선은 60여 척이었다. 조선 수군의 뒤를 도독 진린이 이끄는 명나라 함선 200

여 척이 따르고 있었다. 경상 일대에서 몰려오는 일본 수군은 사천성의 시마즈 요시히로를 선봉으로 고성의 다치바나 무네시게, 부산의 테라자 마사시게, 그리고 남해도의 소 요시토모가 이끄는 500여 척의 대규모 함대였다. 노량은 하동과 남해도 사이의 작은 바다로 경상의 바다에서 광양만으로 들어오는 전략적 요충지였다. 노량을 통과하면 바로 광양만이 나타나고 그 앞엔 죽도를 비롯한 작은 섬들이 자리잡고 있었다. 일본군은 조선 수군의 저항이 없다면 하동에 가까운 죽도의 오른쪽을 통과하여 순천 예교성을 향할 것이다. 죽도를 중심으로 하동에 가까운 쪽을 조선 수군이, 남해도 방면을 명나라 수군이 맡기로 했다. 이순신은 지난 7년간의 해전과 마찬가지로 철저하게 준비한 다음 노량으로 향했다. 처음부터 이순신은 이 노량이 마지막 전장이 될 것을 예상했다. 이순신은 죽도 안쪽 바다에서 일자진을 펴고 일본군이 광양만으로 깊이 들어오기를 기다렸다.

"닻을 놓고 기다려라. 일자진을 유지하라."

"적들이 광양만으로 깊이 들어올 때까지 진중하라."

11월 조선의 새벽 바다는 매우 춥고 어두웠다. 새벽 2시, 칠흑 같은 어둠 속에서 일본군의 노 젓는 소리가 희미하게 들려왔다.

"더 깊이 들어올 때까지 기다려라. 더 깊이."

이순신은 일본군의 노 젓는 소리가 크게 들려오자 공격 명령을 내렸다.

"불화살 올려라. 전군 공격하라."

"화포를 집중하라. 전 함선은 화포를 집중하라."

"쾅쾅쾅……."

무술년 1598년 11월 19일* 새벽 2시, 노량을 통해 광양만으로 들어오는 일본 함선을 향해 조선 수군의 화포가 불을 뿜었다. 임진년부터 시작된 길고 참혹했던 조일전쟁의 마지막 대규모 해상 전쟁의 시작이었다.

"한 놈도 살려 보내지 마라."

노량의 검은 바다 위에 한 놈도 살려 보내지 말라는 이순신의 비장한 외침이 울려 퍼졌다.


앞도 보이지 않는 캄캄한 바다에서 여기저기서 날아오는 포탄에 의해 일본 함선은 방향을 잃고 있었다.

"당황하지 말고 진을 유지하라."

"당황하지 말고 진을 유지하면서 전진하라."

"전진하여 백병전을 준비하라."

선봉장 소 요시토모의 날카로운 명령이 비명처럼 들려왔다.

---

* 1598년 11월 19일은 음력이다. 양력은 1598년 12월 16일 해당된다.

하지만 조선 수군의 압도적인 화력에 일본 함선은 방향을 돌리지 않을 수 없었다.

"죽도 우측으로 선회하라. 우측으로 선회하라."

조선 수군의 화력을 이기지 못한 일본군은 죽도의 오른쪽 넓은 바다로 방향을 돌렸다.

"적이 우측으로 방향을 틀었다. 노량을 봉쇄하라."

"노량을 봉쇄하라."

일본 함선이 조선군을 피해 죽도의 오른쪽 바다로 향하고 있을 때 진린의 명나라 수군은 어둠 속에서 조용히 일본군을 기다리고 있었다. 이순신의 예상대로 죽도 좌측 바다를 통해 순천 예교성으로 가려던 일본군은 조선 수군의 화력을 이기지 못하고 죽도 우측 바다로 선회하기 시작했다. 그러나 그곳에는 명나라 수군이 200여 척의 함선으로 일본군을 기다리고 있었다. 새까만 어둠 속에서 진린의 눈에 일본 함선이 들어왔다.

"공격하라. 공격하라."

진린의 공격 신호가 떨어지자 명나라 함선의 화포가 불을 뿜었다. 이제 일본군에게 길은 없었다. 앞으로 나가 길을 여는 수밖에 없었다.

"진을 유지하고 돌격하라. 뒤로 물러나면 모두 전멸당할 것이다."

"뒤로 물러나면 조선 수군이 기다리고 있다. 명나라 수군의

진을 깨고 앞으로 나가야 한다."

일본군 주력인 시마즈 요시히로의 처절한 명령이 들려왔다.

하지만 지리산에서 불어오는 차가운 북서풍을 이용한 명나
라 수군의 불화살에 많은 일본 함선은 화염에 휩싸였다. 조선
과 명나라 수군의 협공에 일본군은 어둠속에서 방향조차 알
수 없는 혼란에 빠졌다.

"왼쪽 바닷길이 열려있다. 전 함선은 왼쪽 바닷길로 도주
하라."

이제 일본군에게는 순천 예교성의 고니시 유키나가가 문제
가 아니었다. 어떻게든 이 광양만을 빠져나가야만 살아서 일
본으로 돌아갈 수 있었다. 일본 함선은 조선과 명나라 수군에
앞이 막히자 왼쪽 바닷길로 도주하기 시작했다. 광양만 전 바
다에서 서로 뒤엉켜 죽고 죽이는 처절한 전투를 날이 밝아 올
때까지 지속했다. 그러나 고국으로 살아 돌아갈 행복한 꿈에
젖어있던 일본군은 경악하지 않을 수 없었다. 자신들의 함선
이 도주했던 바다는 남해도의 넓은 관음포구였다. 이제 일본
군은 함선을 버리고 남해도로 도주하든지 아니면 다시 앞으로
나가 길을 여는 수밖에 없었다. 노량해전은 모든 것이 이순신
의 계획대로 진행되었다. 일본군 일부는 함선을 버리고 남해
도로 도주하고 일부는 전력을 다해 포위망을 뚫고 관음포구를
탈출하고자 했다. 포구에 갇힌 일본 함선을 향해 조선과 명나

라 함선에서 포탄이 날아들었다. 일본 함선은 죽음을 불사하고 돌진했고 어느 순간부터 서로 배가 뒤엉킨 백병전이 시작되었다. 치열한 결전 중에 명나라 노장 등자룡 장군이 탄 판옥선이 화염에 휩싸였다. 진린과 명나라 장수들은 이순신이 선물한 튼튼한 판옥선을 타고 있었다.

"등 장군을 구원하라. 등 장군이 위험하다."

진린의 긴박한 외침이 울려 퍼졌다.

등자룡의 함선에는 일본군과 명나라군 간에 치열한 백병전이 펼쳐지고 있었다. 크게 불길이 오른 등자룡의 함선은 당장에라도 침몰할 것처럼 위태로웠다.

"네 이놈들 내가 대명의 장수 등자룡이다. 이리 와서 내 칼을 받아라."

등자룡은 함선이 위태로운 것은 아랑곳하지 않고 일본군과의 뒤엉켜 백병전을 계속했다. 그때 수적으로 우세한 일본군의 칼에 등자룡이 쓰러졌다.

"등 장군, 등 장군."

멀리서 이 장면을 목격한 진린의 안타까운 목소리가 관음포에 울려 퍼졌다.

등자룡이 쓰러지자 일본군 한 명이 그의 목을 가지고 일본 함선으로 달아났고 등자룡의 함선은 바다 속으로 침몰했다.

"한 놈도 살려보내지 마라. 싹 쓸어 버려라."

등자룡의 죽음을 목격한 진린은 더욱더 전투를 독려했다.

이제 해전이라기보다는 육전과 같은 혼전이었다. 일본 함선에는 명나라와 조선 수군이, 조선과 명나라 함선에는 일본군이 뒤엉켜 닥치는 대로 서로를 죽이는 살육전이었다.

이순신의 대장선도 예외는 아니었다. 대장선 주위의 조선 함선과 일본 함선이 뒤엉켜 백병전을 지속했다. 이순신은 직접 북을 치면서 소리쳤다.

"관음포의 바다를 적들의 피로 물들여라."

새벽 2시에 시작된 전투는 날이 밝도록 계속되었다. 승리는 점차 조명연합 수군 쪽으로 기울고 있었다.

노량과 관음포에서 죽고 죽이는 전투가 한창인 새벽녘에 순천 예교성의 고니시 유키나가는 50여 척을 이끌고 조용히 여수 삼일포 앞바다로 탈출을 감행했다. 조선 수군의 대부분이 노량으로 집결한 탓에 고니시 유키나가는 간신히 죽음의 광양만을 탈출할 수 있었다.

노량과 관음포의 해전은 조명연합 수군에게 유리하게 전개되었으나 탈출을 시도하는 일본군의 저항도 처절했다. 어느덧 해전은 도주하는 일본군을 조명연합 수군이 추격하는 양상으로 전개되었다. 조선 수군의 공격 의지와 일본군의 반격이 얼마나 치열했던지 격전 중에 가리포첨사 이영남, 낙안군수 방덕룡, 흥양현감 고득장 등 10여 명의 조선의 장수들이 전사했다.

"적들을 한 놈도 남기지 말고 끝까지 추격하여 섬멸하라."

이순신은 칼을 빼 들고 퇴각하는 일본군을 추격하도록 독려했다. 도주하는 일본군을 향해 총을 쏘던 임영석은 죽음을 불사하고 싸우는 이순신을 보고 눈물을 흘렸다.

이순신의 눈에 도주하는 일본 함선 사이로 저 멀리 전라좌수영이 있는 여수반도가 눈에 들어왔다. 그리고 광양만의 출렁이는 파도도 눈에 들어왔다.


1598년 11월 19일, 이순신은 오른쪽 가슴이 뜨거워지는 것을 느끼면서 그 자리에 쓰러졌다. 이순신이 쓰러지자 아들 회가 아버지를 부축해 장막 안으로 들어갔다. 조총의 탄환에 맞은 상처는 깊고 깊었다.

이순신은 작은 미소를 지으면서 아들 회의 손을 잡았다.

"따뜻하구나. 너희 어머니가 보고 싶구나."

이순신이 이승에서 마지막 숨을 몰아쉬고 있을 때에도 조선수군은 도주하는 일본군을 전력을 다해 공격했다.


"전투가 급하다. 나의 죽음을 알리지 마라."

("前方急 愼勿言我死, 전방급 신물언아사")


이순신은 광양만의 관음포에서 지리산으로부터 불어오는

차가운 북서풍을 맞으며 조용히 눈을 감았다.


'아, 아산이여, 압록강과 백두산이여, 두만강과 눈둔도여, 여수 전라좌수영이여, 한산도 통제영이여, 진도 벽파진과 명량이여, 목포 보화도여, 완도 고금도여, 여수 묘도와 광양만이여.'

'아, 이슬露의 바다梁여.'

# 37

# 露과 辰

노와진

무술년 1598년 11월 19일, 임진년부터 7년간 이어진 조일전쟁의 마지막 전투인 노량해전은 조명연합 수군의 대승으로 끝났다. 노량해전으로 일본 함선 200여 척이 침몰하고 파손되었으며 일본군의 사망자 수는 헤아릴 수가 없었다. 500여 급을 참수하고 180여 명을 생포했지만, 광양만에 빠져 죽은 자가 수천 명이었다.

치열했던 노량해전에서 대승의 함성은 들리지 않았고 노량과 광양만 일대에 통곡만 가득했다. 나라와 백성을 구한 영웅 이순신의 그 장엄한 죽음 앞에 조선의 산천초목도 큰 눈물로 애도했다. **이순신은 노량露의 지지 않는 별辰이 되었다.**

# 38

# 腐와 國

부와 국

7년간의 전쟁으로 조선은 회복할 수 없는 참화를 입었다. 전쟁은 끝났지만, 백성들의 삶은 여전히 고달프고 굶주렸다. 백성은 안중에도 없는 대신들은 서로 전쟁의 공치사 하기에 바빴다. 특히 전쟁에 대한 공을 논하는 자리에서 선조는 후안 무치의 극치였다.

"이번 전쟁에서 적을 평정한 것은 오직 명나라군의 힘이었다. 조선의 장수들은 명나라군의 뒤를 따르거나 요행으로 패잔병의 머리를 얻었을 뿐 제 힘으로 한 명의 적을 베거나 하나의 적진도 함락하지 못했다. 그중에서 이순신과 원균 두 장수는 바다에서 적을 섬멸했고, 권율은 행주산성에서 승리하여

약간 나은 편이다. 그리고 명나라군이 참전하게 된 연유는 모두가 호종한 여러 신하가 어려운 길에 위험을 무릅쓰고 명나라에 호소했기 때문이다. 그리하여 적을 토벌하고 강토를 회복하게 된 것이다."

선조는 적을 평정한 것은 오직 명나라군의 힘이고 최고의 공은 명나라군을 참전하게 한 자신과 신하들에게 돌렸다. 적들과 목숨을 걸고 싸웠던 장수들은 선무공신에 18명만 올렸고, 왕을 따랐던 조정 대신들과 내시들은 호성공신으로 86명을 올렸다. 자신의 가산을 털어가며 분연히 일어났던 곽재우, 정인홍, 김면, 조헌, 김천일, 고경명, 정문부 등 의병장은 한 명도 공신에 이름을 올리지 못했다. 대신 말의 고삐를 잡았던 천민과 노예, 명을 전달하는 내시까지 호무공신에 이름을 올렸다. 선무공신 1등급에 이순신과 권율과 동급으로 올라온 사람이 있었으니 그가 원균이었다. 선조는 칠전량의 패전으로 조선 수군을 궤멸시킨 원균을 끝까지 감싸 안았다.

전쟁이 끝나고 산으로 들어간 홍의장군 곽재우는 공신 선정을 듣고 왕이 있는 북쪽을 바라보며 비웃었다.
'후세에 비웃음을 남긴 것이 여기에 이르러 극에 달하였구나. **부패腐한 그들만의 나라國로세.**'

339

## 39

# 兄과 國

형과 국


1616년, 누르하치는 대부분의 여진을 통합하고 후금을 건국하여 대칸에 올랐다. 누르하치는 팔기군을 더욱 정비해 마침내 명나라에 선전포고를 했다. 무순과 청하가 후금의 공격으로 함락되자 명나라는 조선에 파병을 요청했다. 1619년, 사하보沙河堡*에서 명나라와 조선의 연합군과 후금군이 대치했다. 사하보 전투는 대규모 병력이 동원된 명나라와 후금 간의 첫 번째 대결이었다. 명나라 총책임자는 임진왜란 때 조선에 파병되었던 부총병 양호였고 사령관은 서로군 제독 유정이었다. 도원수 강홍립이 이끄는 조선군 1만 3천여 명의 군사들은 북

---

* 사하보: 심양 근처 지역

방의 추위와 배고픔을 참아가며 명나라군을 지원했다. 강력한 기병을 보유한 후금군의 공격으로 명나라군 선봉대가 궤멸하고 요동 총병 유정마저 전사했다. 명나라군이 패하자 도원수 강홍립은 조선군을 이끌고 산으로 올라가 진을 쳤고 후금군이 조선군 진영을 완전히 포위한 위태로운 상황이었다.

"도원수, 후금군에게 완전히 포위되었습니다."

부원수 김경서가 도원수 강홍립에게 후금군에게 포위된 상황을 보고했다.

"부원수가 나라면 어떻게 하겠소?"

"……."

김경서는 아무 말도 하지 못했다.

"부원수, 전하는 명나라군이 후금군에게 패할 것을 알고 있었소. 이곳 북방으로 출정하기 전에 전하는 나에게 명나라군의 명령을 따르지 말고 군사들을 보전할 방도를 마련하라고 했소."

"도원수, 군사들을 보전할 방도를 마련하라는 전하의 속마음은 무엇입니까?"

"부원수도 알고 계실 것이오. 이이첨을 포함한 대신들이 파병을 적극적으로 청했으나 전하는 움직이지 않았소. 하지만 명나라가 계속하여 재촉하고 사헌부와 사간원까지 나서서 파

병을 주장하자 어쩔 수 없이 군대를 파병한 것이오."

"그렇다면 전하의 의중은 후금과의 전쟁을 원하지 않는다는 것인데⋯⋯."

"부원수의 말이 맞소. 전하는 앞으로 북방은 후금의 세상이 될 것이라고 했소. 임진년과 같이 전쟁의 참화를 겪지 않기 위해서라도 후금과 적이 되는 것을 피하고 싶은 것이오."

"도원수, 그렇다고 200여 년 동안 상국으로 모셨고 왜란 때 조선을 도와준 명나라와 적이 될 수는 없는 것 아니오."

"부원수의 말도 맞소. 하지만 우리 조선이 이토록 약해진 것은 성리학을 통치 철학으로 하는 유연하지 않은 사고 때문이오. 환경이 변하면 그 사대의 대상도 변해야 하거늘, 조정의 사대부들은 오직 명나라에 대한 사대와 대의만을 맹목적으로 추종하여 과거의 생각에서 조금도 벗어나려 하지 않고 있소. 전하는 우리 조선이 얼마나 미약한지, 누르하치가 한걸음에 달려와 말에게 한강 물을 먹일 정도로 강성해졌다는 것을 잘 알고 있소. 나도 전하와 같은 생각이오."

"도원수, 전하와 같은 생각이라면?"

"나는 조선의 대신들을 경멸하오. 지금 그들이 하고 있는 말과 행동은 임진년과 다를 바가 하나도 없소. 그토록 백성들에게 참혹한 고통을 주었으면서도 하나의 반성 없이 다시 조선을 전쟁으로 몰아가고 있소. 조선은 희망이 없는 나라요."

342

"도원수, 나도 처음에는 파병에 미온적인 전하를 이해할 수 없었습니다. 대세가 약하다고 해서 대의를 버릴 수 없다는 비변사를 비롯한 대신들이 주장에 동의했소. 하지만 도원수의 말을 듣고 나니 전하를 이해하겠습니다.

"부원수, 조선군을 이끌고 후금에 투항할 것이오. 이것은 내 뜻이자 전하의 의중이오."

"도원수, 그래도 투항하는 것은……."

김경서는 강홍립의 투항하겠다는 말을 듣고 어떻게 해야 할지 판단이 서지 않았다.

"부원수가 후금 진영에 좀 다녀와야겠소."

"도원수, 진정 투항밖에 방도가 없는 것이오."

"부원수, 미안하오. 투항하는 것은 전하의 의중이기도 하지만 머나먼 이국땅에서 군사들을 아무 의미 없이 죽게 할 수는 없소."

부원수 김경서는 아무 말도 없이 한참을 고민하다가 도원수 강홍립의 의견에 따라 후금 진영으로 가서 투항 의사를 전달하겠다고 했다. 후금 진영으로 내려온 김경서의 말을 듣고 누르하치는 강홍립의 투항을 크게 기뻐했다. 그러나 홍타이지는 한 번의 공격으로 쓸어버리면 될 조선군을 환대하는 아버지 누르하치가 마음에 들지 않았다.

"대칸, 지금 조선군은 추위와 배고픔으로 사기가 땅에 떨어

져 있습니다. 지금 공격하면 스스로 무너질 것이옵니다."

홍타이지는 왜란 때 그토록 힘없이 무너진 조선이 명나라를 도와 후금을 향해 군사를 파병한 것 자체가 마음에 들지 않았다.

"홍타이지, 우리의 목표는 저 중원이니라. 지금은 국경을 맞대고 있는 조선과 화해를 통해 요동을 확보해야 함을 모르느냐."

"그래도 저들의 태도가 마음에 들지 않습니다."

"그토록 타일렀거늘 아직도 깨닫지 못하는 것이냐. 우리 후금이 다른 민족과 문화를 받아들이지 못하고 배척한다면 중원을 통일하지 못할 것이다. 비록 힘이 약한 조선이라 할지라도 달라질 게 없다. 알겠느냐?"

누르하치의 꾸지람에 홍타이지는 동조할 수밖에 없었다.

"네 알겠습니다. 대칸."

"홍타이지는 조선군 도원수 강홍립을 정중하게 모셔 와라."

"대칸의 명을 따르겠사옵니다."

도원수 강홍립과 부원수 김경서가 이끄는 조선군 1만여 명은 후금군에 투항해 200여 년 동안 사대의 예를 다했던 명나라를 향해 창을 겨누었다. 강홍립의 투항에 누르하치는 크게 기뻐하고 환대했다.

"강 장군, 내 술 한잔 받으시오."

누르하치는 투항한 강홍립을 위해 조촐한 술자리를 마련

했다.

"신 강홍립 대칸을 위해 목숨을 바치겠나이다."

"그래 조선의 성상은 건강히 지내시오?"

누르하치는 강홍립에게 광해군을 성상이라고 높여 불렀다.

"성상이라니요. 말을 낮추십시오. 대칸."

"아니요. 내 조선의 왕에게 약속했소. 조선이 우리 후금을 적으로 여기지 않는다면 형제의 의를 다하겠다고."

"대칸께서는 전하를 뵌 적이 있는지요."

강홍립은 놀라면서 누르하치를 쳐다보았다.

"내가 본 조선의 왕은 누구보다도 지혜로운 세자였소. 이게 다 조선의 복이요."

"대칸, 전하께서 북방을 통일할 후금을 절대 적으로 돌릴 수 없다고 하셨습니다. 신에게 중립을 유지하라는 명령을 내렸습니다."

"강 장군, 나는 조선의 왕을 이해하오. 그리고 조선의 왕은 몸소 전쟁을 경험하지 않았소. 힘없는 조선의 입장에서는 어쩔 수 없는 선택이었을 것이오."

"대칸, 소신 강홍립 부탁이 하나 있사옵니다."

"말해 보시오. 짐에게 1만여 명의 군대를 선물한 장군이 아니오. 내 가능한 한 들어주리다."

"조선에 화친을 요구하는 사신을 보내주시옵소서. 그리고

명나라에 대한 사대에 빠져 후금과 전쟁을 주장하는 대신들에게 둘러싸인 전하를 이해해 주십시오."

"내 장군의 뜻을 잘 알겠소. 조선에 화친을 위한 사신을 보내겠소."

1619년, 사하보에서 요동 총병 유정이 이끄는 명나라 대군을 대파한 누르하치는 요동의 심양성과 요양성을 차례로 함락시켰다. 요동의 방어 거점인 요양성이 함락됨에 따라 요하 동쪽 대부분의 성들이 후금에게 귀속되었고 요동은 누르하치에 의해 완전히 장악되었다. 도읍을 심양으로 옮긴 누르하치는 명나라 도성 북경을 공격할 준비를 했다. 북경으로 가기 위해서는 만리장성의 산해관을 넘어야 했다. 산해관으로 가는 길목에 명나라의 명장 원숭환이 지키는 영원성이 있었다. 원숭환은 영원성을 유럽에서 넘어온 강력한 홍이포로 무장시켰다. 원숭환은 홍이포의 화력을 앞세운 공성전으로 후금군의 뛰어난 기병을 무력화시켰고 누르하치에게 치명적인 상처를 입혔다. 영원성 패배는 누르하치가 수많은 전쟁에서 당한 첫 번째 패배였다. 영원성의 부상으로 누르하치는 얼마 되지 않아 중원 통일의 꿈을 이루지 못하고 숨을 거두고 말았다. 누르하치는 숨을 거두면서 홍타이지에게 2가지의 유언을 남겼다.

"아들아, 조선을 침략하지 마라. **조선은 형제兄의 나라國이**

**니라.** 내 유골을 백두산 천지가 잘 보이는 곳에 묻어주길 바
란다."

　누르하치가 죽은 후 홍타이지는 국호를 청이라 하고 황제에
올랐는데 그가 바로 청태종이다.

　청태종은 아버지의 유언을 따르지 않고 명나라와 조선의 연
합을 막기 위해 2번에 거쳐 조선을 침략했다. 조선은 명나라
와 후금 사이에서 중립 외교 정책을 편 광해군이 반정으로 폐
위되고 인조가 등극하자 다시 명나라와 손을 잡고 후금에 반
기를 들다 결국 삼전도의 치욕을 겪게 되었다. 청나라의 침략
에 조선은 변변한 전투 한 번 없이 무너졌고 아무도 나서서 싸
우려 하지 않았다. 김상헌을 비롯한 조선의 사대부들은 여전
히 백성과 현실을 외면한 채 붓과 말로만 대의를 지킨다는 그
들만의 싸움을 계속했다. 명나라에서 조선에 파병한 후유증과
이자성 등 내부 반란으로 북경이 무너지는 것을 보고 청태종
은 기회를 놓치지 않았다. 청나라의 팔기군은 비처럼 바람처
럼 달려가 북경을 장악하고 지방의 호족들을 유화하여 중원의
통일을 완성했다. 청나라가 중원을 통일하고 강력한 대국을
건설할 수 있었던 것은 다른 민족과 문화를 받아들이고자 하
는 열려있는 자세는 물론 주어진 환경을 잘 이용하여 자신들
의 장점을 극대화했기 때문에 가능한 일이었다.

# 40

# 友와 敵

우와 적

세키가하라는 예로부터 각 지방으로 연결되는 사통팔달의 요충지였다. 도요토미 히데요시가 죽은 후 새로운 권력을 향한 동과 서의 대군이 세키가하라에서 대치했다. 도요토미 히데요시의 아들 히데요리를 받드는 이시다 미쓰나리를 중심으로 하는 서군과 일본 내 가장 영향력을 가지고 있는 다이묘 중하나인 도쿠가와 이에야스의 동군이 일생일대의 전쟁을 눈앞에 두고 있었다. 이시다 미쓰나리를 중심으로 하는 서군은 임진왜란 때 조선에 파병되었던 관서 지역의 다이묘들이었다. 서군에는 조선 침략군 제1군 대장 고니시 유키나가, 제6군 대장 고바야카와 다카카게, 제8군 대장 우키타 히데이에, 사천성을 지킨 시마즈 요시히로, 와키자카 야스하루 등이 연합하

348

고 있었다. 제2군 대장이었던 가토 기요마사는 처음에는 서군이었으나 고니시 유키나가와의 갈등으로 동군으로 전쟁에 참여했다. **조선을 침략했던 어제의 동료友들이 오늘은 적敵으로 만나 서로를 죽여야만 하는 운명이었다.** 긴 세월을 인내하면서 힘을 키워온 도쿠가와 이에야스는 도요토미 히데요시를 이어 일본을 지배할 야망을 드러냈다.

도쿠가와 이에야스의 아버지는 전국시대에 힘이 약한 소규모 다이묘인 마쓰다이라 히로타다였다. 마쓰다이라는 주변의 강력한 다이묘였던 동쪽의 이마가와와 서쪽 오다 사이에 끼어 항상 전쟁의 소용돌이에 휘말렸다. 그의 아버지는 6살인 이야에스를 이마가와에게 인질로 보내고 원조를 받으려 했다. 이마가와로 인질로 가던 중 오다에게 체포되어 인질이 되고 말았다. 2년을 인질로 보낸 도쿠가와 이에야스는 이마가와와 오다가 강화를 함으로써 고향인 오카자키 성으로 돌아올 수 있었다. 그러나 그의 아버지 히로타다가 부하들에게 피살되는 사태가 발생했다. 오카자키 성으로 돌아온 도쿠가와 이에야스의 기쁨도 잠시 아버지의 부하들에 의해 다시 이마가와의 인질로 보내지게 되었다. 그때 그의 나의 8세였다. 이미가와의 인질로 성장한 도쿠가와 이에야스는 19세 때 오케하자마 전투에서 천하를 통일하려는 오다 노부나가를 적으로 만나게

되었다. 도쿠가와 이에야스는 천하가 오다 노부나가의 세상이 되리라 판단해 그의 손을 잡았다. 도쿠가와 이에야스는 오다 노부나가와 함께 전국의 다이묘들을 하나씩 굴복시켜 나가고 있었다. 그러나 오다 노부나가가 교토의 혼노지에서 불의의 습격을 받아 피살됨으로써 그의 충직한 가신 도요토미 히데요시와 권력을 놓고 자웅을 다투었으나 힘의 한계를 느끼고 굴복할 수밖에 없었다. 도요토미 히데요시는 도쿠가와 이에야스의 힘을 약화하기 위해 그의 영지인 마카와 등은 자신의 가신들에게 나누어 주고 에도로 영지를 전봉했다. 오다 노부나가도 죽고 도요토미 히데요시도 죽었다. 드디어 도쿠가와 이에야스는 천하를 놓고 도요토미의 유지를 받든 서군과 세키가하라에서 대치하게 된다. 첫 번째 전투에서 서군은 동군을 물리치고 기선을 잡았다. 그러나 서군이었던 고바야카와 다카카게와 와키자카 야스하루가 동군에 합류함에 따라서 그 전세가 역전되었다. 결국 세키가하라 전투는 동군의 대승으로 끝났다. 조선 침략군 제1군 대장 고니시 유키나가는 참수되고 그의 영지는 제2군 대장 가토 기요마사에게 복속되었다. 도요토미 히데요시의 책사인 구로다 겐지가 "울지 않는 새는 어떻게 해야 합니까?"라고 물었을 때 "울 때까지 기다리겠다."는 말을 듣고 그를 경계하기 시작했을 정도로 도쿠가와 이에야스는 인내심이 강한 인물이었다. 도쿠가와 이에야스는 도요토미 히데

요시에 이어 일본을 통일하고 에도*막부 시대를 열었다. 도쿠
가와 이에야스의 에도막부는 메이지 유신까지 오랫동안 지속
되었다.

---

* 에도: 현 도쿄, 도쿠가와 이에야스가 통일하면서 일본의 중심이 됨. 일본
  의 권력이 관서에서 관동으로 이동.

# 41

# 賊과 敵

적과 적


"아바마마, 살려주십시오. 소자는 살고 싶사옵니다."


광해군은 식은땀을 흘리며 잠에서 깨어났다. 역적으로 몰려 사약을 받는 꿈이었다. 그 사약을 들고 있는 사람은 죽은 자신의 아버지 선조였다. 왕으로 즉위하고 나서도 세자시절부터 꾸었던 악몽이 계속해서 이어졌다. 아버지 선조가 자신을 죽이려는 꿈이었다. 어려서는 인빈 김 씨의 둘째 아들 신성군을 세자로 옹립하려는 아버지에게 외면당하지 않기 위해 살았고, 전쟁으로 세자가 되고 나서는 권력을 유지하려는 아버지로부터 자신을 지키기 위해 살았다. 그러나 조선의 왕이 되고도 광해군은 세자 시절의 불안함에서 벗어나지 못하고 있었다. 광

해군은 악몽으로 자주 새벽녘에 깨어 잠을 이루지 못했다.

"아바마마, 하나밖에 없는 피붙이인 형 임해군을 죽였사옵니다. 아바마마……. 이게 다 아바마마 때문입니다."

광해군은 형 임해군을 죽인 책임을 아버지 선조에게로 돌리며 울부짖었다.

"이제 아바마마가 그토록 사랑하던 영창대군을 죽이려 합니다. 아바마마, 소자는 세자로 있던 16년 동안 두려움 속에서 살아야 했습니다. 이제 아바마마의 가르침을 따르고자 합니다. 소자 영창을 살려둘 수가 없사옵니다."

광해군은 새벽녘에 선조에게 영창대군을 죽이겠다고 혼자서 중얼거렸다. 세자 시절의 불안이 투영되어서인지 광해군은 역모라 하면 적당히 넘어가려 하지 않았고 이는 조정에 피바람을 몰고 왔다.

전쟁이 끝나자 선조는 17세의 인목왕후 김 씨를 새로운 중전으로 맞이했다. 광해군은 명나라와 선조 누구에게도 인정받지 못한 세자였다. 설상가상으로 인목왕후가 유일한 적자인 영창대군을 낳자 세자의 자리는 바람 앞에 등불처럼 위태로웠다. 영창대군이 태어나면서 조정의 권력을 장악하고 있던 북인은 영창대군을 지지하는 소북과 광해군을 지지하는 대북으로 갈라서게 된다. 대북의 정인홍은 목숨을 걸고 소북을 탄핵

하는 상소를 올렸을 뿐 아니라 광해군의 든든한 버팀목이 되어 주었다. 전쟁이 끝난 뒤에도 광해군은 울분과 인고의 세월을 보냈다. 세자로 살아온 16년간의 모진 풍파를 이겨낸 광해군은 선조의 죽음으로 33세의 나이로 조선의 20대 왕으로 등극했다.

봉산군수 신율의 거짓 고백으로 인한 역모 사건인 봉산옥사가 끝난 지 얼마 되지 않아 조령의 길목에서 괴한이 상인을 죽이고 물품을 강탈한 사건이 발생했다. 조그마한 이 사건을 조사하는 과정에서 명문가의 서자들이 여주 남한강 변에서 자주 모임을 갖고 심지어 숙식까지 같이한 이들도 있다는 것이 밝혀졌다. 광해군의 신임이 깊은 정인홍을 등에 업은 이이첨이 이 사건을 역모 사건으로 이용하게 된다. 이이첨은 임해군 사건과 봉산옥사를 겪으면서 광해군이 역모라면 적당히 넘어가지 않는 것을 파악하고 이를 이용해 정적들을 제거할 계획을 세웠다. 체포된 박응서가 인목대비의 아버지 김제남의 역모를 고하면서 그 화살은 영창대군으로 향하게 된다. 부원군 김제남의 집안은 풍비박산이 났고 영창대군은 역모의 죄를 쓰고 폐서인되어 강화도 교동에 안치되었다. 얼마 되지 않아 영창대군이 병으로 죽었는데 그 말을 아무도 믿으려 하지 않았다. 광해군의 역모에 대한 병적인 집착으로 거짓으로 역모를 고하는 일이 계속되고 이는 또 다른 피바람을 불렀다. 조정에는 역

모를 통해 계속하여 정적을 제거한 이이첨의 세력만이 자리 잡고 있었다. 정인홍에 대한 조건 없는 광해군의 신뢰는 이이첨이 권력을 장악하는 데 큰 힘이 되었다. 어느 순간 광해군은 이이첨이 자기보다 더 큰 영향력을 가지고 있다는 것을 알게 되었다. 이이첨은 명나라의 파병 요청에 중립을 지키려는 광해군을 비변사와 삼사를 이용해 압박했다. 왕권을 위협하는 조그마한 어떤 것도 용서하지 않았던 광해군은 이이첨을 견제하기 위해 새로운 세력이 필요했다. 이는 역모가 싹틀 수 있는 환경을 제공했다. 광해군 15년 3월, 정안군의 장남인 능양군은 김자점 등의 서인과 결탁해 반정에 성공하는데 그가 바로 조선의 21대 왕 인조였다.

폐위된 광해군은 강화도 교동에 안치되었다가 제주도로 유배되었다. 그는 경험과 현실 감각 등 모든 면에서 뛰어난 자질을 가진 군왕이었지만 세자 시절의 정신적인 억눌림을 극복하지 못했다. 운명의 장난인지 광해군은 세자 시절처럼 죽음을 기다리며 하루하루 불안한 삶을 살다 폐위된 지 20년, 향년 67세로 눈을 감았다. 대의가 아닌 대세를 따랐던 광해군은 묘호도 갖지 못한 불행한 왕이었다.

'임진년의 그림자가 강산에 이르러

허황한 말과 글이 천리를 뒤덮고

**적賊이 적敵을 부르니**

요동의 말발굽이 한강에 이르렀구나.'

끝

# 한산해전

## 勝과 戰
### 승과 전

"장군, 적선 70여 척이 오늘 오후 거제도 영등포 앞바다로 부터 견내량에 이르러 진을 치고 있습니다."

임진년 1592년 7월 7일, 전라좌도수군절도사 이순신의 함선 23척과 전라우도수군절도사 이억기의 함선 25척 그리고 경상 우도수군절도사 원균의 함선 7척의 조선 수군 함대에 적의 출현 소식을 알린 조선 백성 김천손의 급보였다.

임진년 1592년 5월 4일 새벽, 이순신의 조선 수군은 여수 전라좌수영에서 첫 출정의 깃발을 올렸다. 그 이후 벌어진 옥포, 합포, 사천, 당포, 당항포, 율포 해전은 일시에 기습하여 우수한 화포로 일본 함선을 파괴하고 빠르게 빠져 나오는 전

략이었다. 도요토미 히데요시는 용인전투에서 1천6백여 명으로 5만여 명의 조선군을 와해시킨 와키사카 야스하루에게 조선 수군을 치라는 명령을 내렸다. 용인전투의 승리로 기고만장해진 와키사카 야스하루는 도도 다카토라 등 다른 일본 수군 장수들과 합동 작전을 무시하고 조선 수군과의 일전을 서둘렀다. 와키사카 야스하루는 조선 수군의 장단점을 잘 알고 있었다. 조선 수군이 강력한 화포와 튼튼한 판옥선을 보유하고 있다면 대신 일본 수군은 작지만 빠른 함선을 가지고 있었다. 와키사카 야스하루는 조선 함선에 빠르게 접근하여 강력한 화포를 무력화시키고 백병전을 전개할 경우 충분히 조선 수군을 제압할 수 있을 거라고 생각했다. 지금까지 일본 수군이 조선 수군의 기습에 미처 대비하지 못한 상태에서 당했다면 이번에는 빠른 일본 함선을 이용하여 선제공격을 감행할 예정이었다.

와키사카 야스하루가 먼저 공격해 올 것이라는 첩보를 받은 이순신은 매우 신중했다. 일본 함선 70여 척은 지금까지 치른 해전 중 가장 큰 규모였다. 또한 이번에는 일본 수군이 조선 수군을 먼저 공격해오는 첫 번째 해전이었다.

"적을 유인하여 한산도 앞바다에서 섬멸할 것이요."

전라좌수사 이순신이 조선 수군의 장수들에게 말했다.

"우리에겐 강력한 화포와 튼튼한 판옥선이 있소. 뭐가 두려

워 견내량에 있는 적에 대한 공격을 미루시는 게요."

경상우수사 원균은 조선의 화포와 함선을 믿고 바로 공격하자고 주장했다.

"우수사, 견내량은 좁고 암초가 많소. 그곳에서 전투가 벌어진다면 우리 판옥선끼리 부딪쳐 깨지고 백병전에 강한 적들의 표적이 될 것이요."

"선승구전先勝求戰, 우리는 앞으로도 무모한 전투보다는 **승리勝할 수 있는 상황을 미리 만들고 전투戰에 임할 것이요.**"

이순신은 다시 한 번 장수들에게 유리한 환경을 스스로 만들고 전투에 임한다는 전략을 설명했다.

"좌수사의 말이 맞소. 넓은 바다로 유인하여 싸워야 화력이 강한 우리 수군의 장점을 살릴 수 있소."

전라우수사 이억기가 이순신의 편을 들고 나섰다.

"그동안의 작은 승리에 절대 자만하지 말라."

이순신은 조선 수군의 장수들의 자만을 경계했다.

원균은 모든 면에서 조심스러운 이순신이 마음에 들지 않았지만 대부분의 군사들이 전라좌수영과 전라우수영 출신이라 더 이상 언급하지 않았다.

"어영담은 7척의 전함을 이끌고 견내량으로 들어가 적들을 한산 앞바다로 유인하라. 그리고 권준은 어영담의 뒤를 따라 조선 수군이 총 공격하는 것처럼 위장하라."

이순신은 남해안 바닷길에 가장 밝은 광양현감 어영담에게 명령을 내렸다.

"네 좌수사, 지금 바로 출정하겠습니다."

어영담의 조선 수군은 견내량 입구에 나와 있는 일본 수군의 정탐선을 향해 맹렬히 돌격했다. 일본 정탐선은 조선 수군이 총 공격하는 것으로 알고 후퇴하기 시작했다. 견내량 중간 지점에 이르자 일본 수군 본진은 준비하고 있었다는 듯 어영담의 조선 수군을 향해 돌진하여 왔다. 어영담은 깃발을 올려 권준에게 알렸고 조선 수군은 적의 기세에 놀랐다는 듯 자연스럽게 뒤로 후퇴하는 모양새를 갖추었다. 일본 수군의 대장 와키사키 야스하루의 힘찬 공격 명령이 내려졌다. 조선 수군은 일본 수군과 적당한 거리를 유지하면서 견내량을 빠져 나왔다.

"좌수사, 적들이 견내량을 통과해 한산 앞바다로 오고 있습니다."

방답첨사 입부 이순신이 유인에 성공한 것을 통제사 이순신에게 알렸다.

"더 깊게 들어올 때까지 기다려라. 태산처럼 진중하게 명령을 기다려라."

"함부로 움직이지 마라. 일자진을 유지하면서 뒤로 천천히 물러나라."

견내량 입구에 있던 이순신의 함대는 일본 수군이 한산도 앞바다에 깊이 들어올 때까지 일자진을 유지하면서 천천히 뒤로 후퇴했다. 저 멀리 와키사카 야스하루 군의 상징인 붉은 바탕에 흰 동그라미 2개가 그려진 문양이 바람에 펄럭이는 것이 이순신의 눈에 들어왔다.

"서서히 간격을 넓혀라. 간격을 넓혀라."

이순신의 명령에 조선 함선은 조금씩 간격을 넓히고 있었다.

"학익진을 펴라. 학익진을 펴라."

임진년 1592년 7월 8일, 견내량을 통과한 일본 수군이 한산도 앞바다까지 깊게 들어왔을 때 일자진을 유지하고 있던 조선 수군은 학이 날개를 펼친 모양의 학익진으로 변경했다. 조선 수군의 학익진은 초승달처럼 일본 함선을 좌와 우에서 감싸면서 포위하는 형세였다. 그동안 육전에서만 사용되던 학익진을 조선 수군은 한 치의 오차도 없이 일사불란하게 펼치고 있었다.

"조선 수군의 진이 흐트러지고 있다. 더 빠르게 진격하여 조선 함선에 접근하라."

와키사카 야스하루의 눈에는 조선 함선의 간격이 멀어지는 것이 진이 흐트러지는 것으로 보였다. 그러나 조선 함선에 가까이 접근했을 때 와키사카 야스하루는 일본 함선이 학익진에

포위되었다는 것을 알 수 있었다. 와키사카 야스하루는 눈앞에 펼쳐지는 광경을 믿을 수가 없었다.

"학익진이다."

와키사카 야스하루의 날카로운 비명이 한산 앞바다에 울려 퍼졌다.

와키사카 야스하루는 그때서야 조선 수군의 함정에 빠졌다는 것을 알았다. 그러나 너무 깊이 들어온 관계로 퇴각할 경우 전멸을 당할 수 있었다. 와키사카 야스하루는 학익진의 장단점을 잘 알고 있었다. 전투에서 학익진은 상대방보다 군세가 강할 때 사용하는 전법이었다. 강한 군세로 상대방을 포위하여 전멸시킬 수 있으나 반대의 경우는 진이 엷어져 한 곳이 무너질 경우 진 전체가 와해되는 단점도 있었다. 와키사카 야스하루는 좌와 우 그리고 중앙 중 한곳을 집중적으로 공격하여 조선 수군의 학익진을 무너뜨려야 했다.

"학익진의 중앙을 돌파한다. 당황하지 말고 더 속도를 높여라."

와키사카 야스하루는 학익진의 중앙을 선택했다.

"천자포와 지자포를 쏴라. 천자포와 지자포를 쏴라."

전라좌수사 이순신의 발포 명령이 떨어졌다.

학익진으로 적을 포위한 조선 수군 55척의 함대에서 일제히 화포가 불을 뿜었다. 사정거리가 긴 천자포와 짧은 지자포가

동시에 불을 뿜자 앞뒤를 가리지 않고 일본 함대 전체에 포탄이 떨어졌다. 학익진의 중앙을 돌파하기 위해 집중된 일본 함선은 조선 화포의 쉬운 표적이 되었다. 조선 함선에 접근하기 전에 진이 흐트러지자 일본 수군은 당황하기 시작했다.

"귀선은 돌진하라. 전 함대 돌진하라."

"전 함대는 귀선을 따르라."

화포를 공격을 멈춘 조선의 귀선과 판옥선은 전속력으로 일본 함선을 향하여 돌진하기 시작했다. 화포와 강한 판옥선의 충돌 공격으로 침몰한 일본 함선에서 떨어진 일본군이 무수히 바다에 떠 있었다. 높은 판옥선에서 조선 수군의 궁수들은 남아있는 일본 함선의 일본군을 향해 비 오듯 화살을 쏘아 댔다. 바다에 빠진 일본군도 무차별적인 화살 세례를 받았다.

"조총을 쏴라. 백병전을 준비하라"

일본 수군 대장 와키사카 야스하루의 애타는 비명은 공허한 메아리에 불과했다. 학익진의 중앙을 돌파하기도 전에 조선 수군의 공격으로 힘 한번 써보지 못하고 무너지고 말았다. 한산 해전에서 학익진을 빠져나간 일본 함선은 70여 척 중 10여 척에 불과했다.


임진년 부산에 상륙한 일본군은 파죽지세로 20여 일만에 도성인 한양을 점령했다. 계속하여 일본군 제1군인 고니시 유키

나가는 평양을, 제2군인 가토 기요마사는 함경도 두만강까지 점령했다. 일본군의 기본 전략은 수륙병진책이었다. 육군이 조선을 점령하면 군량미와 추가 병력을 서해를 통해 한강과 대동강으로 지원하는 것이었다. 그러나 일본 수군이 한산도에서 이순신의 조선 수군에 대패함으로써 후방의 지원을 기대할 수 없게 되었다. 육로를 통하여 전쟁 물자를 보급하는 것은 한계가 있었다. 북으로 지원하는 군량미는 곳곳에서 활동하고 있는 의병들의 표적이 되어 평양의 고니시 유키나가와 함경도의 가토 기요마사에게 전달되지 못했다. 한산 해전은 임진왜란 전체 전쟁의 흐름을 바꾼 중요한 일전이었다. 평양까지 진격한 고니시 유키나가의 군대가 더 이상 조선의 왕이 있는 의주를 공격하지 않은 이유는 서해를 거쳐 대동강을 통한 지원병과 군량미를 기다리고 있었기 때문이었다. 이순신의 조선 수군이 한산도에서 패했더면 조선의 왕 선조는 압록강을 건넜을 것이고 적의 후미를 공격하고 있는 전라도 또한 일본군의 손에 넘어가 조선은 완전히 일본군에 의해 점령되었을 것이다. 한산 해전으로 완전히 고립된 일본군에게 설상가상으로 제독 이여송이 이끄는 5만여 명의 명나라 대군이 압록강을 건넌다는 소식이 전해졌다.

영웅의 마지막 삶의
바다 위에 세워진
이순신대교

이순신대교(전남 광양시 금호도와 여수시 묘도 연결)

전라좌수영 본영 여수 진남관

| | | | |
|---|---|---|---|
| **1** 옥포 | | **10** 부산포 | |
| **2** 합포 | | **11** 웅포 | |
| **3** 적진포 | | **12** 당항포 | |
| **4** 사천 | | **13** 상문포 | |
| **5** 당포 | | **14** 칠전량(조선수군 전멸) | |
| **6** 당항포 | | **15** 명량 | |
| **7** 율포 | | **16** 절이도 | |
| **8** 한산 | | **17** 순천 예교성 | |
| **9** 안골포 | | **18** 노량(충무공 전사) | |

· **명량으로 가는 길**

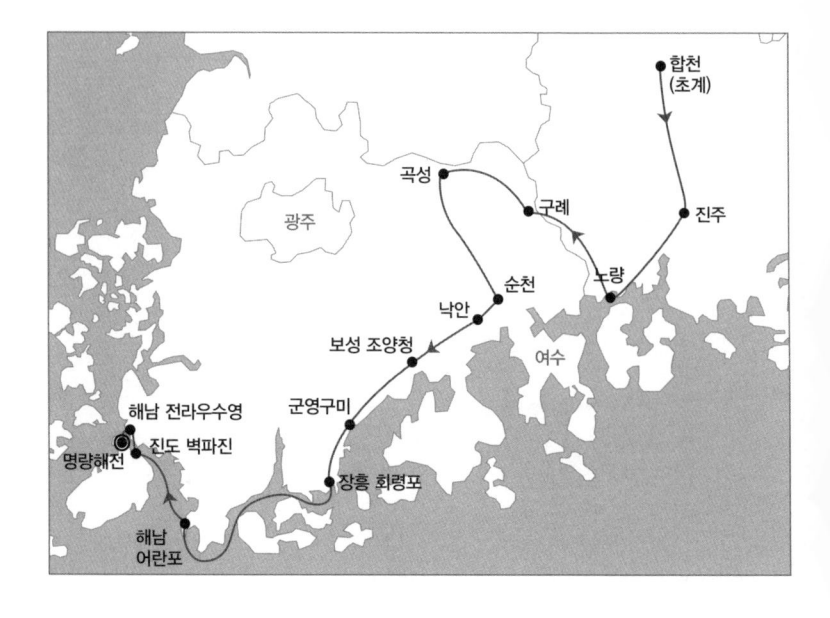

① 합천(초계) → ② 진주 → ③ 하동(노량) → ④ 구례 → ⑤ 곡성 → ⑥ 순천 → ⑦ 낙안 → ⑧ 보성 조양청 → ⑨ 군영구미 → ⑩ 장흥 회령포 → ⑪ 해남 어란포 → ⑫ 진도 벽파진 → ⑬ 해남 전라우수영 → ⑭ 명량해전

① 합천(초계)에서 칠전량 해전으로 조선수군 전멸 소식을 들음.

② 진주에서 백의종군 중인 이순신을 전라좌수군절도사 겸 삼도수군통제사로 삼는다는 선조의 교서를 선전관 양호로부터 받음.

⑩ 장흥 회령포에서 삼도수군통제사에 정식으로 취임하고 배설의 함선에 올라 전라우수영으로 향함.

• **명량해전 이후 조선수군 이동경로**

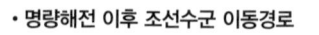

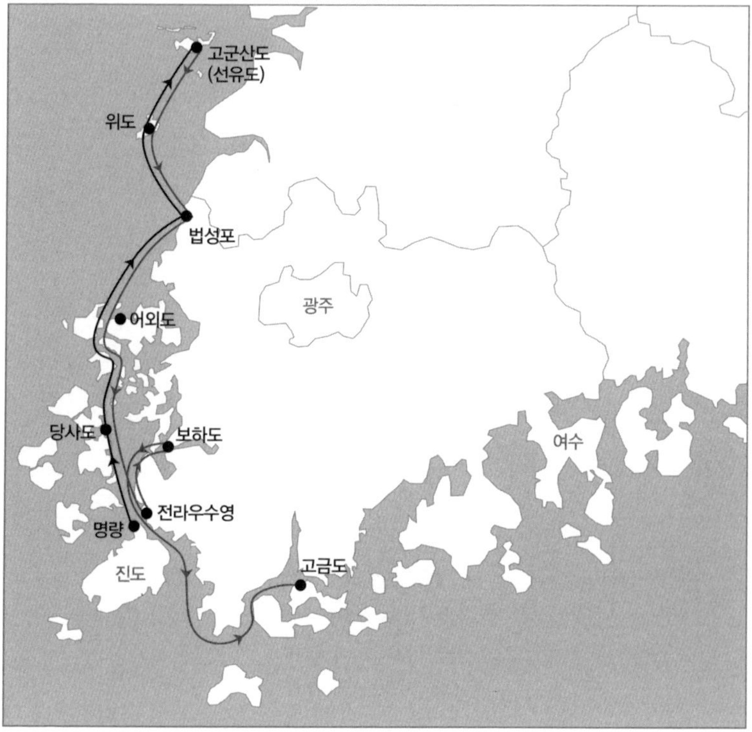

**①** 명량 → **②** 당사도 → **③** 어외도 → **④** 법성포 → **⑤** 위도 → **⑥** 고군
산도(선유도) → **⑦** 위도 → **⑧** 법성포 → **⑨** 어외도 → **⑩** 전라우수영 →
**⑪** 보하도 → **⑫** 고금도

• 조선수군 진영(삼도수군통제영의 이동)

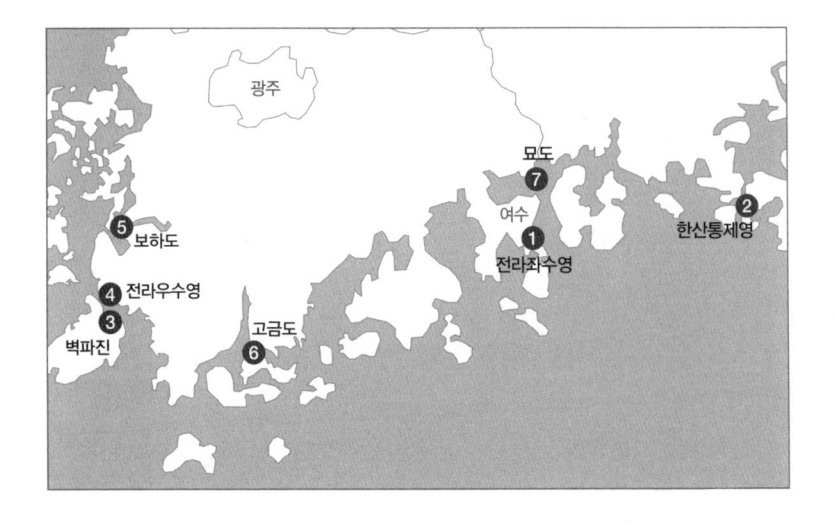

① 전라좌수영 (전남 여수) → ② 한산통제영 (경남 통영) → ③ 벽파진 (전남 진도) → ④ 전라우수영 (전남 해남) → ⑤ 보하도 (전남 목포) → ⑥ 고금도 (전남 완도) → ⑦ 묘도 (전남 여수)

* 한산통제영부터는 삼도수군통제사가 있는 곳이 곧 삼도수군통제영이다.
최초의 통제영이 한산도라면 마지막 통제영은 묘도이다.

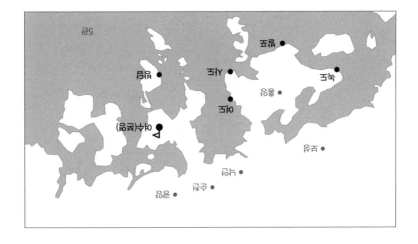

• 전라좌수영 관할 고금도 진영

• 이순신의 마지막 전쟁

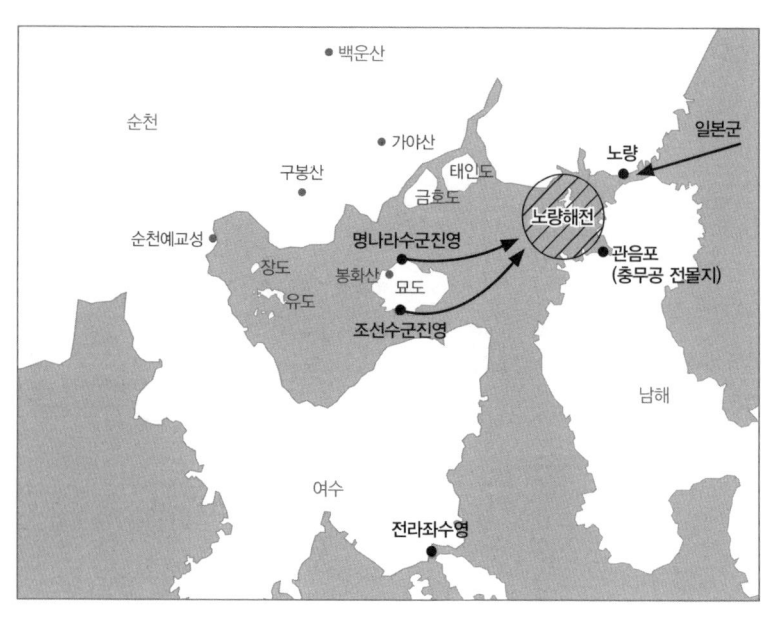

이 소설의 일부는 『난중일기』(노승석 역), 『선조실록』(박시백 저),
『그러나 이순신이 있었다』(김태훈 저) 등에서 인용하였음을 알려드립니다.

# 행복을 부르는 주문

- 권선복

이 땅에 내가 태어난 것도
당신을 만나게 된 것도
참으로 귀한 인연입니다

우리의 삶 모든 것은
마법보다 신기합니다
주문을 외워보세요

나는 행복하다고
정말로 행복하다고
스스로에게 마법을 걸어보세요

정말로 행복해질것입니다
아름다운 우리 인생에
행복에너지 전파하는 삶 만들어나가요

# 지금 우리에게
# 가장 필요한 마음가짐

**권선복**
도서출판 행복에너지 대표
대통령직속 지역발전위원회
문화복지 전문위원

영웅은 난세에 나기 마련입니다. 끊임없이 몸을 던져 나라를 구했던 영웅들이 있었기에 지금껏 한반도에서 민족의 혼을 이어올 수 있었습니다. 특히 이순신 장군이야말로 '충忠'이라는 단어에 가장 잘 어울리는 구국의 영웅이었습니다. 하지만 그의 삶 역시 권력의 커다란 소용돌이 속에서 늘 외롭고 괴로운 나날이었습니다. 소설『노량, 지지 않는 별』은 몇 번이나 백의종군白衣從軍할 수밖에 없었던 이순신 장군의 깊은 고뇌와

절망을 읽으면서 애국의 진정한 의미는 무엇인지 생각해볼 수 있게 합니다.

소설 자체 역시 빼어난 가독성과 문장력을 바탕으로 역사적 고증과 문학적 성취를 동시에 담아냈습니다. 현재 공인 회계사 겸 세무사로 재직 중인 저자의 열정이 소설 곳곳에서 빛나고 있습니다. 단 하나뿐인 아들을 위해, 나아가 대한민국의 든든한 미래가 될 또래의 아이들을 위해 이 소설을 썼다는 저자의 깊은 뜻이 꼭 독자들의 마음에 감동으로 다가오리라 믿어 의심치 않습니다.

임진왜란의 잔혹함과 이순신 장군의 충정, 그리고 그를 둘러싸고 벌어지는 냉혹한 권력의 암투, 험난한 민초들의 삶, 역사의 소용돌이 속 자신의 위치에서 최선을 다한 사람들의 신념과 행동을 그려낸 소설 『노량, 지지 않는 별』의 개정판 발간을 진심으로 축하드립니다. 지금 나의 삶에 변화가 필요하다면, 품에 안은 큰 꿈을 꼭 이뤄보고 싶다면 남녀노소를 불문하고 그 어느 독자든 이 책을 통해 꺾이지 않는 용기와 의지를 얻을 수 있을 것입니다. 이 책을 읽는 모든 분들의 삶에 뜨거운 열정과 행복의 기운이 늘 샘솟기를 기원드립니다.

## '행복에너지'의 해피 대한민국 프로젝트!

〈모교 책 보내기 운동〉
〈군부대 책 보내기 운동〉

한 권의 책은 한 사람의 인생을 바꾸는 힘을 가지고 있습니다. 한 사람의 인생이 바뀌면 한 나라의 국운이 바뀝니다. 그럼에도 불구하고 많은 학교의 도서관이 가난하며 나라를 지키는 군인들은 사회와 단절되어 자기계발을 하기 어렵습니다. 저희 행복에너지에서는 베스트셀러와 각종 기관에서 우수도서로 선정된 도서를 중심으로 〈모교 책 보내기 운동〉과 〈군부대 책 보내기 운동〉을 펼치고 있습니다. 책을 제공해 주시면 수요기관에서 감사장과 함께 기부금 영수증을 받을 수 있어 좋은 일에 따르는 적절한 세액 공제의 혜택도 뒤따르게 됩니다. 대한민국의 미래, 젊은이들에게 좋은 책을 보내주십시오. 독자 여러분의 자랑스러운 모교와 군부대에 보내진 한 권의 책은 더 크게 성장할 대한민국의 발판이 될 것입니다.

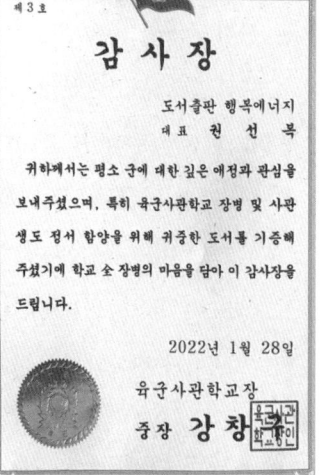

한울아카데미 2274

로이 바스카, 비판적 실재론과 교육을 말하다

지은이 ㅣ 로이 바스카·데이비드 스콧
옮긴이 ㅣ 이기홍
펴낸이 ㅣ 김종수
펴낸곳 ㅣ 한울엠플러스(주)
편집책임 ㅣ 조인순
편집 ㅣ 조일현

초판 1쇄 인쇄 ㅣ 2020년 12월 24일
초판 1쇄 발행 ㅣ 2020년 12월 31일

주소 ㅣ 10881 경기도 파주시 광인사길 153 한울시소빌딩 3층
전화 ㅣ 031-955-0655
팩스 ㅣ 031-955-0656
홈페이지 ㅣ www.hanulmplus.kr
등록번호 ㅣ 제406-2015-000143호

Printed in Korea.
ISBN 978-89-460-7274-9 93330 (양장)
      978-89-460-8007-2 93330 (무선)

※ 책값은 겉표지에 표시되어 있습니다.
※ 이 책은 강의를 위한 학생용 교재를 따로 준비했습니다.
   강의 교재로 사용하실 때에는 본사로 연락해 주시기 바랍니다.

지은이

**로이 바스카**Roy Bhaskar

1944년 영국 런던에서 태어났다. 옥스퍼드 대학교 철학·정치학·경제학 과정을 졸업한 뒤
같은 학교 대학원에서 롬 하레(Rom Harré)의 지도하에 과학철학과 사회과학철학을 공부
하고 비판적 실재론을 주창했다. 비판적 실재론의 관점에서 다학문적으로 교육, 평화, 기
후변화 등도 연구했다. 말년에는 런던 대학교 교육연구소(Institute of Education, University
College London)에서 일하며 국제 비판적 실재론 연구 중심(International Centre for Critical
Realism)을 설립·운영했다. 2014년 영국 리즈에서 별세했다.


**데이비드 스콧**David Scott

런던 대학교 교육연구소의 명예교수다. 저서로『교육, 인식론, 비판적 실재론(Education,
Epistemology and Critical Realism)』(2010),『교육 시스템과 학습자: 지식과 앎(Education
Systems and Learners: Knowledge and Knowing)』(2017) 등이 있다. 로이 바스카가 별세
한 뒤 그와 나눈 대담을 정리해『로이 바스카, 비판적 실재론과 교육을 말하다(Roy Bhaskar,
A Theory of Education)』(2015)를 썼다.


옮긴이

**이기홍**

강원대학교 사회학과에서 근무한다. 저서로『사회과학의 철학적 기초: 비판적 실재론의
접근』(2014),『로이 바스카』(2017) 등이 있고, 역서로『새로운 사회과학방법론: 비판적 실
재론의 접근』(2005),『비판적 자연주의와 사회과학』(2005),『비판적 실재론과 해방의 사
회과학』(2007),『비판적 실재론: 로이 바스카의 과학철학』(2010) 등이 있다.